互联网+高等教育精品课程
"十三五"规划教材（财经类）

U0716779

CAIWU KUAIJI

财务会计

王 超 赵素宁 李海顺 主编

西安交通大学出版社
XI'AN JIAOTONG UNIVERSITY PRESS

图书在版编目（CIP）数据

财务会计 / 王超,赵素宁,李海顺主编. — 西安：
西安交通大学出版社，2017.6(2018.3 重印)
　　ISBN 978-7-5605-9892-5

　　Ⅰ. ①财…　Ⅱ. ①王…②赵…③李…　Ⅲ. ①财务会
计-教材　Ⅳ. ①F234.4

　　中国版本图书馆 CIP 数据核字(2017)第 170882 号

书　　名	财务会计	
主　　编	王超　赵素宁　李海顺	
责任编辑	史菲菲	
出版发行	西安交通大学出版社	
	（西安市兴庆南路 10 号　邮政编码　710049）	
网　　址	http://www.xjtupress.com	
电　　话	（029)82668357　82667874(发行中心)	
	（029)82668315(总编办)	
传　　真	（029)82668280	
印　　刷	虎彩印艺股份有限公司	
开　　本	787mm×1092mm　1/16　印张　20.75　字数　506 千字	
版次印次	2017 年 8 月第 1 版　2018 年 3 月第 2 次印刷	
书　　号	ISBN 978-7-5605-9892-5	
定　　价	45.00 元	

读者购书、书店添货,如发现印装质量问题,请与本社发行中心联系、调换。
订购热线:(029)82665248　(029)82665249
投稿热线:(029)82668133
读者信箱:xj_rwjg@126.com

编审说明

"财务会计"是高等教育(含高职高专、成人高校和应用型本科)会计类专业的核心课程之一。

本书根据国家财政部管理会计人才培养规划,参照 2014 版《企业会计准则》、营改增最新规定和财政部《增值税会计处理规定》最新规定编写而成。主要特点如下:

1. 内容设计上体现以职业为导向。依据企业会计岗位工作内容调研结果,遵循以工作过程为导向,以学生为主体的教育教学理念,以各主管会计岗位的职责和岗位工作内容为依据进行结构设计和内容安排。

2. 结构设计上体现以工作为导向。全书分为典型业务篇和特殊业务篇两编内容。典型业务篇包括十四个单元,涵盖了企业常见业务的账务处理方法。特殊业务篇包括六个单元,介绍了企业特殊业务和初级会计师考试部分经济业务的账务处理方法。限于篇幅,特殊业务篇的第四、五、六单元采用数字化资源形式,在"会计专业学习指导(kjzy2016)"微信公众号上通过扫描二维码实现手机阅读。

3. 体例设计上体现以学生为主体。每个单元均按照该会计岗位负责的企业典型经济核算业务设置相应的学习任务,每个任务均包含知识目标、能力目标、单元描述、任务布置、知识准备、任务实施、单元小结等模块,在知识准备中适当穿插与课程内容、工作环境相关的拓展思考、相关链接,以及配套相关二维码资源等栏目。

4. 情境设计上强调职场氛围。每个学习单元和任务均是模拟真实企业的实际情况设计的学习内容,使学生的学习过程与岗位工作内容完全一致,课后能力训练项目与岗位工作内容完全一致。遵循学生的认知规律和会计岗位职责,使学生的学习和教学活动目的更加清晰,目标更加明确。

5. 目标设计上强调素质教育。本书充分体现了强化素质教育的职教理念,在以培养学生会计岗位的基本工作能力为目标的基础上,更加注重学生综合素质的培养,能力训练项目设计上实现了职业素养、创新创业与专业教育的深度融合。

6. 教材形式上充分体现了互联网+的教改理念。全套教材定位于互联网+立体化教材,编写团队全面整合了数媒与纸媒的教材资源,使教材独具数字化、网络化和媒介化特色。主要体现在:

(1)在每个任务标题后配置二维码。用手机扫码,会出现需要通行证才能登录的界面,刮开封底的账号密码输入,登录成功即可呈现数字化教学资源的四大模块。①学习资料:一些概念和准则等文本;②视频讲解:flash 视频直观讲解教师不易表达的难点、晦涩点;③课后习题:针对知识点进行题库练习,交卷评卷看解析,二次巩固;④随堂实训:针对教材的案例动手实训,体会和掌握实操技能。通过这四个维度的展示,足以满足学生对相应知识的认知掌握。

(2)在线建立行政班级进行管理。教师可通过手机 APP 建立一个行政班级,通过后台对学生进行实时管理,检查学生观看视频的情况、做题多少、准确率等,还可以根据需要制定实训内容,以满足教师个性化教学需要。

(3)配套数字化辅助学习资源。教材各章节或各单元均有相当翔实的延伸阅读内容(或案例分析或习题参考答案或政策法规)上传"会计专业学习指导"微信公众号(kjzy2016),通过扫描二维码即可实现手机阅读,快捷方便。

上述立体化教材不仅改变了学与教的传统方式,而且拓展了学习者的学习时空,折射出整个教育资源建设理念的升级,使教师从传统的教材"消费者"转变为积极的教材开发者,同时也改善了教材与教学、学习的内在关系,最终通过数字化教材资源建设来推动教育教学方式的升级与转型。教学形式也由传统的讲授式课堂转变为翻转式课堂、混合式与互动式课堂等新形式。学习者在课堂不仅可以与学科专家、教学名师等进行对话,而且也可以与学习工具进行互动。

本书由黑龙江农垦职业学院王超、辽宁商贸职业学院赵素宁、聊城高级财经职业学校李海顺担任主编,由黑龙江农垦职业学院曲珅和徐睿、黑龙江省电工仪器仪表工程技术研究中心有限公司刘唯丹、哈尔滨职业技术学院李卉担任副主编,由安徽商贸职业技术学院朱光应教授主审。经审定,本书适合用作各级各类高等院校会计类专业及相关专业教材,也可作为广大财会人员岗位培训教材。

由于编者知识水平有限,书中不当或错漏之处在所难免,恳请广大读者不吝批评指正,以便进一步修订完善。

互联网+高等教育"十三五"精品课程规划教材编审指导委员会
2017 年 7 月

目　录

第一编　典型业务篇

单元 1　核算货币资金 ·· (1)

　　任务一　库存现金核算 ·· (2)

　　任务二　核算银行存款 ·· (7)

　　任务三　核算其他货币资金 ·· (9)

　　单元小结 ·· (14)

单元 2　核算应收及预收款项 ·· (15)

　　任务一　应收票据核算 ·· (16)

　　任务二　应收账款核算 ·· (22)

　　任务三　预收账款核算 ·· (25)

　　任务四　其他应收款核算 ·· (27)

　　任务五　应收款项减值核算 ·· (29)

　　单元小结 ·· (32)

单元 3　核算存货 ··· (34)

　　任务一　存货认知 ·· (35)

　　任务二　存货发出计价 ·· (39)

　　任务三　原材料核算 ·· (44)

　　任务四　周转材料核算 ·· (53)

　　任务五　委托加工物资核算 ·· (56)

　　任务六　库存商品核算 ·· (58)

　　任务七　存货期末计量 ·· (59)

　　单元小结 ·· (63)

单元 4　核算固定资产 ·· (65)

　　任务一　固定资产认知 ·· (66)

　　任务二　固定资产取得的核算 ·· (69)

　　任务三　固定资产折旧的核算 ·· (76)

　　任务四　固定资产后续支出的核算 ·· (81)

　　任务五　固定资产处置的核算 ·· (83)

　　任务六　固定资产清查的核算 ·· (86)

　　任务七　固定资产减值的核算 ·· (88)

　　单元小结 ·· (89)

单元 5　核算无形资产 ·· (91)

　　任务一　无形资产认知 ·· (92)

　　　任务二　无形资产取得核算 ·· (94)

　　　任务三　无形资产后续计量核算 ······································ (98)

　　　任务四　无形资产处置与期末计价核算 ······························ (100)

　　　单元小结 ·· (103)

单元 6　核算应付及预付款项 ·· (105)

　　　任务一　核算应付票据 ·· (106)

　　　任务二　核算应付账款 ·· (109)

　　　任务三　核算预付账款 ·· (112)

　　　任务四　核算其他应付款 ·· (114)

　　　任务五　应付利息和应付股利核算 ······································ (115)

　　　单元小结 ·· (117)

单元 7　核算应付职工薪酬 ·· (118)

　　　任务一　职工薪酬认知 ·· (119)

　　　任务二　短期薪酬核算 ·· (121)

　　　单元小结 ·· (130)

单元 8　核算应交税费 ·· (132)

　　　任务一　核算增值税 ·· (133)

　　　任务二　核算消费税 ·· (145)

　　　任务三　核算城市维护建设税和教育费附加 ···························· (148)

　　　任务四　核算资源税 ·· (150)

　　　任务五　核算房产税、土地使用税、车船税、印花税 ···················· (151)

　　　单元小结 ·· (153)

单元 9　核算债务融资 ·· (155)

　　　任务一　核算短期借款 ·· (156)

　　　任务二　核算长期借款 ·· (158)

　　　任务三　应付债券核算 ·· (160)

　　　任务四　长期应付款核算 ·· (165)

　　　单元小结 ·· (167)

单元 10　核算所有者权益 ·· (169)

　　　任务一　所有者权益认知 ·· (170)

　　　任务二　核算实收资本 ·· (171)

　　　任务三　核算资本公积 ·· (175)

　　　任务四　核算留存收益 ·· (178)

　　　单元小结 ·· (182)

单元 11　核算收入 ·· (183)

　　　任务一　核算销售商品收入 ·· (184)

　　　任务二　核算劳务收入 ·· (195)

　　　任务三　核算让渡资产使用权收入 ······································ (199)

　　　单元小结 ·· (201)

单元 12　核算费用 ··· (204)

　　任务一　核算营业成本和税金及附加 ································· (205)

　　任务二　核算期间费用 ··· (208)

　　单元小结 ··· (211)

单元 13　核算利润 ··· (212)

　　任务一　认知利润 ··· (213)

　　任务二　核算营业外收支 ·· (214)

　　任务三　核算所得税费用 ·· (220)

　　任务四　核算本年利润 ··· (223)

　　单元小结 ··· (226)

单元 14　编制财务报表 ··· (228)

　　任务一　认知财务报表 ··· (229)

　　任务二　编制资产负债表 ·· (232)

　　任务三　编制利润表 ··· (247)

　　任务四　编制现金流量表 ·· (251)

　　任务五　所有者权益变动表 ··· (264)

　　任务六　认知财务报表附注 ··· (268)

　　单元小结 ··· (269)

第二编　特殊业务篇

单元 15　核算金融资产 ··· (272)

　　任务一　交易性金融资产核算 ··· (273)

　　任务二　持有至到期投资核算 ··· (278)

　　任务三　可供出售金融资产核算 ······································ (283)

　　单元小结 ··· (288)

单元 16　核算长期股权投资 ·· (290)

　　任务一　认知长期股权投资 ··· (291)

　　任务二　运用成本法核算长期股权投资 ······························ (294)

　　任务三　运用权益法核算长期股权投资 ······························ (296)

　　单元小结 ··· (303)

单元 17　核算投资性房地产 ·· (305)

　　任务一　认知投资性房地产 ··· (306)

　　任务二　投资性房地产初始确认与后续支出的核算 ················· (309)

　　任务三　投资性房地产后续计量的核算 ······························ (313)

　　任务四　投资性房地产的转换和处置的核算 ························· (316)

　　单元小结 ··· (321)

参考文献 ·· (324)

第一编　典型业务篇

单元 1　核算货币资金

知识目标

● 了解现金收支管理制度。
● 熟悉库存现金、银行存款业务和其他货币资金收支业务的账务处理流程。
● 掌握库存现金、银行存款业务和其他货币资金收支业务的核算方法。

能力目标

● 能熟练填制现金收支结算业务、银行转账结算业务的记账凭证。
● 能正确登记现金、银行存款日记账和总账。
● 能正确编制银行存款余额调节表。

单元描述

出纳是企业财务部门必须设置的岗位。出纳主要负责现金和银行存款收付业务的办理工作,负责现金和银行存款日记账的登记工作。宇辰有限责任公司出纳离职,公司计划新招聘出纳一名,在面试时,财务主管提出了以下问题:现金的结算范围有哪些规定? 现金清查时发现短缺或溢余应该如何进行账务处理? 单位内部使用备用金如何进行核算? 银行存款余额调节表如何进行编制,编制原理是什么? 银行存款余额调节表是否应该由出纳编制? 其他货币资金包括哪些内容? 如果你准备应聘,能否完全准确回答上述问题?

岗位职责:

货币资金结算是出纳岗位的基本职责。出纳岗位的基本职责如下:

(1)负责办理现金收付和银行结算业务;

(2)按规定填写支票、进账单、收付款等原始凭证,办理资金结算;

(3)负责审核涉及现金收支的记账凭证;

(4)登记库存现金和银行存款日记账;

(5)每天下班前盘点库存现金,做到日清月结,编制现金日报表;

(6)负责保管现金、各种有价证券、收付款业务的各种印章、空白支票、空白收据等;

(7)负责银行存款账的对账工作,根据"银行存款余额调节表",做好未达账项的清理工作,防止呆账形成。

（8）编制资金日报表，管控企业资金。

上述是出纳岗位的基本职责，各单位在具体操作时可能会安排出纳岗位其他工作任务，但基本原则是不能违反《中华人民共和国会计法》所规定的出纳人员回避制度。

任务一　库存现金核算

【任务布置】

宇辰有限责任公司在经营过程中发生了如下业务，由于员工违规罚款 200 元，收到客户租赁设备的保证金（押金）10 000 元，采购员出差借款 2 000 元，之后报销退回余款 200 元。现金盘点时偶而会出现现金短缺或溢余的情况。

请描述上述业务处理的会计分录。

【知识准备】

库存现金是指通常存放于企业财会部门、由出纳人员经管的货币。库存现金是企业流动性最强的资产，企业应当严格遵守国家有关现金管理制度，正确进行现金收支的核算，监督现金使用的合法性与合理性。

一、现金结算常识

现金结算是指在商品交易、劳务供应等经济往来中，直接使用现金进行应收应付款结算的一种行为。在我国主要适用于单位与个人之间的款项收付，以及单位之间的转账结算起点金额以下的零星小额收付。我国规定结算起点为 1 000 元。结算起点的调整，由中国人民银行确定，报国务院备案。

（一）现金结算的范围

开户单位可以在下列范围内使用现金：

（1）职工工资、津贴；

（2）个人劳务报酬；

（3）根据国家规定颁发给个人的科学技术、文化艺术、体育等各种奖金；

（4）各种劳保、福利费用以及国家规定的对个人的其他支出；

（5）向个人收购农副产品和其他物资的价款；

（6）出差人员必须随身携带的差旅费；

（7）结算起点以下的零星支出；

（8）中国人民银行确定需要支付现金的其他支出。

除上述第（5）、（6）项外，开户单位支付给个人的款项，超过使用现金限额的部分，应当以支票或者银行本票支付；确需全额支付现金的，经开户银行审核后，予以支付现金。

（二）库存现金限额

单位库存现金使用的限额,由开户行根据单位的实际需要核定,一般按照单位 3 至 5 天日常零星开支所需确定。边远地区和交通不便地区的开户单位的库存现金限额,可按多于 5 天但不得超过 15 天的日常零星开支的需要确定。经核定的库存现金限额,开户单位必须严格遵守。

对没有在银行单独开立账户的附属单位也要实行现金管理,必须保留的现金,也要核定限额,其限额包括在开户单位的库存现金限额之内。商业和服务行业的找零备用现金也要根据营业额核定定额,但不包括在开户单位的库存现金限额之内。

（三）现金收支的规定

开户单位现金收支应当依照下列规定办理:

（1）开户单位现金收入应当于当日送存开户银行,当日送存确有困难的,由开户银行确定送存时间。

（2）开户单位支付现金,可以从本单位库存现金中支付或从开户银行提取,不得从本单位的现金收入中直接支付,即不得"坐支"现金,因特殊情况需要坐支现金的单位,应事先报经有关部门审查批准,并在核定的范围和限额内进行,同时,收支的现金必须入账。

（3）开户单位从开户银行提取现金时,应如实写明提取现金的用途,由本单位财会部门负责人签字盖章,并经开户银行审查批准后予以支付。

（4）因采购地点不确定、交通不便、抢险救灾及其他特殊情况必须使用现金的单位,应向开户银行提出书面申请,由本单位财会部门负责人签字盖章,并经开户银行审查批准后予以支付。

此外,不准用不符合国家统一的会计制度的凭证顶替库存现金,即不得"白条顶库";不准谎报用途套取现金;不准用银行账户代其他单位和个人存入或支取现金;不准用单位收入的现金以个人名义存入储蓄;不准保留账外公款,即不得"公款私存",不得设置"小金库"等。银行对于违反上述规定的单位,将按照违规金额的一定比例予以处罚。

❓请查阅《支付结算办法》,如果单位违反了现金收支规定会受到何种处罚?

二、库存现金的核算

（一）账户设置

为了总括地反映企业库存现金的收入、支出和结存情况,企业应当设置"库存现金"账户,借方登记现金的增加,贷方登记现金的减少,期末借方余额反映期末企业实际持有的库存现金的金额。

（二）现金日常业务的账务处理

为了全面、连续地反映和监督库存现金的收支和结存情况,企业应当设置现金总账和现金日记账,分别进行企业库存现金的总分类核算和明细分类核算。现金日记账由出纳人员根据收付款凭证,按照业务发生顺序逐笔登记。每日终了,应当在现金日记账上计算出当日的现金收入合计额、现金支出合计额和结余额,并将现金日记账的账面结余额与实际库存现金额相核对,保证账款相符;月度终了,现金日记账的余额应当与现金总账的余额核对,做到账账相符。

【例 1-1】 2017 年 1 月 1 日,宇辰有限责任公司因库存现金不足,出纳开具现金支票,到银行提取现金 5 000 元。出纳将支票存根和银行付款凭据交给会计编制记账凭证。

```
借:库存现金                                        5 000
    贷:营业外收入                                          5 000
```

【例1-2】　2017年1月12日,财务部出售废旧报纸,收到现金180元交出纳员,出纳员开具收据交给会计编制记账凭证。

```
借:库存现金                                         180
    贷:营业外收入                                           180
```

【例1-3】　2017年1月16日,出纳收到红叶公司交来包装物押金3 000元,出纳员开具收据交给会计编制记账凭证。

```
借:库存现金                                        3 000
    贷:其他应付款                                          3 000
```

【例1-4】　2017年1月25日,公司办公室主任从外地出差回来,报销差旅费1 000元,交回多余款现金500元,出纳员将粘贴好的差旅费报销单和收据交给会计编制记账凭证。

```
借:库存现金                                         500
    管理费用                                       1 000
    贷:其他应收款                                          1 500
```

(三)备用金的核算

备用金是企事业单位拨付给非独立核算的内部单位或工作人员周转使用的资金,如备作差旅费、零星采购、零星开支用的款项等。

1.备用金管理

备用金可采用定额管理与非定额管理两种方式。

定额管理是指按用款部门的实际需要,核定备用金定额,并按定额拨付现金的管理办法。用款部门按规定的开支范围支用备用金后,凭有关支出凭证向财会部门报销,财会部门如数付给现金,使备用金仍与定额保持一致。一般对用于费用开支的小额备用金,实行定额管理的办法;对用于销售找零用的备用金,按营业柜组核定定额,并拨给现金。各柜组可从销货款中经常保留核定的找零款,不存在支出和报销的问题。

非定额管理是指用款部门根据实际需要向财会部门领款的管理办法。在凭有关支出凭证向财会部门报销时,作为减少备用金处理,直到用完为止。如需补充备用金,再另行办理拨款和领款手续。对用于收购农副产品的备用金,在集中收购旺季时一般采用非定额管理的办法,在淡季零星收购时则采用定额管理的办法,实行交货补款。

总而言之,无论实行哪种管理办法,都要建立健全备用金的领用、保管和报销等手续制度,并指定专人负责经管备用金。经管人员发生变动时,必须办理交接手续,以明确经济责任。

2.备用金的账务处理

备用金的核算,可在"其他应收款"账户内核算,也可单独设置"备用金"账户。它属于资产类账户,借方登记增加数,贷方登记减少数,余额表示库存的备用金数额,并按照领用单位或个人设明细分类账户核算。

【例1-5】　宇辰有限责任公司对业务部门采用定额管理的方式拨付备用金,2017年1月份储运部门发生与备用金有关的经济业务如下:

1月2日拨付备用金5 000元供储运部门使用。

借:备用金——储运部门 5 000
　　贷:库存现金 5 000
1月10日储运部门报销运费2 500元。
借:管理费用——运费 2 500
　　贷:库存现金 2 500
1月25日储运部门将备用金的余额交回财会部门。
借:库存现金 5 000
　　贷:备用金——储运部门 5 000

【例1-6】　宇辰有限责任公司对生产部采用非定额管理的方式拨付备用金,2017年1月份生产部发生与备用金有关的经济业务如下:
1月2日拨付备用金5 000元供生产部使用。
借:备用金——生产部 5 000
　　贷:库存现金 5 000
1月10日生产部报销办公费2 500元。
借:制造费用——办公费 2 500
　　贷:备用金 2 500
1月25日生产部将备用金的余额交回财会部门。
借:库存现金 2 500
　　贷:备用金——生产部 2 500

❓现金是流动性最强的资产,需要完善的内部控制进行监管。如果你是单位的财务主管,你将如何进行现金的内部控制,请你拟定一个管理办法。

(四)库存现金清查的核算

由于现金的收支业务十分频繁,容易出现差错,需要出纳人员每日进行清查和定期及不定期的专门清查。每日业务终了,出纳人员都应将现金日记账的账面余额与现金的实存数进行核对,做到账款相符。进行清查盘点时,出纳人员必须在场,现钞应逐张查点,还应注意有无违反现金管理制度的现象,编制现金盘点报告表,并由盘点人员和出纳人员签章。现金盘点报告表兼有盘存单和实存账存对比表的作用,是反映现金实有数和调整账簿记录的重要原始凭证。其一般格式如表1-1所示。

表1-1　现金盘点报告表

单位名称:　　　　　　　　　　　　　　　　　　　　　年　月　日

实存金额	账存金额	对比结果		备注
		盘盈	盘亏	
现金使用情况	(1)库存现金限额: (2)白条抵库情况: (3)违反规定的现金支出情况: (4)其他违规行为:			
处理决定:				

会计机构负责人:　　　　　盘点人:　　　　　出纳员:

对于出现现金盘盈或盘亏,首先记入"待处理财产损溢"科目的贷方或借方,然后要视具体情况进行处理,如果是盘盈的现金属于应付未付的款项,则借记"待处理财产损溢"科目,贷记"其他应付款"科目;如果是无人领取的现金盘盈,则记入"营业外收入"科目,如果是无责任人承担的现金盘亏,则记入"管理费用"科目。

【例1-7】 宇辰有限责任公司在2017年1月现金清查中,盘盈现金60元,无人领取,经单位负责人审批按财务规定进行处理。

报经批准前,根据现金盘点表的记录,编制会计记录:

借:库存现金   60

  贷:待处理财产损溢——待处理流动资产损溢   60

报经批准后,按财务规定处理,编制会计记录:

借:待处理财产损溢——待处理流动资产损溢   60

  贷:营业外收入   60

【例1-8】 宇辰有限责任公司在2017年3月末的财产清查中,盘亏现金500元,经单位负责人审批,由出纳赔偿300元,待发工资时扣除,其他200元按财务规定进行处理。

报经批准前,根据现金盘点表的记录,编制会计记录:

借:待处理财产损溢——待处理流动资产损溢   500

  贷:库存现金   500

报经批准后,按财务规定处理,编制会计记录:

借:管理费用   200

  其他应收款   300

  贷:待处理财产损溢——待处理流动资产损溢   500

【任务实施】

库存现金核算典型业务会计分录

1. 收取罚款等非营业收入

借:库存现金

  贷:营业外收入

2. 收到保证金(押金)

借:库存现金

  贷:其他应付款

3. 支付员工借款

借:其他应收款

  贷:库存现金

4. 员工报销借款(交回多余资金)

借:库存现金

  管理费用/销售费用/制造费用

  贷:其他应收款

5. 现金短缺处理

借:管理费用(无法查明原因)

  其他应收款(责任人赔偿)

　　贷:待处理财产损溢
　6.现金溢余处理
　借:待处理财产损溢(无法查明原因)
　　贷:其他应付款(应付给有关人员)
　　　营业外收入(无法查明原因)

相关链接——会计核算信息质量要求

> **可靠性**
> 　可靠性要求企业应当以实际发生的交易或者事项为依据进行确认、计量和报告,如实反映符合确认和计量要求的各项会计要素及其他相关信息,保证会计信息真实可靠、内容完整。

任务二　核算银行存款

【任务布置】

　　宇辰有限责任公司在经营过程中发生了如下业务,销售业务收到支票、银行汇票、银行本票或电汇入账通知等,公司需要现金时,开具现金支票到银行提取。开具现金支票或转账支票支付货款或原欠货款。

　　请描述上述业务处理的会计分录。

【知识准备】

一、银行存款结算常识

　　银行存款是指企业存入银行或其他金融机构的各种款项。企业应当根据业务需要,按照规定在其所在地银行开设账户,运用所开设的账户,进行存款、取款以及各种收支转账业务的结算。银行存款的收付应严格执行银行结算制度的规定。

　　银行存款与库存现金一样,应由出纳进行管理,并负责办理收付业务。企业支取现金需要开具现金支票才能支取款项。向其他单位支付款项时应签发转账支票或其他结算凭证等。企业收到支票、银行汇票、银行本票等有价证券应到银行进账,记入银行存款账户。

二、银行存款的核算

(一)账户设置

　　为了总括地反映企业银行存款的收入、支出和结存情况,企业应当设置"银行存款"账户,借方登记存入银行或其他金融机构的款项,贷方登记从银行提取或支付的款项,期末借方余额反映企业存在银行或金融机构的各种款项。

（二）银行存款的账务处理

　　企业应当设置银行存款总账和银行存款日记账,分别进行银行存款的总分类核算和明细分类核算。企业可按开户银行和其他金融机构、存款种类等设置"银行存款日记账",根据收付款凭证,按照业务的发生顺序逐笔登记。每日终了,应结出余额。

　　【例 1-9】　2017 年 1 月 5 日,宇辰有限责任公司采购部采购员持购买原材料采购发票、入库单、付款审批单等来财会部门申领转账支票一张。已知购买辅料 500 千克,单价 6.60 元,金额3 300 元,增值税 561 元,价税合计 3 861 元。出纳将支票存根和有关单据交给会计编制记账凭证。

借:原材料　　　　　　　　　　　　　　　　　　　　　　　　　　3 300
　　应交税费——应交增值税(进项税额)　　　　　　　　　　　　　561
　　贷:银行存款　　　　　　　　　　　　　　　　　　　　　　　　　　　3 861

　　【例 1-10】　2017 年 1 月 10 日,宇辰有限责任公司财务部收到销售部门交来销售产品收取的银行汇票 11 700 元,增值税发票列明价款 10 000 元,增值税 1 700 元。

借:银行存款　　　　　　　　　　　　　　　　　　　　　　　　11 700
　　贷:主营业务收入　　　　　　　　　　　　　　　　　　　　　　　10 000
　　　　应交税费——应交增值税(销项税额)　　　　　　　　　　　　1 700

你是否还记得银行存款余额调节表的编制原理?

【任务实施】

银行存款核算典型业务会计分录

1.收到支票、银行汇票、银行本票或电汇入账通知等

借:银行存款
　　贷:应收账款

或

借:银行存款
　　贷:主营业务收入
　　　　应交税费——应交增值税(销项税额)

2.开具现金支票提取现金

借:库存现金
　　贷:银行存款

3.开具现金支票或转账支票支付货款或欠款

借:应付账款
　　贷:银行存款

或

借:材料采购
　　应交税费——应交增值税(进项税额)
　　贷:银行存款

相关链接——会计核算信息质量要求

> **相关性**
>
> 　　相关性又称有用性,是指企业提供的会计信息应当与财务报告使用者的经济决策需要相关,有助于财务报告使用者对企业过去、现在或者未来的情况作出评价或者预测。例如区分收入和利得、费用和损失,区分流动资产和非流动资产、流动负债和非流动负债以及适度引入公允价值等,都可以提高会计信息的预测价值,进而提升会计信息的相关性。

任务三　核算其他货币资金

【任务布置】

　　宇辰有限责任公司在经营过程中发生了如下业务,办理银行汇票、银行本票、信用卡等进行材料或资产采购结算,收到客户购买商品进行结算的银行汇票或银行本票等。

　　请描述上述业务处理的会计分录。

【知识准备】

一、其他货币资金的内容

　　其他货币资金是指企业除库存现金、银行存款以外的各种货币资金,主要包括银行汇票存款、银行本票存款、信用卡存款、信用证保证金存款、外埠存款等。

　　(1)银行汇票存款。需要使用银行汇票的单位或个人,向银行提交申请,将款项交付给银行即可办理银行汇票。银行汇票是指由出票银行签发的,由其在见票时按照实际结算金额无条件支付给收款人或者持票人的票据。银行汇票的出票银行为银行汇票的付款人。单位和个人各种款项的结算,均可使用银行汇票。银行汇票可以用于转账,填明“现金”字样的银行汇票也可以用于支取现金。

　　(2)银行本票存款。需要使用银行本票的单位或个人,向银行提交申请,将款项交付给银行即可办理银行本票。银行本票是指银行签发的,承诺自己在见票时无条件支付确定的金额给收款人或持票人的票据。单位和个人在同一票据交换区域需要支付的各种款项,均可使用银行本票。银行本票可以用于转账,注明“现金”字样的银行本票可以用于支取现金。

　　(3)信用卡存款。信用卡存款是指企业为取得信用卡而存入银行信用卡专户的款项。信用卡是银行卡的一种。

　　(4)信用证保证金存款。信用证保证金存款是指采用信用证结算方式的企业为开具信用证而存入银行信用证保证金专户的款项。企业向银行申请开立信用证,应按规定向银行提交开证申请书、信用证申请人承诺书和购销合同。

　　(5)外埠存款。外埠存款是指企业为了到外地进行临时或零星采购,而汇往采购地银行开立采购专户的款项。

二、其他货币资金的账务处理

为了反映和监督其他货币资金的收支和结存情况，企业应当设置"其他货币资金"科目，借方登记其他货币资金的增加数，贷方登记其他货币资金的减少数，期末余额在借方，反映企业实际持有的其他货币资金。本科目应按其他货币资金的种类设置明细科目。

其他货币资金的会计处理，大致可以分为办理（开立）、收到发票账单、退回余款三个阶段，其账务处理如图 1-1 所示。

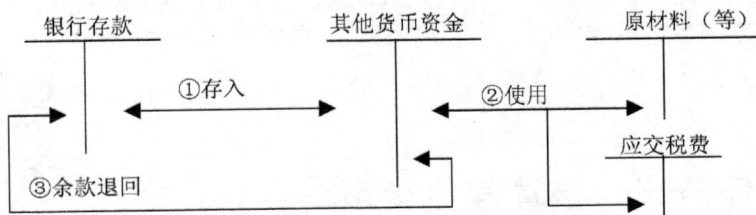

图 1-1　其他货币资金的会计处理流程

1. 银行汇票存款的核算

企业填写"银行汇票申请书"、将款项交存银行时借记"其他货币资金——银行汇票"科目，贷记"银行存款"科目；企业持银行汇票购货、收到有关发票账单时，借记"材料采购"或"原材料""库存商品""应交税费——应交增值税（进项税额）"等科目，贷记"其他货币资金——银行汇票"科目；采购完毕收回剩余款项时，借"银行存款"科目，贷记"其他货币资金——银行汇票"科目。企业收到银行汇票、填制进账单到开户银行办理款项入账手续时，根据进账单及销货发票等，借记"银行存款"科目，贷记"主营业务收入""应交税费——应交增值税（销项税额）"等科目。

【例 1-11】　2017 年 1 月，宇辰有限责任公司发生如下业务，分别进行账务处理：

（1）1 月 5 日，宇辰有限责任公司采购部准备去海南购买原材料一批，价税合计预计 117 万元。采购部向领导申请用银行汇票进行结算。出纳至银行办理一张面值 120 万元的银行汇票。会计编制记账凭证。

借：其他货币资金——银行汇票　　　　　　　　　　　　　　　1 200 000
　　贷：银行存款　　　　　　　　　　　　　　　　　　　　　　　1 200 000

（2）1 月 15 日，采购部购货入库。采购人员持有关发票账单至财务部报销。发票列明价税合计 117 万元，采购员交回的银行汇票复印件上列明实际结算金额 117 万元，余额 3 万元。

借：原材料　　　　　　　　　　　　　　　　　　　　　　　　1 000 000
　　应交税费——应交增值税（进项税额）　　　　　　　　　　　 170 000
　　贷：其他货币资金——银行汇票　　　　　　　　　　　　　　　1 170 000

（3）1 月 18 日，出纳收到银行退回余款 30 000 元进账单通知。

借：银行存款　　　　　　　　　　　　　　　　　　　　　　　　 30 000
　　贷：其他货币资金——银行汇票　　　　　　　　　　　　　　　　 30 000

（4）2017 年 1 月 20 日，宇辰有限责任公司财务部收到大发公司偿还欠款的银行汇票一张，面值 50 万元。

借:银行存款　　　　　　　　　　　　　　　　　　　　500 000
　贷:应收账款　　　　　　　　　　　　　　　　　　　　　　500 000

2.银行本票存款的核算

企业填写"银行本票申请书"、将款项交存银行时,借记"其他货币资金——银行本票"科目,贷记"银行存款"科目;企业持银行本票购货、收到有关发票账单时,借记"材料采购"或"原材料""库存商品""应交税费——应交增值税(进项税额)"等科目,贷记"其他货币资金——银行本票"科目。企业收到银行本票、填制进账单到开户银行办理款项入账手续时,根据进账单及销货发票等,借记"银行存款"科目,贷记"主营业务收入""应交税费——应交增值税(销项税额)"等科目。

【例 1-12】　某企业发生以下业务,分别进行会计处理:

(1)企业填送银行本票申请书,委托银行办理不定额银行本票 23 400 元,并向银行交存23 400元。根据银行盖章退回的申请书存根联,编制会计分录如下:

借:其他货币资金——银行本票　　　　　　　　　　　　23 400
　贷:银行存款　　　　　　　　　　　　　　　　　　　　　23 400

(2)企业使用银行本票进行材料采购,发票账单上显示不含税价 20 000 元,税额 3 400 元。编制会计分录如下:

借:原材料　　　　　　　　　　　　　　　　　　　　　20 000
　应交税费——应交增值税(进项税额)　　　　　　　　 3 400
　贷:其他货币资金——银行本票　　　　　　　　　　　　　23 400

3.信用卡存款的核算

凡在中国境内金融机构开立基本存款账户的单位可申领单位卡。单位卡可申领若干张,持卡人资格由申领单位法定代表人或其委托的代理人书面指定和注销。单位卡账户的资金一律从其基本存款账户转账存入,不得交存现金,不得将销货收入的款项存入其账户。

企业应填制"信用卡申请表",连同支票和有关资料一并送存发卡银行,根据银行盖章退回的进账单第一联,借记"其他货币资金——信用卡"科目,贷记"银行存款"科目;企业用信用卡购物或支付有关费用,收到开户银行转来的信用卡存款的付款凭证及所附发票账单,借记"管理费用"等科目,贷记"其他货币资金——信用卡"科目;企业信用卡在使用过程中,需要向其账户续存资金的,借记"其他货币资金——信用卡"科目,贷记"银行存款"科目;企业的持卡人如不需要继续使用信用卡时,应持信用卡主动到发卡银行办理销户,销卡时,单位卡科目余额转入企业基本存款户,不得提取现金,借记"银行存款"科目,贷记"其他货币资金——信用卡"科目。

4.信用证保证金存款的核算

企业填写"信用证申请书",将信用证保证金交存银行时,应根据银行盖章退回的"信用证申请书"回单,借记"其他货币资金——信用证保证金"科目,贷记"银行存款"科目。企业接到开证行通知,根据供货单位信用证结算凭证及所附发票账单,借记"材料采购"或"原材料""库存商品""应交税费——应交增值税(进项税额)"等科目,贷记"其他货币资金——信用证保证金"科目;将未用完的信用证保证金存款余额转回开户银行时,借记"银行存款"科目,贷记"其他货币资金——信用证保证金"科目。

【例 1-13】 某企业 5 月份发生以下业务：

(1)企业向银行申请开具信用证 1 000 000 元,用于支付境外采购材料价款,企业已向银行缴纳保证金。根据开户行盖章退回的信用证委托书回单,编制会计分录如下：

借:其他货币资金——信用证保证金   1 000 000
　　贷:银行存款   1 000 000

(2)企业收到银行转来的境外销货单位信用证结算凭证以及所附发票账单、海关进口增值税专用缴款书等有关凭证,材料价款 840 000 元,增值税额为 142 800 元。编制会计分录如下：

借:原材料   840 000
　　应交税费——应交增值税(进项税额)   142 800
　　贷:其他货币资金——信用证保证金   982 800

(3)企业收到银行收款通知,对该境外销货单位开出的信用证余款 17 200 元已经转回银行账户。企业编制会计分录如下：

借:银行存款   17 200
　　贷:其他货币资金——信用证保证金   17 200

5.存出投资款的核算

企业向证券公司划出资金时,应按实际划出的金额,借记"其他货币资金——存出投资款"科目,贷记"银行存款"科目;购买股票、债券等时,借记"交易性金融资产"等科目,贷记"其他货币资金——存出投资款"科目。

【例 1-14】 甲企业 10 月 5 日向某证券公司划款 270 000 元以备进行证券投资。编制会计分录如下：

借:其他货币资金——存出投资款   270 000
　　贷:银行存款   270 000

6.外埠存款的核算

企业将款项汇往外地时,应填写汇款委托书,委托开户银行办理汇款。汇入地银行以汇款单位名义开立临时采购账户,该账户的存款不计利息、只付不收、付完清户,除了采购人员可从中提取少量现金外,一律采用转账结算。企业将款项汇往外地开立采购专用账户时,根据汇出款项凭证,编制付款凭证,进行账务处理,借记"其他货币资金——外埠存款"科目,贷记"银行存款"科目;收到采购人员转来供应单位发票账单等报销凭证时,借记"材料采购"或"原材料""库存商品""应交税费——应交增值税(进项税额)"等科目,贷记"其他货币资金——外埠存款"科目;采购完毕收回剩余款项时,根据银行的收账通知,借记"银行存款"科目,贷记"其他货币资金——外埠存款"科目。

【例 1-15】 某工业企业发生以下业务：

(1)委托当地开户银行将款项 50 000 元汇往采购地开立采购专户。根据收到的银行汇款回单,编制会计分录如下：

借:其他货币资金——外埠存款   50 000
　　贷:银行存款   50 000

(2)企业收到外地采购员交来的供应单位发票等报销凭证,增值税专用发票上注明的材料价款 40 000 元,增值税税款 6 800 元。编制会计分录如下：

借：原材料　　　　　　　　　　　　　　　　　　　　　　40 000
　　应交税费——应交增值税（进项税额）　　　　　　　6 800
　　　贷：其他货币资金——外埠存款　　　　　　　　　　　　　46 800

（3）采购完毕，企业收到开户银行的收款通知，该采购专户中的结余款项已经转回。根据银行收账通知，编制会计分录如下：

借：银行存款　　　　　　　　　　　　　　　　　　　　3 200
　　　贷：其他货币资金——外埠存款　　　　　　　　　　　　　3 200

？企业收到客户给本单位的支票、银行汇票和银行本票能否背书转让给其他单位进行结算？

【任务实施】

其他货币资金核算典型业务会计分录

1.办理银行汇票、银行本票、信用卡等时

借：其他货币资金
　　贷：银行存款

2.使用银行汇票、银行本票、信用卡等进行采购结算时

借：应付账款
　　贷：其他货币资金

或

借：材料采购
　　应交税费——应交增值税（进项税额）
　　　贷：其他货币资金

3.收到银行汇票、银行本票时

借：银行存款
　　贷：主营业务收入
　　　　应交税费——应交增值税（销项税额）

或

借：银行存款
　　贷：应收账款

相关链接——会计核算信息质量要求

可理解性

　　可理解性要求企业提供的会计信息应当清晰明了，便于投资者等财务报告使用者理解和使用。企业编制财务报告、提供会计信息的目的在于使用，而要使使用者有效使用会计信息，应当能让其了解会计信息的内涵，弄懂会计信息的内容，这就要求财务报告所提供的会计信息应当清晰明了，易于理解。只有这样，才能提高会计信息的有用性，实现财务报告的目标，满足向投资者等财务报告使用者提供决策有用信息的要求。

单元小结

●库存现金是企业流动性最强的资产。我国规定现金结算起点为 1 000 元。除向个人收购农副产品和其他物资的价款和出差人员必须随身携带的差旅费外,开户单位支付给个人的款项,超过使用现金限额的部分,应当以支票或者银行本票支付。

●单位库存现金使用的限额,由开户行一般按照单位 3 至 5 天日常零星开支所需确定。边远地区和交通不便地区的开户单位的库存现金限额,可按多于 5 天但不得超过 15 天的日常零星开支的需要确定。

●开户单位现金收支应当依照《支付结算办法》的规定办理。

●其他货币资金账户是指企业除库存现金、银行存款以外的各种货币资金,主要包括银行汇票存款、银行本票存款、信用卡存款、信用证保证金存款、外埠存款等。企业应当设置"其他货币资金"账户。

●为了反映和监督货币资金的收支和结存情况,企业应当设置"库存现金""银行存款""其他货币资金"账户。备用金是企事业单位拨付给非独立核算的内部单位或工作人员周转使用的资金,备用金可采用定额管理与非定额管理两种方式。

延伸阅读 1:《人民币银行结算账户管理办法》

延伸阅读 2:《人民币银行结算账户管理办法实施细则》

复习思考题

习题参考答案

单元 2　核算应收及预收款项

知识目标

● 了解商业汇票的种类,熟悉商业汇票贴现利息的计算原理,掌握商业汇票取得、收款、背书和贴现的账务处理方法。

● 了解商业折扣和现金折扣的原理,熟悉应收账款的入账价值,掌握应收账款的账务处理方法。

● 了解预收账款和应收账款的关系,掌握预收账款的账务处理方法。

● 了解其他应收款的核算内容,掌握其他应收款的账务处理方法。

● 了解备抵法计提减值的原理,掌握应收及预付款项减值的核算。

能力目标

● 会计算商业汇票贴现的利息。

● 能够进行商业汇票取得、收款、背书和贴现的账务处理。

● 会计算商业折扣、现金折扣和应收账款的入账价值。

● 能够进行应收账款的发生和收回的账务处理。

● 能够进行预收账款的账务处理。

● 能够进行其他应收款的账务处理。

● 会计提坏账准备,能够进行坏账准备的账务处理。

单元描述

应收款项是指企业在日常生产经营过程中发生的各项债权,包括应收票据、应收账款和其他应收款等;预收款项则是指企业按照合同规定预收的款项,如预收账款等。

宇辰有限责任公司 2016 年 9 月发生了如下业务:①5 日,销售生产的商品不含增值税收入 10 万元,应交增值税 1.7 万元,收到不带息银行承兑汇票 1 张,面值 11.7 万元。②6 日,销售生产的商品不含增值税收入 10 万元,应交增值税 1.7 万元,货已经发出,但款项尚未收到。③15 日,收到银行承兑汇票一张,系客户偿付 6 日所购买商品的欠款。④16 日,将 5 日收到的银行承兑汇票背书用于偿付所欠供应商的货款。⑤20 日,收到客户预付的货款 10 万元。⑥20 日,租入设备一台,支付押金 1 万元。⑦30 日,计提坏账准备 0.5 万元。上述是企业经营过程中比较典型的涉及应收款项和预收款项的业务。你知道如何进行账务处理吗?

> **岗位职责:**
>
> 应收及预收款项是企业销售业务产生的债权和债务,是往来会计岗位负责管理的账户。往来会计岗位与销售业务有关的基本职责如下:
>
> 1. 协助财务负责人会同销售部门拟定销售业务管理与核算办法;

　　2.根据公司制度,及时催收应收款项,保证应收款项按时收回和及时收到货物,防止坏账损失;

　　3.及时向销售部门提供预收款信息,督促销售部门根据合同发出商品;

　　4.负责销售业务有关原始凭证的审核;

　　5.负责根据销售业务的原始凭证进行账务处理和明细分类核算;

　　6.负责登记应收账款和预收账款明细账,并按期及时与客户核对账目,防止弄虚做假,维护公司权益;

　　7.负责分析应收及预收款项,定期向财务负责人提供分析报告。

　　上述列示的仅是往来会计岗位与销售业务有关的应收及预收款项核算的职责,其还可能承担单位的其他工作,但不能违反内部控制的不相容职务相分离的原则。

任务一　应收票据核算

【任务布置】

　　宇辰有限责任公司在销售过程中客户经常用商业汇票与之结算,有时收到商业承兑汇票,有时收到银行承兑汇票,收到的票据中有的是带息票据。企业对收到的商业汇票处理方式有:一是票据到期时收款,在持有票据期间要计提票据利息;二是将票据背书转让给供应商进行采购结算或支付欠款;三是当企业急需资金时,将该汇票到银行进行贴现换取资金。企业在经营过程中也存在收到的商业承兑票据到期时,由于出票人无足够的资金而无法取得资金的情况。

　　请描述上述业务处理的典型会计分录。

【知识准备】

　　应收票据是指企业因销售商品、提供劳务等而收到的商业汇票。商业汇票是一种由出票人签发的,委托付款人在指定日期无条件支付确定金额给收款人或者持票人的票据。

一、应收票据的种类

(一)商业汇票按承兑人不同,分为商业承兑汇票和银行承兑汇票

　　商业承兑汇票是指由付款人签发并承兑,或由收款人签发交由付款人承兑的汇票;银行承兑汇票是指由在承兑银行开立存款账户的存款人(这里也是出票人)签发,由承兑银行承兑的票据。企业申请使用银行承兑汇票时,应向其承兑银行按票面金额的万分之五缴纳手续费。

(二)商业汇票按其是否带息,分为带息票据和不带息票据

　　带息票据是指商业汇票上标明利率的票据,汇票到期时,承兑人除向收款人或被背书人支付票面金额款项外,还应按票面金额和规定的利率计算支付自票据生效日起至票据到期日止的利息;不带息票据是指商业汇票到期时,承兑人只按票面金额向收款人或被背书人支付款项的票据。我国的商业汇票一般都是不带息汇票。

二、应收票据的核算

(一)账户设置

为了反映和监督企业应收票据的取得和回收情况,企业应设置"应收票据"科目进行核算。本科目可按开出、承兑商业汇票的单位进行明细核算,期末借方余额反映企业持有的商业汇票的票面金额。

企业应当设置"应收票据备查簿",逐笔登记商业汇票的种类、号数和出票日、票面金额、交易合同号和付款人、承兑人、背书人的姓名或单位名称、到期日、背书转让日、贴现日、贴现率和贴现净额以及收款日和收回金额、退票情况等资料。商业汇票到期结清票款或退票后,在备查簿中应予注销。

(二)应收票据的账务处理

1.取得应收票据和收回到期票款

应收票据取得的原因不同,其会计处理亦有所区别。因债务人抵偿前欠货款而取得的应收票据,借记"应收票据"科目,贷记"应收账款"科目;因企业销售商品、提供劳务等而收到、开出承兑的商业汇票,借记"应收票据"科目,贷记"主营业务收入""应交税费——应交增值税(销项税额)"等科目。

商业汇票到期收回款项时,应按实际收到的金额,借记"银行存款"科目,贷记"应收票据"科目。

应收票据账务处理如图 2-1 所示。

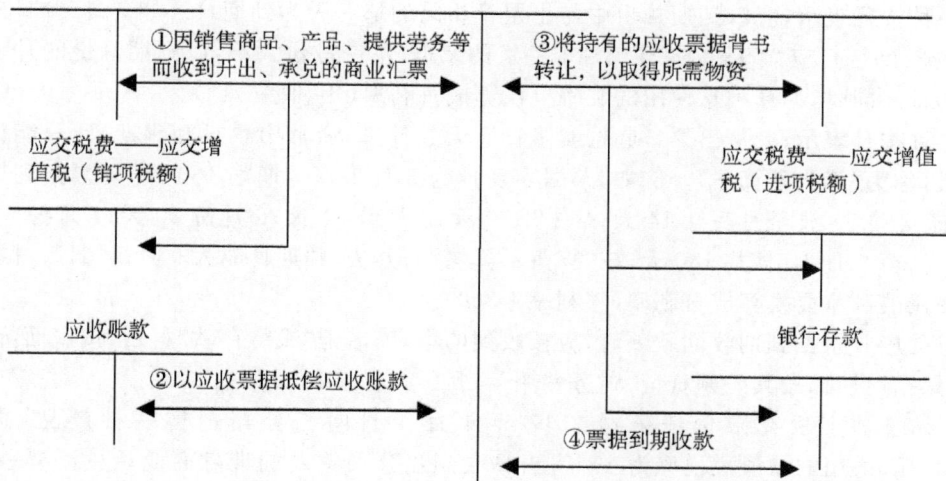

图 2-1　应收票据账务处理

(1)不带息票据的会计处理。

【例 2-1】　宇辰有限责任公司 2017 年 3 月 1 日向乙公司销售一批产品,货款为 1 500 000 元,增值税发票列明税款 255 000,收到 3 个月到期无息商业承兑汇票 1 张,面值为 1 755 000 元,抵付产品货款。应编制如下会计分录:

借:应收票据   1 755 000
    贷:主营业务收入   1 500 000
       应交税费——应交增值税(销项税额)   255 000

6月1日,上述应收票据到期,收回票面金额1 755 000元存入银行。应编制如下会计分录:

借:银行存款   1 755 000
    贷:应收票据   1 755 000

【例2-2】 宇辰有限责任公司3月15日收到甲公司寄来的一张3个月到期的无息商业承兑汇票,面值为1 755 000元,抵付前欠货款。应编制如下会计分录:

借:应收票据   1 755 000
    贷:应收账款   1 755 000

(2)带息票据的会计处理。

企业收到商业汇票时,处理方法同不带息应收票据。该票据不跨会计结算期间的,平时不单独计息,到期收回本息一次入账。所谓会计结算期是指法定报表公开日期(半年末、年末)。对持有期间跨期的带息应收票据,按权责发生制的要求,应于中期期末和年末这两个时点计提票据利息,在增加应收票据票面价值的同时,冲减"财务费用",即借记"应收票据"科目,贷记"财务费用"科目。

票据利息的计算公式为:

$$应收票据利息=应收票据票面金额×票面利率×期限$$

其中:"利率"一般指年利率;"期限"指签发日至到期日的时间间隔。

票据的期限有按月表示和按日表示两种:

第一种按月表示,应以到期月份中与出票日相同的那一天为到期日。如3月18日签发的6个月票据,到期日应为9月18日。月末签发的票据,不论月份大小,以到期月份的月末那一天为到期日。同时,计算利息使用的利率要换算成月利率(年利率÷12)。

第二种按日表示,应从出票日起按实际日历天数计算,通常出票日和到期日,只能计算其中的一天,称为"算头不算尾"。例如,票据签发日为3月18日,期限180天,则票据到期日为9月14日(3月18日至月底计14天;4月份30天;5月份31天;6月份30天;7月份31天;8月份31天;至9月13日共180天,按"算头不算尾"的办法,到期日应为9月14日)。同时,计算利息使用的利率要换算成日利率(年利率÷360)。

带息的应收票据到期收回款项时,应按收到的本息,借记"银行存款"科目,按账面价值,贷记"应收票据"科目,按其差额贷记"财务费用"科目。

【例2-3】 宇辰有限责任公司2017年4月1日向乙公司销售一批产品,货款为1 500 000元,适用的增值税税率为17%,当日收到乙公司签发的带息商业承兑汇票一张,面值1 755 000元,票面年利率6%,期限为4个月。宇辰有限责任公司会计处理如下:

(1)收到票据:

借:应收票据   1 755 000
    贷:主营业务收入   1 500 000
       应交税费——应交增值税(销项税额)   255 000

(2)6月30日，计提票据利息：

票据利息＝1 755 000×6‰×3÷12＝26 325(元)

借：应收票据　　　　　　　　　　　　　　　　　　　　　26 325
　贷：财务费用　　　　　　　　　　　　　　　　　　　　　　　26 325

(3)票据到期收回款项：

借：银行存款　　　　　　　　　　　　　　　　　　　　　1 790 100
　贷：应收票据(面值＋已计提的3个月利息)　　　　　　　　　1 781 325
　　　财务费用(未计提的1个月利息)　　　　　　　　　　　　　8 775

(4)如果票据到期债务人无力支付票款：

借：应收账款　　　　　　　　　　　　　　　　　　　　　1 790 100
　贷：应收票据　　　　　　　　　　　　　　　　　　　　　　1 781 325
　　　财务费用　　　　　　　　　　　　　　　　　　　　　　　8 775

❓如果本例题所涉及的汇票为银行承兑汇票，则第(4)笔业务应该如何进行处理？

2.应收票据贴现

贴现是指企业以未到期票据向银行融通资金，银行按票据的应收金额扣除一定期间的利息后的余额付给企业的融资行为。

(1)应收票据贴现净额的计算。

不带息票据到期值＝票据面值

带息票据到期值＝票据面值＋利息

"票面利率"有年、月、日利率之分。如需换算，每月统一按30天计算，全年按360天计算。

银行收取的贴现息＝票据到期值×贴现率×贴现期

"贴现率"由银行统一规定；"贴现期"通常是指从贴现日至票据到期日前1日的时期。计算时注意贴现率和贴现期的匹配。

票据贴现的实质是企业用商业汇票做抵押到金融机构借钱，借款的期限是从贴现日至票据到期日的期间。

贴现净额＝票据到期值－贴现息

(2)应收票据贴现的账务处理。

应收票据贴现的账务处理主要有两种方法：如果贴现的票据银行不具有追索权则直接注销"应收票据"科目；如果贴现的票据银行具有追索权则先通过"短期借款"科目核算，当满足金融资产转移准则规定的金融资产终止确认条件时，再注销"应收票据"科目。

【例2-4】 宇辰有限责任公司4月29日售给本市M公司产品一批，货款总计100 000元，适用增值税税率为17%。M公司交来一张出票日为5月1日、面值117 000元、期限为3个月的无息银行承兑汇票。该企业6月1日持票据到银行贴现，贴现率为12%。如果本项贴现业务符合金融资产转移准则规定的金融资产终止确认条件，则企业应做会计分录如下：

(1)收到票据时：

借：应收票据　　　　　　　　　　　　　　　　　　　　　117 000
　贷：主营业务收入　　　　　　　　　　　　　　　　　　　　100 000
　　　应交税费——应交增值税(销项税额)　　　　　　　　　　17 000

（2）贴现时：

票据到期值＝117 000（元）

贴现息＝117 000×12％×2/12＝2 340（元）

贴现净额＝117 000－2 340＝114 660（元）

借：银行存款　　　　　　　　　　　　　　　　　　　114 660

　　财务费用　　　　　　　　　　　　　　　　　　　　2 340

　　贷：应收票据　　　　　　　　　　　　　　　　　　　　117 000

【例 2-5】 承上例，如果票据贴现后，银行拥有追索权，则表明宇辰公司的应收票据贴现不符合金融资产终止确认条件，应将贴现所得确认为一项负债。

借：银行存款　　　　　　　　　　　　　　　　　　　114 660

　　贷：短期借款　　　　　　　　　　　　　　　　　　　　114 660

贴现息 2 340 元应在票据贴现期间采用实际利率法确认为利息费用。

？什么是实际利率法，上述利息费用如何确认核算？

3. 应收票据背书转让

企业可以将自己持有的商业汇票转让给他人，此种转让称为背书。背书是指持票人在票据背面签字，签字人称为背书人，背书人对票据的到期付款负连带责任。

企业将持有的应收票据背书转让，已取得所需物资时，按应计入取得物资成本的价值，借记"原材料"等科目，按专用发票上注明的增值税税额，借记"应交税费——应交增值税（进项税额）"科目，按应收票据的账面余额，贷记"应收票据"科目，有差额，借记或贷记"银行存款"等科目。若为带息应收票据，在以上处理的基础上还应按尚未计提的利息，贷记"财务费用"科目。

【例 2-6】 承例 2-4，假定宇辰有限责任公司于 5 月 15 日将上述应收票据背书转让，以取得生产经营所需的 A 材料，该材料价款为 110 000 元，适用的增值税税率为 17％，另支付银行存款 11 700 元。宇辰公司应编制如下会计分录：

借：原材料　　　　　　　　　　　　　　　　　　　110 000

　　应交税费——应交增值税（进行税额）　　　　　　18 700

　　贷：应收票据　　　　　　　　　　　　　　　　　　　117 000

　　　银行存款　　　　　　　　　　　　　　　　　　　11 700

？商业汇票背书的次数有没有限制？商业汇票背书两次之后在票据背面无盖章的位置了怎么办？

【任务实施】

应收票据核算典型业务会计分录

1. 销售商品收到商业汇票

借：应收票据

　　贷：主营业务收入

　　　应交税费——应交增值税（销项税额）

2.商业汇票到期收款

借:银行存款

　　贷:应收票据

3.收到商业汇票抵偿欠款

借:应收票据

　　贷:应收账款

4.计提票据利息

借:应收票据

　　贷:财务费用

5.商业承兑汇票到期债务人无力支付票款

借:应收账款

　　贷:应收票据

6.商业汇票贴现(带追索权)

借:银行存款

　　贷:短期借款

7.商业汇票贴现(不带追索权)

借:银行存款

　　财务费用

　　贷:应收票据

8.商业汇票背书转让购货

借:原材料

　　应交税费——应交增值税(进行税额)

　　贷:应收票据

相关链接——会计核算信息质量要求

> **可比性**
>
> 可比性要求企业提供的会计信息应当相互可比。主要包括两层含义:
>
> 一是同一企业在不同时期发生的相同或类似的交易或事项,应当采用前后一致的会计政策,不得随意变更。如果按照规定或者在会计政策变更后可以提供更可靠、更相关的会计信息的,可以变更会计政策,但有关会计政策变更的情况,应当在附注中予以说明。
>
> 二是不同企业发生的相同或类似交易或事项,应当采用规定的会计政策,以确保会计信息口径一致,相互可以比较。

任务二　应收账款核算

【任务布置】

应收账款是企业为了扩大销售提高竞争能力产生的债权。宇辰有限责任公司在销售过程中也大量采用赊销的方式，对一次采购批量较大的客户给予一定的商业折扣。为了能够让客户及时付款，企业经过测算后设计了现金折扣政策。由于对客户资质审核不严格，导致部分赊销货款无法收回，企业对无法收回的应收账款按规定程序进行了处理。

请描述上述业务处理的典型会计分录。

【知识准备】

应收账款是指企业因销售商品、材料或提供劳务等经营活动，应向购货单位或接受劳务单位收取的款项。应收账款属于流动资产，但它的流动性小于应收票据，所以在资产负债表上，它处于应收票据的下方。

一、应收账款的入账价值

应收账款的入账价值包括销售商品或提供劳务的价款、增值税销项税额，以及代购货单位垫付的包装费、运杂费等。在确认应收账款的入账价值时，还应考虑商业折扣、现金折扣、销售折让与退回、坏账等因素，这些因素的存在与变动都会影响到应收账款入账价值的确定。

（一）商业折扣

商业折扣也称数量折扣，是企业根据市场供需情况或针对不同的顾客（如老顾客或大量购买其商品的顾客），在商品标价上给予的折扣，是企业最常用的促销手段。由于商业折扣在交易成立及实际付款之前予以扣除，因此，对应收账款和营业收入均不产生影响，会计记录只按商品定价扣除商业折扣后的净额入账。

（二）现金折扣

现金折扣是企业为了鼓励客户提前偿还货款而向客户提供的债务扣除。现金折扣一般采用符号"折扣/付款期限"来表示，例如：2/10、1/20、n/30。其含义是：买方在 10 天以内付款，销售企业将按商品售价的 2% 给其折扣；买方在 10 天以后 20 天以内付款，将按商品售价的 1% 给其折扣；企业允许客户最长的付款期限为 30 天，客户如果在 20 天以后 30 天以内付款，将不能享受现金折扣。

现金折扣使销售企业应收账款的实际数额因客户的付款时间不同而异，其应收账款价值应按未减现金折扣前的实际售价作为应收账款的入账价值，把实际发生的现金折扣视为销售企业为了尽快回笼资金而发生的理财费用。

我国会计准则规定，在销售业务发生时，应收账款和销售收入以未扣减现金折扣前的实际售价作为入账价值，实际发生的现金折扣作为对客户提前付款的鼓励性支出，作为财务费用。

二、应收账款的核算

(一)账户设置

应收账款的核算是通过"应收账款"科目进行的。

(二)应收账款的账务处理

企业销售商品等发生应收款项时,借记"应收账款"科目,贷记"主营业务收入""应交税费——应交增值税(销项税额)"等科目;收回应收账款时,借记"银行存款"等科目,贷记"应收账款"科目。企业代购货单位垫付包装费、运杂费时,借记"应收账款"科目,贷记"银行存款"等科目;收回代垫费用时,借记"银行存款"科目,贷记"应收账款"科目。期末借方余额,反映企业尚未收回的应收账款;期末如为贷方余额,反映企业预收的账款。

预收货款不多的企业,为简化起见,也可不设"预收账款"科目,而将预收货款业务直接记入"应收账款"科目。应收账款科目应当按照债务人进行明细核算。

应收账款账务处理如图2-2所示。

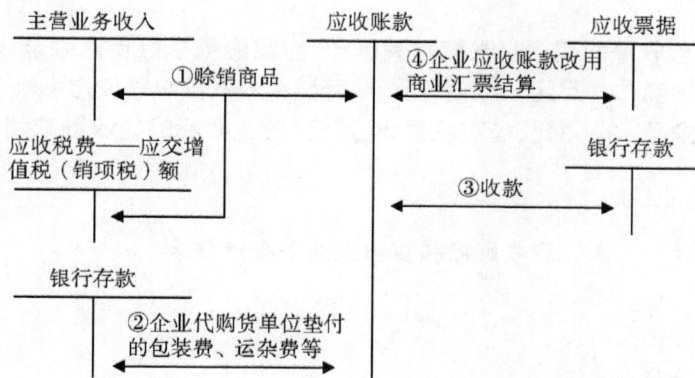

图 2-2　应收账款账务处理

【例 2-7】　宇辰有限责任公司采用赊销方式向乙公司销售商品一批,货款 500 000 元,增值税税额 85 000 元,以银行存款代垫运杂费 5 000 元,商品已经发出。宇辰公司应编制如下会计分录:

借:应收账款　　　　　　　　　　　　　　　　　　　　　　　　　　590 000
　　贷:主营业务收入　　　　　　　　　　　　　　　　　　　　　　500 000
　　　　应交税费——应交增值税(销项税额)　　　　　　　　　　　　85 000
　　　　银行存款　　　　　　　　　　　　　　　　　　　　　　　　　5 000

　企业代购货单位垫付包装费、运杂费也应计入应收账款,通过"应收账款"科目核算。如果企业自行承担包装费、运杂费用,应如何核算?

【例 2-8】　承例 2-7,宇辰有限责任公司收到银行收款通知,应编制如下会计分录:

借:银行存款　　　　　　　　　　　　　　　　　　　　　　　　　　590 000
　　贷:应收账款　　　　　　　　　　　　　　　　　　　　　　　　590 000

【例 2-9】　宇辰有限责任公司赊销一批商品,货款为 100 000 元,规定对货款部分的付款条件为 2/10、n/30,适用的增值税税率为 17%,代垫运杂费 3 000 元(假设不作为计税基数)。
应做会计分录如下:

(1)销售业务发生时,根据有关发票账单:

借:应收账款　　　　　　　　　　　　　　　　　　　　　　　　120 000
　　贷:主营业务收入　　　　　　　　　　　　　　　　　　　　100 000
　　　　应交税费——应交增值税(销项税额)　　　　　　　　17 000
　　　　银行存款　　　　　　　　　　　　　　　　　　　　　3 000

(2)假若客户于 10 天内付款时:

借:银行存款　　　　　　　　　　　　　　　　　　　　　　　118 000
　　财务费用　　　　　　　　　　　　　　　　　　　　　　　2 000
　　贷:应收账款　　　　　　　　　　　　　　　　　　　　　120 000

(3)假若客户超过 10 天付款,则无现金折扣:

借:银行存款　　　　　　　　　　　　　　　　　　　　　　　120 000
　　贷:应收账款　　　　　　　　　　　　　　　　　　　　　120 000

企业设置了应收账款和预收账款相关账户,应收账款总账借方余额 100 万元,其中应收账款明细账借方余额 120 万元,贷方余额 20 万元;预收账款总账贷方余额 100 万元,其中预收账款明细账贷方余额 120 万元,借方余额 20 万元;企业实际的应收账款和预收账款分别是多少?

【任务实施】

应收账款核算典型业务会计分录

1. 赊销商品时

借:应收账款
　　贷:主营业务收入
　　　　应交税费——应交增值税(销项税额)
　　　　银行存款

2. 收到货款时

借:银行存款
　　贷:应收账款

3. 发生现金折扣时

借:银行存款
　　财务费用
　　贷:应收账款

4. 应收账款无法收回时

借:坏账准备
　　贷:应收账款

相关链接——会计核算信息质量要求

实质重于形式

实质重于形式要求企业应当按照交易或者事项的经济实质进行会计确认、计量和报告，不仅仅以交易或者事项的法律形式为依据。

企业发生的交易或事项在多数情况下，其经济实质和法律形式是一致的。但在有些情况下，会出现不一致。例如，以融资租赁方式租入的资产，虽然从法律形式来讲，企业并不拥有其所有权，但是由于租赁合同中规定的租赁期相当长，接近于该资产的使用寿命；租赁期结束时承租企业有优先购买该资产的选择权；在租赁期内承租企业有权支配资产并从中受益等，因此，从其经济实质来看，企业能够控制融资租入资产所创造的未来经济利益，在会计确认、计量和报告上就应当将以融资租赁方式租入的资产视为企业的资产，列入企业的资产负债表。

任务三　预收账款核算

【任务布置】

预收账款是企业为了防止发生坏账或是在一些紧俏商品销售时采取的销售政策。宇辰有限责任公司生产一种特殊原料，市场供不应求，因此，在销售过程中采用预收货款的销售方式，对信誉较好的客户预收部分货款，待发货后再收取余款，对信誉一般的客户要求预收全部货款。

请描述上述业务处理的典型会计分录。如果该公司不设"预收账款"账户，应如何核算？

【知识准备】

预收账款是企业按照合同规定或交易双方之约定，而向购买单位或接受劳务的单位在未发出商品或提供劳务时预收的款项。

一、账户设置

为了核算和监督预收账款的形成及结算情况，企业应设置"预收账款"账户。该账户贷方登记企业收到购货方预付的货款，借方登记企业实际发出产品的价税款及退回的多余款。期末贷方余额表示企业向购货单位预收的款项；期末借方余额表示企业应向购货单位补付的款项，即应收款项。该账户按购货单位设置明细账进行明细分类核算。

在预收款项业务不多的企业可以将预收的款项直接记入"应收账款"的贷方，不单独设置本账户。

二、预收账款的账务处理

企业预收购货单位的款项时，借记"银行存款"科目，贷记"预收账款"科目；销售实现时，按实现的收入和应交的增值税销项税额,借记"预收账款"科目,按照实现的营业收入,贷记"主营业务收入"科目,按照增值税专用发票上注明的增值税税额,贷记"应交税费——应交增值税(销项税额)"等科目;企业收到购货单位补付的款项,借记"银行存款"科目,贷记"预收账款"科目;向购货单位退回其多付的款项时,借记"预收账款"科目,贷记"银行存款"科目。

【例 2-10】　甲公司 1 月 1 日收到乙企业预付的货款 10 000 元,1 月 10 日甲向乙发货,货款 30 000 元,增值税销项税额为 5 100 元,剩余款项月末付清。甲公司的有关会计分录如下:

(1)1 月 1 日收到乙企业交来的预付货款:

借:银行存款	10 000
贷:预收账款——乙企业	10 000

(2)1 月 10 日甲公司发货:

借:预收账款	35 100
贷:主营业务收入	30 000
应交税费——应交增值税(销项税额)	5 100

此时,预收账款的借方余额为 25 100 元,表示应收的金额为 25 100 元。

(3)月末收到乙企业补付的货款:

借:银行存款	25 100
贷:预收账款	25 100

❓在期末编制资产负债表应收账款项目时,是否需要把预收账款明细账户中的借方余额调至应收账款项目中? 为什么?

【任务实施】

预收账款核算的典型业务会计分录

1.企业向购货单位预收货款时

借:银行存款

　贷:预收账款

2.发出商品,销售实现时

借:预收账款

　贷:主营业务收入

　　应交税费——应交增值税(销项税额)

3.多退少补

(1)购货单位补付余款。

借:银行存款

　贷:预收账款

(2)退回购货单位多付的货款。

借:预收账款

　贷:银行存款

不设置"预收账款"科目时,通过"应收账款"科目核算预收款业务的有关会计分录如下:

1.收到购货单位预付货款

借:银行存款

　　　贷：应收账款

　　2.按合同规定发出货物

　　借：应收账款

　　　　贷：主营业务收入

　　　　　　应交税费——应交增值税(销项税额)

　　3.收到购货单位补付的货款

　　借：银行存款

　　　　贷：应收账款

任务四　其他应收款核算

【任务布置】

　　宇辰有限责任公司在经营过程中会出现以下经济业务：出租一些暂时不用的机器设备，合同规定归还设备时支付租金；租入一些企业临时使用的机械，支付租金和押金；替职工垫付水电费等，每月从职工工资中扣除；在经营过程中出现意外事故后向保险公司索赔产生的债权；等等。

　　请编制企业应收租金、支付押金、为职工垫付款项、应收索赔款项的会计分录。

【知识准备】

一、其他应收款的核算内容

　　其他应收款是指企业除应收票据、应收账款、预付账款等以外的其他各种应收及暂付款项。主要包括：

　　(1)应收的各种赔款、罚款，如因企业财产等遭受意外损失而应向有关保险公司收取的赔款等；

　　(2)应收的出租包装物租金；

　　(3)应向职工收取的各种垫付款项，如为职工垫付的水电费，应由职工负担的医药费、房租费等；

　　(4)存出保证金，如租入包装物支付的押金；

　　(5)其他各种应收、暂付款项。

二、其他应收款的核算

(一)账户设置

　　其他应收款应当按实际发生的金额入账。

　　为了反映其他应收账款的增减变动及其结存情况，企业应当设置"其他应收款"科目进行核算。"其他应收款"科目的借方登记其他应收款的增加，贷方登记其他应收款的收回，期末余额一般在借方，反映企业尚未收回的其他应收款项。

（二）其他应收款的账务处理

企业发生其他应收款时，借记"其他应收款"科目，贷记"库存现金""银行存款""营业外收入"等科目；收回或转销其他应收款时，借记"库存现金""银行存款""应付职工薪酬"等科目，贷记"其他应收款"科目。

【例 2-11】 甲公司库存材料发生毁损，按保险合同规定，应由保险公司赔偿损失 30 000 元，赔款尚未收到，应编制如下会计分录：

借：其他应收款——保险公司　　　　　　　　　　　　　　　　30 000
　　贷：待处理财产损溢　　　　　　　　　　　　　　　　　　　　　30 000

【例 2-12】 承上例，上述保险公司赔款如数收到，应编制如下会计分录：

借：银行存款　　　　　　　　　　　　　　　　　　　　　　　30 000
　　贷：其他应收款——保险公司　　　　　　　　　　　　　　　　　30 000

【例 2-13】 甲公司以银行存款替副总经理黄某垫付应由其个人负担的医疗费 5 000 元，拟从其工资中扣回，应编制如下会计分录：

（1）垫支时：

借：其他应收款——黄某　　　　　　　　　　　　　　　　　　5 000
　　贷：银行存款　　　　　　　　　　　　　　　　　　　　　　　5 000

（2）扣款时：

借：应付职工薪酬　　　　　　　　　　　　　　　　　　　　　5 000
　　贷：其他应收款——黄某　　　　　　　　　　　　　　　　　　　5 000

【例 2-14】 甲公司租入包装物一批，以银行存款向出租方支付押金 10 000 元，应编制如下会计分录：

借：其他应收款——存出保证金　　　　　　　　　　　　　　　10 000
　　贷：银行存款　　　　　　　　　　　　　　　　　　　　　　　10 000

【例 2-15】 承上例，租入包装物按期如数退回，甲公司收到出租方退还的押金 10 000 元，已存入银行，应编制如下会计分录：

借：银行存款　　　　　　　　　　　　　　　　　　　　　　　10 000
　　贷：其他应收款——存出保证金　　　　　　　　　　　　　　　　10 000

❓请描述企业员工出差借款、报销核算的业务办理流程。

【任务实施】

其他应收款核算典型业务会计分录

1. 支付押金、垫付款项时

借：其他应收款
　　贷：银行存款

2. 应收租金时

借：其他应收款
　　贷：其他业务收入

3.索赔款项时

借:其他应收款

　　贷:待处理财产损溢

相关链接——会计核算信息质量要求

重要性

　　重要性要求企业提供的会计信息应当反映与企业财务状况、经营成果和现金流量有关的所有重要交易或者事项。在实务中,如果会计信息的省略或者错报会影响投资者等财务报告使用者据此作出决策的,该信息就具有重要性。重要性的应用需要依赖职业判断,企业应当根据其所处环境和实际情况,从项目的性质和金额大小两方面加以判断。

任务五　应收款项减值核算

【任务实施】

　　坏账损失是企业赊销产生的代价。根据谨慎性原则,企业要在会计期末计提坏账准备计入当期损益。当应收款项确实无法收回时确认坏账损失。

　　请问:计提坏账准备的方法有哪些?会计期末计提的坏账准备如何进行账务处理?如何计算当期应计提的坏账准备?

【知识准备】

一、应收款项减值损失的确认

　　企业在经营过程中的应收及预付款项由于客户的原因导致无法收回,无法收回的款项称为坏账。坏账是指企业无法收回或收回的可能性极小的应收款项。由于发生坏账而遭受的损失称为坏账损失。

　　企业应当在资产负债表日对应收及预付款项的账面价值进行检查,有客观证据表明应收及预付款项发生减值的,应当将该应收及预付款项的账面价值减记至预计未来现金流量现值(可收回金额),减记的金额确认为减值损失,计提坏账准备。这里所说的客观证据包括:

　　(1)债务人依法宣告破产、关闭、解散、被撤销,或者被依法注销、吊销营业执照,其清算财产不足以清偿的;

　　(2)债务人死亡,或者依法被宣告失踪、死亡,其财产或者遗产不足以清偿的;

　　(3)债务人逾期3年以上未清偿,且有确凿证据证明已无力清偿债务的;

　　(4)与债务人达成债务重组协议或法院批准破产重整计划后,无法追偿的;

　　(5)因自然灾害、战争等不可抗力导致无法收回的;

　　(6)国务院财政、税务主管部门规定的其他条件。

　　企业应收及预付款项符合上述条件之一的,减除可收回的金额后确认的无法收回的应收及预付款项,计入坏账损失。

二、坏账损失的核算

(一)坏账损失的核算方法

坏账损失的核算方法有直接转销法和备抵法,我国企业会计制度规定,企业只能采用备抵法核算坏账损失。

备抵法是指在坏账损失实际发生前,就依据权责发生制原则估计可能发生的坏账损失,并同时形成坏账准备,当某一应收款项全部或部分被确认为坏账时,将其金额冲减坏账准备并相应转销应收款项的方法。

备抵法下估计坏账损失的常用方法有三种:应收账款余额百分比法、账龄分析法和销货百分比法。

(1)应收账款余额百分比法。这种方法是以会计期末应收账款的账面余额为基数,乘以估计的坏账率,计算当期估计的坏账损失,据此提取坏账准备。

(2)账龄分析法。这种方法是根据应收账款挂账时间的长短估计坏账损失,提取坏账准备。

(3)销货百分比法。这种方法是根据赊销金额的一定百分比估计坏账损失,提取坏账准备。

(二)账户设置

为了核算企业提取的坏账准备金,采用备抵法核算坏账,应设置"坏账准备"科目。"坏账准备"科目是"应收账款""预付账款""其他应收款"等科目的备抵科目,其贷方反映坏账准备的计提数,借方反映坏账准备的转销数或收回的以前年度已确认并转销的坏账,会计期末时该科目如有余额一般为贷方余额,表示已计提但尚末转销的坏账准备数额。本科目可按应收及预付款项的类别进行明细核算。

应特别注意,"坏账准备"科目年末一定为贷方余额,并且等于本年预计的坏账损失。

(三)坏账损失的账务处理

在资产负债表日,应收款项发生减值的,按应减记的金额,借记"资产减值损失"科目,贷记"坏账准备"科目。企业当期应计提的坏账准备大于其账面余额的,应按其差额补提坏账准备;当期应计提的坏账准备小于其账面余额的,应按其差额冲销坏账准备。具体可按下述公式计算(以应收账款余额百分比法为例):

本期应计提的坏账准备=期末应收款项余额×百分比−坏账准备期末账面余额

对于确实无法收回的应收款项,按管理权限报经批准后确认为坏账,转销应收款项,借记"坏账准备"科目,贷记"应收账款"等科目。

已确认并转销的应收款项以后又收回的,应按实际收回的金额,借记"应收账款"等科目,贷记"坏账准备"科目;同时,借记"银行存款"科目,贷记"应收账款"等科目。也可以按照实际收回的金额,借记"银行存款"科目,贷记"坏账准备"科目。

坏账损失核算图示如图 2-3 所示。

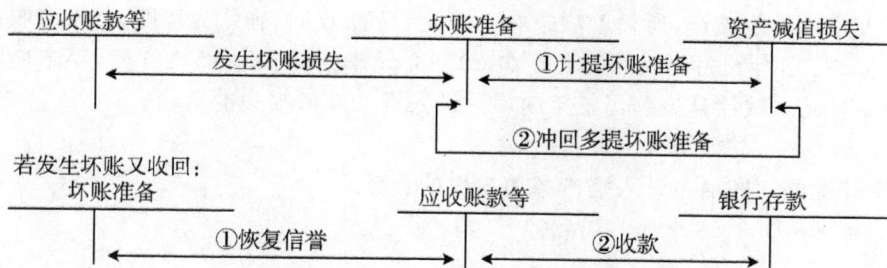

图 2-3 坏账损失账务处理

【例 2-16】 宇辰有限责任公司从 2014 年开始计提坏账准备,当年年末应收账款余额为 100 万元,该企业按年末应收账款余额百分比法计提坏账准备,计提比例为 3%。

(1)2014 年末首次计提坏账准备 3 万元。

借:资产减值损失	30 000
贷:坏账准备	30 000

2014 年末坏账准备账面余额为 30 000 元。

(2)2015 年有一笔 2 万元应收账款经确认无法收回,企业将其转为坏账。

借:坏账准备	20 000
贷:应收账款	20 000

2015 年末计提坏账准备前账面余额为 10 000(30 000−20 000)元。

(3)2015 年末应收账款余额为 160 万元。

2015 年应计提的坏账准备=1 600 000×3%−10 000=38 000(元)

借:资产减值损失	38 000
贷:坏账准备	38 000

2015 年计提坏账准备后账面余额=1 600 000×3%=48 000(元)

(4)2016 年,2015 年确认为坏账的 2 万元应收账款中有 1 万元又收回,款项已存入银行。

借:应收账款	10 000
贷:坏账准备	10 000

同时,

借:银行存款	10 000
贷:应收账款	10 000

2016 年末计提坏账准备前账面余额=58 000(48 000+10 000)元

(5)甲企业 2016 年末应收账款的余额为 60 万元。

2016 年应计提的坏账准备=600 000×3%−58 000=−40 000(元)

借:坏账准备	40 000
贷:资产减值损失	40 000

2016 年计提坏账准备后账面余额=600 000×3%=18 000(元)

【例 2-17】 丁公司坏账核算采用备抵法,并按应收款项余额百分比法计提坏账准备,各年计提比例假设均为年末应收款项余额的 8%。2014 年初"坏账准备"账户的贷方余额为 68 000元;2014 年客户甲单位所欠 20 000 元按规定确认为坏账,应收款项年末余额为950 000

元；2015 年客户乙单位破产，所欠款项中有 6 000 元无法收回，确认为坏账，年末应收款项余额为 900 000 元；2016 年已冲销的甲单位所欠 20 000 元账款又收回 15 000 元，年末应收款项余额为 1 000 000 元。试计算该公司三年内累计计入资产减值损失的金额。

解析：

2014 年计提的坏账准备计入资产减值损失的金额

＝950 000×8％－(68 000－20 000)

＝28 000(元)

2015 年计提的坏账准备计入资产减值损失的金额

＝900 000×8％－(950 000×8％－6 000)

＝2 000(元)

2016 年计提的坏账准备计入资产减值损失的金额

＝1 000 000×8％－(900 000×8％＋15 000)

＝－7 000(元)

三年合计＝28 000＋2 000－7 000＝23 000(元)

? 你是否真正理解了坏账损失计提的原理？如果你还没有完全理解，请将上述两个例题分别用丁字账进行登记，你就能完全理解了。

【任务实施】

(1)计提坏账准备的方法有直接转销法和备抵法。备抵法有应收账款余额百分比法、账龄分析法和销货百分比法。

(2)计提坏账准备时，借记"资产减值损失"账户，贷记"坏账准备"账户。

(3)当期应计提的坏账准备等于按备抵法计算的坏账准备期末余额减去坏账准备原账面余额的差额。

相关链接——小企业应收及预付款项坏账损失的会计处理

小企业的应收及预付款项不计提坏账准备，而是在实际发生坏账损失时，直接计入"营业外支出"科目；确认的已作坏账损失处理后又收回的应付及预付款项，借记"银行存款"等科目，贷记"营业外收入"科目。

单元小结

● 应收票据是指企业因销售商品、提供劳务等而收到的商业汇票。按承兑人不同，分为商业承兑汇票和银行承兑汇票。

● 不带息商业汇票到期值等于票据面值；带息票据到期值等于票据面值加上到期利息；银行收取的贴现息等于票据到期值乘贴现率再乘贴现期。

● 应收账款的入账价值包括销售商品或提供劳务的价款、增值税销项税额，以及代购货单位垫付的包装费、运杂费等，不包括商业折扣。

●应收账款和销售收入以未扣减现金折扣前的实际售价作为入账价值,实际发生的现金折扣作为财务费用。

●预付账款是指企业按照合同规定预付给供应商的款项,是企业的资产。

●其他应收款是指企业除应收票据、应收账款、预付账款等以外的其他各种应收及暂付款项。

●企业应当在资产负债表日对应收及预付款项的账面价值进行检查,有客观证据表明应收及预付款项发生减值的,应当将该应收及预付款项的账面价值减记至预计未来现金流量现值(可收回金额),减记的金额确认为减值损失,计提坏账准备。

●坏账损失的核算方法有直接转销法和备抵法,我国企业只能采用备抵法核算坏账损失。备抵法下估计坏账损失的常用方法有三种:应收账款余额百分比法、账龄分析法和销货百分比法。

延伸阅读:《企业会计准则第 8 号——资产减值》

复习思考题

习题参考答案

单元3 核算存货

● 了解制造企业存货的构成。

● 熟悉原材料采购成本的计算原理，掌握存货按实际成本计价的先进先出法、月末一次加权平均法、移动加权平均法的核算方法。

● 熟悉原材料按计划成本计价的核算原理，掌握材料成本差异分摊核算方法。

● 熟悉商品流通企业毛利率法和零售价法的核算原理。

● 熟悉委托加工物资的核算流程，掌握委托加工物资的成本计算方法。

● 掌握存货跌价准备的核算。

● 会计算原材料采购成本，能够运用先进先出法、月末一次加权平均法和移动加权平均法计算原材料发出成本和结存成本。

● 会计算材料成本差异，准确计算发出材料的实际成本。

● 会运用毛利率法和零售价法计算商品流通企业的存货成本。

● 能够进行委托加工物资的核算。

● 会计算存货跌价准备和账务处理。

宇辰有限责任公司下设三个子公司，一是进行大批量生产制造的 A 子公司，一是进行小批量生产的 B 子公司，一是从事商品零售的 C 大型商场。A 子公司生产需要购进达几十种的原材料，在生产过程中如果订单过多时需要委托其他企业帮助加工零件，由于 A 子公司的产品更新换代较快，在满足订单后过量生产的产品如果未能及时销售可能导致积压，最终只能降价出售，有时销售价格会低于生产成本。B 子公司生产仅需要几种原材料，产量不大，均属于订单生产。C 商场销售各类商品，种类繁多，达几千种。上述各公司存货的购入成本如何计算？为了减少核算工作量，上述各公司的存货购入和发出应采用什么方法进行核算？各种方法的核算原理是什么？A 子公司期末存货应采用什么方式计价？积压的存货在期末时是否需要进行减值测试？减值测试的原理是什么？要解决上述问题，我们需要掌握存货计价方法、存货的收发核算方法、存货期末计价方法。

岗位职责：

存货业务核算和管理是企业财产物资会计岗位的职责。与存货核算相关的该岗位的职责包括：

1. 参与编制存货核算相关制度规定并提出合理化建议；

2.审核存货采购、领用、消耗的相关原始凭证,据以填制记账凭证,交复核会计复核;

3.负责存货销售成本的计算、结转工作,根据复核会计复核无误的凭证及时登记存货核算明细账;

4.月末根据仓储部门报来的各类材料出库凭证开展材料消耗的核算工作,按时编制成本会计核算所需的材料消耗汇总表,并编制会计凭证,记入明细账;

5.月末对材料账进行核对,对发票未来的材料进行估价入账;

6.月末将各类材料出入库情况与仓库保管员进行核对,并对仓库自查实物情况进行询问,对仓库库存实物进行不定期抽查,对仓库盘点进行监督;

7.参与制定材料消耗定额和目标成本定额标准;

8.参加有关清产核资工作。

上述列示的仅是财产物资岗位与存货核算业务有关的职责,该岗位还可能管理固定资产、无形资产等。

任务一 存货认知

【任务布置】

宇辰有限责任公司在经营过程中需要购入大量的物资,由于产能不足,需要委托其他生产商代为生产部分商品。

请问:企业的存货包括哪些? 购入存货的成本如何计算?

【知识准备】

存货,是指企业在日常活动中持有以备出售的产成品或商品、处在生产过程中的在产品、在生产过程或提供劳务过程中耗用的材料和物料等。

一、企业存货的构成

企业的存货通常包括以下内容:

(1)原材料。原材料指企业在生产过程中经加工改变其形态或性质并构成产品主要实体的各种原料及主要材料、辅助材料、外购半成品(外购件)、修理用备件(备品备件)、包装材料、燃料等。

(2)在产品。在产品指企业正在制造尚未完工的产品,包括正在各个生产工序加工的产品和已加工完毕但尚未检验或已检验但尚未办理入库手续的产品,在产品成本反映在"生产成本"账户中。

(3)半成品。半成品指经过一定生产过程并已检验合格交付半成品仓库保管,但尚未制造完工成为产成品,仍需进一步加工的中间产品。

(4)产成品。产成品指工业企业已经完成全部生产过程并验收入库,可以按照合同规定的条件送交订货单位或者可以作为商品对外销售的产品。企业接受外来原材料加工制造的代制品和为外单位加工修理的代修品,制造和修理完成验收入库后,应视同企业的产成品。

(5)商品。商品指商品流通企业外购或委托加工完成验收入库用于销售的各种商品。

(6)周转材料。周转材料指企业能够多次使用但不符合固定资产定义的材料,如为了包装本企业商品而储备的各种包装物,各种工具、管理用具、玻璃器皿、劳动保护用品以及在经营过程中周转使用的容器等低值易耗品和建造承包商的钢模板、木模板、脚手架等其他周转材料。

(7)委托代销商品。委托代销商品指本单位委托其他单位代销的商品。

(8)委托加工物资。委托加工物资指企业委托外单位加工的各种材料、商品等物资。

二、存货的确认条件

存货必须在符合定义的前提下,同时满足下列两个条件,才能予以确认:

1.与该存货有关的经济利益很可能流入企业

资产最重要的特征是预期会给企业带来经济利益。如果某一项目预期不能给企业带来经济利益,就不能确认为企业的资产。存货是企业的一项重要的流动资产,因此,对存货的确认,关键是判断其是否很可能给企业带来经济利益或其所包含的经济利益是否很可能流入企业。通常,拥有存货的所有权是与该存货有关的经济利益很可能流入本企业的一个重要标志。一般情况下,根据销售合同已经售出(取得现金或收取现金的权利),所有权已经转移的存货,因其所含经济利益已不能流入本企业,因而不能再作为企业的存货进行核算,即使该存货尚未运离企业。企业在判断与该存货有关的经济利益能否流入企业时,通常应结合考虑该存货所有权的归属,而不应当仅仅看其存放的地点等。

2.该存货的成本能够可靠地计量

成本或者价值能够可靠地计量是资产确认的一项基本条件。存货作为企业资产的组成部分,要予以确认也必须能够对其成本进行可靠地计量。存货的成本能够可靠地计量必须以取得的确凿证据为依据,并且具有可验证性。如果存货成本不能可靠地计量,则不能确认为一项存货。如企业承诺的订货合同,由于并未实际发生,不能可靠确定其成本,因此就不能确认为购买企业的存货。

❓请运用存货定义分析:企业为建造固定资产等各项工程而储备的各种材料是否属于企业的存货? 房地产开发企业购入的土地用于建造商品房是否属于企业的存货?

三、存货的成本及其计量

企业日常经营过程中,对收入存货、发出存货及结存存货的成本均需要准确计量,它是存货核算的关键。存货的增减变动及成本计量直接影响企业的成本费用水平和会计信息质量,企业必须对取得的存货进行正确的计量和核算,确定存货的入账价值。企业取得存货时应当按照成本进行初始计量。

存货成本包括采购成本、加工成本和其他成本。

(一)存货的采购成本

1.工业企业外购存货的成本

外购存货的成本,即采购成本,包括购买价款、相关税费、运输费、装卸费、保险以及其他可以直接归属于存货采购的费用。其中：

购买价款是指在企业购入材料或商品的发票账单上列明的价款，但不包括按规定可以抵扣的增值税进项税额。

相关税费是指企业购买、自制或委托加工存货发生的消费税、资源税和不能从增值税销项税额中抵扣的进项税额等。

其他可以直接归属于存货采购的费用是指除上述各项外的可以直接归属于存货采购的费用，如在存货采购过程中发生的仓储费、包装费，运输途中的合理损耗，入库前的挑选整理费等。这些费用能分清负担对象的，应直接计入存货的采购成本；不能分清负担对象的，应选择合理的分配方法，分配计入有关存货的采购成本，分配方法一般包括所购存货的重量或买价。例如，一次购入多种存货，则需要将有关费用在不同存货之间进行分配。

一般情况下，工业制造企业购入材料的采购成本包括：①买价，指购入材料发票所开列的货款金额；②外地运杂费：包括运输费、装卸费、包装费等费用；③运输途中的合理损耗（包括经批准确实无法追究责任的超定额损耗）。采购人员的差旅费，专设采购机构的经费，零星市内运输费，企业供应部门和仓库经费不计入材料的采购成本。

【例 3-1】　宇辰有限责任公司从外地购入甲材料 2 000 千克，每千克单价 500 元，专用增值税发票注明增值税 17 000 元，另外发生外地运费 2 000 元，验收入库数量为 1 990 千克，经查验属于合理损耗。上述各项均已用银行存款支付。另发生采购人员差旅费用 1 500 元。请计算入库材料的总成本和单位成本。

存货总成本＝2 000×500＋2 000＝1 002 000（元）

存货单位成本＝1 002 000÷1 990≈503.52（元/千克）

2.商业企业存货采购成本

商业企业采购存货的成本除买价外，在采购商品过程中发生的运输费、装卸费、保险费以及其他可归属于存货采购成本的费用等进货费用，应当计入存货的采购成本；也可以先进行归集，期末根据所购商品的存销情况分别进行分摊，对于已售商品的进货费用，计入当期损益（主营业务成本）；对于未售商品的进货费用，计入期末存货成本。当企业采购商品的进货费用金额较小的，也可在发生时直接计入当期损益（销售费用）。

相关链接——小企业的进货费用

商品流通小企业在购买商品过程中发生的费用（包括运输费、装卸费、包装费、保险费、运输途中的合理损耗和入库前的挑选整理费等），直接计入"销售费用"科目。

（二）加工存货的成本

存货的加工成本是指在存货的加工过程中发生的追加费用，包括直接人工以及按照一定方法分配的制造费用。

企业的存货可以自行加工制造也可以委托其他单位加工，加工存货的成本除了所耗材料成本外，还包括直接人工费用以及按照一定方法分配的制造费用。即工业企业生产的各种产品的成本通常包括三部分：材料费用、人工费用和制造费用。人工费用是指企业在生产产品和提供劳务过程中发生的直接从事产品生产和劳务提供人员的职工薪酬。制造费用是指企业为生产产品和提供劳务而发生的各项间接费用,主要指厂房、机器设备的折旧、水电费用等。

(1)自制的存货,包括自制原材料、自制包装物、自制低值易耗品、自制半成品及库存商品等,其成本包括直接材料、直接人工和制造费用等的各项实际支出。

(2)委托外单位加工完成的存货,包括加工后的原材料、包装物、低值易耗品、半成品、产成品等,其成本包括实际耗用的原材料或者半成品、加工费、装卸费、保险费、委托加工的往返运输费等费用以及按规定应计入成本的税费。

(三)存货的其他成本

存货的其他成本是指除采购成本、加工成本以外的,使存货达到目前场所和状态所发生的其他支出。企业设计产品发生的设计费用通常应计入当期损益,但是为特定客户设计产品所发生的、可直接确定的设计费用应计入存货的成本。

(四)其他方式取得存货的成本

投资者投入的存货的成本,应当按照投资合同或协议约定的价值确认,但合同或协议约定不公允的除外。在合同或协议约定价值不公允的情况下,按照该项存货的公允价值作为其入账价值。

通过非货币性资产交换、债务重组和企业合并等方式取得的存货,其实际成本应当分别按照相关准则的规定确定。

盘盈存货的成本,按照其重置成本作为入账价值。

需要注意的是,下列费用不应计入存货成本,而应在发生时计入当期损益:非正常消耗的直接材料、直接人工和制造费用,如自然灾害导致存货损失,应计入营业外支出;仓储费用,指企业在存货采购入库后发生的储存费用,应在发生时计入当期损益,入库后发生的存储费用不能计入存货成本,通常计入管理费用。不能归属于使存货达到目前场所和状态的其他支出,应在发生时计入当期损益,不得计入存货成本。

？ 存货发生了非正常损耗,对应的增值税进项税额还能否抵扣销项税额?请根据非正常损耗原因进行分析。

【任务实施】

(1)企业的存货包括:原材料、在产品、半成品、产成品、商品、周转材料、委托代销商品、委托加工物资等。

(2)外购存货的成本,包括购买价款、相关税费、运输费、装卸费、保险以及其他可以直接归属于存货采购的费用。购买价款不包括按规定可以抵扣的增值税进项税额;相关税费是指企业购买、自制或委托加工存货发生的消费税、资源税和不能从增值税销项税额中抵扣的进项税额等;其他可以直接归属于存货采购的费用是指除上述各项外的可以直接归属于存货采购的费用,如在存货采购过程中发生的仓储费、包装费,运输途中的合理损耗,入库前的挑选整理费等。

相关链接——会计核算信息质量要求

谨慎性

谨慎性要求企业对交易或者事项进行会计确认、计量和报告应当保持应有的谨慎,不应高估资产或者收益、低估负债或者费用。例如,要求企业对可能发生的资产减值损失计提资产减值准备、对售出商品可能发生的保修义务等确认预计负债等,就体现了会计信息质量的谨慎性要求。

任务二 存货发出计价

【任务布置】

宇辰有限责任公司下设三个子公司:进行大批量生产制造的 A 子公司,进行小批量生产的 B 子公司,从事商品零售的 C 大型商场。A 子公司生产需要购进达几十种的原材料。B 子公司生产仅需要几种原材料,产量不大,均属于订单生产。C 商场销售各类商品,种类繁多,达几千种。为了减少核算工作量,上述各公司的存货发出应采用什么方法进行核算?

【知识准备】

日常工作中,企业发出的存货有两种计价方法,一是按实际成本核算,二是按计划成本核算。具体采用何种方法,取决于企业存货的种类和收发频率。如果企业存货种类较少,收发频率较低,则可以采用实际成本核算。否则,为了减少核算的工作量,平时存货的收、发应采用计划成本核算,在会计期末时再进行发出存货成本的调整,将其调整为实际成本。

一、按实际成本法计算发出存货成本

（一）工业企业发出存货成本计算方法

采用实际成本进行存货日常核算的企业,由于存货入库时间、产地、价格、运输费用的不同,造成同一种存货的不同批次成本往往不同。在实际成本法下,存货发出时,企业可以采用先进先出法、月末一次加权平均法、移动加权平均法和个别计价法确定发出存货的实际成本。

1. 先进先出法

先进先出法是假定"先入库的存货先发出",并根据这种假定的成本流转次序确定发出存货成本的一种方法。

【例 3-2】 某公司甲存货的收、发、存数据资料如表 3-1 所示。

表 3-1　存货明细资料

日期	收入		发出		结存数量
	数量	单位成本	数量	单位成本	
12 月 1 日结存	300	2.00			300
12 月 8 日购入	200	2.20			500
12 月 14 日发出			400		100
12 月 20 日购入	300	2.30			400
12 月 28 日发出			200		200
12 月 31 日购入	200	2.50			400

本月发出存货成本＝(300×2＋100×2.2)＋(100×2.2＋100×2.3)＝1 270(元)

月末结存存货成本＝300×2＋(200×2.2＋300×2.3＋200×2.5)－1 270＝960(元)

使用先进先出法时,逐笔计算存货收、发、存的成本,如表 3-2 所示。

表 3-2　存货明细账(先进先出法)　　　　　　　　　　　　单位:元

日期	收入			发出			结存		
	数量	单位成本	总成本	数量	单位成本	总成本	数量	单位成本	总成本
12 月 1 日							300	2	600
12 月 8 日	200	2.2	440				300	2	600
							200	2.2	400
12 月 14 日				300	2	600	100	2.2	220
				100	2.2	220			
12 月 20 日	300	2.3	690				100	2.2	220
							300	2.3	690
12 月 28 日				100	2.2	220	200	2.3	460
				100	2.3	230			
12 月 31 日	200	2.5	500				200	2.3	460
							200	2.5	500
合计	700		1 630	600		1 270	200	2.3	460
							200	2.5	500

先进先出法的特点是:①可以随时结转存货发出成本,但较繁琐。如果存货收发业务较多且存货单价不稳定时,其工作量较大。②期末存货成本接近现行市价。在物价持续上涨的情况下,会使发出存货成本偏低,高估企业当期利润和库存存货价值;反之,会低估企业存货价值和当期利润。

2.月末一次加权平均法

月末一次加权平均法对平时存货发出只计数量,不计金额,只在每月月末计算一次加权平均单价,乘以发出存货的数量计算发出存货的成本。

加权平均单价的算法是以本月全部进货成本加上月初存货成本除以本月全部进货数量加上月初存货数量,计算出存货的加权平均单位成本,以此为基础计算本月发出存货成本和期末存货成本的一种方法。计算公式如下:

加权平均单位成本＝(期初结存金额＋本期进货金额)÷(期初结存数量＋本期进货数量)

期末结存存货成本＝加权平均单位成本×期末结存数量

本期发出存货成本＝期初成本＋本期进货成本－期末存货成本

如果计算出的加权平均单位成本不是整数,需要四舍五入的,为了保持账面数字之间的平衡关系,一般采用倒挤法计算发出存货成本。

【例 3-3】 以例 3-2 的数据为例,采用月末一次加权平均法计算其存货成本如下:

加权平均单位成本

＝[2×300＋(2.2×200＋2.3×300＋2.5×200)]/[300＋(200＋300＋200)]＝2.23(元)

月末结存存货成本＝400×2.23＝892(元)

本月发出存货成本＝600×2.23＝1 338(元)

或　　　　　　　　＝600＋1 630－892＝1 338(元)

采用月末一次加权平均法计算发出存货和期末存货成本,如表 3-3 所示。

表 3-3　材料明细账(月末一次加权平均法)　　　　　　　单位:元

日期	收入			发出			结存		
	数量	单位成本	总成本	数量	单位成本	总成本	数量	单位成本	总成本
12 月 1 日							300	2	600
12 月 8 日	200	2.2	440				500		
12 月 14 日				400			100		
12 月 20 日	300	2.3	690				400		
12 月 28 日				200			200		
12 月 31 日	200	2.5	500				400		
合计	700		1 630	600	2.23	1 338	400	2.23	892

月末一次加权平均法的特点:加权平均法每月只在月末计算一次,简化了存货的计价工作,但平时无法从账上及时提供发出和结存存货的单价及金额,不利于加强对存货的日常管理。

3.移动加权平均法

移动加权平均法是指在每次进货以后,立即根据库存存货数量和总成本,计算出新的平均单位成本,作为下次进货前发出存货单位成本的一种方法。计算公式如下:

移动平均单位成本＝(本次进货之前库存存货的实际成本＋本次进货的实际成本)/(本次进货之前库存存货数量＋本次进货的数量)

本次发出存货的成本＝本次发出存货的数量×移动平均单位成本

期末库存存货成本＝期末库存存货的数量×移动平均单位成本

【例 3-4】 以例 3-2 的数据为例,采用移动平均法计算月末存货成本及每次收货后的新的平均单位成本(见表 3-4)。

新的平均单位成本计算如下:

第一批购货后的平均单位成本＝(600＋440)÷(300＋200)＝2.08(元)

第二批购货后的平均单位成本＝(208＋690)÷(100＋300)＝2.245(元)

第三批购货后的平均单位成本＝(449＋500)÷(200＋200)＝2.37(元)

表 3-4　材料明细账(移动加权平均法)　　　　　　　　　单位:元

日期	收入			发出			结存		
	数量	单位成本	总成本	数量	单位成本	总成本	数量	单位成本	总成本
12 月 1 日							300	2.00	600
12 月 8 日	200	2.20	440				500	2.08	1 040
12 月 14 日				400	2.08	832	100	2.08	208
12 月 20 日	300	2.30	690				400	2.245	898
12 月 28 日				200	2.245	449	200	2.245	449
12 月 31 日	200	2.50	500				400	2.37	948
合计	700		1 630	600		1 282	400	2.37	948

移动加权平均法的特点:可以随时计算存货的平均单位成本,计算的发出和结存存货的成本比较客观。但由于每次收货都要计算一次平均单价,计算工作量较大。因此,对收发货频繁的企业不适用。

4.个别计价法

个别计价法,又称具体辨认法。这种方法是假设存货的成本流转与实物流转相一致,按照各种存货逐一辨认分批发出存货和期末存货所属的购进批别或生产批别,分别按其购入或生产时所确定的单位成本作为计算各批发出存货和期末存货成本的方法。

采用这种方法计算发出存货的成本和期末存货的成本比较合理、准确,但这种方法的前提是需要对发出和结存存货的批次进行具体认定,以辨别其所属的收入批次,实务操作的工作量繁重,困难较大。此方法适用于企业为特定的项目专门购入或制造并单独存放的存货,以及购入批次少、容易识别、单位价值较高的贵重物资,如房产、船舶、飞机、重型设备、珠宝、名画等。

❓先进先出法在市场上物价上涨时会高估企业的利润,此时企业能否改变存货发出计价方法?

(二)商业企业发出存货成本计算方法

在实务中,为了管理需要,商品流通企业通常还采用毛利率法、零售价法等来核算发出存货的成本。

1.毛利率法

毛利率法是根据本期商品销售净额乘以上季度实际毛利率或本季度计划毛利率,匡算出商品销售毛利,进而推算商品销售成本的一种方法。计算公式如下:

$$销售净额 = 商品销售收入 - 销售折让与退回$$
$$销售毛利 = 销售净额 \times 毛利率$$
$$销售成本 = 销售净额 - 销售毛利$$
或
$$= 销售净额 \times (1 - 毛利率)$$
$$期末存货成本 = 期初存货成本 + 本期购货成本 - 本期销售成本$$

这一方法是商品流通企业,尤其是商业批发企业常用的计算本期商品销售成本和期末库存商品成本的方法。商品流通企业由于经营商品的品种繁多,如果分品种计算商品成本,工作量将大大增加,而且一般来讲,商品流通企业同类商品的毛利率大致相同,采用这种存货计价方法既能减轻工作量,又能满足对存货管理的需要。

【例 3-5】 大通公司某种商品期初存货成本 52 000 元,本期购货净额 158 000 元,本期销售收入总额 258 000 元,本期发生销售折让 5 000 元,估计该商品销售毛利率为 30%。该商品本期销售成本和期末存货成本的计算如下:

本期销售净额 = 258 000 - 5 000 = 253 000(元)

本期销售成本 = 253 000 × (1 - 30%) = 177 100(元)

期末存货成本 = 52 000 + 158 000 - 177 100 = 32 900(元)

毛利率法在具体运用时,通常是本季度采用上季度的毛利率。在本季度的前两个月使用毛利率法,而在第三个月则采用最后进价法进行倒挤,以调整由于选用上季度的毛利率而产生的误差额。

2. 零售价法

零售价法是指用成本占零售价的百分比计算期末存货成本的一种方法。该方法主要适用于商业零售企业。其计算步骤和计算公式如下:

(1)期初存货和本期购货同时按成本和零售价记录,以便计算可供销售的存货成本和售价总额。

(2)本期销货只按售价记录,从本期可供销售的存货售价总额中减去本期销售的售价总额,计算出期末存货的售价总额。

(3)计算存货成本占零售价的百分比,即成本率,公式为:

$$成本率 = \frac{期初存货成本 + 本期购货成本}{期初存货售价 + 本期购货售价} \times 100\%$$

(4)计算期末存货成本,公式为:

$$期末存货成本 = 期末存货售价总额 \times 成本率$$

(5)计算本期销售成本,公式为:

$$本期销售成本 = 期初存货成本 + 本期购货成本 - 期末存货成本$$

或 $$= 本期销售净额 \times 成本率$$

【例 3-6】 发力商场本年度 10 月份有关资料如下:期初存货成本 68 000 元,售价 100 000 元;本期购入存货成本 254 000 元,售价 360 000 元,本期销售收入为 400 000 元。按零售价法计算本期销售成本和期末存货成本,见表 3-5。

表 3-5　零售价法计算存货成本　　　　　　　　　　　　　单位:元

	成本	售价
期初存货	68 000	100 000
本期购货	254 000	360 000
可供销售的存货	322 000	460 000
成本与零售价比率(322 000÷460 000)		70%
减:本期销售		400 000
按零售价表示的期末存货		60 000
期末存货成本	42 000	
本期销售成本	280 000	

二、按计划成本计算发出存货成本

计划成本法主要用于原材料收、发、存核算。前已述及,当企业原材料种类多、频繁发出时,由于不同批次原材料成本不同,按每种原材料的实际成本进行核算会导致平时核算的工作量很大,影响工作效率,为了提高工作效率,简化核算程序,实践中研究出了计划成本法。其原理是:原材料明细账的收、发、存均按计划成本计价,原材料采购的实际成本与计划成本的差异计入"材料成本差异"账户,在月末时计算材料成本差异率,用发出材料的计划成本乘以材料成本差异率计算发出材料应分摊的成本差异,将发出材料的计划成本调整成实际成本。月末"原材料"明细账和"材料成本差异"明细账的合计就是原材料期末的实际成本。计划成本法的具体应用见任务三。

【任务实施】

A子公司应采用计划成本法核算存货;B子公司应采用实际成本法下的先进先出法、月末一次加权平均法或移动加权平均法核算存货;C商场应采用零售价法核算存货。

相关链接——会计核算信息质量要求

> **及时性**
>
> 及时性要求企业对于已经发生的交易或者事项,应当及时进行确认、计量和报告,不得提前或者延后。
>
> 会计信息的价值在于帮助所有者或者其他方面作出经济决策,具有时效性。即使是可靠、相关的会计信息,如果不及时提供,就失去了时效性,对于使用者的效用就大大降低,甚至不再具有实际意义。

任务三　原材料核算

【任务布置】

宇辰有限责任公司下设的A子公司生产需要购进达几十种的原材料。如果采用实际成本法核算,由于存货种类多和收发频繁会导致核算工作量较大,为了减少核算工作量,该公司采用计划成本核算存货。

请问:实际成本法和计划成本法下存货账户应如何设置?原材料采用实际成本法核算和计划成本法核算的典型业务分录有哪些?

【知识准备】

日常工作中,原材料可以按实际成本核算,也可以按计划成本核算。

一、原材料按实际成本计价的核算

原材料按实际成本计价,就是指原材料的收入、发出和结存均按实际成本核算。

（一）账户设置

在实际成本法下，为总括反映和监督材料的增减变动和结存情况，企业应设置"原材料""在途物资"等科目进行核算。

1."原材料"账户

本账户用于核算企业库存各种材料的收入、发出和结存情况。它属于资产类科目，借方登记入库材料的实际成本，贷方登记发出材料的实际成本，期末借方余额反映企业库存材料的实际成本。本账户应按材料的类别、品种和规格进行明细核算。

2."在途物资"账户

本账户用于核算企业购入但尚未验收入库的各种物资的实际成本。它属于资产类科目，借方登记企业已付款或已开出承兑商业汇票但尚未收到的物资的实际成本，贷方登记已验收入库的物资的实际成本，期末借方余额反映企业已付款或已开出承兑商业汇票但尚未到达或尚未验收入库的在途物资的实际成本。本账户应按供应单位和物资品种进行明细核算。

（二）原材料收发的账务处理

1.材料采购成本的组成

（1）买价：购入存货时，发票所开列的货款金额。

（2）运杂费：包括运输费、装卸费、保险费、包装费、仓储费等，不包括按规定根据运输费的一定比例计算的可抵扣增值税进项税的数额。

（3）运输途中的合理损耗。

（4）入库前的挑选整理费用：包括挑选整理中发生的挑选人员的工资、其他费用支出和必要的损耗，并减去回收的下脚料价值。

（5）购入材料负担的税费和其他费用。购入材料时所支付的税费是否计入材料成本，需视具体情况而定，具体有以下三种情况：

①购入材料价款中含的价内税，如消费税、资源税等，构成材料的成本。

②购入材料价款中含的增值税。凡在增值税专用发票、完税证明等有关凭证中注明，并按规定可以抵扣的进项税额，不计入所购材料的成本，而是单独列示。

③进口材料所交纳的关税，构成进口材料的成本。

上述各项中，第（1）项应直接计入各种材料的采购成本。第（2）、（3）、（4）、（5）项中的项目，凡是能分清的，就可以直接计入各种原材料的采购成本；不能分清的，应按材料的重量或买价等的分摊比例计入各种材料的采购成本。

❓按《中华人民共和国增值税暂行条例》的有关规定，一般纳税人外购物资所支付的运输费用计算扣除进项税额的规定是什么？

2.外购材料的账务处理

企业采购材料时，因采购地点、结算方式等因素的不同，常会导致材料入库、付款时间和发票账单到达时间不同步，相应地，在账务处理时也有所不同。

（1）单货同行。

单货同行是指企业收到原材料时，同时收到对应的发票账单等单据，此时，应根据发票列明货款和运费发票等,借记"原材料"科目和"应交税费——应交增值税(进项税额)"科目,贷记"银行存款"或"应付账款"科目。

【例3-7】　某公司购入甲材料10吨,不含税价款50 000元,税率17%;含增值税的运输费为5 550元,税率11%。材料已验收入库,所有款项均以转账支票支付。

原材料成本＝50 000＋5 550÷(1＋11%)＝55 000(元)

应交增值税(进项税额)＝50 000×17%＋5 550÷(1＋11%)×11%＝9 050(元)

借:原材料　　　　　　　　　　　　　　　　　　　　　　　　　55 000

　应交税费——应交增值税(进项税额)　　　　　　　　　　　　 9 050

　　贷:银行存款　　　　　　　　　　　　　　　　　　　　　　　　　64 050

(2)单到货未到。

单到货未到是指企业收到购入物资对应的发票账单等单据,但物资尚未到达。此时,应先通过"在途物资"账户对在途材料进行核算,等材料运抵并验收入库后再转入"原材料"账户。首先,应根据发票列明货款和运费发票等,借记"在途物资"科目和"应交税费——应交增值税(进项税额)"科目,贷记"银行存款"或"应付账款"科目;然后,等到材料到达后,再根据入库单等单据,借记"原材料"科目,贷记"在途物资"科目。

【例3-8】　某公司2016年10月28日收到外地某单位的托收承付单据及发票和运单,增值税专用发票上注明的价款为100 000元,增值税税额为17 000元,另外支付运费8 000元(按规定准予扣除11%),装卸费3 000元,企业签发并承兑一张票面价值为128 000元、3个月到期的商业汇票来结算材料款项,但材料尚未收到。应做会计分录如下:

借:在途物资　　　　　　　　　　　　　　　　　　　　　　　110 120

　应交税费——应交增值税(进项税额)　　　　　　　　　　　　17 880

　　贷:应付票据　　　　　　　　　　　　　　　　　　　　　　　128 000

材料到达并已验收入库时:

借:原材料　　　　　　　　　　　　　　　　　　　　　　　　110 120

　　贷:在途物资　　　　　　　　　　　　　　　　　　　　　　　110 120

(3)货到单未到。

货到单未到是指购进的货物等已到达并验收入库,但尚未收到增值税扣税凭证,此时对收到的存货仅在仓库进行登记,而财务部门可先不入账,待发票账单到达时再按规定入账核算。如果月末发票等账单仍未到达时,应按货物清单或相关合同协议上的价格暂估入账。按材料的暂估价值,借记"原材料"等科目,按应付或实际支付的金额,贷记"应付账款""应付票据""银行存款"等科目,下月初按相反的会计分录进行冲回,待取得相关发票等结算单据后,再按规定进行核算。

【例3-9】　某公司2017年1月28日验收入库材料一批,月末尚未收到发票账单,货款未付,合同作价450 000元。应做会计处理如下:

1月28日验收入库时,不编制会计分录。

1月31日,由于发票账单未到,暂估入库,根据合同价暂估入账,会计分录如下:

借:原材料　　　　　　　　　　　　　　　　　　　　　　　　450 000

　　贷:应付账款——暂估应付款　　　　　　　　　　　　　　　　450 000

2月1日,做相反的会计分录冲回。

借:应付账款——暂估应付款 450 000
　　贷:原材料 450 000

2月5日,收到上述购入材料托收结算凭证和发票账单,专用发票列明材料价款 450 000 元,增值税税额 76 500 元,转账支付货款,会计分录如下:

借:原材料 450 000
　　应交税费——应交增值税(进项税额) 76 500
　　贷:银行存款 526 500

(4)材料采购过程中的短缺和毁损的处理。

采购材料在途中发生短缺和毁损,应根据造成短缺或毁损的原因分别处理,不能全部计入外购材料的采购成本。

①定额损耗计入材料的采购成本。例如:实际购入材料 100 件,每件 100 元,合计 10 000 元,途中合理损耗 5 件,则实际入库 95 件,全部采购成本不变,依然是 10 000 元,每件单价 105.26 元。

②能确定由供应单位、运输单位、保险公司或其他过失人赔偿的,应向有关单位或责任人索赔,从"在途物资"科目转入"其他应收款"科目。

③凡尚待查明原因和需要报经批准才能转销处理的损失,应将其损失从"在途物资"科目转入"待处理财产损溢"科目,查明原因后再分别处理:

属于应由供货单位、运输单位、保险公司或其他过失人负责赔偿的,将其损失从"待处理财产损溢"科目转入"其他应收款"科目;属于自然灾害造成的损失,应按扣除残料价值和保险公司赔偿后的净损失,从"待处理财产损溢"科目转入"营业外支出——非常损失"科目;属于无法收回的其他损失,报经批准后,将其从"待处理财产损溢"科目转入"管理费用"科目。

④在上述②和③两种情况下,短缺和毁损的材料所负担的增值税税额应作进项税额转出处理。

【例 3-10】　材料运输途中发生超定额损耗,价款 5 000 元,增值税税额 850 元,原因尚未查明,会计分录如下:

借:待处理财产损溢 5 850
　　贷:在途物资 5 000
　　　　应交税费——应交增值税(进项税额转出) 850

上述损耗原因已查明,是由于保管不善造成的,经批准后计入管理费用,会计分录为:

借:管理费用 5 850
　　贷:待处理财产损溢 5 850

3.发出材料的账务处理

原材料发出的三个去向:一是用于生产经营活动,即在生产经营活动中被耗用;二是用于对外销售;三是用于其他方面,比如用于专项工程建设、对外投资或捐赠,以及集体福利等。对于不同的材料去向,所采取的账务处理也不同。

(1)材料生产耗用的核算。

生产过程中领用材料时,一方面减少材料的库存,贷记"原材料"科目;另一方面按材料的不同用途分别计入有关的成本费用之中,借记相关成本费用科目。

【例 3-11】　某企业 2017 年 4 月发出材料总计 54 000 元,其中生产 A 产品耗用 22 000

元,生产 B 产品耗用 15 000 元,车间一般耗用 7 000 元,企业管理部门耗用 8 000 元,销售部门
耗用 2 000 元。应做如下会计分录:

借:生产成本——A 产品　　　　　　　　　　　　　　　　　　　　22 000
　　　　　——B 产品　　　　　　　　　　　　　　　　　　　　15 000
　制造费用　　　　　　　　　　　　　　　　　　　　　　　　　　7 000
　管理费用　　　　　　　　　　　　　　　　　　　　　　　　　　8 000
　销售费用　　　　　　　　　　　　　　　　　　　　　　　　　　2 000
　贷:原材料　　　　　　　　　　　　　　　　　　　　　　　　　　　　54 000

(2)材料对外销售的核算。

材料对外销售时,一方面要反映材料销售实现的收入,应借记"银行存款"等科目,贷记"其
他业务收入"等科目;另一方面要反映已售材料成本的结转,借记"其他业务成本"科目,贷记
"原材料"科目。

【例 3-12】　某企业 4 月 20 日对外销售材料一批,售价 1 000 元,增值税 170 元,价税合计
1 170 元已存入银行。该批材料的成本为 800 元。编制会计分录如下:

①收到货款时:
借:银行存款　　　　　　　　　　　　　　　　　　　　　　　　　1 170
　贷:其他业务收入　　　　　　　　　　　　　　　　　　　　　　　　1 000
　　应交税费——应交增值税(销项税额)　　　　　　　　　　　　　　170
②结转已售材料成本时:
借:其他业务成本　　　　　　　　　　　　　　　　　　　　　　　800
　贷:原材料　　　　　　　　　　　　　　　　　　　　　　　　　　　800

(3)材料用于其他方面的核算。

企业材料的发出,如果是专项工程领用、对外投资发出、捐赠或用于集体福利等,应将材料
的成本从"原材料"科目结转到"在建工程""长期股权投资""营业外支出""应付职工薪酬"等科
目;同时还应结转该项材料购进时的进项税额。

【例 3-13】　某企业 10 月 5 日修建房屋领用库存原材料 10 000 元,则企业根据出库单等
作出如下账务处理:

借:在建工程　　　　　　　　　　　　　　　　　　　　　　　　11 700
　贷:原材料　　　　　　　　　　　　　　　　　　　　　　　　　　10 000
　　应交税费——应交增值税(进项税额转出)　　　　　　　　　　　1 700

营改增后,一般纳税人在建工程领用材料的,其进项税额是否可以抵扣?

二、原材料按计划成本计价的核算

原材料按计划成本计价,就是指原材料的收入、发出和结存均按计划成本核算。

(一)账户设置

在计划成本法下,企业应设置"原材料""材料采购""材料成本差异"等账户进行核算。

1."原材料"账户

本账户用于核算企业库存材料的计划成本。借方反映验收入库原材料的计划成本,贷方

反映发出原材料的计划成本,期末借方余额反映企业库存原材料的计划成本。本账户应按材料的类别、品种和规格设置材料明细账进行明细核算。

2."材料采购"账户

本账户用于核算企业购入材料(包括周转材料)的采购成本。借方反映外购材料的实际成本,贷方反映入库材料的计划成本。借方大于贷方表示超支,从本科目贷方转入"材料成本差异"科目的借方;贷方大于借方表示节约,从本科目借方转入"材料成本差异"科目的贷方。期末借方余额反映企业在途材料的实际成本。本账户应按供货单位设置明细账进行明细核算。

在计划成本法下不管材料是否直接验收入库,均需要通过"材料采购"科目进行核算。

3."材料成本差异"账户

本账户用于核算企业已入库各种材料(包括周转材料)的实际成本与计划成本之间的差异。借方反映超支差异及发出材料应负担的节约差异,贷方反映节约差异以及发出材料应负担的超支差异。期末若为借方余额,反映企业库存材料的超支差异;若为贷方余额,反映库存材料的节约差异。本账户可以分"原材料""周转材料"等,按照类别或品种进行明细核算。

表 3-6　实际成本与计划成本核算方法下相关账户的比较

交易或事项	实际成本法	计划成本法
原材料	核算实际成本	核算计划成本
材料尚未验收入库	在途物资(实际成本)	材料采购(实际成本)
材料直接验收入库	原材料(实际成本)	材料采购(实际成本)
材料成本差异	无	"原材料"与"材料采购"的差异

(二)原材料收发的账务处理

1.原材料购入的核算

(1)单货同行。

在计划成本法下,对于单货同行的采购业务,首先,应根据发票列明货款和运费发票等,借记"材料采购"科目和"应交税费——应交增值税(进项税额)"科目,贷记"银行存款"或"应付账款"科目;然后,根据材料入库单等单据和材料计划成本,借记"原材料"科目,贷记"材料采购"科目;最后,结转入库材料的实际成本和计划成本的差异,如果实际成本大于计划成本,则借记"原材料"科目,贷记"材料成本差异"科目,如果实际成本小于计划成本,则做相反的会计分录。

【例 3-14】　某一般纳税人企业购入甲材料一批,增值税专用发票列明价款 50 000 元,增值税 8 500 元。材料已验收入库,发票账单已到,货款已通过银行支付,该批材料的计划成本为 52 000 元。

①付款时:

借:材料采购　　　　　　　　　　　　　　　　　　　　　　　　50 000

　　应交税费——应交增值税(进项税额)　　　　　　　　　　　8 500

　　　贷:银行存款　　　　　　　　　　　　　　　　　　　　　58 500

②材料入库时:

借:原材料　　　　　　　　　　　　　　　　　　　　　　　　52 000

　　　贷:材料采购　　　　　　　　　　　　　　　　　　　　　52 000

③结转材料成本差异时：

借：材料采购 2 000

　　贷：材料成本差异 2 000

在实际工作中，材料成本差异的结转不是每笔业务结转，而是到月末一次结转。

【例 3-15】 某橡塑机厂 2 月 5 日购买乙材料一批，价款 13 500 元，增值税款 2 295 元，另供货方代垫运杂费 300 元（不考虑可抵扣的增值税）。全部款项 16 095 元已经通过银行付款，材料入库。乙材料计划成本为 13 000 元。

①付款时：

借：材料采购 13 800

　　应交税费——应交增值税（进项税额） 2 295

　　贷：银行存款 16 095

②验收入库时：

借：原材料 13 000

　　贷：材料采购 13 000

③结转材料成本差异时：

借：材料成本差异 800

　　贷：材料采购 800

（2）单到货未到。

在计划成本法下，对于单到货未到的采购业务，应先通过"材料采购"账户对在途材料进行核算，等材料运抵并验收入库后再转入"原材料"账户。

首先，应根据发票列明货款和运费发票等，借记"材料采购"科目和"应交税费——应交增值税（进项税额）"科目，贷记"银行存款"科目；然后，等货到达入库时，再根据材料入库单等单据和材料计划成本，借记"原材料"科目，贷记"材料采购"科目；最后，结转入库材料的实际成本和计划成本的差异，如果实际成本大于计划成本，则借记"原材料"科目，贷记"材料成本差异"科目，如果实际成本小于计划成本，则做相反的会计分录。

【例 3-16】 承上例，假设乙材料 2 月末尚未入库，3 月 20 日材料入库，则：

①2 月 5 日，付款时（发票账单已到）：

借：材料采购 13 800

　　应交税费——应交增值税（进项税额） 2 295

　　贷：银行存款 16 095

②3 月 20 日，验收入库时：

借：原材料 13 000

　　贷：材料采购 13 000

③结转材料成本差异时：

借：材料成本差异 800

　　贷：材料采购 800

（3）货到单未到。

采用计划成本核算时，购进的货物等已到达并验收入库，但尚未收到发票等结算单据的，与存货采用实际成本法核算原理相同。

购进的货物等已到达并验收入库,但尚未收到发票等结算单据,此时对收到的存货仅在仓库进行登记,而财务部门可先不入账,待发票账单到达时再按规定入账核算。如果月末发票等账单仍未到达时,应按存货的计划成本入账。按材料的计划成本,借记"原材料"科目,按应付或实际支付的金额,贷记"应付账款""应付票据""银行存款"等科目,下月初按相反的会计分录进行冲回,待取得相关发票账单等结算单据后,再按规定进行核算。

【例 3-17】 某公司 2017 年 1 月 28 日验收入库材料一批,月末尚未收到发票账单,货款已付,计划成本 80 000 元,合同价款 78 000 元。应作会计处理为:

1 月 28 日验收入库时,暂时不进行会计核算。

1 月 31 日,如果发票等单据仍未收到,根据计划成本入账,会计分录为:

借:原材料   80 000
  贷:材料采购   80 000

2 月 5 日,收到上述购入材料发票账单,专用发票列明材料价款 78 000 元,增值税额 13 260元,会计分录如下:

借:材料采购   78 000
  应交税费——应交增值税(进项税额)   13 260
  贷:银行存款   91 260
借:材料采购   2 000
  贷:材料成本差异   2 000

2.原材料发出的核算

月度终了,按照发出各种原材料的计划成本,计算应负担的成本差异,借记有关科目,贷记"材料成本差异"科目(实际成本小于计划成本的差异做相反的会计分录)。

材料成本差异应按发出材料的不同去向进行分配,计入相应会计科目:

①生产产品领用的材料应分摊的成本差异,应转入"生产成本——基本生产成本""制造费用"科目;

②企业行政管理部门领用的材料应分摊的成本差异,转入"管理费用"科目;

③对外销售材料应分摊的成本差异,应转入"其他业务成本"科目;

④发出委托加工材料应分摊的成本差异,转入"委托加工物资"科目;

⑤基建工程等部门领用的材料应分摊的成本差异,转入"在建工程"科目;

⑥销售机构领用的材料应分摊的成本差异,转入"销售费用"科目。

另外,盘亏、毁损材料应分摊的材料成本差异,应转入"待处理财产损溢"科目。

发出存货应负担的成本差异,必须按月分摊,不得在季末或年末一次计算。发出存货应负担的成本差异,除委托外部加工发出存货可以按月初成本差异率计算外,都应使用当月的实际成本差异率;如果月初的成本差异率与本月成本差异率相差不大的,也可按月初的成本差异率计算。计算方法一经确定,不得随意变更。以材料为例,计算公式如下:

$$本月材料成本差异率=\frac{月初结存材料成本差异+本月收入材料成本差异总额}{月初结存材料计划成本+本月收入材料计划成本总额}\times100\%$$

$$本月发出材料应负担成本差异额=发出材料的计划成本\times材料成本差异率$$

本月收入存货的计划成本中不包括暂估入账的存货的计划成本。计算公式中,超支差异用正号表示,节约差异用负号表示。

企业应按照存货的类别或品种,如原材料、包装物、低值易耗品等,对材料成本差异进行明细核算,不能使用一个综合差异率来分摊发出存货和库存存货应负担的材料成本差异。

【例3-18】 A公司期初库存材料10吨,计划成本17 800元,材料成本差异250元,本月购进材料10吨,实际成本17 600元,计划成本17 800元。本月发出材料15吨。则相关计算如下:

①本月购进材料的成本差异＝17 600−17 800＝−200(元)

材料成本差异率＝(250−200)/(17 800+17 600)×100%＝0.14%

②本月发出材料的计划成本为:15×1 780＝26 700(元)

③本月发出材料应负担的成本差异为:26 700×0.14%＝37.38(元)

④本月发出材料的实际成本为:26 700+37.38＝26 737.38(元)

⑤本月结存材料的计划成本为8 900元,成本差异为12.62元(250−200−37.38),实际成本为8 912.62(元)。

【例3-19】 本月领用的材料如下:基本生产车间领用40 000元,辅助生产车间领用10 000元,车间管理部门领用5 000元,企业管理部门领用5 000元,若月终计算的材料成本差异率为−5%。编制会计分录如下:

①发出材料:

借:生产成本　　　　　　　　　　　　　　　　　　50 000

制造费用　　　　　　　　　　　　　　　　　　5 000

管理费用　　　　　　　　　　　　　　　　　　5 000

贷:原材料　　　　　　　　　　　　　　　　　　60 000

②结转发出材料分摊的成本差异:

借:材料成本差异　　　　　　　　　　　　　　　　3 000

贷:生产成本　　　　　　　　　　　　　　　　2 500

制造费用　　　　　　　　　　　　　　　　250

管理费用　　　　　　　　　　　　　　　　250

　看起来计划成本法好像很麻烦呀! 如果你还没有完全理解材料成本差异分配的原理,请将上述例题中的账户分别用丁字账进行登记,你就能完全理解了。

【任务实施】

(1)实际成本法下应设置"原材料""在途物资"账户。计划成本法下应设置"原材料""材料采购""材料成本差异"账户。

(2)原材料采用实际成本法核算和计划成本法核算的典型业务分录。

原材料采用实际成本核算:

①材料未到。

借:在途物资

应交税费——应交增值税(进项税额)

贷:应付票据

②材料到达并已验收入库。

借:原材料

贷:在途物资

原材料采用计划成本核算：

①采购材料。

借：材料采购

　　应交税费——应交增值税（进项税额）

　　贷：银行存款等

②材料入库时。

借：原材料

　　贷：材料采购

借：材料采购

　　贷：材料成本差异

货到月末单未到，月末暂估入库：

借：原材料

　　贷：应付账款——暂估应付账款

下月初编制相反分录予以冲销：

借：应付账款——暂估应付账款

　　贷：原材料

任务四　周转材料核算

【任务布置】

宇辰有限责任公司在经营过程中需要购入使用大量的纸箱、胶带、瓶子等，在生产过程中需要使用砂轮、砂纸等，每生产 1 000 个就需要更换一批砂轮。

请问：上述物资应如何进行核算？

【知识准备】

周转材料主要包括企业能够多次使用，逐渐转移其价值但仍保持原有形态，不符合固定资产定义的包装物和低值易耗品等。

一、包装物的核算

包装物，指为了包装本企业产品或商品而储备的各种包装容器，如桶、箱、瓶、坛、袋等。

（一）包装物的核算范围

包装物的核算范围包括：

(1)生产过程中用于包装产品作为产品组成部分的包装物；

(2)随同产品出售不单独计价的包装物；

(3)随同产品出售并单独计价的包装物；

(4)出租或出借给购买单位使用的包装物。

以下物品不属于包装物核算范围：

(1)各种包装用材料，如纸、绳、铁丝、铁皮等，应在"原材料"科目内核算。

(2)用于储存和保管产品、材料而不对外出售的包装物，应按其价值的大小和使用年限的长短，分别在"固定资产"或"周转材料"或单设的"低值易耗品"科目核算。

(3)企业生产经营计划中单独列作企业商品产品的自制包装物。

(二)包装物的核算

1.账户设置

企业可设置"周转材料——包装物"账户核算包装物的收入、发出和结存情况。包装物数量不多的企业，可以不设置"周转材料"科目，而将包装物并入"原材料"账户核算。

2.包装物的账务处理

企业购入、自制、委托外单位加工完成验收入库的包装物，以及对包装物的清查盘点，比照"原材料"账户的相关规定进行会计处理；企业发出包装物的核算，应按发出包装物的不同用途分别进行处理。在计划成本下，月末均应结转领用包装物应负担的成本差异。

(1)生产领用包装物。应将包装物的成本计入产品生产成本。

【例 3-20】 某企业生产车间领用包装物一批，用于包装所生产的产品，实际成本1 500元。

借：生产成本　　　　　　　　　　　　　　　　　　　　　　1 500
　　贷：周转材料——包装物　　　　　　　　　　　　　　　　　　1 500

(2)随同产品出售包装物。

①不单独计价的包装物。随产品出售不单独计价的包装物，在会计上作为销售费用处理。

【例 3-21】 企业销售产品，领用不单独计价的包装物，实际成本为 2 300 元。

借：销售费用　　　　　　　　　　　　　　　　　　　　　　2 300
　　贷：周转材料——包装物　　　　　　　　　　　　　　　　　　2 300

②单独计价的包装物。随同产品出售单独计价的包装物，其出售收入作为"其他业务收入"，账面成本作为"其他业务成本"。

【例 3-22】 企业销售产品时，领用单独计价的包装物，其实际成本为 800 元。

借：其他业务成本　　　　　　　　　　　　　　　　　　　　800
　　贷：周转材料——包装物　　　　　　　　　　　　　　　　　　800

(3)出租、出借包装物。企业出租和出借的包装物在周转使用过程中其实物形态保持不变，因此，其价值也应按其损耗程度逐渐转移到有关的成本费用中去。

二、低值易耗品的核算

低值易耗品是指单位价值较低或使用年限较短，不能作为固定资产的各种用品物品，如工具、管理用具、劳保用品、玻璃器皿，以及在经营过程中周转使用的包装容器等。

(一)账户设置

低值易耗品发出到报废的核算，应根据低值易耗品的实际情况采用一次摊销法和五五摊销法对领用的低值易耗品和包装物进行摊销，计入相关资产的成本或者当期损益。为了加强低值易耗品的管理，在五五摊销法下，"周转材料——低值易耗品"账户按"在库""在用"和"摊销"进行明细核算。

（二）低值易耗品的账务处理

由于低值易耗品既与材料有相同之处，又与固定资产有类似之处。因此，低值易耗品的会计核算应该结合两者的特点，按下列方式进行低值易耗品的核算：

（1）采购、自制、委托外单位加工完成并已验收入库的低值易耗品，企业接受债务人以非现金资产抵偿债务方式取得的低值易耗品，非货币性交易取得的低值易耗品等，以及低值易耗品的清查盘点，比照"原材料"科目的相关规定进行会计处理。

（2）一次摊销法是指在领用低值易耗品时，将其全部价值一次计入有关成本费用账户。借记有关账户，贷记"周转材料——低值易耗品"，低值易耗品报废时，将其残料价值作为当月低值易耗品摊销额的减少，冲减有关成本费用。这种方法适应于价值低或者容易破碎的低值易耗品。

五五摊销法是在领用低值易耗品时，将其价值的 50％摊入有关费用成本；在其报废时，将价值的另外 50％部分（扣除收回残料的价值）摊入有关费用成本。这种方法适用于单位价值较低、使用期限较短或每月领用与报废在数量上大体相同的低值易耗品。

【例 3-23】 某车间领用工具一批，实际成本为 5 000 元，厂管理部门领用家具一批，实际成本 5 500 元，低值易耗品采用一次摊销法核算。

借：制造费用——修理车间   5 000
  管理费用   5 500
    贷：周转材料——在库   10 500

【例 3-24】 某企业采用五五摊销法进行低值易耗品核算。本月厂部行政管理部门领用低值易耗品一批，实际成本 30 000 元。

（1）领用时：

借：周转材料——低值易耗品（在用）   30 000
    贷：周转材料——低值易耗品（在库）   30 000

（2）当月摊销成本的 50％：

借：管理费用   15 000
    贷：周转材料——低值易耗品（摊销）   15 000

（3）一年后，该批低值易耗品报废，残料变现 500 元。

借：管理费用   14 500
  库存现金   500
    贷：周转材料——低值易耗品（摊销）   15 000

同时，

借：周转材料——低值易耗品（摊销）   30 000
    贷：周转材料——低值易耗品（在用）   30 000

？ 请举例说明包装物出租、出借收取的押金和租金的核算方法。

【任务实施】

纸箱、胶带、瓶子等应通过"周转材料——包装物"账户核算，生产领用时直接计入"生产成本"账户。砂轮、砂纸等应通过"周转材料——低值易耗品"账户核算，生产领用时计入"制造费用"账户。

任务五　委托加工物资核算

【任务布置】

　　宇辰有限责任公司在经营过程中需要将部分商品委托给其他企业进行生产,完工收回后作为原材料核算。

　　请描述委托加工物资核算的典型业务会计分录。

【知识准备】

　　委托加工物资是指企业委托外单位加工的各种材料、商品等物资。企业委托外单位加工物资的成本包括加工中实际耗用物资的成本、支付的加工费用及应负担的运杂费,以及支付的税金。

一、账户设置

　　为了反映和监督委托加工物资增减变动及其结存情况,企业应当设置"委托加工物资"账户,借方登记委托加工物资的实际成本,贷方登记加工完成验收入库的物资的实际成本和剩余物资的实际成本,期末余额在借方,反映企业尚未完工的委托加工物资的实际成本等。

二、委托加工物资的账务处理

　　委托加工物资的核算主要包括三个方面:一是物资发出的核算,二是支付加工费用的核算,三是收回物资的核算。如果是委托加工需要交纳消费税的商品,则涉及消费税的核算。

　　当原材料采用实际成本核算,企业发出物资时,根据原材料的实际成本、有关运费等,借记"委托加工物资"账户,贷记"原材料"账户;结算加工费用时,根据发票账单等,借记"委托加工物资"和"应交税费——应交增值税(进项税)"账户,贷记"应付账款"或"银行存款"账户;收回加工物资时,根据"委托加工物资"账户借方合计金额,借记"库存商品""周转材料"等账户,贷记"委托加工物资"账户。

　　当原材料采用计划成本核算,在材料发出时,需要分配材料成本差异。

　　当加工的商品属于消费税征税对象时,视收回后的商品是直接销售还是继续加工,核算方法不同。若收回后直接销售时,将受托方代扣代缴的消费税计入加工物资的成本;若收回后继续加工后再销售时,将受托方代扣代缴的消费税计入"应交税费——应交消费税"账户的借方。

　　委托加工物资的账务处理如图 3-1 所示。

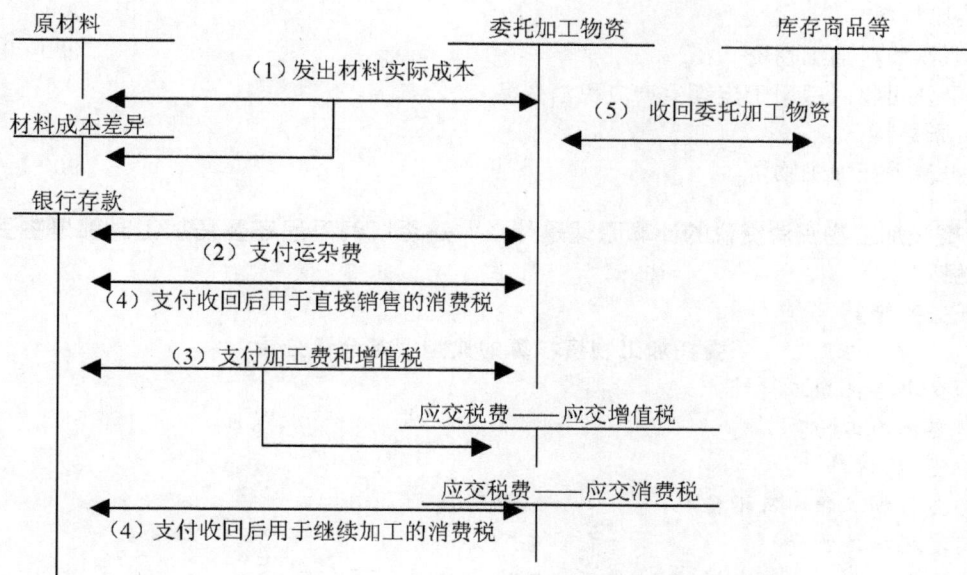

图 3-1　委托加工物资的账务处理

【例 3-25】　宇辰有限责任公司委托乙公司加工材料一批(属于应税消费品)。原材料成本为 800 000 元,支付的加工费为 100 000 元(不含增值税),乙公司代收代缴消费税 80 000元,材料加工完成并已验收入库,加工费用及税金等已经支付。双方适用的增值税税率为17%。甲公司按实际成本核算原材料,有关账务处理如下:

(1)发出委托加工材料:

借:委托加工物资　　　　　　　　　　　　　　　　　　　　　　　　800 000

　　贷:原材料　　　　　　　　　　　　　　　　　　　　　　　　　　　800 000

(2)支付加工费用及增值税:

借:委托加工物资　　　　　　　　　　　　　　　　　　　　　　　　100 000

　　应交税费——应交增值税(进项税额)　　　　　　　　　　　　　　17 000

　　贷:银行存款　　　　　　　　　　　　　　　　　　　　　　　　　117 000

(3)受托方代收代缴消费税:

①甲公司收回后直接用于对外销售。由受托方代收代缴的消费税计入委托加工物资的成本,会计分录如下:

借:委托加工物资　　　　　　　　　　　　　　　　　　　　　　　　80 000

　　贷:银行存款　　　　　　　　　　　　　　　　　　　　　　　　　80 000

②甲公司收回后用于连续生产应税消费品。由受托方代收代缴的消费税先计入"应交税费——应交消费税"的借方,会计分录如下:

借:应交税费——应交消费税　　　　　　　　　　　　　　　　　　　80 000

　　贷:银行存款　　　　　　　　　　　　　　　　　　　　　　　　　80 000

(4)加工完成,收回委托加工材料:

①甲公司收回后直接用于对外销售:

借:原材料　　　　　　　　　　　　　　　　　　　　　　　　980 000
　　贷:委托加工物资　　　　　　　　　　　　　　　　　　　　　　　980 000
②甲公司收回后用于连续生产应税消费品:
借:原材料　　　　　　　　　　　　　　　　　　　　　　　　900 000
　　贷:委托加工物资　　　　　　　　　　　　　　　　　　　　　　　900 000

❓委托加工物资消费税的计算原理是什么?是否所有商品在委托加工时都是由受托方代扣代缴?

【任务实施】

委托加工物资核算的典型业务会计分录

(1)发出委托加工材料:
借:委托加工物资
　　贷:原材料
(2)支付加工费用及增值税:
借:委托加工物资
　　应交税费——应交增值税(进项税额)
　　贷:银行存款
(3)需要征收消费税的商品,受托方代收代缴消费税:
①收回后直接用于对外销售:由受托方代收代缴的消费税计入委托加工物资的成本。
借:委托加工物资
　　贷:银行存款
②收回后用于连续生产应税消费品:由受托方代收代缴的消费税先计入"应交税费——应交消费税"的借方。
借:应交税费——应交消费税
　　贷:银行存款
(4)加工完成,收回委托加工材料:
①收回后直接用于对外销售:
借:原材料
　　贷:委托加工物资
②收回后用于连续生产应税消费品:
借:原材料
　　贷:委托加工物资

任务六　库存商品核算

103—6

【任务布置】

宇辰有限责任公司生产的 A 产品完工后入产成品仓库,销售商品后按先进先出法结转销售成本。

请描述上述业务的典型会计分录。

【知识准备】

库存商品包括库存的外购商品、自制产成品、存放在门市部准备出售的商品、发出展览的商品以及寄存在外的商品等。工业企业接受来料加工制造的代制品和为外单位加工修理的代修品,在制造和修理完成验收入库后,视同企业的产成品,属于库存商品,通过"库存商品"科目进行核算。已经完成销售手续并确认销售收入,但购买单位在月末尚未提取的商品,应作为代管商品处理,单独设置"代管商品"备查簿进行登记,不属于库存商品。

库存商品可以采用实际成本核算,也可以采用计划成本核算,其方法与原材料相似。采用计划成本核算时,库存商品实际成本与计划成本的差异,可单独设置"产品成本差异"科目核算。

为了反映和监督库存商品的增减变动及其结存情况,企业应当设置"库存商品"科目,借方登记验收入库的库存商品成本,贷方登记发出的库存商品成本,期末余额在借方,反映各种库存商品的实际成本或计划成本。本科目按商品的种类、品种和规格进行明细分类核算。

企业购入或生产的商品完工入库时,借记"库存商品"账户,贷记"应付账款""银行存款"或"生产成本"账户。企业销售商品结转已售商品的成本时,借记"主营业务成本"账户,贷记"库存商品"账户。

【任务实施】

库存商品核算的典型业务会计分录

(1)产成品生产完工验收入库时:

借:库存商品

　　贷:生产成本

(2)销售商品结转销售成本时:

借:主营业务成本

　　贷:库存商品

任务七　存货期末计量

【任务布置】

宇辰有限责任公司的 A 子公司生产需要购进达几十种的原材料,在生产过程中如果订单过多时需要委托其他企业帮助加工零件,由于 A 子公司的产品更新换代较快,在满足订单后过量生产的产品如果未能及时销售可能导致积压,最终只能降价出售,有时销售价格会低于生产成本。

请问:A 子公司期末存货应采用什么方式计价? 积压的存货在期末时是否需要进行减值测试? 减值测试的原理是什么?

【知识准备】

存货的初始计量虽然以成本入账,但存货进入企业后可能发生毁损、陈旧或价格下跌的情况,因此,在会计期末,企业应对存货重新计量其价值。

一、存货期末计量原则

资产负债表日,存货应当按照成本与可变现净值孰低计量。存货成本高于其可变现净值的,应当计提存货跌价准备,计入当期损益。

成本与可变现净值孰低中的"成本",是指期末存货的实际成本(如果企业在存货成本的日常核算中采用计划成本法、售价金额核算法等简化核算方法,则成本为经调整后的实际成本);"可变现净值"是指在日常活动中,以存货的估计售价减去至完工时估计将要发生的成本、估计的销售费用以及相关税费后的金额,并不是指存货的现行售价。

成本与可变现净值孰低法是谨慎原则在存货会计上的具体运用,是对历史成本原则的修正。

二、存货期末计量方法

(一)存货减值迹象的判断

(1)存货存在下列情形之一的,通常表明存货的可变现净值低于成本,应计提存货跌价准备:

①该存货的市场价格持续下跌,并且在可预见的未来无回升的希望。

②企业使用该项原材料生产的产品的成本大于产品的销售价格。

③企业因产品更新换代,原有库存原材料已不适应新产品的需要,而该原材料的市场价格又低于其账面成本。

④因企业所提供的商品或劳务过时或消费者偏好改变而使市场的需求发生变化,导致市场价格逐渐下跌。

⑤其他足以证明该项存货实质上已经发生减值的情形。

(2)存货存在下列情形之一的,通常表明存货的可变现净值为零:

①已霉烂变质的存货。

②已过期且无转让价值的存货。

③生产中已不再需要,并且已无使用价值和转让价值的存货。

④其他足以证明已无使用价值和转让价值的存货。

(二)可变现净值的确定方法

企业持有存货的目的不同,存货可变现净值的确定方法不同。

(1)直接用于出售的存货,在正常生产经营过程中,应当以该存货的估计售价减去估计的销售费用和相关税费后的金额,确定其可变现净值。

$$可变现净值＝存货估计售价－估计销售费用和相关税费$$

(2)用于继续生产的在产品存货,在正常生产经营过程中,应当以所生产的产成品的估计售价减去至完工时估计将要发生的成本、估计的销售费用和相关税费后的金额,确定其可变现净值。

$$可变现净值＝产成品估计售价－继续加工至可销售状态的成本－估计销售费用和相关税费$$

(3)为生产而持有的材料,可变现净值根据材料所生产的"产成品"确定:

若产成品的可变现净值＞产成品成本,材料应当按其成本计量;

若产成品的可变现净值＜产成品成本，材料按可变现净值计量。

资产负债表日，同一项存货中一部分有合同价格约定、其他部分不存在合同价格的，企业应分别确定其可变现净值，并与其相对应的成本进行比较，分别确定存货跌价准备的计提或转回的金额。

【例 3-26】　宇辰有限责任公司 2016 年 3 月 31 日，乙材料的实际成本为 100 万元，加工该材料至完工产成品估计还将发生成本为 20 万元，估计销售费用和相关税费为 2 万元，估计用该存货生产的产成品售价 110 万元。计算该项存货的可变现净值。

可变现净值＝110－2－20＝88（万元）

【例 3-27】　宇辰有限责任公司 2016 年 3 月 31 日，甲商品的实际成本为 100 万元，估计销售费用和相关税费为 2 万元，估计该存货售价 110 万元。计算该项存货的可变现净值。

可变现净值＝110－2＝108（万元）

【例 3-28】　2016 年 12 月 31 日，宇辰有限责任公司库存 A 料的账面价值为 600 000 元，可用于生产 1 台丙型机器，相对应的市场销售价格为 550 000 元，假设不发生其他购买费用。由于 A 料的市场销售价格下降，用 A 料作为原材料生产的丙型机器的市场销售价格由 1 500 000 元下降为 1 350 000 元，但其生产成本仍为 1 400 000 元，即将该批 A 料加工成丙型机器尚需投入 800 000 元，估计销售费用及税金为 50 000 元。计算 A 料的可变现净值。

第一步，计算用 A 料生产的产成品的可变现净值。

丙型机器的可变现净值＝丙型机器估计售价－估计销售税费

＝1 350 000－50 000＝1 300 000（元）

第二步，将用 A 料所生产的产成品的可变现净值与其成本进行比较。

丙型机器的可变现净值 1 300 000 元小于其成本 1 400 000 元，因此该批 A 料应当按可变现净值计量。

第三步，计算 A 料的可变现净值，并确定其期末价值。

A 料的可变现净值

＝丙型机器的估计售价－将 A 料加工成丙型机器尚需投入的成本－估计销售税费

＝1 350 000－800 000－50 000

＝500 000（元）

A 料的可变现净值 500 000 元小于其成本 600 000 元，因此 A 料的期末价值应为其可变现净值 500 000 元，即 A 料应按 500 000 元列示在 2016 年 12 月 31 日资产负债表的存货项目中。

（三）存货跌价准备的计提与转回

1. 存货跌价准备的计提

企业在计提存货跌价准备时通常应当以单个存货项目为基础；对于数量繁多、单价较低的存货，也可以按照存货类别计提存货跌价准备；与在同一地区生产和销售的产品系列相关、具有相同或类似最终用途或目的，且难以与其他项目分开计量的存货，也可以合并计提存货跌价准备。具体三种方法如表 3-7 所示。

表 3-7　存货跌价准备的计提方法

方　法	定　义
1.单项比较法	亦称逐项比较法或个别比较法,指对库存的每一种存货的成本与可变现净值逐项进行比较,每项存货均取较低数确定期末的存货成本
2.分类比较法	亦称类比法,指按存货类别的成本与可变现净值进行比较,每类存货取其较低数确定存货的期末成本
3.综合比较法	亦称总额比较法,指按全部存货的总成本与可变现净值总额相比较,以较低数作为期末全部存货的成本

由表 3-7 可知,单项比较法确定的期末存货成本最低;分类比较法次之;综合比较法最高。

企业在选择某种比较方法确定期末存货的价值之后,应视情况进行有关的账务处理。如果期末存货的可变现净值低于成本,应在当期确认存货跌价损失,并进行有关的账务处理。具体账务处理方法是:每一资产负债表日,比较存货成本与可变现净值,计算出应计提的存货跌价准备,然后和"存货跌价准备"账户的余额进行比较,若应提数大于已提数,则补提差额,企业计提的存货跌价准备,应计入当期损益(资产减值损失)。

【例 3-29】　丙公司 2016 年年末,A 存货的账面成本为 80 000 元,由于本年以来 A 存货的市场价格持续下跌,根据资产负债表日确定的 A 存货的可变现净值为 78 000 元,"存货跌价准备"期初余额为零,应计提的存货跌价准备为 2 000 元(80 000−78 000)。相关账务处理如下:

借:资产减值损失　　　　　　　　　　　　　　　　　　　　　　　　　2 000

　　贷:存货跌价准备　　　　　　　　　　　　　　　　　　　　　　　　　　　2 000

2.存货跌价准备的转回

当以前减记存货价值的影响因素已经消失,减记的金额应当予以恢复,并在原已计提的存货跌价准备金额内转回,转回的金额计入当期损益(资产减值损失)。

【例 3-30】　承上例,假设 2017 年年末,丙公司存货的种类、数量、账面成本和已计提的存货跌价准备均未发生变化,但是 2017 年以来 A 存货市场价格持续上升,市场前景明显好转,至 2017 年年末根据当时状态确定的 A 存货的可变现净值为 84 000 元。

本例中,由于 A 存货市场价格上涨,2017 年年末 A 存货的可变现净值(84 000 元)高于其账面成本(80 000 元),可以判断以前造成减记存货价值的影响因素(价格下跌)已经消失。A 存货减记的金额应当在原已计提的存货跌价准备金额 2 000 元内予以恢复。相关账务处理如下:

借:存货跌价准备　　　　　　　　　　　　　　　　　　　　　　　　　2 000

　　贷:资产减值损失　　　　　　　　　　　　　　　　　　　　　　　　　　　2 000

3.存货跌价准备的结转

企业计提了存货跌价准备,如果其中有部分存货已经销售,则企业在结转销售成本时,应同时结转对其已计提的存货跌价准备。

已售存货结转成本的会计分录为:借记"主营业务成本""存货跌价准备"等,贷记"库存商品"等。库存商品在实现销售时,需要关注该库存商品是否计提了存货跌价准备。按存货类别计提存货跌价准备的,也应按比例结转相应的存货跌价准备。

？企业要在会计期末进行存货清查,根据不同的清查结果进行账务处理,你还记得存货盘盈或盘亏时应分别如何进行核算吗?

【任务实施】

A 子公司期末存货应采用成本与可变现净值孰低计价。"可变现净值"是指在日常活动中,以存货的估计售价减去至完工时估计将要发生的成本、估计的销售费用以及相关税费后的金额,并不是指存货的现行售价。

积压的存货在期末时需要进行减值测试。

资产负债表日,存货应当按照成本与可变现净值孰低计量。存货成本高于其可变现净值的,应当计提存货跌价准备,计入当期损益。

相关链接——小企业存货损失的会计处理

小企业不计提存货跌价准备,按照实际发生的存货损失直接计入当期损益。发生的存货毁损,按照处置收入、可收回的责任人赔偿和保险赔款,扣除其成本、相关税费后的净额,计入营业外收入或营业外支出。

单元小结

●存货,是指企业在日常活动中持有以备出售的产成品或商品、处在生产过程中的在产品、在生产过程或提供劳务过程中耗用的材料和物料等。

●企业取得存货时应当按照成本进行初始计量。外购存货的成本,即采购成本,包括购买价款、相关税费、运输费、装卸费、保险以及其他可以直接归属于存货采购的费用。

●发出的存货有两种计价方法,一是按实际成本核算,二是按计划成本核算。按实际成本法计算发出存货成本可以采用先进先出法、月末一次加权平均法、移动加权平均法和个别计价法确定发出存货的实际成本。

●商业企业发出存货成本计算方法通常采用毛利率法、零售价法等。

●原材料按计划成本计价,应设置"原材料""材料采购""材料成本差异"等账户进行核算。发出存货应负担的成本差异,必须按月分摊。

●周转材料主要包括包装物和低值易耗品。

●企业委托外单位加工物资的成本包括加工中实际耗用物资的成本、支付的加工费用及应负担的运杂费,以及支付的税金。

●库存商品包括库存的外购商品、自制产成品、存放在门市部准备出售的商品、发出展览的商品以及寄存在外的商品等。

●资产负债表日,存货应当按照成本与可变现净值孰低计量。存货成本高于其可变现净值的,应当计提存货跌价准备,计入当期损益。

延伸阅读:《企业会计
准则第 1 号——存货》

复习思考题

习题参考答案

单元 4　核算固定资产

知识目标

● 了解固定资产的特征及确认原则。
● 熟悉不同来源的固定资产成本计算原理。
● 掌握外购和自行建造固定资产的核算方法。
● 掌握折旧的计提与核算方法。
● 掌握固定资产处置的核算流程与方法。
● 掌握固定资产盘盈、盘亏的核算方法。
● 熟悉固定资产减值的计提原理和核算。

能力目标

● 会计算固定资产成本。
● 能够准确进行固定资产取得的账务处理。
● 会计提固定资产折旧。
● 能够准确进行固定资产处置的账务处理。
● 能够准确进行固定资产盘盈、盘亏的账务处理。
● 会计提固定资产减值。

单元描述

　　宇辰有限责任公司正在扩大生产经营规模,近期主要发生了以下业务:一是正在建造生产车间,生产车间的建造承包给了 B 建筑公司,合同总价款 1 000 万元,合同规定采用甲方供材的方式,即由宇辰公司购买材料交给 B 建筑公司使用,材料价款含在合同总价中。二是购置生产线 10 套,增值税专用发票列明总价款 200 万元,支付运费 1 万元,均取得了增值税专用发票,生产线需要安装。三是购置运输用汽车三台,增值税专用发票列明每台价款 20 万元,增值税 3.4 万元,每台支付购置税 2 万元。四是报废了一套生产线,生产线账面原值 35 万元,账面余额 5 万元。在进行资产清查时,盘亏笔记本电脑一台,总经理同意核销。另外发现一套 Q 生产线生产的产品在城区市场上销路不畅,产品主要销往农村市场,且此产品在两年内有被取代的趋势,公司测算此类产品在未来两年内能带来的现金流量现值是 30 万元,Q 生产线目前市场评估价是 28 万元,其账面余额是 32 万元。企业发包建造厂房应该如何进行核算?发包建造和自行建造的核算方法相同吗?企业购置的生产线和汽车应如何核算?汽车和生产线的折旧方法有无不同?折旧方法有哪些?原理是什么?报废生产线的核算流程是什么?如何进行账务处理?企业盘盈、盘亏固定资产应如何核算?Q 生产线期末应如何核算?要解决上述问题,我们需要固定资产计价方法、固定资产折旧方法、固定资产处置的核算方法、固定资产减值计提方法等。

> **岗位职责：**
>
> 　　固定资产业务核算和管理是企业财产物资会计岗位的职责。与固定资产核算相关的该岗位的职责包括：
>
> 　　1. 结合企业固定资产的配置情况，会同有关职能部门，建立健全固定资产、在建工程的管理与核算办法；并依照企业经营管理的要求，制订固定资产目录。
>
> 　　2. 设置固定资产登记簿，组织填补固定资产卡片，按固定资产类别、使用部门和每项固定资产进行明细核算。应为融资租入的固定资产单设明细科目核算；属于临时租入的固定资产专设备查簿，登记租入、使用和交还等情况。
>
> 　　3. 根据国家统一规定，按取得固定资产的不同来源，正确计算和确定固定资产的原始价值，及时计价入账。
>
> 　　4. 根据固定资产增减凭证进行账务处理，加强固定资产增减的日常核算与监督。
>
> 　　5. 根据本单位确定的固定资产折旧方法，及时提取折旧；掌握固定资产折旧范围，做到不错、不漏。
>
> 　　6. 负责对在建工程的预决算管理。对自营工程、在施工程要严格审查工程预算；施工中要正确处理试运转所发生的支出和收入；完工交付使用要按规定编制竣工决算，并参与办理竣工验收和交接手续；对出包工程，要参与审查工程承包合同，按规定审批预付工程款；完工交付使用时要认真审查工程决算，办理工程款清算。
>
> 　　7. 对被清理的固定资产，要分别按有偿转让、报废、毁损等不同情况进行账务处理。
>
> 　　8. 会同有关部门定期组织固定资产清查盘点工作，汇总清查盘点结果，发现问题，查明原因，及时妥善处理；并按规定的报批程序，办理固定资产盘盈、盘亏的审批手续，经批准后办理转销的账务处理。
>
> 　　9. 经常了解主要固定资产的使用情况，运用有关核算资料分析固定资产的利用效果，改善固定资产的管理工作，并向企业提供有价值的会计信息或建议。
>
> 　　上述列示的仅是财产物资岗位与固定资产核算业务有关的职责。

104-1

任务一　　固定资产认知

【任务布置】

　　宇辰有限责任公司拥有大量的厂房、机器设备及汽车等运输工具，还有职工宿舍、食堂、浴室、理发室等职工福利设施。

　　请问：企业的固定资产特征是什么？一般情况下是按什么标准进行分类的？

【知识准备】

　　固定资产，是指同时具有下列特征的有形资产：①为生产商品、提供劳务、出租或经营管理而持有的；②使用寿命超过一个会计年度。

一、固定资产的特征

从固定资产的定义看，固定资产具有以下三个特征：

1. 为生产商品、提供劳务、出租或经营管理而持有

企业持有固定资产的目的是为了生产商品、提供劳务、出租或经营管理，即企业持有的固定资产是企业的劳动工具或手段，而不是用于出售的产品。其中"出租"的固定资产，是指企业以经营租赁方式出租的机器设备类固定资产，不包括以经营租赁方式出租的建筑物，后者属于企业的投资性房地产，不属于固定资产。

2. 使用寿命超过一个会计年度

该特征是固定资产区别于低值易耗品的重要标志。使用寿命超过一个会计年度意味着固定资产属于长期资产。固定资产的使用寿命，是指企业使用固定资产的预计期间，或者该固定资产所能生产产品或提供劳务的数量。通常情况下，固定资产的使用寿命是指使用固定资产的预计期间，比如自用房屋建筑物的使用寿命表现为企业对该建筑物的预计使用年限。对于某些机器设备或运输设备等固定资产，其使用寿命表现为该固定资产所能生产产品或提供劳务的数量，例如，汽车或飞机等，按其预计行驶或飞行里程估计使用寿命。

3. 固定资产是有形资产

固定资产具有实物特征，这一特征将固定资产与无形资产区别开来。有些无形资产可能同时符合固定资产的其他特征，如无形资产为生产商品、提供劳务而持有，使用寿命超过一个会计年度，但是，由于其没有实物形态，所以不属于固定资产。

二、固定资产的确认标准

固定资产在符合定义的前提下，应当同时满足以下两个条件，才能加以确认。

(1)与该固定资产有关的经济利益很可能流入企业。

(2)该固定资产的成本能够可靠计量。

三、固定资产的分类

企业的固定资产种类繁多、规格不一，为了加强管理，便于组织会计核算，需要对其进行科学、合理的分类。根据不同的管理需要和核算要求以及不同的分类标准，可以对固定资产进行不同的分类，主要有以下几种分类方法：

(一)按经济用途分类

按固定资产的经济用途分类，可分为生产经营用固定资产和非生产经营用固定资产。

(1)生产经营用固定资产，是指直接服务于企业生产、经营过程的各种固定资产，如生产经营用的房屋、建筑物、机器、设备、器具、工具等。

(2)非生产经营用固定资产，是指不直接服务于生产、经营过程的各种固定资产，如职工宿舍、食堂、浴室、理发室等使用的房屋、设备和其他固定资产等。

按照固定资产的经济用途分类，可以归类反映和监督企业生产经营用固定资产和非生产经营用固定资产之间，以及生产经营用各类固定资产之间的组成和变化情况，借以考核和分析

企业固定资产的利用情况,促使企业合理地配备固定资产,充分发挥其效用。

（二）按使用情况分类

按固定资产使用情况分类,可分为使用中的固定资产、未使用的固定资产和不需用的固定资产。

（1）使用中的固定资产,是指正在使用中的经营性和非经营性的固定资产。由于季节性经营或修理等原因,暂时停止使用的固定资产仍属于企业使用中的固定资产;企业出租给其他单位使用的固定资产和内部替换使用的固定资产,也属于使用中的固定资产。

（2）未使用的固定资产,是指已完工或已购建的尚未交付使用的新增固定资产以及因进行改建、扩建等原因暂停使用的固定资产,如企业购建的尚待安装的固定资产、经营任务变更停止使用的固定资产等。

（3）不需用的固定资产,是指本企业多余或不适用,需要调配处理的各种固定资产。

按照固定资产的使用情况分类,有利于反映企业固定资产的使用情况,便于分析固定资产的利用效率,挖掘使用潜力,促使企业合理使用固定资产。

（三）按所有权分类

按固定资产的所有权分类,可分为自有固定资产和租入固定资产。

（1）自有固定资产,是指企业拥有所有权,可自由支配使用的固定资产。

（2）租入固定资产,是指企业采用融资租赁方式租入的固定资产。该固定资产的所有权仍属于出租单位,但企业拥有其使用权和实质性的控制权。

（四）综合分类

按固定资产的经济用途和使用情况等综合分类,可把企业的固定资产划分为七大类:

（1）生产经营用固定资产。

（2）非生产经营用固定资产。

（3）租出固定资产（指在经营租赁方式下出租给外单位使用的固定资产）。

（4）不需用固定资产。

（5）未使用固定资产。

（6）土地（指过去已经估价单独入账的土地。因征地而支付的补偿费,应计入与土地有关的房屋、建筑物的价值内,不单独作为土地价值入账。企业取得的土地使用权,应作为无形资产管理,不作为固定资产管理）。

（7）融资租入固定资产（指企业以融资租赁方式租入的固定资产,在租赁期内,应视同自有固定资产进行管理）。

由于企业的经营性质不同,经营规模各异,对固定资产的分类不可能完全一致。但实际工作中,企业大多采用综合分类的方法作为编制固定资产目录、进行固定资产核算的依据。

请运用固定资产的定义判断企业的环保设备和安全设备是否应确认为固定资产? 为什么?

【任务实施】

固定资产的特征包括以下三个方面:为生产商品、提供劳务、出租或经营管理而持有;使用寿命超过一个会计年度;是有形资产。

一般情况下,企业按固定资产的经济用途和使用情况等进行综合分类,把企业的固定资产划分为七大类:生产经营用固定资产,非生产经营用固定资产,租出固定资产,不需用固定资产,未使用固定资产,土地,融资租入固定资产。

任务二　固定资产取得的核算

【任务布置】

宇辰有限责任公司正在扩大生产经营规模,近期主要发生了以下业务:购置生产线10套,增值税专用发票列明总价款200万元,支付运费1万元,均取得了增值税专用发票,生产线需要安装。购置运输用汽车三台,增值税专用发票列明每台价款20万元,增值税3.4万元,每台支付购置税2万元。

请问:外购固定资产的成本如何计算?请描述上述外购固定资产业务的典型会计分录。

【知识准备】

固定资产的取得,按其来源不同分为外购、自行建造、投资者投入、盘盈等,企业应分别就不同来源进行会计处理。

一、账户设置

为了核算固定资产业务,企业需要设置如下会计账户:

(1)"固定资产"账户,用于核算企业固定资产的原始价值。借方反映固定资产增加的原值,贷方反映固定资产减少的原值,期末借方余额反映固定资产原始投资额。本账户可按固定资产类别或项目进行明细核算。

(2)"在建工程"账户,用于核算企业基建、更新改造等在建工程发生的支出。企业发生的固定资产后续支出,包括固定资产修理费、更新改造支出、房屋的装修费用等,满足固定资产确认条件的,也在本账户核算。本账户可按"建筑工程""安装工程""在安装设备""待摊支出""单项工程"等进行明细核算。

(3)"工程物资"账户,用于核算企业为工程建设准备的各种物资的价值,包括工程用材料、尚未安装的设备以及为生产准备的工器具等。本账户可按"专用材料""专用设备""工器具"等进行明细核算。

(4)"累计折旧"账户,用于核算企业固定资产磨损价值。本账户贷方登记计提固定资产折旧,借方登记因减少固定资产而转出的折旧,期末贷方余额反映现存固定资产的折旧累计数。

"累计折旧"账户与"固定资产"账户金额的合计是固定资产的净值,即通过"固定资产"账户的借方余额减去"累计折旧"账户贷方余额来反映固定资产净值。

❓企业购置计算机硬件所附带的、未单独计价的软件,是否应与所购置的计算机硬件一并作为固定资产核算?

二、固定资产取得的账务处理

（一）外购固定资产的账务处理

企业外购固定资产的成本，包括购买价款、相关税费（不含可抵扣的增值税进项税额）、使固定资产达到预定可使用状态前所发生的可归属于该项资产的运输费、装卸费、安装费和专业人员服务费等。对于特殊行业的特定固定资产，确定其初始入账成本时还应考虑弃置费用。

外购固定资产分为购入不需要安装的固定资产和购入需要安装的固定资产两类。

❓企业购置固定资产后，培训员工操作固定资产对应的培训费用是否应计入固定资产成本？

外购固定资产的核算如图 4-1 所示。

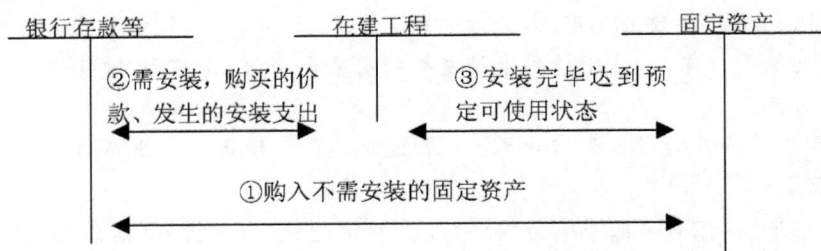

图 4-1　外购固定资产的核算

1.购入不需要安装固定资产的账务处理

购入不需要安装的固定资产的相关支出直接计入"固定资产"账户。

【例 4-1】　宇辰有限责任公司购入一台不需要安装即可投入使用的设备，取得的增值税专用发票上注明的设备价款为 40 000 元，增值税税额为 6 800 元，另支付运杂费 700 元，款项以银行存款支付，宇辰公司为增值税一般纳税人。会计分录如下：

借：固定资产　　　　　　　　　　　　　　　　　　　　　　40 700
　　应交税费——应交增值税（进项税额）　　　　　　　　　 6 800
　　贷：银行存款　　　　　　　　　　　　　　　　　　　　　　47 500

2.购入需要安装固定资产的账务处理

购入需要安装的固定资产的相关支出通过"在建工程"账户归集，待固定资产达到预定可使用状态后再转入"固定资产"账户。

【例 4-2】　宇辰有限责任公司用银行存款购入一台需要安装的设备，增值税专用发票上注明的设备买价为 200 000 元，增值税税额为 34 000 元，支付安装费 30 000 元，增值税税额为 5 100 元，宇辰公司为增值税一般纳税人。会计分录如下：

（1）购入待安装设备时：

借：在建工程　　　　　　　　　　　　　　　　　　　　　200 000
　　应交税费——应交增值税（进项税额）　　　　　　　　　34 000
　　贷：银行存款　　　　　　　　　　　　　　　　　　　　　234 000

（2）支付安装费时：

借：在建工程　　　　　　　　　　　　　　　　　　　　　　　　　30 000
　　应交税费——应交增值税（进项税额）　　　　　　　　　　　　 5 100
　　贷：银行存款　　　　　　　　　　　　　　　　　　　　　　　　　　35 100

（3）设备安装完毕，达到预定可使用状态时：

借：固定资产　　　　　　　　　　　　　　　　　　　　　　　　　230 000
　　贷：在建工程　　　　　　　　　　　　　　　　　　　　　　　　　230 000

3. 一次购入多项固定资产的账务处理

企业以一笔款项购入多项没有单独标价的固定资产，应当按照各项固定资产的公允价值比例对总成本进行分配，分别确定各项固定资产的成本。

【例 4-3】　甲公司向乙公司一次购进了三台不同型号且具有不同生产能力的设备 A、B、C，共支付款项 5 000 000 元，增值税税额 850 000 元，包装费 450 000 元（不考虑增值税），全部以银行存款支付；假定设备 A、B、C 均满足固定资产的定义及确认条件，公允价值分别为 3 000 000 元、2 500 000 元、4 500 000 元；不考虑其他相关税费，甲公司为增值税一般纳税人。请计算 A、B、C 三项资产的入账价值并进行账务处理。

计算过程如下：

①确定应计入固定资产成本的金额，包括购买价款、包装费，即：

5 000 000＋450 000＝5 450 000（元）

②确定设备 A、B、C 的价值比例。

A 设备应分配的固定资产价值比例为：

3 000 000/（3 000 000＋2 500 000＋4 500 000）×100％＝30％

B 设备应分配的固定资产价值比例为：

2 500 000/（3 000 000＋2 500 000＋4 500 000）×100％＝25％

C 设备应分配的固定资产价值比例为：

4 500 000/（3 000 000＋2 500 000＋4 500 000）×100％＝45％

③确定 A、B、C 设备各自的成本。

A 设备的成本为：5 450 000×30％＝1 635 000（元）

B 设备的成本为：5 450 000×25％＝1 362 500（元）

C 设备的成本为：5 450 000×45％＝2 452 500（元）

④甲公司应作如下会计处理：

借：固定资产——A 设备　　　　　　　　　　　　　　　　　　　1 635 000
　　　　　　——B 设备　　　　　　　　　　　　　　　　　　　1 362 500
　　　　　　——C 设备　　　　　　　　　　　　　　　　　　　2 452 500
　　应交税费——应交增值税（进项税额）　　　　　　　　　　　　850 000
　　贷：银行存款　　　　　　　　　　　　　　　　　　　　　　　　6 300 000

购买固定资产的价款超过正常信用条件延期支付，实质上具有融资性质的，固定资产的成本以购买价款的现值为基础确定。实际支付的价款与购买价款的现值之间的差额，应当在信用期间内采用实际利率法进行摊销，摊销金额除满足借款费用资本化条件应当计入固定资产成本外，均应当在信用期间内确认为财务费用，计入当期损益。

4. 购入不动产的账务处理

一般纳税人自 2016 年 5 月 1 日后取得并按固定资产核算的不动产或者 2016 年 5 月 1 日后取得的不动产在建工程,其进项税额按现行增值税制度规定自取得之日起分 2 年从销项税额中抵扣的,应当按取得成本,借记“固定资产”“在建工程”等科目,按当期可抵扣的增值税额,借记“应交税费——应交增值税(进项税额)”科目,按以后期间(取得抵扣凭证当月起的第 13 个月)可抵扣的增值税额,借记“应交税费——待抵扣进项税额”科目,按应付或实际支付的金额,贷记“应付账款”“应付票据”“银行存款”等科目。尚未抵扣的进项税额待以后期间允许抵扣时,按允许抵扣的金额,借记“应交税费——应交增值税(进项税额)”科目,贷记“应交税费——待抵扣进项税额”科目。

【例 4-4】　甲公司为增值税一般纳税人,适用的增值税税率为 17%。2016 年 6 月 1 日购买办公用房两套,增值税发票注明价款 500 万元,增值税 25 万元。甲公司的有关会计分录如下:

2016 年 6 月购入资产时:

借:固定资产　　　　　　　　　　　　　　　　　　　　　　5 000 000
　　应交税费——应交增值税(进项税额)　　　　　　　　　　150 000
　　应交税费——待抵扣进项税额　　　　　　　　　　　　　　100 000
　　贷:银行存款　　　　　　　　　　　　　　　　　　　　　　　5 250 000

2017 年 7 月申请抵扣时:

借:应交税费——应交增值税(进项税额)　　　　　　　　　　100 000
　　贷:应交税费——待抵扣进项税额　　　　　　　　　　　　　100 000

相关链接——小企业分期付款购入固定资产的会计处理

> 小企业分期付款购入的固定资产,按照合同约定的付款总额和在签订合同过程中发生的相关税费等,借记“固定资产”账户或“在建工程”账户,贷记“长期应付款”等账户,如果发生增值税,借记“应交税费——应交增值税(进项税额)”账户。

(二)自行建造固定资产的账务处理

企业自行建造固定资产,应按建造该项资产达到预定可使用状态前所发生的必要支出,作为固定资产的成本。

自建固定资产应先通过“在建工程”科目核算,工程达到预定可使用状态时,再从“在建工程”科目转入“固定资产”科目。企业自建固定资产,主要有自营和出包两种方式,由于采用的建设方式不同,其会计处理也不同。

1. 自营工程的账务处理

企业通过自营方式建造的固定资产,其入账价值应当按照该项资产达到预定可使用状态前所发生的必要支出确定,包括直接材料、直接人工、直接机械施工费等。

工程完工后剩余的工程物资,如转作本企业库存材料的,按其实际成本或计划成本转作企业的库存材料。存在可抵扣增值税进项税额的,应按减去增值税进项税额后的实际成本或计划成本,转作企业的库存材料。

盘盈、盘亏、报废、毁损的工程物资,减去保险公司、过失人赔偿部分后的差额,工程项目尚未完工的,计入或冲减所建工程项目的成本;工程已经完工的,计入当期营业外收支。

所建造的固定资产已达到预定可使用状态,但尚未办理竣工决算的,应当自达到预定可使用状态之日起,根据工程预算、造价或者工程实际成本等,按暂估价值转入固定资产,并按有关计提固定资产折旧的规定,计提固定资产折旧。待办理竣工决算手续后再调整原来的暂估价值,但不需要调整原已计提的折旧额。

自营方式建造固定资产的会计处理如图 4-2 所示。

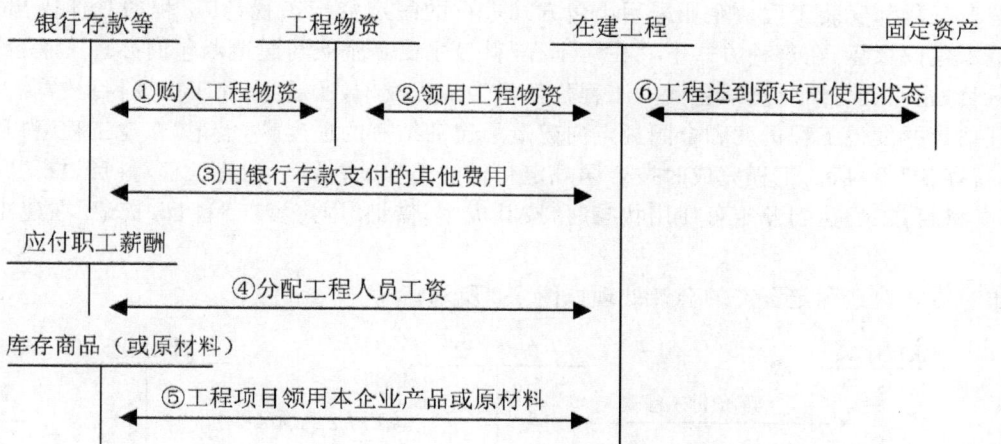

图 4-2　自营方式建造固定资产的会计处理

【例 4-5】　某企业自行建造一车间厂房,建造期间发生下列经济业务:

(1)购入为工程准备的物资一批,买价 234 000 元,未能取得增值税专用发票,运费 1 500 元,以银行存款支付,未能取得运费专用发票。

借:工程物资　　　　　　　　　　　　　　　　　　　　　　　235 500
　　贷:银行存款　　　　　　　　　　　　　　　　　　　　　　　235 500

(2)工程领用工程物资 235 500 元。

借:在建工程——厂房　　　　　　　　　　　　　　　　　　　235 500
　　贷:工程物资　　　　　　　　　　　　　　　　　　　　　　　235 500

(3)由于工程需要,领用本企业生产的电机一台,生产成本 2 000 元,售价 3 000 元。

借:在建工程——厂房　　　　　　　　　　　　　　　　　　　　2 000
　　贷:库存商品　　　　　　　　　　　　　　　　　　　　　　　　2 000

(4)计算应付自营工程人员工资 98 000 元。

借:在建工程——厂房　　　　　　　　　　　　　　　　　　　　98 000
　　贷:应付职工薪酬　　　　　　　　　　　　　　　　　　　　　98 000

(5)分配并结转辅助生产部门提供的水、电、运输劳务等费用 24 000 元。

借:在建工程——厂房　　　　　　　　　　　　　　　　　　　　24 000
　　贷:生产成本——辅助生产成本　　　　　　　　　　　　　　　24 000

(6)车间用房达到预定可使用状态。

借：固定资产 359 500
  贷：在建工程——厂房 359 500

? 企业建造不动产购进物资取得的增值税专用发票上注明的进项税额能否抵扣，在经营过程中购进物资不能取得增值税专用发票会有何影响？

2. 出包工程的账务处理

出包工程是指企业通过招标等方式将工程项目发包给建造承包商，由建造承包商组织施工的建筑工程和安装工程。企业采用出包方式进行的固定资产工程，其工程的具体支出主要由建造承包商核算，在这种方式下，"在建工程"科目主要是企业与建造承包商办理工程价款的结算科目，企业支付给建造承包商的工程价款作为工程成本，通过"在建工程"科目核算。企业按合理估计的发包工程进度和合同规定向建造承包商结算的进度款，借记"在建工程"科目，贷记"银行存款"等科目；工程完成时按合同规定补付的工程款，借记"在建工程"科目，贷记"银行存款"等科目；工程达到预定可使用状态时，按其成本，借记"固定资产"科目，贷记"在建工程"科目。

出包方式建造固定资产的会计处理如图 4-3 所示。

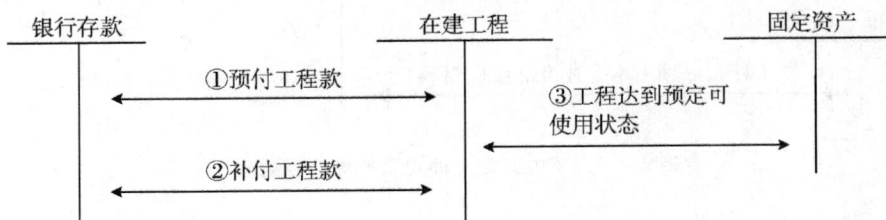

图 4-3　出包方式建造固定资产的会计处理

【例 4-6】　甲公司将一幢厂房的建造工程出包由丙公司承建，按合理估计的发包工程进度和合同规定向丙公司结算进度款 4 000 000 元，工程完工后，收到丙公司有关工程结算单据，补付工程款 1 000 000 元，工程完工并达到预定可使用状态。甲公司取得乙公司开具的增值税发票，增值税额假定为 200 000 元。

甲公司编制如下会计分录：

(1) 按合理估计的发包工程进度和合同规定向丙公司结算进度款时：

借：在建工程 4 000 000
  贷：银行存款 4 000 000

(2) 补付工程款时：

借：在建工程 1 000 000
  贷：银行存款 1 000 000

(3) 工程完工并达到预定可使用状态时：

根据工程结算或估算的固定资产价值，借记"固定资产"科目，按当期可抵扣的增值税额，借记"应交税费——应交增值税（进项税额）"科目，按以后期间可抵扣的增值税额，借记"应交税费——待抵扣进项税额"科目，贷记"在建工程"科目。尚未抵扣的进项税额待以后期间（自取得扣税凭证的当月起的第13个月)允许抵扣时,按允许抵扣的金额,借记"应交税费——应交增值税(进项税额)"科目,贷记"应交税费——待抵扣进项税额"科目。

借:固定资产	4 800 000
应交税费——应交增值税(进项税额)	120 000
应交税费——待抵扣进项税额	80 000
贷:在建工程	5 000 000

(三)其他方式取得的固定资产账务处理

(1)投资者投入的固定资产,其成本应当按照投资合同或协议约定的价值确定,但合同或协议约定价值不公允的除外。在投资合同或协议约定价值不公允的情况下,按照该项固定资产的公允价值作为入账价值。

(2)通过非货币性资产交换、债务重组、企业合并等方式取得的固定资产,其成本应当分别按照非货币性资产交换准则、债务重组准则和企业合并准则等的规定确定。但是,其后续计量和披露应当执行固定资产准则。

(3)盘盈的固定资产,作为前期差错处理,在按管理权限报经批准处理前,应先通过"以前年度损益调整"科目核算。

【任务实施】

企业外购固定资产的成本,包括购买价款、相关税费(不含可抵扣的增值税进项税额)、使固定资产达到预定可使用状态前所发生的可归属于该项资产的运输费、装卸费、安装费和专业人员服务费等。

外购固定资产核算的典型业务会计分录

1. 购入不需要安装的固定资产

借:固定资产

　　应交税费——应交增值税(进项税额)

　　贷:银行存款

2. 购入需要安装固定资产的账务处理

(1)购入待安装设备时:

借:在建工程

　　应交税费——应交增值税(进项税额)

　　贷:银行存款

(2)支付安装费时:

借:在建工程

　　应交税费——应交增值税(进项税额)

　　贷:银行存款

(3)设备安装完毕,达到预定可使用状态时:

借:固定资产

　　贷:在建工程

相关链接——小企业盘盈固定资产的会计处理

小企业盘盈的固定资产，按照同类或类似固定资产的市场价格或评估价值扣除按照新旧程度估计的折旧后的余额，借记"固定资产"账户，贷记"待处理财产损溢——待处理非流动资产损溢"账户。不用进行以前年度损益调整，小企业一般不运用"以前年度损益调整"账户。

任务三　固定资产折旧的核算

【任务布置】

宇辰有限责任公司的固定资产包括厂房、办公设备、生产用机器设备和运输设备等。其中机器设备使用频度高、损耗大，而且由于技术进步原因，更新换代较快。

请问：影响固定资产折旧的因素有哪些？固定资产的折旧方法有哪些？对于该公司的机器设备应采用什么折旧方法计提折旧？

【知识准备】

固定资产在使用过程中由于磨损和技术进步等原因导致价值逐渐减少，直至报废。为此，需要在固定使用期限内将其价值采用一定方法分摊计入使用期间的成本费用中，每期分摊的金额称为固定资产折旧。

固定资产折旧是指在固定资产使用寿命内，按照确定的方法对应计折旧额进行系统分摊。这里的应计折旧额，是指应当计提折旧的固定资产的原价扣除其预计净残值后的金额。已计提减值准备的固定资产，还应当扣除已计提的固定资产减值准备累计金额。

一、影响固定资产折旧的因素

影响固定资产折旧的因素主要有以下四个方面：

1. 固定资产原值

固定资产原值是指企业计提固定资产折旧时的基数，也即固定资产取得时的入账价值。在折旧期内固定资产原值扣除净残值就是应计提的折旧总额。

2. 预计净残值

预计净残值是指假定固定资产预计使用寿命已满并处于使用寿命终了的预期状态时，企业从该项资产处置中获得的扣除预计处置费用后的金额。

3. 固定资产的使用寿命

固定资产的使用寿命是指企业使用固定资产的预计期间，或者该固定资产所能生产产品或提供劳务的数量。

4. 固定资产减值准备

固定资产减值准备是指已计提的固定资产减值准备累计金额。固定资产计提减值准备后,应当在剩余使用寿命内根据调整后的固定资产账面价值(固定资产账面余额扣减累计折旧和累计减值准备后的金额)和预计净残值重新计算确定折旧率和折旧额。

二、固定资产计提折旧的范围

除以下情况外,企业应对所有固定资产计提折旧:

(1)已提足折旧仍继续使用的固定资产;

(2)按规定单独估价作为固定资产入账的土地。

在确定计提折旧的范围时还应注意以下几点:

(1)固定资产应当按月计提折旧。固定资产应自达到预定可使用状态时开始计提折旧,终止确认时或划分为持有待售非流动资产时停止计提折旧。当月增加的固定资产,当月不计提折旧,从下月起计提折旧;当月减少的固定资产,当月仍计提折旧,从下月起不计提折旧。

(2)对符合固定资产确认条件的固定资产装修费用,应当在两次装修期间与固定资产剩余使用寿命两者中较短的期间内计提折旧。

(3)对融资租赁方式租入的固定资产发生的装修费用,符合固定资产确认条件的,应当在两次装修期间、剩余租赁期与固定资产剩余使用寿命三者中较短的期间内计提折旧。

(4)处于更新改造过程停止使用的固定资产,应将其账面价值转入在建工程,不再计提折旧。更新改造项目达到预定可使用状态转为固定资产后,再按重新确定的折旧方法和该项固定资产尚可使用寿命计提折旧;企业因进行大修理而停用的固定资产,应当照提折旧。

(5)固定资产提足折旧后,不管能否继续使用,均不再计提折旧;提前报废的固定资产,也不再补提折旧。所谓提足折旧,是指已经提足该项固定资产的应计折旧额。

三、固定资产折旧方法

企业应当根据与固定资产有关的经济利益的预期实现方式,合理选择固定资产折旧方法。具体包括年限平均法、工作量法、双倍余额递减法和年数总和法等。固定资产的折旧方法一经确定,不得随意变更。

(一)年限平均法

年限平均法又称直线法,是指将固定资产的应计折旧额均衡地分摊到固定资产预计使用寿命内的一种方法。采用这种方法计算的每期折旧额均相等。计算公式如下:

$$年折旧额＝(固定资产原始价值－预计净残值)/预计使用年限$$

或　　　　　　$$＝固定资产原始价值×(1－预计净残值率)/预计使用年限$$

其中,

$$预计净残值率＝(预计净残值÷固定资产原值)×100\%$$

在实际工作中,采用年限平均法计提折旧时,折旧额是根据固定资产原值乘以折旧率计算的。因此,企业在计算出固定资产年折旧额的基础上,还必须计算出固定资产年折旧率。

固定资产年折旧率,是指固定资产年折旧额与固定资产原值的比率。即

$$年折旧率＝年折旧额/固定资产原值×100\%$$

也可按下列公式直接求得年折旧率,并进而求得固定资产月折旧额:

$$年折旧率＝(1－预计净残值率)/预计使用年限×100\%$$

$$月折旧率＝年折旧率/12$$

$$月折旧额＝固定资产原值×月折旧率$$

【例 4-7】 宇辰有限责任公司某项固定资产原值为 100 000 元,预计使用年限为 8 年,预计残值收入 5 500 元,预计清理费用 2 000 元,则:

净残值率＝[(5 500－2 000)÷100 000]×100％＝3.5％

年折旧额＝100 000×(1－3.5％)/8＝12 062.50(元)

年折旧率＝12 062.50/100 000×100％＝12.06％

或　　　　＝[(1－3.5％)/8]×100％＝12.06％

月折旧率＝12.06％/12＝1.01％

月折旧额＝100 000×1.01％＝1 010(元)

(二)工作量法

工作量法是指按照固定资产工作量平均计算折旧额的一种方法。工作量法与年限平均法都是平均折旧法,只是改日历时间为工作量作为平均的基础。工作量法适用于使用不均衡且能单独考核固定资产工作量的固定资产折旧,如季节性生产或订单式生产企业的汽车、大型设备、大型建筑施工机械等。其计算公式如下:

$$单位工作量折旧额＝\frac{固定资产原价×(1－预计净残值率)}{使用寿命内预计总工作量}$$

$$某项固定资产月折旧额＝该项固定资产当月实际工作量×单位工作量折旧额$$

公式中的工作量可以是运输工具的行驶里程、机器设备的工作小时或产品产量、大型设备的工作台班等。

【例 4-8】 甲企业新购置货运卡车一辆,原值 50 000 元,预计净残值率为 5％,预计行驶 500 000 公里,本月实际行驶 5 000 公里。本月应计提折旧额为:

单位里程折旧额＝[50 000×(1－5％)]÷500 000＝0.095(元)

本月折旧额＝0.095×5 000＝475(元)

(三)双倍余额递减法

双倍余额递减法,是指在不考虑固定资产预计净残值的情况下,根据每期期初固定资产原价减去累计折旧后的金额(即固定资产净值)和双倍的直线折旧率计算固定资产折旧额的一种方法。计算公式如下:

$$年折旧率＝2÷预计使用寿命(年)×100％$$

$$月折旧率＝年折旧率÷12$$

$$月折旧额＝固定资产净值×月折旧率$$

由于双倍余额递减法开始计提折旧时不考虑固定资产的净残值,因此在应用该方法时必须注意:为了不使固定资产的净值降低到其预计净残值以下,应当在固定资产折旧年限到期的前两年内,将固定资产净值扣除预计净残值后的余额在两年间平均摊销。

【例 4-9】 甲公司某项设备原价为 100 000 元,预计使用寿命为 5 年,预计净残值率为 4％;假设甲公司没有对该机器设备计提减值准备。甲公司按双倍余额递减法计提折旧,每年折旧额计算如下:

年折旧率＝(2÷5)×100％＝40％

预计净残值＝100 000×4％＝4 000(元)

各年折旧额计算如表 4-1 所示。

表 4-1　折旧计算表（双倍余额递减法）　　　　　　　　单位：元

年　次	年初账面净值	折旧率	折旧额	累计折旧额	期末账面净值
1	100 000	40%	40 000	40 000	60 000
2	60 000	40%	24 000	64 000	36 000
3	36 000	40%	14 400	78 400	21 600
4	21 600	—	8 800	87 200	12 800
5	12 800	—	8 800	96 000	4 000

实行双倍余额递减法计提折旧的固定资产，在折旧年限到期前两年，将折旧方法改为直线法，所以第 4、5 年的年折旧额为：

$$(21\,600 - 4\,000) \div 2 = 8\,800(元)$$

？ 你理解双倍余额递减法的原理了吗？请结合上述例题中的数字和此方法的定义谈一谈你的理解吧！

（四）年数总和法

年数总和法，是以固定资产的原值减去预计净残值后的金额为基数，以一个逐年递减的分数为折旧率，计算各年固定资产折旧额的一种折旧方法。计算公式如下：

$$年折旧率 = 尚可使用年限 \div 预计使用年限的年数总和 \times 100\%$$

$$月折旧率 = 年折旧率 \div 12$$

$$月折旧额 = (固定资产原值 - 预计净残值) \times 月折旧率$$

【例 4-10】 沿用例 4-9 的资料，采用年数总和法计算的各年折旧额如表 4-2 所示。

表 4-2　折旧计算表（年数总和法）　　　　　　　　单位：元

年　次	原值－预计净残值	折旧率	折旧额	累计折旧额	期末账面净值
1	96 000	5/15	32 000	32 000	68 000
2	96 000	4/15	25 600	57 600	42 400
3	96 000	3/15	19 200	76 800	23 200
4	96 000	2/15	12 800	89 600	10 400
5	96 000	1/15	6 400	96 000	4 000

上述四种方法中，年限平均法和工作量法属于平速折旧法，而双倍余额递减法和年数总和法则属于加速折旧法。采用加速折旧法，并不改变固定资产使用寿命，也不改变应计折旧额，只改变了固定资产折旧额在各年的分布情况。但采用加速折旧法有其优势：第一，符合配比原则。固定资产早期的生产能力强，创造的收益也比较大，与其相配比的折旧费也应当多提。第二，均衡各期使用成本。加速折旧法的折旧额逐年递减，而固定资产维修费逐年增加，这使固定资产的使用成本（即每年折旧费与维修费之和）大体上保持平衡。第三，考虑了固定资产的无形损耗。由于加速折旧法在较短的时间内便可以收回固定资产价值的大部分，可以有效地应付固定资产的无形损耗，因此常用于固定资产使用寿命不确定性较大、受科技进步影响较大的高新技术产业。

另外，需要注意的是，固定资产计提折旧方法中，只有双倍余额递减法在最开始应用的时候，是不考虑预计净残值的。加速折旧时，虽然各年的折旧额不相等，但在同一个折旧年度中，各月之间的折旧额是相等的。固定资产计提折旧时,均是按照折旧年度进行核算的。

❓ 根据我国准则的规定,会计年度是从 1 月 1 日至 12 月 31 日,而折旧年度是从开始计提折旧的月份起连续的 12 个月。假如例 4-9 中的固定资产是 2016 年 4 月 20 日购入的,采用双倍余额递减法计提折旧,其在 2017 年应提的折旧是多少?

相关链接——小企业固定资产的折旧方法

小企业固定资产的折旧方法包括年限平均法、双倍余额递减法、年限总和法,没有工作量法。

四、固定资产折旧的账务处理

1. 账户设置

为了核算固定资产每期的折旧金额,需要设置"累计折旧"账户,该账户属于资产类账户,是"固定资产"账户的备抵账户,余额在贷方,表示企业现有固定资产已经计提的累计折旧额。

2. 折旧的账务处理

每月计提固定资产折旧费时,应根据用途计入相关资产的成本或者当期损益,借记"制造费用""销售费用""管理费用""其他业务成本""研发支出"等科目,贷记"累计折旧"科目。具体核算原理如下:

(1)基本生产车间使用的固定资产,其计提的折旧额应计入制造费用,并最终计入所生产产品成本;

(2)管理部门使用的固定资产,其计提的折旧额应计入管理费用;

(3)销售部门使用的固定资产,其计提的折旧额应计入销售费用;

(4)未使用的固定资产,其计提的折旧额应计入管理费用(不区分部门,都计入管理费用);

(5)自行建造固定资产过程中使用的固定资产,其计提的折旧额应计入在建工程成本;

(6)自行研发无形资产过程中使用的固定资产,其计提的折旧额应计入研发支出;

(7)经营租出的固定资产,其计提的折旧额应计入其他业务成本。

实际工作中,各月计提固定资产折旧要编制"固定资产折旧计算表",其计算公式为:

本月应提的折旧额=上月计提的折旧额+上月增加的固定资产应计折旧额-上月减少的固定资产应计折旧额

【例 4-11】 某企业 2017 年 4 月份的固定资产折旧汇总计算表如表 4-3 所示。

表 4-3　固定资产折旧计算表　　　　　　　　　　　　　　　　单位:元

使用部门	上月计提折旧额	加:上月增加的固定资产应计折旧额	减:上月减少的固定资产应计折旧额	本月应提折旧额
甲车间	13 460		498	12 962
乙车间	20 000	980		20 980
车间合计	33 460	980	498	33 942
行政管理部门	5 600	450		6 050
出　租	1 000			1 000
合　计	40 060	1 430	498	40 992

根据表 4-3,该企业 4 月份应作如下会计分录:

借:制造费用　　　　　　　　　　　　　　　　　　　　　　　　　33 942
　　管理费用　　　　　　　　　　　　　　　　　　　　　　　　　　6 050
　　其他业务成本　　　　　　　　　　　　　　　　　　　　　　　　1 000
　　贷:累计折旧　　　　　　　　　　　　　　　　　　　　　　　　40 992

❓企业采用的固定资产折旧方法税法上有何规定? 不同的折旧方法对企业所得税有何影响?

【任务实施】

影响固定资产折旧的因素主要有以下四个方面:固定资产原值、预计净残值、固定资产的使用寿命和固定资产减值准备。

固定资产的折旧方法包括年限平均法、工作量法、双倍余额递减法和年数总和法等。该公司机器设备应采用加速折旧法,即双倍余额递减法或年数总和法。

任务四　固定资产后续支出的核算

【任务布置】

宇辰有限责任公司生产用的机器设备每个月均需要进行维护保养。A 生产线由于损耗严重,公司决定进行停用改造,按新技术改造后产能提高 20%,使用寿命延长 3 年。

请描述机器设备日常维护和更新改造业务的典型业务会计分录。

【知识准备】

固定资产的后续支出,是指固定资产使用过程中发生的更新改造支出、修理费用等。

后续支出的处理原则为:符合固定资产确认条件的,应当计入固定资产成本,同时将被替换部分的账面价值扣除;不符合固定资产确认条件的,应当计入当期损益。

一、资本化后续支出的账务处理

固定资产发生可资本化的后续支出时,企业一般应将该固定资产的原价、已计提的累计折旧和减值准备转销,将固定资产的账面价值转入在建工程,并在此基础上重新确定固定资产原价。因已转入在建工程,因此停止计提折旧。在固定资产达到预定可使用状态时,再从在建工程转为固定资产,并按重新确定的固定资产原价、使用寿命、预计净残值和折旧方法计提折旧。固定资产发生的可资本化的后续支出,通过"在建工程"科目核算。

企业发生的某些固定资产后续支出可能涉及替换原固定资产的某组成部分,当发生的后续支出符合固定资产确认条件时,应将其计入固定资产成本,同时将被替换部分的账面价值扣除。这样可以避免将替换部分的成本和被替换部分的成本同时计入固定资产成本,导致固定资产成本多计。

企业以经营租赁方式租入的固定资产发生的改良支出,应予资本化,作为长期待摊费用,在租赁期内合理进行摊销。

【例 4-12】　宇辰有限责任公司对现有生产线进行改造,以提高其生产能力。该生产线的原价 5 600 000 元,已提折旧 2 200 000 元。改造过程中共发生支出 1 823 000 元,全部以银行存款支付。该后续支出符合固定资产确认条件。公司重新估计该生产线的预计使用寿命为 8 年,预计净残值为 58 200 元,仍采用年限平均法计提折旧。

(1)改造时将固定资产转入在建工程:

借:在建工程　　　　　　　　　　　　　　　　　　　　　　3 400 000
　累计折旧　　　　　　　　　　　　　　　　　　　　　　2 200 000
　贷:固定资产　　　　　　　　　　　　　　　　　　　　　　　　　5 600 000

(2)以银行存款支付后续支出:

借:在建工程　　　　　　　　　　　　　　　　　　　　　　1 823 000
　贷:银行存款　　　　　　　　　　　　　　　　　　　　　　　　　1 823 000

(3)改造工程完工,结转工程成本:

借:固定资产　　　　　　　　　　　　　　　　　　　　　　5 223 000
　贷:在建工程　　　　　　　　　　　　　　　　　　　　　　　　　5 223 000

(4)改造后提折旧:

月折旧额＝(5 223 000－58 200)÷8÷12＝53 800

借:制造费用　　　　　　　　　　　　　　　　　　　　　　　53 800
　贷:累计折旧　　　　　　　　　　　　　　　　　　　　　　　　　53 800

二、费用化后续支出的账务处理

企业生产车间(部门)和行政管理部门等发生的固定资产修理费用等后续支出,借记"管理费用"等账户,贷记"银行存款"等账户;企业发生的与专设销售机构相关的固定资产修理费用等后续支出,借记"销售费用"账户,贷记"银行存款"等账户。

【例 4-13】　2017 年 1 月 3 日,甲公司对现有的一台生产用机器设备进行日常维护,维护过程中领用本企业原材料一批,价值为 54 000 元;应支付维护人员的薪酬为 12 000 元;不考虑其他相关税费。

本例中,对机器设备的维护,仅仅是为了维护固定资产的正常使用而发生的,不产生未来的经济利益,因此应在其发生时确认为费用。甲公司的账务处理如下:

借:管理费用　　　　　　　　　　　　　　　　　　　　　　　66 000
　贷:原材料　　　　　　　　　　　　　　　　　　　　　　　　　　54 000
　　应付职工薪酬　　　　　　　　　　　　　　　　　　　　　　　12 000

三、租入固定资产改良支出的账务处理

企业在经营过程中租入的固定资产需要进行改良,如租入的办公楼进行装修等。为了核算此种支出,需要设置"长期待摊费用"账户核算,该账户属于资产类账户。长期待摊费用是指企业已经支出,但摊销期在一年以上(不含一年)的各项费用。企业为进行固定资产改良发生费用支出时,借记"长期待摊费用"科目,贷记"原材料""银行存款"等科目;摊销长期待摊费用时,借记"管理费用""销售费用"等科目,贷记"长期待摊费用"科目;期末借方余额,反映企业尚

未摊销完毕的长期待摊费用的摊余价值。"长期待摊费用"科目可按费用项目进行明细核算。租入的固定资产改良支出摊销时,在尚可使用年限和剩余租赁期两者较短的期间内进行摊销。租入固定资产如果不能使以后会计期间受益的,应将其改良支出摊余价值全部转入当期损益。

【任务实施】

固定资产后续支出核算的典型业务会计分录

1. 资本化的更新改造支出

(1)转入在建工程。

借:在建工程

　　累计折旧

　　固定资产减值准备

　　　贷:固定资产

(2)发生支出。

借:在建工程

　　　贷:银行存款等

(3)达到预定可使用状态。

借:固定资产

　　　贷:在建工程

2. 费用化支出

借:管理费用或销售费用

　　　贷:银行存款等

相关链接——小企业固定资产的会计处理

小企业固定资产的会计处理与本章介绍的内容基本一致,但存在以下不同之处:

(1)固定资产折旧年限,主要依据规定的固定资产计提折旧的最低年限,不需要考虑其他因素。

(2)固定资产折旧影响因素不包括固定资产减值准备,因为小企业会计准则不要求资产计提减值准备。

(3)固定资产后续支出的会计处理方法与税法的规定一致。

任务五　固定资产处置的核算

【任务布置】

宇辰有限责任公司报废了一套生产线,生产线账面原值35万元,账面余额5万元。

请描述报废生产线的会计核算的典型业务会计分录。

【知识准备】

固定资产处置,包括固定资产出售、转让、报废和毁损、对外投资、非货币性资产交换、债务重组等。

一、固定资产终止确认的条件

固定资产满足下列条件之一的,应当予以终止确认:

(1)该固定资产处于处置状态;

(2)该固定资产预期通过使用或处置不能产生经济利益。

固定资产符合终止条件时,应将固定资产相应账户的金额转入"固定资产清理"账户。

二、固定资产处置的账务处理

企业出售、转让、报废固定资产或发生固定资产毁损,应当将处置收入扣除账面价值和相关税费后的金额计入当期损益。固定资产处置一般通过"固定资产清理"科目进行核算。"固定资产清理"科目属于计价对比科目,借方反映清理费用,贷方反映清理收入,期末余额反映企业尚未清理完毕固定资产的价值。本科目应按照被清理的固定资产项目进行明细核算。

企业因出售、转让、报废或毁损、对外投资、非货币性资产交换、债务重组等处置固定资产时,其会计处理一般经过以下几个步骤:

第一,固定资产转入清理。固定资产转入清理时,按固定资产账面价值,借记"固定资产清理"科目,按已计提的累计折旧,借记"累计折旧"科目,按已计提的减值准备,借记"固定资产减值准备"科目,按固定资产账面余额,贷记"固定资产"科目。

第二,发生的清理费用。固定资产清理过程中发生的有关费用以及应支付的相关税费,借记"固定资产清理"科目,贷记"银行存款""应交税费"等科目。

第三,出售收入和残料等的处理。企业收到出售固定资产的价款、残料价值和变价收入等,应冲减清理支出。按实际收到的出售价款以及残料变价收入等,借记"银行存款""原材料"等科目,贷记"固定资产清理""应交税费——应交增值税"等科目。

第四,保险赔偿的处理。企业计算或收到的应由保险公司或过失人赔偿的损失,应冲减清理支出,借记"其他应收款""银行存款"等科目,贷记"固定资产清理"科目。

第五,清理净损益的处理。固定资产清理完成后的净损失,属于生产经营期间正常的处理损失,借记"营业外支出——处置非流动资产损失"科目,贷记"固定资产清理"科目;属于生产经营期间由于自然灾害等非正常原因造成的,借记"营业外支出——非常损失"科目,贷记"固定资产清理"科目。固定资产清理完成后的净收益,借记"固定资产清理"科目,贷记"营业外收入"科目。

固定资产清理核算如图 4-4 所示。

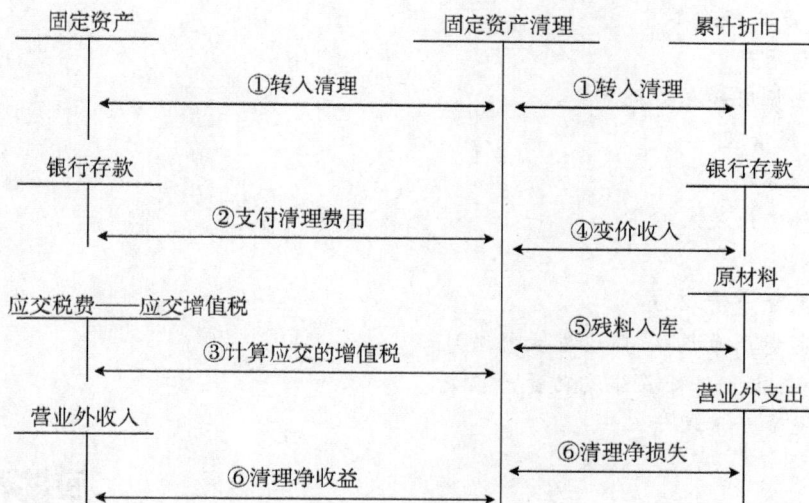

图 4-4 固定资产清理核算

【例 4-14】 甲公司有一台设备,因使用期满经批准报废。该设备原价为 89 400 元,累计计提折旧 83 080 元、减值准备 1 300 元。在清理过程中,以银行存款支付清理费用 4 000 元,收到残料变卖收入 2 400 元。不考虑相关税费。有关账务处理如下:

(1)固定资产转入清理:

借:固定资产清理——××设备   5 020

    累计折旧   83 080

    固定资产减值准备——××设备   1 300

    贷:固定资产——××设备   89 400

(2)发生清理费用和相关税费:

借:固定资产清理——××设备   4 000

    贷:银行存款   4 000

(3)收到残料变价收入:

借:银行存款   2 400

    贷:固定资产清理——××设备   2 400

(4)结转固定资产净损益:

借:营业外支出——处置非流动资产损失   6 620

    贷:固定资产清理——××设备   6 620

❓固定资产处置过程中每笔业务中基本都会涉及"固定资产清理"账户,你注意到了吗?请梳理一下固定资产的处置流程吧!

【任务实施】

固定资产处置核算的典型业务会计分录

1.固定资产转入清理

借:固定资产清理

    累计折旧

　　固定资产减值准备
　　　贷:固定资产
2.发生清理费用和相关税费
借:固定资产清理
　　　贷:银行存款
3.收到残料变价收入
借:银行存款
　　　贷:固定资产清理
4.结转固定资产净损益(假设发生损失)
借:营业外支出——处置非流动资产损失
　　　贷:固定资产清理

任务六　　固定资产清查的核算

【任务布置】

宇辰有限责任公司在进行资产清查时,盘亏笔记本电脑一台,总经理同意核销。

请问:企业盘盈、盘亏固定资产应如何核算?

【知识准备】

企业应定期对固定资产进行清查盘点,以保证固定资产核算的真实性,充分挖掘企业现有固定资产的潜力。在固定资产清查过程中,如果发现盘盈、盘亏的固定资产,应填制固定资产盘盈盘亏报告表。清查固定资产的损溢,应及时查明原因,并按照规定程序报批处理。

一、固定资产盘盈的账务处理

企业在财产清查中盘盈的固定资产,应作为前期差错处理。企业在财产清查中盘盈的固定资产,在按管理权限报经批准处理前先通过"以前年度损益调整"科目核算。盘盈的固定资产,应按以下规定确定其入账价值:如果同类或类似固定资产存在活跃市场的,按同类或类似固定资产的市场价格,减去按该项资产的新旧程度估计的价值损耗后的余额,作为入账价值;如果同类或类似固定资产不存在活跃市场的,按该项固定资产的预计未来现金流量的现值,作为入账价值。

企业按上述规定确定的入账价值,借记"固定资产"科目,贷记"以前年度损益调整"科目。

【例4-15】 2017年1月甲公司在财产清查过程中,发现2016年12月购入的一台设备尚未入账,重置成本为560 000元(假定与其计税基础不存在差异)。假定该公司按净利润的10%计提法定盈余公积,不考虑相关税费的影响。甲公司应编制如下会计分录:

(1)盘盈固定资产时:

借:固定资产　　　　　　　　　　　　　　　　　　　　　　　　560 000
　　　贷:以前年度损益调整　　　　　　　　　　　　　　　　　　　　560 000

（2）结转为留存收益时：

借：以前年度损益调整 560 000

　　贷：盈余公积——法定盈余公积 56 000

　　　　利润分配——未分配利润 504 000

二、固定资产盘亏的账务处理

企业在财产清查中盘亏的固定资产，按盘亏固定资产的账面价值，借记"待处理财产损溢"科目，按已计提的累计折旧，借记"累计折旧"科目，按已计提的减值准备，借记"固定资产减值准备"科目，按固定资产的原价，贷记"固定资产"科目；按管理权限报经批准后处理时，按可收回的保险赔偿或过失人赔偿，借记"其他应收款"科目，按应计入营业外支出的金额，借记"营业外支出——盘亏损失"科目，贷记"待处理财产损溢"科目。

固定资产盘亏的会计处理图示如图4-5所示。

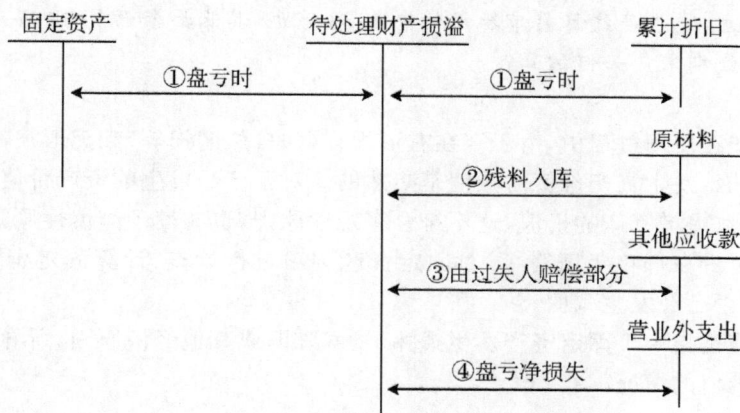

图4-5　固定资产盘亏的会计处理

【例4-16】　甲公司进行财产清查时发现短缺一台设备，原价为150 000元，已计提折旧100 000元，甲公司应编制如下会计分录：

（1）盘亏固定资产时：

借：待处理财产损溢 50 000

　　累计折旧 100 000

　　贷：固定资产 150 000

（2）经批准，盘亏设备损失由有关责任人赔偿10 000元，其余转入营业外支出：

借：其他应收款 10 000

　　营业外支出——固定资产盘亏 40 000

　　贷：待处理财产损溢 50 000

【任务实施】

盘盈的固定资产，应作为前期差错处理。在按管理权限报经批准处理前先通过"以前年度损益调整"科目核算。

盘亏的固定资产,通过"待处理财产损溢"核算,按管理权限报经批准后处理时,按可收回的保险赔偿或过失人赔偿,借记"其他应收款"科目,按应计入营业外支出的金额,借记"营业外支出——盘亏损失"科目,贷记"待处理财产损溢"科目。

任务七　固定资产减值的核算

【任务布置】

宇辰有限责任公司发现一套 Q 生产线生产的产品在城区市场上销路不畅,产品主要销往农村市场,且此产品在两年内有被取代的趋势,公司测算此类产品在未来两年内能带来的现金流量现值是 30 万元,Q 生产线目前市场评估价是 28 万元,其账面余额是 32 万元。

请问:Q 生产线期末应如何核算?

【知识准备】

企业固定资产在使用过程中,由于存在有形损耗(如自然磨损等)和无形损耗(如技术陈旧等)及其他经济原因,发生资产价值的减值是必然的。对于已经发生的资产价值的减值如果不予以确认,必然导致虚增资产的价值,这不符合客观性原则,也有悖于谨慎性原则。因此,企业应当在期末或者至少在每年年度终了,对固定资产逐项进行检查,计算固定资产的可收回金额,以确定资产是否已经发生减值。

固定资产减值是指由于固定资产发生损坏、技术陈旧或其他经济原因,所导致的其可收回金额低于其账面价值的情况。

一、固定资产减值的判断标准

(1)固定资产市价大幅度下跌,其跌价幅度大大高于因时间推移或正常使用而预计的下跌,并且预计在近期内不可能恢复;

(2)企业经营所处的经济、技术或者法律环境及资产所处的市场在当期或者将在近期发生重大变化,并对企业产生不利影响;

(3)市场利率或者其他市场投资报酬率在当期已经提高,从而影响企业计算固定资产预计未来现金流量现值的折现率,导致固定资产可收回金额大幅度降低;

(4)有证据表明固定资产已经陈旧过时或者其实体已经损坏;

(5)固定资产预计使用方式发生重大不利变化,如企业计划终止使用、提前处置资产等情形,从而对企业产生负面影响;

(6)其他有可能表明资产已发生减值的情况。

二、固定资产减值准备的会计处理

如果固定资产的可收回金额低于其账面价值,企业应当按可收回金额低于账面价值的差额计提减值准备,并设置"固定资产减值准备"账户进行核算。固定资产减值准备应按单项资产计提,计提时,借记"资产减值损失"账户,贷记"固定资产减值准备"账户。

固定资产减值损失一经确认,在以后会计期间不得转回。

【例 4-17】　某企业 A 设备账面原值 200 000 元,已提折旧 80 000 元,经检查该设备的性能已经陈旧,预计可收回金额仅为 50 000 元,则对可收回金额低于其净值 120 000 元的差额 70 000 元提取减值准备。编制会计分录如下:

借:资产减值损失　　　　　　　　　　　　　　　　　　　　　70 000
　　贷:固定资产减值准备　　　　　　　　　　　　　　　　　　　　　70 000

【任务实施】

Q 生产线期末应计提减值损失,计提的金额为 2(30－28)万元。

单元小结

●固定资产,是指同时具有下列特征的有形资产:①为生产商品、提供劳务、出租或经营管理而持有的;②使用寿命超过一个会计年度。

●企业外购固定资产的成本,包括购买价款、相关税费(不含可抵扣的增值税进项税额)、使固定资产达到预定可使用状态前所发生的可归属于该项资产的运输费、装卸费、安装费和专业人员服务费等。

●企业自行建造固定资产,应按建造该项资产达到预定可使用状态前所发生的必要支出,作为固定资产的成本。

●影响固定资产折旧的因素主要有固定资产原值、预计净残值、固定资产的使用寿命、固定资产减值准备。

●除了已提足折旧仍继续使用的固定资产和按规定单独估价作为固定资产入账的土地外,企业应对所有固定资产计提折旧。

●当月增加的固定资产,当月不计提折旧,从下月起计提折旧;当月减少的固定资产,当月仍计提折旧,从下月起不计提折旧。

●固定资产折旧方法包括年限平均法、工作量法、双倍余额递减法和年数总和法等。固定资产的折旧方法一经确定,不得随意变更。

●符合固定资产确认条件的后续支出,应当计入固定资产成本;不符合固定资产确认条件的,应当计入当期损益。

●固定资产的可收回金额低于其账面价值时应计提减值准备。

延伸阅读:《企业会计准则
第 4 号——固定资产》

复习思考题

习题参考答案

单元 5　核算无形资产

- 了解无形资产的特征和内容。
- 熟悉无形资产取得成本的计算。
- 熟悉无形资产使用寿命确认原则和摊销原理。
- 掌握无形资产取得和摊销的账务处理方法。
- 掌握无形资产处置的账务处理方法。
- 掌握无形资产减值的计提原理和账务处理方法。

- 能够计算不同来源无形资产的成本。
- 会进行无形资产摊销。
- 能够进行无形资产取得和摊销的账务处理。
- 能够进行无形资产处置的账务处理。
- 会计提无形资产减值和账务处理。

宇辰有限责任公司自 2016 年开始进行产品新型生产技术的研发,初期论证研究阶段投入了 200 万元,自 2017 年 1—4 月,新型生产技术进入试验攻关阶段,投入试验经费 500 万元,2017 年 5 月试验成功,投入生产使用,预计使用年限 8 年。2017 年 3 月向省商标注册管理局申请注册商标一项,发生有关费用 30 000 元。公司与大发公司合作,将某产品生产工艺许可给该公司使用,每年使用费用 100 万元,同时公司将一项生产工艺配方所有权转让给大发公司,转让费用 80 万元。宇辰公司有一项有关生产工艺的非专利技术账面原值 90 万元,累计摊销 60 万元,已经计提减值 5 万元,由于信息化技术的发展,此项工艺已经被替代,不具有经济价值。企业新研发的生产技术如何进行核算?入账成本是多少?企业注册的商标如何进行核算?新研发的生产技术如何进行摊销?转让的两项技术核算方法是否相同?为什么?已经不具有经济价值的非专利技术应如何处理?要解决上述问题,我们需要熟悉无形资产取得成本的计算、无形资产使用寿命确认原则和摊销原理,掌握无形资产取得和摊销的账务处理方法,掌握无形资产处置的账务处理方法,掌握无形资产减值的计提原理和账务处理。

> **岗位职责：**
>
> 　　无形资产业务核算和管理是企业财产物资会计岗位的职责。与无形资产核算相关的该岗位的职责包括：
>
> 　　1. 结合企业无形资产的配置情况，会同有关职能部门，建立健全无形资产的管理与核算办法；
>
> 　　2. 根据国家统一会计制度规定，按取得无形资产的不同方式，正确计算和确定无形资产的原始成本，及时计价入账；
>
> 　　3. 根据无形资产增减凭证进行账务处理；
>
> 　　4. 根据本单位确定的无形资产摊销方法，及时进行无形资产摊销；
>
> 　　5. 经常了解无形资产的使用情况，运用有关核算资料分析无形资产的利用效果，并向企业提供有价值的会计信息或建议。
>
> 　　一般企业的无形资产比较少，具体核算业务主要是购置、摊销和报废。

任务一　　无形资产认知

105-1

【任务布置】

　　宇辰有限责任公司经过多年经营，注册了自己的商标，申请了多项专利，还拥有几项非专利技术，还有一块享有 50 年使用权的土地。

　　请问：企业的无形资产特征是什么？无形资产包括哪些内容？

【知识准备】

　　无形资产是指企业拥有或者控制的没有实物形态的可辨认非货币性资产。如企业的商标、专利、土地使用权等。

一、无形资产的特征

　　(1) 具有可控制性。由企业拥有或者控制并能为其带来未来经济利益是一般资产的本质特征，如果企业有权获得某项无形资产的未来经济利益，并能约束其他方获得这些经济利益，则表明企业控制了该项无形资产。例如，对于会产生经济利益而申请的专利，其受到版权等法定权利的保护，说明该企业控制了相关利益。而客户关系、人力资源等，由于企业无法控制其带来的未来经济利益，不符合无形资产的定义，不应将其确认为无形资产。

　　(2) 没有实物形态。无形资产所体现的是一种权利或获取超额利润的综合能力，它没有实物形态，但却具有很大的价值，或者能帮助企业获得高于同行业一般水平的盈利能力。不具有实物形态是无形资产区别于固定资产的显著标志。

　　(3) 具有可辨认性。无形资产必须是能够区别于其他资产而单独辨认的，比如能够从企业中分离或者划分出来，并能单独或者与相关资产或负债一起，用于出售、转移等。商誉通常是与企业整体价值联系在一起的，其存在无法与企业自身相分离，不具有可辨认性，因此，商誉不属于本单元所指的无形资产。

（4）属于非货币性长期资产。无形资产的非货币性特征是区别于债权资产的显著标志。无形资产在持有过程中为企业带来未来经济利益的情况并不确定，不属于以固定或可确定的金额收取的资产，故属于非货币性资产。

二、无形资产的内容

无形资产通常包括专利权、非专利技术、商标权、著作权、特许权和土地使用权等。

1. 专利权

专利权，是指国家专利主管机关依法授予发明创造专利申请人，对其发明创造在法定期限内所享有的专有权利，包括发明专利权、实用新型专利权和外观设计专利权。

2. 非专利技术

非专利技术，也称专有技术，指不为外界所知、在生产经营活动中已采用了的、不享有法律保护的、可以带来经济效益的各种技术和诀窍。非专利技术一般包括工业专有技术、商业贸易专有技术、管理专有技术等。

3. 商标权

商标是用来辨认特定的商品或劳务的标记。商标权指专门在某类指定的商品或产品上使用特定的名称或图案的权利。

4. 著作权

著作权又称版权，指作者对其创作的文学、科学和艺术作品依法享有的某些特殊权利。著作权包括作品署名权、发表权、修改权和保护作品完整权，还包括复制权、发行权、出租权、展览权、表演权、放映权、广播权、信息网络传播权、摄制权、改编权、翻译权、汇编权以及应当由著作权人享有的其他权利。

5. 特许权

特许权，又称经营特许权、专营权，指企业在某一地区经营或销售某种特定商品的权利或是一家企业接受另一家企业使用其商标、商号、技术秘密等的权利。通常有两种形式，一种是由政府机构授权，准许企业使用或在一定地区享有经营某种业务的特权，如水、电、邮电通信等专营权，烟草专卖权等；另一种指企业间依照签订的合同，有限期或无限期使用另一家企业的某些权利，如连锁店分店使用总店的名称等。

6. 土地使用权

土地使用权，指国家准许某企业在一定期间内对国有土地享有开发、利用、经营的权利。根据《中华人民共和国土地管理法》的规定，我国土地实行公有制，任何单位和个人不得侵占、买卖或者以其他形式非法转让。企业取得土地使用权的方式大致有以下几种：行政划拨取得、外购取得及投资者投资取得。

三、无形资产的确认条件

无形资产应在符合定义的前提下，同时满足以下两个条件时，企业才能确认：
（1）与该无形资产有关的经济利益很可能流入企业。
（2）该无形资产的成本能够可靠地计量。比如企业自创商誉以及内部产生的品牌、报刊名等,因其成本无法可靠地计量,不应确认为无形资产。

❓某中医研究所具有一项世代相传的药方,专治痛风,效果显著,此项药方属于哪类无形资产?

【任务实施】

无形资产的特征是具有可控制性、没有实物形态、具有可辨认性、属于非货币性长期资产。

无形资产通常包括专利权、非专利技术、商标权、著作权、特许权和土地使用权等。

任务二　无形资产取得核算

【任务布置】

宇辰有限责任公司自2016年开始进行产品新型生产技术的研发,初期论证研究阶段投入了200万元,自2017年1—4月,新型生产技术进入试验攻关阶段,投入试验经费500万元,2017年5月试验成功,投入生产使用,预计使用年限8年。2017年3月向省商标注册管理局申请注册商标一项,发生有关费用30 000元。

请描述企业自行研发和申请商标的典型业务会计分录。

【知识准备】

企业无形资产有外购、自行研发、投资者投入、债务重组、非货币资产交换等取得方式。

一、账户设置

为了核算无形资产的取得、摊销和处置等情况,企业应当设置"无形资产"和"累计摊销"账户。

"无形资产"账户核算企业持有的无形资产原值。借方登记取得无形资产的原始成本,贷方登记转出的无形资产原始成本,期末借方余额反映企业无形资产的初始成本。本账户应按无形资产项目设置明细账,进行明细核算。

"累计摊销"账户属于无形资产的备抵调整账户,是核算企业对使用寿命有限的无形资产计提的累计摊销。贷方登记企业计提的无形资产摊销额,借方登记处置无形资产转出的累计摊销额,期末贷方余额反映企业无形资产的累计摊销额。本账户可按无形资产项目进行明细核算。

二、无形资产取得的账务处理

无形资产应按照成本进行初始计量。对于不同来源取得的无形资产,其成本构成也不尽相同。

(一)外购的无形资产

外购的无形资产,其成本包括购买价款、相关税费以及直接归属于使该项资产达到预定用途所发生的其他支出。其中,直接归属于使该项资产达到预定用途所发生的其他支出包括使无形资产达到预定用途所发生的专业服务费用、测试无形资产是否能够正常发挥作用的费用等，但不包括为引入新产品进行宣传发生的广告费、管理费用及其他间接费用，也不包括在无形资产已经达到预定用途以后发生的费用。

【例5-1】　宇辰有限责任公司从外部某单位购入A项专利权，价款60 000元，用银行存款付讫，不考虑增值税。会计分录为：

借：无形资产——专利权A　　　　　　　　　　　　　　　　　　　60 000
　　贷：银行存款　　　　　　　　　　　　　　　　　　　　　　　　　　60 000

购入无形资产超过正常信用条件延期支付价款，实质上具有融资性质的，应按所购无形资产购买价款的现值，借记"无形资产"科目，按应支付的金额，贷记"长期应付款"科目，按其差额，借记"未确认融资费用"科目。未确认的融资费用，在付款期间内按照实际利率法确认为利息费用。

（二）内部研究开发的无形资产

我国会计准则将企业内部无形资产的研发项目分为两个阶段，即研究阶段和开发阶段。

1.研究与开发阶段的区分

（1）研究阶段。

研究，是指为获取并理解新的科学或技术知识而进行的独创性的有计划的调查。研究阶段基本上是探索性的，是为进一步开发活动进行资料及相关方面的准备，已进行的研究活动将来是否会转入开发、开发后是否会形成无形资产等均具有较大的不确定性。

（2）开发阶段。

开发，是指在进行商业性生产或使用前，将研究成果或其他知识应用于某项计划或设计，以生产出新的或具有实质性改进的材料、装置、产品等。相对于研究阶段而言，开发阶段应当是已完成研究阶段的工作，在很大程度上具备了形成一项新产品或新技术的基本条件。

2.研究与开发阶段支出的确认

（1）研究阶段的支出。

研究阶段的支出应全部费用化，计入当期损益（管理费用）。

（2）开发阶段的支出。

企业内部研究开发项目开发阶段的支出，同时满足下列条件的，才能确认为无形资产，计入无形资产的成本：

①完成该无形资产以使其能够使用或出售在技术上具有可行性（技术可行性）；

②具有完成该无形资产并使用或出售的意图（管理层意图）；

③无形资产产生经济利益的方式，包括能够证明运用该无形资产生产的产品存在市场或无形资产自身存在市场，无形资产将在内部使用的，应当证明其有用性（资产收益性）；

④有足够的技术、财务资源和其他资源支持，以完成该无形资产的开发，并有能力使用或出售该无形资产（资源支持能力）；

⑤归属于该无形资产开发阶段的支出能够可靠地计量（成本核算）。

无法区分研究阶段和开发阶段的支出，应当在发生时费用化，计入当期损益（管理费用）。

3.内部开发无形资产成本的计量

内部开发活动形成的无形资产，其成本由可直接归属于该资产的创造、生产并使该资产能够以管理层预定的方式运作的所有必要支出组成,包括开发该无形资产时耗费的材料、劳务成本、注册费、使用其他专利权和特许权的摊销、按照借款费用的处理原则可以资本化的利息支出以及为使该资产达到预定用途前所发生的其他费用。

值得强调的是,内部开发无形资产的成本仅包括在满足资本化条件的时点至无形资产达到预定用途前发生的支出总和,对于同一项无形资产在开发过程中达到资本化条件之前已经费用化计入当期损益的支出不再进行调整。

4.内部研发费月的账务处理

为了核算企业进行研究与开发无形资产过程中发生的各项支出,企业应设置"研发支出"账户,该账务为成本类账户,借方登记实际发生的研发支出,贷方登记转为无形资产和管理费用的金额,期末借方余额反映企业正在进行中的研究开发项目中满足资本化条件的支出。企业应当按照研究开发项目,分别设置"费用化支出"与"资本化支出"进行明细核算。

企业自行开发无形资产发生的研发支出,无论是否满足资本化条件,均应先在"研发支出"账户中归集,期末可以有余额,余额计入资产负债表中"开发支出"项目。

(1)企业研究阶段的支出全部费用化,计入当期损益(管理费用)。会计核算时,首先在"研发支出——费用化支出"中归集,期末结转到管理费用。

(2)开发阶段的支出符合条件的才能资本化,不符合资本化条件的计入当期损益(首先在"研发支出"中归集,期末转入"管理费用")。

内部研发费用的会计处理见图 5-1。

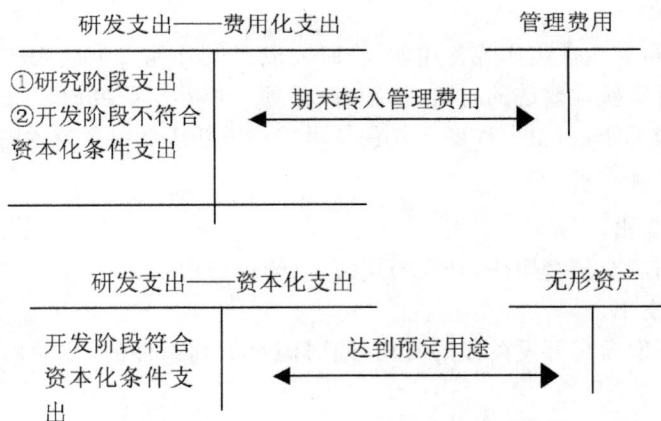

图 5-1　内部研发费用的会计处理

【例 5-2】　2016 年 1 月 1 日,甲公司研发某项新型技术。该公司董事会认为,研发该项目具有可靠的技术和财务等资源的支持,并且一旦研发成功将降低该公司的生产成本。2017 年 3 月 31 日,该项新型技术研发成功并已达到预定用途。研发过程中所发生的直接相关的必要支出情况如下:

(1)2016 年度发生材料费用 1 000 000 元,人工费用 450 000 元,计提专用设备折旧 300 000 元,以银行存款支付其他费用 100 000 元,总计 1 850 000 元,其中,符合资本化条件的支出为 1 200 000 元。

(2)2017 年 3 月 31 日前发生材料费用 400 000 元,人工费用 100 000 元,计提专用设备折旧 50 000 元,其他费用 20 000 元,总计 570 000 元。

本例中,甲公司在开发该项新型技术时,累计发生了 2 420 000 元的研究与开发支出,其中符合资本化条件的开发支出为 1 770 000 元,符合"归属于该无形资产开发阶段的支出能够可靠地计量"的条件。

甲公司的账务处理为:

①2016 年度发生的研发支出:

借:研发支出——费用化支出	650 000
——资本化支出	1 200 000
贷:原材料	1 000 000
应付职工薪酬	450 000
累计折旧	300 000
银行存款	100 000

②2016 年 12 月 31 日,将不符合资本化条件的研发支出转入当期管理费用:

借:管理费用——研究费用	650 000
贷:研发支出——费用化支出	650 000

③2017 年 3 月 31 日之前发生的研发支出:

借:研发支出——资本化支出	570 000
贷:原材料	400 000
应付职工薪酬	100 000
累计折旧	50 000
银行存款	20 000

④2017 年 3 月 31 日,该项新型技术已经达到预定用途:

借:无形资产——××技术	1 770 000
贷:研发支出——资本化支出	1 770 000

(三)投资者投入的无形资产

投资者投入的无形资产,其成本应当按照投资合同或协议约定的价值确定,在投资合同或协议约定价值不公允的情况下,应按无形资产的公允价值入账。具体账务处理为:按照投资合同或协议约定的价值,借记"无形资产"科目;按确定的资本数额,贷记"实收资本"或"股本"科目,超出资本数额部分,贷记"资本公积"科目。

(四)土地使用权的处理

企业取得的土地使用权通常应确认为无形资产。土地使用权用于自行开发建造厂房等地上建筑物时,土地使用权的账面价值不与地上建筑物合并计算其成本,而仍作为无形资产进行核算,土地使用权与地上建筑物分别进行摊销和提取折旧。但下列情况除外:

(1)房地产开发企业取得的土地使用权用于建造对外出售的房屋建筑物,相关的土地使用权应当计入所建造的房屋建筑物成本。

(2)企业外购的房屋建筑物,实际支付的价款中包括土地以及建筑物的价值,则应当对支付的价款按照合理的方法(例如,公允价值)在土地和地上建筑物之间进行分配;如果确实无法在地上建筑物与土地使用权之间进行合理分配的,应当全部作为固定资产核算。

❓企业改变土地使用权的用途,将其用于出租或增值目的时,是否仍按无形资产核算?

【任务实施】

无形资产核算的典型业务会计分录

1.自行研发无形资产

①发生的研发支出:

借:研发支出——费用化支出

　　　　　　——资本化支出

　　贷:原材料、应付职工薪酬、累计折旧、银行存款等

②期末将不符合资本化条件的研发支出转入当期管理费用:

借:管理费用——研究费用

　　贷:研发支出——费用化支出

③达到预定用途:

借:无形资产——××技术

　　贷:研发支出——资本化支出

2.申请商标或外购专利

借:无形资产——专利权

　　贷:银行存款

任务三　无形资产后续计量核算

【任务布置】

宇辰有限责任公司的商标权、专利技术都有法律规定的保护年限,土地使用权有规定的使用年限,非专利技术无使用年限限制。

请问:该公司的无形资产应如何进行摊销?摊销方法是什么?每年摊销金额如何计算?

【知识准备】

无形资产的后续计量以其使用寿命为基础。企业应当于取得无形资产时分析判断其使用寿命。无形资产的使用寿命有限的,应当估计该使用寿命的年限或者构成使用寿命的产量等类似计量单位数量;无法预见无形资产为企业带来经济利益期限的,应当视为使用寿命不确定的无形资产。使用寿命有限的无形资产应进行摊销,使用寿命不确定的无形资产则不需要摊销。

一、无形资产使用寿命确认原则

(1)源自合同性权利或其他法定权利取得的无形资产,其使用寿命不应超过合同性权利或其他法定权利的期限。例如购买的特许权,应按合同的期限进行确定。

（2）合同或法律没有规定使用寿命的，企业应当综合各方面因素判断，以确定无形资产能为企业带来经济利益的期限。例如与同行业的情况进行比较、参考历史经验或聘请相关专家进行论证。

（3）按上述标准仍无法合理确定无形资产为企业带来经济利益期限的，才能将其作为使用寿命不确定的无形资产。

企业至少应于每年年终时，对无形资产的使用寿命进行复核。如果有证据表明无形资产的使用寿命与以前估计不同的，应当改变其摊销期限，并按照会计估计变更进行处理。

对于使用寿命不确定的无形资产，如果有证据表明其使用寿命是有限的，应作为会计估计变更处理。

二、无形资产摊销的账务处理

使用寿命有限的无形资产，应在其预计的使用寿命内采用系统、合理的方法对应摊销金额进行摊销。

1. 应摊销金额

无形资产的应摊销金额为其成本扣除预计残值后的金额。已计提减值准备的无形资产，还应扣除已计提的无形资产减值准备累计金额。无形资产的残值一般为零，但下列情况除外：

（1）有第三方承诺在无形资产使用寿命结束时购买该无形资产；

（2）可以根据活跃市场得到预计残值信息，并且该市场在无形资产使用寿命结束时很可能存在。

2. 摊销起止时间

无形资产的摊销期自其可供使用（即其达到预定用途）时起至终止确认时止。无形资产摊销的起止月份与固定资产折旧不同。当月增加的无形资产，当月开始摊销；当月减少的无形资产，当月不再摊销。

3. 摊销方法

无形资产摊销方法包括直线法、生产总量法等。目前国际上普遍采用的主要是直线法。企业选择的无形资产的摊销方法，应当反映与该项无形资产有关的经济利益的预期实现方式。无法可靠确定预期实现方式的，应当采用直线法摊销。

无形资产的摊销金额一般应确认为当期损益，计入管理费用。但如果某项无形资产是专门用于生产某种产品或者其他资产，其包含的经济利益是通过所生产的产品或其他资产实现的，则无形资产的摊销金额可以计入产品或其他资产的成本中。

【例 5-3】　2017 年初，丙公司以专利权一项对甲公司投资。该项专利权在丙公司的账面价值为 420 万元，投资各方协议确认的价值为 600 万元，资产与股权的登记手续已办妥。此项专利权是丙公司在 2013 年初研究成功申请获得的，法律有效年限为 15 年。丙公司和甲公司合同投资期为 8 年，该项专利权估计受益期限为 6 年，则：

甲公司 2017 年度应确认的无形资产摊销额＝600/6＝100（万元）

借：管理费用　　　　　　　　　　　　　　　　　　　　　　　　100

　　贷：累计摊销　　　　　　　　　　　　　　　　　　　　　　　100

本题中，合同规定了受益年限，法律也规定了有效年限的，摊销期不应超过受益年限与有效年限两者之中较短者。在合同期、受益期、可使用年限内遵循孰低原则。

三、使用寿命不确定的无形资产减值测试

对于使用寿命不确定的无形资产，在持有期间内不需要进行摊销，但应当至少在每年年度终了按照《企业会计准则第 8 号——资产减值》的有关规定进行减值测试。如经减值测试表明已发生减值，则需要计提相应的减值准备。

❓无形资产摊销和固定资产折旧的不同点有哪些？

【任务实施】

该公司商标权、专利技术、土地使用权应按法律规定的年限进行摊销，摊销期自其可供使用时起至终止确认时止。当月增加的无形资产，当月开始摊销；当月减少的无形资产，当月不再摊销。摊销方法应采用直线法进行摊销。应摊销金额为其成本扣除预计残值后的金额。已计提减值准备的无形资产，还应扣除已计提的无形资产减值准备累计金额。

非专利技术不应进行摊销，但应在期末进行减值测试。

任务四　无形资产处置与期末计价核算

【任务布置】

宇辰有限责任公司与大发公司合作，将某产品生产工艺许可给该公司使用，每年使用费用 100 万元，同时公司将一项生产工艺配方所有权转让给大发公司，转让费用 80 万元。宇辰公司有一项有关生产工艺的非专利技术，账面原值 90 万元，累计摊销 60 万元，已经计提减值 5 万元，由于信息化技术的发展，此项工艺已经被替代，不具有经济价值。

请描述该公司转让两项专利使用权和所有权、报废无形资产以及该公司计提无形资产减值的典型业务会计分录。

【知识准备】

无形资产的处置，主要是指无形资产出售、对外出租、对外捐赠，或者是无法为企业带来未来经济利益时，应予终止确认并转销。

一、无形资产出售的账务处理

企业出售某项无形资产，表明企业放弃无形资产的所有权，应将所取得的价款与该无形资产账面价值的差额作为资产处置利得或损失（营业外收入或营业外支出），与固定资产处置性质相同，计入当期损益。

出售无形资产时，应按实际收到的金额，借记"银行存款"等科目，按已计提的累计摊销，借记"累计摊销"科目，原已计提减值准备的，借记"无形资产减值准备"科目，按应支付的相关税费，贷记"应交税费"等科目，按其账面余额，贷记"无形资产"科目，按其差额，贷记"营业外收入——处置非流动资产利得"科目或借记"营业外支出——处置非流动资产损失"科目。

【例 5-4】 2017 年 1 月 1 日,A 公司拥有某项专利技术的成本为 500 万元。已摊销金额为 200 万元,已计提的减值准备为 20 万元。该公司于 2017 年将该项专利技术出售给 B 公司,取得出售收入 300 万元,应交纳的增值税等相关税费为 17 万元。

A 公司的账务处理为:

借:银行存款 3 000 000
 累计摊销 2 000 000
 无形资产减值准备 200 000
 贷:无形资产 5 000 000
  应交税费——应交增值税 170 000
  营业外收入——处置非流动资产利得 30 000

如果该公司转让该项专利技术取得的收入为 2 900 000 元,应交纳的增值税等相关税费为 160 000 元。则 B 公司的账务处理为:

借:银行存款 2 900 000
 累计摊销 2 000 000
 无形资产减值准备 200 000
 营业外支出——处置非流动资产损失 60 000
 贷:无形资产 5 000 000
  应交税费——应交增值税 160 000

二、无形资产出租的账务处理

企业将所拥有的无形资产的使用权让渡给他人,并收取租金,属于与企业日常活动相关的其他经营活动取得的收入,在满足收入确认条件的情况下,应确认相关的收入及成本,并通过其他业务收支科目进行核算。

(1)应当按照有关收入确认原则确认所取得的转让收入:

借:银行存款
 贷:其他业务收入
  应交税费——应交增值税(销项税)

(2)将发生的与该转让有关的相关费用计入其他业务成本:

借:其他业务成本
 贷:累计摊销
  银行存款

【例 5-5】 2017 年 1 月 1 日,A 企业将一项专利技术出租给 B 企业使用,该专利技术账面余额为 500 万元,摊销期限为 10 年,出租合同规定,承租方每销售 1 件用该专利生产的产品,必须付给出租方 6.36 万元专利技术使用费。假定承租方当年销售该产品 10 件,增值税率 6%。

A 企业的账务处理如下:

(1)取得该项专利技术使用费时:

借:银行存款 636 000
 贷:其他业务收入 600 000

应交税费——应交增值税（销项税）	36 000

（2）按年对该项专利技术进行摊销：

借：其他业务成本	500 000
贷：累计摊销	500 000

❓ 无形资产转让在增值税、所得税上有何优惠政策？

三、无形资产报废的账务处理

无形资产预期不能为企业带来经济利益的，例如，某无形资产已被其他新技术所替代或超过法律保护期，不能再为企业带来经济利益的，则不再符合无形资产的定义，应将其报废并予以转销，其账面价值转作当期损益（营业外支出）。转销时，按其已计提的累计摊销额，借记"累计摊销"科目，按其账面余额，贷记"无形资产"科目，按其差额，借记"营业外支出"科目。已计提减值准备的，还应同时结转减值准备。

【例 5-6】 A 公司拥有某项专利技术，根据市场调查，用其生产的产品已没有市场，决定应予转销。转销时，该项专利技术的账面余额为 600 万元，摊销期限为 10 年，采用直线法进行摊销，已累计摊销 300 万元，假定该项专利权的残值为零，已累计计提的减值准备为 160 万元，假定不考虑其他相关因素。则 A 公司的账务处理如下：

借：累计摊销	3 000 000
无形资产减值准备	1 600 000
营业外支出——处置非流动资产损失	1 400 000
贷：无形资产——专利权	6 000 000

四、无形资产的期末计价

无形资产的期末计价与固定资产基本相同。企业应当在资产负债表日判断无形资产是否存在可能发生减值的迹象（使用寿命不确定的无形资产，无论是否存在减值迹象，每年都应当进行减值测试），如果存在减值迹象的，应当估计其可收回金额。若可收回金额低于其账面价值的，应当将无形资产的账面价值减记至可收回金额，减记的金额确认为无形资产减值损失，计入当期损益。

无形资产减值损失一经确认，在以后会计期间不得转回。

无形资产减值迹象与可收回金额的确定参见固定资产。在确认无形资产减值损失时，应借记"资产减值损失"科目，贷记"无形资产减值准备"科目。

无形资产减值损失确认后，无形资产的摊销应当在未来期间作相应调整，以使该无形资产在剩余使用寿命内，系统地分摊调整后的无形资产账面价值（扣除预计净残值）。就是说，计提无形资产减值准备后，应当按照该无形资产账面价值以及剩余使用寿命并采用原来的摊销方法重新计算确定月摊销额，对以前已计提的累计摊销不作调整。

❓ 请从初始计量、折旧摊销时点、折旧方法和摊销方法、期末减值和处置等角度，对无形资产和固定资产进行对比分析。

【任务实施】

无形资产核算的典型业务会计分录

1.转让无形资产所有权(盈利)

借:银行存款

　　累计摊销

　　无形资产减值准备

　　贷:无形资产

　　　　应交税费——应交增值税

　　　　营业外收入——处置非流动资产利得

2.出租无形资产

(1)取得使用费时。

借:银行存款

　　贷:其他业务收入

(2)按年无形资产摊销时。

借:其他业务成本

　　贷:累计摊销

3.无形资产报废

借:累计摊销

　　无形资产减值准备

　　营业外支出——处置非流动资产损失

　　贷:无形资产——专利权

4.计提无形资产减值

借:资产减值损失

　　贷:无形资产减值准备

单元小结

●无形资产是指企业拥有或者控制的没有实物形态的可辨认非货币性资产。具有可控制性、没有实物形态、可辨认性、属于非货币性长期资产等特征。

●无形资产通常包括专利权、非专利技术、商标权、著作权、特许权和土地使用权等。

●除符合定义外,与该无形资产有关的经济利益很可能流入企业、无形资产的成本能够可靠地计量,企业才能确认为无形资产。

●无形资产应按照成本进行初始计量。外购的无形资产,其成本包括购买价款、相关税费以及直接归属于使该项资产达到预定用途所发生的其他支出。

●无形资产研究阶段的支出应全部费用化,计入当期损益。开发阶段的支出满足特定条件时,才能计入无形资产的成本。

●除特例外,企业取得的土地使用权通常应确认为无形资产。

●当月增加的无形资产,当月开始摊销;当月减少的无形资产,当月不再摊销。

●使用寿命有限的无形资产摊销方法包括直线法、生产总量法等。

●使用寿命不确定的无形资产,在持有期间内不需要进行摊销,但应当至少在每年年度终了进行减值测试。

●资产负债表日无形资产如果存在减值迹象的,应当估计其可收回金额。若可收回金额低于其账面价值的,应当将无形资产的账面价值减记至可收回金额,减记的金额确认为无形资产减值损失,计入当期损益。

●无形资产减值损失一经确认,在以后会计期间不得转回。

延伸阅读:《企业会计准则第 6 号——无形资产》

复习思考题

习题参考答案

单元 6　核算应付及预付款项

知识目标

● 了解商业汇票的种类,熟悉商业汇票利息的计算方法,掌握商业汇票办理、结算的账务处理方法。

● 了解应付账款的入账时间和入账价值,掌握应付账款的账务处理方法。

● 了解预付账款和应付账款的关系,掌握预付账款的账务处理方法。

● 了解其他应付款的核算内容,掌握其他应付款的账务处理方法。

● 了解应付利息和应付股利的账务处理方法。

能力目标

● 会计算商业汇票应付利息。

● 能够进行商业汇票办理、结算的账务处理。

● 会计算应付账款的入账价值。

● 能够进行应付账款的发生和付款的账务处理。

● 能够进行预付账款的账务处理。

● 能够进行其他应付款、应付利息和应利股利的账务处理。

● 会计算借款利息。

单元描述

应付及预付款项是指企业在日常生产经营过程中为了采购商品所发生的各项债务和资产。应付款项包括应付票据、应付账款和其他应付款等;预付款项则是指企业按照合同规定预付的货款,如预付账款等。

宇辰有限责任公司 2016 年 9 月发生了如下业务:①5 日,采购商品取得增值税发票,发票列明价款 10 万元,增值税 1.7 万元,公司办理了一张面值 11.7 万元、3 个月期限的银行承兑汇票进行结算。②6 日,采购商品取得增值税发票,发票列明价款 10 万元,增值税 1.7 万元,货已经入库,但款项尚未支付。③15 日,用银行承兑汇票一张偿付 6 日所购买商品的欠款。④20 日,预付给供应商货款 10 万元。⑤20 日,租出设备一台,收到押金 1 万元。⑥25 日,公司宣告分配股利 100 万元。⑦30 日,计提短期借款利息 0.5 万元。如果你是该公司的往来会计,上述业务应如何进行账务处理? 如何办理银行承兑汇票? 商业汇票如何计算利息?

要解决上述问题,我们需要具备商业汇票、应付账款、预付账款、其他应付款、应付利息和应付股利的核算知识。

岗位职责：

应付及预付款项是企业采购业务产生的债务和债权，是往来会计岗位负责管理的账户。往来会计岗位与采购业务有关的基本职责如下：

1. 协助财务负责人会同采购部门拟定采购业务管理与核算办法；

2. 根据供应商提供的信用政策和购销合同，按时督促偿还应付款项，维护公司形象和控制机会成本；

3. 及时向采购部门提供预付款信息，督促采购部门根据合同收取商品；

4. 负责赊购业务和预付款业务有关原始凭证的审核，完善凭证传递程序；

5. 负责赊购和预付款业务的账务处理和明细分类核算；

6. 负责登记应付账款和预付账款明细账，并按期及时与供应商核对账目，防止弄虚做假，维护公司权益；

7. 负责分析应付账款和预付账款，定期向财务负责人提供分析报告。

上述列示的仅是往来会计岗位与采购业务有关应付及预付款项核算的职责，其还可能承担单位的其他工作，但不能违反内部控制的不相容职务相分离的原则。

任务一 核算应付票据

【任务布置】

宇辰有限责任公司在采购过程中经常向银行申请办理商业汇票与供应商结算。开具的银行承兑汇票有的是带息的，有的是不带息的。该公司信誉良好，资金充足，到期均能按时偿付票据款。

请描述企业使用商业汇票进行结算的典型业务会计分录。

【知识准备】

应付票据是指企业购买材料、商品或接受劳务供应而开出、承兑的商业汇票，包括商业承兑汇票和银行承兑汇票。应付票据按是否带息分为带息应付票据和不带息应付票据两种。

一、商业汇票办理流程

企业在经营过程中当资金紧张或出于理财目的可以向开户银行申请办理商业汇票用于采购结算。此处以银行汇票为例。办理银行承兑汇票需要向银行提交申请和相关的资料，银行对申请材料经资格审查合格的，申请人按申请的票面金额一定比例向承兑银行存入银行承兑汇票保证金。

有关手续办妥后银行将填写完整的银行承兑汇票交出票人，并向出票人一次性收取票面金额 0.5‰ 的承兑手续费。出票人需在商业汇票上加盖银行预留印鉴。银行承兑汇票单笔最高金额不能超过 1 000 万元。

银行承兑汇票一式四联，第一联为卡片，由承兑银行支付票款时作付出凭证；第二联是银行承兑汇票正联;第三联为解讫通知联,此联与第二联在支付结算时需要一同交给收款人;第四联为存根联,由申请单位编制有关凭证。

应付票据的业务流程及涉及的原始凭证详见图 6-1。

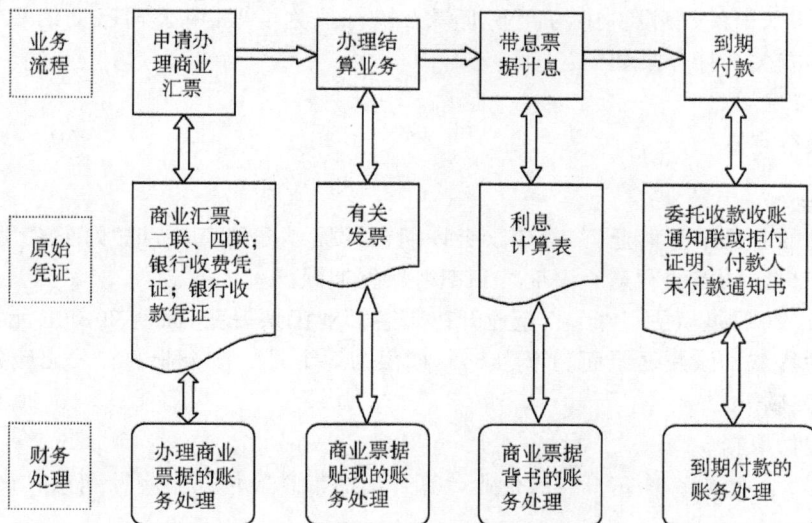

图 6-1 应付票据的业务流程及原始凭证

? 应付票据在办理过程中企业向银行支付的银行保证金如何核算?

二、应付票据的核算

(一)账户设置

为了详细核算应付票据办理、计息和到期付款情况,企业应设置"应付票据"账户。该账户贷方登记开出的商业汇票面值和应计利息,借方登记支付票据的金额,期末贷方余额反映企业开出的尚未到期的应付票据本息。该账户应按债权单位设置明细科目进行明细分类核算。

为了加强对应付票据的管理,企业应设置"应付票据备查簿",详细登记每一张应付票据的种类、号数、签发日期、到期日、票面金额、票面利率、合同交易号、收款人姓名或单位名称,以及付款日期和金额等资料。应付票据到期结清时,应在备查簿内逐笔注销。登记方法与应收票据备查簿登记方法基本相同。

(二)应付票据的账务处理

1. 办理应付票据

企业办理银行承兑汇票支付的手续费,按银行提供的收费凭证,借记"财务费用"账户,贷记"银行存款"账户;存入保证金时按银行提供的存款凭证,借记"银行存款——保证金"账户,贷记"银行存款——结算"账户。

【例 6-1】 甲公司于 1 月 1 日开出为期 3 个月、面值为 117 000 元的不带息商业承兑汇票用来采购材料,材料已入库。增值税专用发票上注明的材料价款为 100 000 元,增值税税额为 17 000 元。甲公司的有关会计分录如下:

```
借:原材料                                          100 000
    应交税费——应交增值税(进项税额)                  17 000
  贷:应付票据                                       117 000
```

【例 6-2】 承上例,假设例中的商业汇票为银行承兑汇票,甲公司已交纳承兑手续费 50 元。该公司的有关会计分录如下:

```
借:财务费用                                           50
  贷:银行存款                                           50
```

2.计提利息

企业开出的若是带息商业汇票,应于会计期末计提票据利息,借记"财务费用"账户,贷记"应付票据"账户。计提的利息=面值×利率×票据期限。

【例 6-3】 2017 年 4 月 1 日,乙企业开出带息商业汇票一张,面值 20 000 元,用于抵付其前欠甲公司的货款。该票据票面利率为 6%,期限为 3 个月。该企业的有关会计分录如下:

```
借:应付账款                                        20 000
  贷:应付票据                                        20 000
```

【例 6-4】 承上例,4 月 30 日,乙企业计算开出的带息应付票据应计利息。该企业的有关会计分录如下:

```
借:财务费用                                          100
  贷:应付票据                                          100
```

4 月份应计提的应付票据利息=20 000×6%÷12=100(元)

乙企业 5 月末和 6 月末计提利息的会计处理同上。

3.应付票据到期

(1)应付票据到期付款时,按票据账面余额借记"应付票据"账户,按银行付款通知单贷记"银行存款"账户,若为带息票据则按借贷方差额再借记"财务费用"账户。

【例 6-5】 承例 6-3 和例 6-4,7 月 1 日,乙企业开出的带息商业汇票到期,企业以银行存款全额支付到期票款和 3 个月的票据利息。该企业的有关会计分录如下:

```
借:应付票据                                        20 300
  贷:银行存款                                        20 300
```

(2)商业承兑汇票到期,企业无力付款时,按应付票据账面余额借记"应付票据"账户,贷记"应付账款"账户。到期不能支付的带息应付票据,转入"应付账款"账户核算后,不再计提利息。银行承兑汇票到期,企业银行账户无足够资金支付时,承兑银行无条件向持票人付款后,再向企业扣款。扣掉企业交付的保证金及银行账户存款余额后,将尚未扣回的付款金额转作企业的短期借款,对企业账户只收不付,直至结清欠款为止,对转为短期借款的款项,银行按每天 0.5‰ 计收利息。对银行计收的利息按短期借款利息的处理办法核算。

【例 6-6】 承例 6-1,票据到期,若企业无力偿还票款时(扣除保证金还欠银行 7 万元):

```
借:应付票据                                        70 000
  贷:应付账款                                        70 000
```

假设上述商业汇票为银行承兑汇票,该汇票到期时甲公司无力支付票款(扣除保证金还欠银行 7 万元)。甲公司的会计分录如下:

借:应付票据　　　　　　　　　　　　　　　　　　　　　　70 000
　　贷:短期借款　　　　　　　　　　　　　　　　　　　　　　　70 000

❓应收票据和应付票据是商业往来的债权方和债务方,请谈一谈应收和应付票据在核算中各自的具体要点。

【任务实施】

应付票据核算的典型业务会计分录

1.企业因购买材料、商品等而开出、承兑商业汇票

借:原材料

　　材料采购

　　应交税费——应交增值税(进项税额)

　　贷:应付票据(按汇票面值)

2.企业以开出、承兑商业汇票抵付原欠货款或应付账款

借:应付账款

　　贷:应付票据

3.支付银行承兑汇票的手续费

借:财务费用

　　贷:银行存款

4.带息票据,期末计算应付利息

借:财务费用

　　贷:应付票据

5.银行承兑汇票到期

借:应付票据

　　财务费用(应付但尚未计提的利息)

　　贷:银行存款

任务二　核算应付账款

【任务布置】

　　宇辰有限责任公司信誉良好,在采购过程中享受了大量的供应商信用政策,即经常使用赊购方式购货,在资金充足或测算投资报酬率合适的情况下,会享受供应商提供的现金折扣政策,如果资金不足时,会采用商业汇票方式结算所欠货款。在经营过程中也会出现由于供应商关停并转最后找不到债权人的情况。

　　请根据上述情况描述应付账款核算业务的典型会计分录。

【知识准备】

　　应付账款是指企业因购买材料、商品或接受劳务供应等经营活动应支付的款项。应付账

款是由于在购销活动中买卖双方取得物资与支付货款在时间上的不一致而产生的负债。企业的其他应付账款,如应付赔偿款、应付租金、存入保证金等,不属于应付账款的核算内容。

一、应付账款的入账时间

应付账款的入账时间应以与所购买物资所有权有关的风险和报酬已经转移或劳务已经接受为标志。但在实际工作中应区别情况处理:

第一,在物资和发票账单同时到达的情况下。应付账款一般待物资验收入库后,才按发票账单登记入账。这主要是为了确认所购入的物资是否在质量、数量和品种上都与合同上订明的条件相符以免因先入账而在验收入库时发现购入物资错、漏、破损等问题再行调账。

第二,在物资和发票账单未同时到达的情况下,由于应付账款需根据发票账单登记入账,有时货物已到,发票账单要间隔较长时间才能到达,由于这笔负债已经成立,应作为一项负债反映。为在资产负债表上客观反映企业所拥有的资产和承担的债务,在实际工作中采用在月份终了将所购物资和应付债务估计入账待下月初再用红字予以冲回的办法。

二、应付账款的入账价值

应付账款一般按到期应付金额入账。如果购入的资产在形成一笔应付账款时是带有现金折扣的,应付账款入账金额的确定按发票上记载的应付金额的总值(即不扣除折扣)记账,即应按发票上记载的全部应付金额,记入"应付账款"明细账,在折扣期内付款获得的现金折扣冲减财务费用。

三、账户设置

为了总括地反映和监督企业应付账款的发生及偿还情况,应设置"应付账款"账户。该账户的贷方登记企业购买材料、物资及接受劳务供应的应付但尚未付的款项;借方登记偿还的应付账款、以商业汇票抵付的应付账款;期末贷方余额表示尚未支付的应付款项。该账户应按照供应商设置明细账,以进行明细分类核算。

四、应付账款的账务处理

1. 赊购商品

企业购入材料、商品等时,若货款尚未支付,根据有关凭证(发票账单、随货同行发票上记载的实际价款或暂估价值),借记"材料采购""在途物资""原材料"等科目,按可抵扣的增值税额,借记"应交税费——应交增值税(进项税额)"等科目,按应付的价款,贷记"应付账款"科目;企业接受供应单位提供劳务而发生的应付未付款项,根据供应单位的发票账单,借记"生产成本""管理费用"等科目,贷记"应付账款"科目;企业开出承兑商业汇票抵付应付账款,借记"应付账款"科目,贷记"应付票据"科目。

【例 6-7】　A 公司为增值税一般纳税人。2017 年 3 月 1 日,从某公司购入一批材料,价款 40 000 元,增值税 6 800 元。材料已验收入库,款项尚未支付。该企业的有关会计分录如下:

借:原材料　　　　　　　　　　　　　　　　　　　　　　　40 000
　　应交税费——应交增值税(进项税额)　　　　　　　　　　6 800
　　贷:应付账款——A 公司　　　　　　　　　　　　　　　　　　46 800

【例 6-8】 丙企业于 2017 年 6 月 2 日从甲公司购入一批产品并已验收入库。增值税专用发票上注明该批产品的价款为 150 万元,增值税税额为 25.5 万元。合同中规定的现金折扣条件为:2/10,1/20,n/30。假定计算现金折扣时不考虑增值税。丙企业 6 月 2 日的会计分录如下:

借:原材料   1 500 000

  应交税费——应交增值税(进项税额)   255 000

   贷:应付账款   1 755 000

2. 偿还应付账款

【例 6-9】 承例 6-7,2017 年 3 月 30 日,A 公司用存款支付上述应付账款。该企业的有关会计分录如下:

借:应付账款——A 公司   46 800

   贷:银行存款   46 800

【例 6-10】 承例 6-8,丙企业于 2017 年 6 月 11 日付清货款。丙企业的有关会计分录如下:

借:应付账款   1 755 000

   贷:银行存款   1 725 000

    财务费用   30 000(1 500 000×2%)

3. 转销应付账款

企业确实无法支付的应付账款(比如由于债权单位撤销等原因而产生无法支付的应付账款),应按其账面余额,借记"应付账款"科目,贷记"营业外收入"科目。

❓企业接受设备维修的欠款是否应在应付账款核算?

【任务实施】

应付账款核算的典型业务会计分录

1. 购入材料、商品等验收入库,货款未支付

借:原材料

  库存商品

  应交税费——应交增值税(进项税额)

   贷:应付账款

2. 接受劳务而发生的应付但尚未支付的款项

借:制造费用

  管理费用

   贷:应付账款

3. 在折扣期内偿付应付账款

借:应付账款

   贷:银行存款

    财务费用

4.到期支付应付账款

借：应付账款

　　贷：银行存款

5.开出、承兑商业汇票抵付购货款

借：应付账款

　　贷：应付票据

6.核销应付账款

借：应付账款

　　贷：营业外收入

任务三　核算预付账款

【任务布置】

宇辰有限责任公司在生产中需要一种特殊材料,该种材料国内仅有几家企业进行生产,供不应求。生产企业要求买方必须预先支付 50% 的货款才能安排生产,待收到材料后 3 天内支付余款。

请编制企业预付货款、收到货物和支付余款的会计分录。

【知识准备】

预付账款是指企业按照合同规定预付给供应商的款项,是企业的资产。预付账款的核算主要包括预付款项和收到货物两个方面。

一、账户设置

为了核算货款的预付、货物的收到等业务,需要设置"预付账款"科目进行核算。预付款项情况不多的企业,可以不设置"预付账款"科目,而直接通过"应付账款"科目核算。

二、预付账款的账务处理

企业根据购货合同的规定向供应单位预付款项时,借记"预付账款"科目,贷记"银行存款"科目。企业收到所购物资,按应计入购入物资成本的金额,借记"在途物资"或"原材料""库存商品""应交税费——应交增值税(进项税额)"等科目,贷记"预付账款"科目;当预付货款小于采购货物所需支付的款项时,应将不足部分补付,借记"预付账款"科目,贷记"银行存款"科目;当预付货款大于采购货物所需支付的款项时,对收回的多余款项应借记"银行存款"科目,贷记"预付账款"科目。

预付账款账务处理如图 6-2 所示。

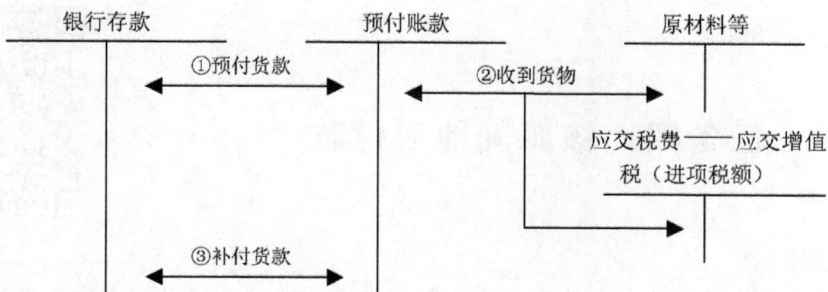

图 6-2 预付账款账务处理

【例 6-11】 宇辰有限责任公司向乙公司采购材料 2 000 千克,每千克单价 10 元,所需支付的款项总额 20 000 元。按照合同规定向乙公司预付货款的 50%,验收货物后补付其余款项。宇辰公司应编制如下会计分录:

(1)预付 50% 的货款时:

借:预付账款——乙公司　　　　　　　　　　　　　　10 000
　　贷:银行存款　　　　　　　　　　　　　　　　　　　10 000

(2)收到乙公司发来的 2 000 千克材料,验收无误,增值税专用发票记载的货款为 20 000 元,增值税税额为 3 400 元。甲公司以银行存款补付款项 13 400 元,应编制如下会计分录:

借:原材料　　　　　　　　　　　　　　　　　　　20 000
　　应交税费——应交增值税(进项税额)　　　　　　　3 400
　　贷:预付账款——乙公司　　　　　　　　　　　　　23 400
借:预付账款——乙公司　　　　　　　　　　　　　13 400
　　贷:银行存款　　　　　　　　　　　　　　　　　　13 400

　例 6-11 中,预付了 10 000 元,为什么收到货时是贷记 23 400 元?如果企业不设置预付账款账户,上述业务应如何核算?

【任务实施】

预付账款核算典型业务会计分录

1.预付货款时

借:预付账款
　　贷:银行存款

2.收到货物时

借:原材料等
　　应交税费——应交增值税(进项税额)
　　贷:预付账款

3.补付货款时

借:预付账款
　　贷:银行存款

任务四　核算其他应付款

【任务布置】

宇辰有限责任公司经营中会发生以下业务:出租包装物或设备收取押金和保证金;租入设备或仓库等欠对方的租金;对临时工人的工资采用现金发放,部分工人未按时领取。

请描述上述业务的典型会计分录。

【知识准备】

其他应付款指企业应付、暂收其他单位或个人的款项,如应付租入固定资产和包装物的租金、存入保证金、职工未按期领取的工资等。

一、账户设置

企业应设置"其他应付款"账户进行核算。该账户的贷方登记发生的各种应付、暂收款项,借方登记偿还或转销的各种应付暂收款项,余额在贷方,表示应付未付款项。该账户应按应付、暂收款项的类别设置明细账户。

二、其他应付款的账务处理

企业发生的各种应付、暂收款项时,借记"库存现金"或"银行存款"账户,贷记"其他应收款"账户;偿还或转销各种应付、暂收款项时,借记"其他应收款"账户,贷记"库存现金"或"银行存款"账户。

【例 6-12】　甲公司从 2017 年 1 月 1 日起,以经营租赁方式租入管理用办公设备一批,每月租金 5 000 元,按季支付。3 月 31 日,甲公司以银行存款支付应付租金。甲公司的有关会计分录如下:

(1)1 月 31 日计提应付经营租入固定资产租金:

借:管理费用　　　　　　　　　　　　　　　　　　　　　　　5 000

　　贷:其他应付款　　　　　　　　　　　　　　　　　　　　　　　5 000

2 月底计提应付经营租入固定资产租金的会计处理同上。

(2)3 月 31 日支付租金:

借:其他应付款　　　　　　　　　　　　　　　　　　　　　　 10 000

　　管理费用　　　　　　　　　　　　　　　　　　　　　　　　5 000

　　贷:银行存款　　　　　　　　　　　　　　　　　　　　　　　 15 000

【任务实施】

其他应付款核算的典型业务会计分录

1. 企业收取的押金和保证金

借:银行存款

　　贷:其他应付款

2. 企业应付的租金

借:其他业务成本

　　管理费用

　　贷:其他应付款

3. 企业应付职工未按期领取的工资

借:应付职工薪酬

　　贷:其他应付款

任务五　应付利息和应付股利核算

【任务布置】

宇辰有限责任公司从银行借入 6 个月短期借款 30 万元用于经营周转,每月计提利息,按季付息。公司每年初宣告发放上年度股利,并于次月初发放股利。

请描述上述业务的典型会计分录。

【知识准备】

一、应付利息的账务处理

应付利息核算企业按照合同约定应支付的利息,包括吸收存款、分期付息到期还本的长期借款、企业债券等应支付的利息。

企业应设置"应付利息"账户,核算企业应支付的利息。期末贷方余额,反映企业应付未付的利息。本账户按存款人或债权人进行明细核算。

$$企业应付的利息＝借款本金×借款利率×计息期$$

企业短期借款的利息记入财务费用。

企业长期借款的利息,在资产负债表日,企业应按摊余成本和实际利率计算确定的利息费用,借记"在建工程""制造费用""财务费用""研发支出"等科目,按合同利率计算确定的应付未付利息,贷记"应付利息"科目,按借贷双方之间的差额,借记或贷记"长期借款——利息调整"等科目;实际支付利息时,借记"应付利息"科目,贷记"银行存款"等科目。合同利率与实际利率差异较小的,也可以采用合同利率计算确定利息费用。

企业筹建期间发生的利息支出,记入管理费用。

【例 6-13】　某企业借入半年期限,到期还本每月付息的短期借款 1 000 000 元,合同约定月利率为 1%。该企业的有关会计分录如下:

(1)每月计算确定利息费用时:

借:财务费用　　　　　　　　　　　　　　　　　　　　　　　　　10 000

　　贷:应付利息　　　　　　　　　　　　　　　　　　　　　　　　　　10 000

(2)每月实际支付利息时：

借：应付利息　　　　　　　　　　　　　　　　　　　　　　　　10 000

　　贷：银行存款　　　　　　　　　　　　　　　　　　　　　　　　　10 000

？什么是实际利率？什么是摊余成本？请用一个相关的例子进行说明。

二、应付股利的账务处理

应付股利，是指企业经股东大会或类似机构审议批准分配的现金股利或利润。企业股东大会或类似机构审议批准的利润分配方案、宣告分派的现金股利或利润，在实际支付前，形成企业的负债。

股份有限公司应设置"应付股利"账户，有限责任公司应设置"应付利润"账户，本账户核算企业分配的现金股利或利润。企业分配的股票股利，不通过本账户核算。本账户应当按照投资者进行明细核算。

企业根据股东大会或类似机构审议批准的利润分配方案，按应支付的现金股利或利润，借记"利润分配——应付现金股利或利润"科目，贷记"应付股利"科目；向投资者实际支付现金股利或利润时，借记"应付股利"科目，贷记"银行存款"等科目。

企业董事会或类似机构通过的利润分配方案中拟分配的现金股利或利润，不作账务处理，不作为应付股利核算，但应在附注中披露；企业分配的股票股利不通过"应付股利"科目核算。

【例 6-14】 A 有限责任公司有甲、乙两个股东，分别占注册资本的 40% 和 60%。2016 年度该公司实现净利润 800 万元，经过股东会批准，决定 2016 年分配股利 500 万元。股利已经用银行存款支付。A 有限责任公司的有关会计分录如下：

借：利润分配——应付股利　　　　　　　　　　　　　　　　　5 000 000

　　贷：应付股利——甲股东　　　　　　　　　　　　　　　　　　2 000 000

　　　　　　　　——乙股东　　　　　　　　　　　　　　　　　　3 000 000

借：应付股利——甲股东　　　　　　　　　　　　　　　　　　2 000 000

　　　　　　——乙股东　　　　　　　　　　　　　　　　　　3 000 000

　　贷：银行存款　　　　　　　　　　　　　　　　　　　　　　　5 000 000

甲股东应分配的股利＝5 000 000×40%＝2 000 000(元)

乙股东应分配的股利＝5 000 000×60%＝3 000 000(元)

？股票股利是什么？收到的股票股利应如何进行核算？

【任务实施】

应付利息核算的典型业务会计分录

1.计提利息

借：财务费用

　　贷：应付利息

2.支付利息

借：应付利息

　　贷：银行存款

应付股利(利润)核算的典型业务会计分录

1.股东大会或类似机构宣告利润分配方案

借:利润分配

　　贷:应付股利或应付利润

2.支付股利或利润

借:应付股利或应付利润

　　贷:银行存款

单元小结

●应付票据是指企业购买材料、商品或接受劳务供应而开出、承兑的商业汇票,包括商业承兑汇票和银行承兑汇票。

●应付账款是指企业因购买材料、商品或接受劳务供应等经营活动应支付的款项。应付账款一般待物资验收入库后,才按发票账单登记入账。应付账款一般按到期应付金额入账,在折扣期内付款获得的现金折扣冲减财务费用。

●企业确实无法支付的应付账款记入营业外收入。

●预付账款是指企业按照合同规定预付给供应商的款项,是企业的资产。

●其他应付款指企业应付、暂收其他单位或个人的款项,如应付租入固定资产和包装物的租金、存入保证金、职工未按期领取的工资等。

●应付利息核算企业按照合同约定应支付的利息,包括吸收存款、分期付息到期还本的长期借款、企业债券等应支付的利息。

●应付股利,是指企业经股东大会或类似机构审议批准分配的现金股利或利润。

复习思考题

习题参考答案

单元 7　核算应付职工薪酬

知识目标

●了解职工的内涵,熟悉职工薪酬的内容。

●了解职工薪酬明细账的设置内容,熟悉短期职工薪酬的内容。

●掌握货币性和非货币性短期职工薪酬的账务处理方法。

●熟悉短期带薪缺勤和利润分享计划负债的计算原理,掌握对应业务的账务处理方法。

●了解设定提存计划的账务处理方法。

能力目标

●会设置职工薪酬明细账。

●能够进行货币性和非货币性短期职工薪酬的账务处理。

●会计算短期带薪缺勤和利润分享计划的负债金额并能进行账务处理。

●能够进行设定提存计划的账务处理。

单元描述

2017 年 6 月,宇辰有限责任公司当月应发工资 2 000 万元,其中:生产部门直接生产人员工资 1 000 万元,生产部门管理人员工资 200 万元,公司管理部门人员工资 360 万元,公司专设产品销售机构人员工资 100 万元,建造厂房人员工资 220 万元,内部开发存货管理系统人员工资 120 万元。

根据所在地政府规定,公司分别按照职工工资总额的 10%、20%、2% 和 12% 计提医疗保险费、养老保险费、失业保险费和住房公积金,缴纳给当地社会保险经办机构和住房公积金管理机构。公司分别按照职工工资总额的 2% 和 2.5% 计提工会经费和职工教育经费。假定公司存货管理系统已处于开发阶段,并符合《企业会计准则第 6 号——无形资产》资本化为无形资产的条件。

公司决定以其生产的特制面粉和外购食用植物油作为福利发放给职工,每人 2 袋面粉和 2 桶植物油。公司共有 1 000 名职工,从 2016 年 1 月 1 日起,公司实行累积带薪缺勤制度。该制度规定,每个职工每年可享受 5 个工作日带薪年休假,未使用的年休假只能向后结转一个日历年度,超过 1 年未使用的权利作废;职工休年休假时,首先使用当年可享受的权利,不足部分再从上年结转的带薪年休假中扣除;职工离开公司时,对未使用的累积带薪年休假无权获得现金支付。

核算职工薪酬应设置哪些明细账? 短期职工薪酬的内容有哪些? 企业发放的货币性和非货币性短期职工薪酬应如何进行账务处理? 短期带薪缺勤和利润分享计划的负债如何计算? 如何进行账务处理? 什么是设定提存计划,如何进行账务处理? 解决上述问题是企业负责核算工资的会计人员必须具备的基本能力。

岗位职责：

职工薪酬业务核算和管理是企业工资会计岗位的职责。与工资会计核算相关的该岗位的职责包括：

1. 会同有关部门拟定薪酬管理与核算办法；
2. 根据员工实有人数、工资等级和工资标准，审核人力资源部门编制的工资计算表，办理五险、个人所得税等代扣代缴款项，计算实发工资；
3. 根据考勤记录、员工工资升降级别变动标准通知单审核工资和奖金分配表，审核无误后，按照各部门的实有人数归类，编制工资分配表和汇总表；
4. 编制会计凭证进行工资、奖金、津贴、职工福利费等的明细核算，编制凭证，登记账簿；
5. 待工资发放完毕后，及时收回工资计算表，装订成册，妥善保管；
6. 根据国家有关规定，每月按工资总额计提工会经费和教育经费等；
7. 负责编制人力资源成本有关报表，配合人力部门做好人力资源成本分析工作；
8. 根据企业年度人力资源成本预算，会同人力资源部掌握工资和各种奖金的支付情况；
9. 负责员工工资事宜的查询和解释；
10. 装订、保管（限当年）相关会计凭证、工资报表，定期送财务档案管理人员保管。

一般企业都设有人力资源部门，有关职工薪酬费用的计算均由该部门完成，财务部门仅是根据其提供的工资计算表进行费用归集和分配。如果企业不设人力资源部门，则职工薪酬费用的计算、核算工作将全部由财务部门完成。

任务一　职工薪酬认知

【任务布置】

宇辰有限责任公司雇佣的人员有两大类，一是签订劳动合同的正式工，一是临时雇佣的临时工。公司除发放正常的工资外，还为正式工分别按照职工工资总额的10%、20%、2%和12%计提医疗保险费、养老保险费、失业保险费和住房公积金，缴纳给当地社会保险经办机构和住房公积金管理机构。公司分别按照职工工资总额的2%和2.5%计提工会经费和职工教育经费。在元旦、春节时还给所有职工发放大米、豆油等生活用品。

请问：企业的职工包括哪些？应在职工薪酬核算的支出有哪些？

【知识准备】

职工薪酬，是指企业为获得职工提供的服务或解除劳动关系而给予的各种形式的报酬或补偿。职工薪酬包括短期薪酬、带薪缺勤、离职后福利、辞退福利和其他长期职工福利。企业提供给职工配偶、子女、受赡养人、已故员工遗属及其他受益人等的福利，也属于职工薪酬。

一、职工的内涵

职工,是指与企业订立劳动合同的所有人员,含全职、兼职和临时职工,也包括虽未与企业订立劳动合同但由企业正式任命的人员。具体而言,企业的职工至少应当包括:

(1)与企业订立劳动合同的所有人员,含全职、兼职和临时职工。按照《中华人民共和国劳动法》和《中华人民共和国劳动合同法》的规定,企业作为用人单位应当与劳动者订立劳动合同。《企业会计准则第9号——职工薪酬》中的职工首先应当包括这部分人员,即与企业订立了固定期限、无固定期限或者以完成一定工作作为期限的劳动合同的所有人员。

(2)未与企业订立劳动合同但由企业正式任命的人员,如部分董事会成员、监事会成员等。企业按照有关规定设立董事、监事,或者董事会、监事会的,如所聘请的独立董事、外部监事等,虽然没有与企业订立劳动合同,但属于由企业正式任命的人员,属于《企业会计准则第9号——职工薪酬》所称的职工。

(3)在企业的计划和控制下,虽未与企业订立劳动合同或未由其正式任命,但向企业所提供服务与职工所提供服务类似的人员,也属于职工的范畴,包括通过企业与劳务中介公司签订用工合同而向企业提供服务的人员,这些劳务用工人员属于《企业会计准则第9号——职工薪酬》所称的职工。

二、职工薪酬的内容

(1)短期薪酬,是指企业在职工提供相关服务的年度报告间结束后十二个月内需要全部予以支付的职工薪酬,因解除与职工的劳动关系给予的补偿除外。短期薪酬具体包括:职工工资、奖金、津贴和补贴,职工福利费,医疗保险费、工伤保险费和生育保险费等社会保险费,住房公积金,工会经费和职工教育经费,短期带薪缺勤,短期利润分享计划,非货币性福利以及其他短期薪酬。

(2)带薪缺勤,是指企业支付工资或提供补偿的职工缺勤,包括年休假、病假、短期伤残、婚假、产假、丧假、探亲假等。

(3)离职后福利,是指企业为获得职工提供的服务而在职工退休或与企业解除劳动关系后,提供的各种形式的报酬和福利,属于短期薪酬和辞退福利的除外。

(4)辞退福利,是指企业在职工劳动合同到期之前解除与职工的劳动关系,或者为鼓励职工自愿接受裁减而给予职工的补偿。

(5)其他长期职工福利,是指除短期薪酬、离职后福利、辞退福利之外所有的职工薪酬,包括长期带薪缺勤、长期残疾福利、长期利润分享计划等。

❓未毕业的大学生到企业带薪顶岗实习一年,算不算该企业的职工?

【任务实施】

职工,是指与企业订立劳动合同的所有人员,含全职、兼职和临时职工,也包括虽未与企业订立劳动合同但由企业正式任命的人员。

职工薪酬包括短期薪酬、带薪缺勤、离职后福利、辞退福利和其他长期职工福利。企业提供给职工配偶、子女、受赡养人、已故员工遗属及其他受益人等的福利,也属于职工薪酬。总体来说,企业为了获得职工劳务而支付的各种款项均应在职工薪酬核算。

任务二 短期薪酬核算

【任务布置】

2017 年 6 月,宇辰有限责任公司当月应发工资 2 000 万元,其中:生产部门直接生产人员工资 1 000 万元,生产部门管理人员工资 200 万元,公司管理部门人员工资 360 万元,公司专设产品销售机构人员工资 100 万元,建造厂房人员工资 220 万元,内部开发存货管理系统人员工资 120 万元。

根据所在地政府规定,公司分别按照职工工资总额的 10%、20%、2% 和 12% 计提医疗保险费、养老保险费、失业保险费和住房公积金,缴纳给当地社会保险经办机构和住房公积金管理机构。公司分别按照职工工资总额的 2% 和 2.5% 计提工会经费和职工教育经费。假定公司存货管理系统已处于开发阶段,并符合《企业会计准则第 6 号——无形资产》资本化为无形资产的条件。

公司决定以其生产的特制面粉和外购食用植物油作为福利发放给职工,每人 2 袋面粉和 2 桶植物油。

请根据上述业务描述企业有关职工薪酬计提、发放的典型业务会计分录。

【知识准备】

短期薪酬是企业经营过程中最常见的核算内容。企业应当在职工为其提供服务的会计期间,将实际发生的短期薪酬确认为负债,并计入当期损益或有关资产成本。

一、职工薪酬的核算原则

职工薪酬准则规定,企业应当在职工为其提供服务的会计期间,将应付的职工薪酬确认为负债,除因解除与职工的劳动关系给予的补偿外,应当根据职工提供服务的受益对象,分下列情况处理:

(1)应由生产产品、提供劳务负担的职工薪酬,计入产品成本或劳务成本。但非正常消耗的直接生产人员和直接提供劳务人员的职工薪酬,应当在发生时确认为当期损益。

(2)应由在建工程、无形资产负担的职工薪酬,计入固定资产或无形资产成本。

(3)除上述人员以外的职工,包括公司总部管理人员、董事会成员、监事会成员等人员相关的职工薪酬,因难以确定直接对应的受益对象,均应当在发生时计入当期损益。

二、账户设置

企业应当设置"应付职工薪酬"账户,核算应付职工薪酬的计提、结算、使用等情况。该账户的贷方登记已分配计入有关成本费用项目的职工薪酬的数额,借方登记实际发放职工薪酬的数额,包括扣还的款项等,期末贷方余额反映企业应付未付的职工薪酬。

"应付职工薪酬"账户应当按照"工资、奖金、津贴和补贴""职工福利费""非货币性福利""社会保险费""住房公积金""工会经费和职工教育经费""带薪缺勤""利润分享计划""设定提存计划""设定受益计划义务""辞退福利"等职工薪酬项目设置明细账进行明细核算。

三、应付职工薪酬的账务处理

(一)货币性职工薪酬

1. 计提职工薪酬的账务处理

企业一般在月末进行职工薪酬的计提,人力资源部门根据考勤记录和员工工资标准进行有关薪酬的计算。按照我国会计准则的规定,职工福利费不进行计提,按照实际发生额入账。

(1)职工工资、奖金、津贴和补贴等。

对于职工工资、奖金、津贴和补贴等货币性职工薪酬,企业应当在职工为其提供服务的会计期间,将实际发生的职工工资、奖金、津贴和补贴等,根据职工提供服务的受益对象,将应确认的职工薪酬,借记"生产成本""制造费用""管理费用""销售费用"等科目,贷记"应付职工薪酬——工资、奖金、津贴和补贴"科目。

(2)职工福利费。

对于职工福利费,企业应当在实际发生时根据实际发生额,借记"生产成本""制造费用""管理费用""销售费用"等科目,贷记"应付职工薪酬——职工福利费"科目。

(3)国家规定计提标准的职工薪酬。

对于国家规定了计提基础和计提比例的医疗保险费、工伤保险费、生育保险费等社会保险费和住房公积金,以及按规定提取的工会经费和职工教育经费,企业应当在职工为其提供服务的会计期间,根据规定的计提基础和计提比例计算确定相应的职工薪酬金额,借记"生产成本""制造费用""管理费用""销售费用"等科目,贷记"应付职工薪酬——社会保险费、住房公积金、工会经费和职工教育经费"科目。

2. 发放职工薪酬的账务处理

企业按照有关规定向职工支付工资、奖金、津贴和补贴等,借记"应付职工薪酬——工资、奖金、津贴和补贴"科目,贷记"银行存款""库存现金"等科目;企业从应付职工薪酬中扣还的各种款项(代垫的家属药费、个人所得税等),借记"应付职工薪酬"科目,贷记"银行存款""库存现金""其他应收款""应交税费——应交个人所得税"等科目。

企业支付职工福利费、支付工会经费和职工教育经费用于工会运作和职工培训或按照国家有关规定缴纳社会保险费或住房公积金、短期带薪缺勤、短期利润分享计划时,借记"应付职工薪酬——职工福利费、工会经费和职工教育经费、社会保险费、住房公积金、带薪缺勤(短期带薪缺勤)、短期利润分享计划"等科目,贷记"银行存款""库存现金"等科目。

【例7-1】 2017年6月,宇辰有限责任公司当月应发工资2 000万元,其中:生产部门直接生产人员工资1 000万元,生产部门管理人员工资200万元,公司管理部门人员工资360万元,公司专设产品销售机构人员工资100万元,建造厂房人员工资220万元,内部开发存货管理系统人员工资120万元。

根据所在地政府规定,公司分别按照职工工资总额的10%、2%和12%计提医疗保险费、失业保险费和住房公积金,缴纳给当地社会保险经办机构和住房公积金管理机构。公司分别按照职工工资总额的2%和2.5%计提工会经费和职工教育经费。假定公司存货管理系统已处于开发阶段,并符合《企业会计准则第6号——无形资产》资本化为无形资产的条件。

应计入生产成本的职工薪酬金额

＝1 000＋1 000×(10％＋2％＋12％＋2％＋2.5％)＝1 285(万元)

其中,1 000万元是工资部分,285万元是公司发放的社会保险、公积金、工会经费和职二教育经费等。

应计入制造费用的职工薪酬金额

＝200＋200×(10％＋2％＋12％＋2％＋2.5％)＝257(万元)

应计入管理费用的职工薪酬金额

＝360＋360×(10％＋2％＋12％＋2％＋2.5％)＝462.6(万元)

应计入销售费用的职工薪酬金额

＝100＋100×(10％＋2％＋12％＋2％＋2.5％)＝128.5(万元)

应计入在建工程成本的职工薪酬金额

＝220＋220×(10％＋2％＋12％＋2％＋2.5％)＝282.7(万元)

应计入无形资产成本的职工薪酬金额

＝120＋120×(10％＋2％＋12％＋2％＋2.5％)＝154.2(万元)

公司在分配工资、职工福利费、各种社会保险费、住房公积金、工会经费和职工教育经费等职工薪酬时,应当作如下账务处理:

借:生产成本　　　　　　　　　　　　　　　　　　　　　　12 850 000

　制造费用　　　　　　　　　　　　　　　　　　　　　　　2 570 000

　管理费用　　　　　　　　　　　　　　　　　　　　　　　4 626 000

　销售费用　　　　　　　　　　　　　　　　　　　　　　　1 285 000

　在建工程　　　　　　　　　　　　　　　　　　　　　　　2 827 000

　研发支出——资本化支出　　　　　　　　　　　　　　　　1 542 000

　贷:应付职工薪酬——工资　　　　　　　　　　　　　　　　　　20 000 000

　　　　　　　　——社会保险费　　　　　　　　　　　　　　　　2 400 000

　　　　　　　　——住房公积金　　　　　　　　　　　　　　　　2 400 000

　　　　　　　　——工会经费　　　　　　　　　　　　　　　　　　400 000

　　　　　　　　——职工教育经费　　　　　　　　　　　　　　　　500 000

【例7-2】　承例7-1,宇辰有限责任公司根据"工资结算汇总表"结算本月应付职工工资总额2 000万元,其中代扣职工房租100万元,公司代垫职工家属医药费5万元,代扣个人所得税15万元,实发工资1 880万元,已委托银行打入职工银行卡。该公司的有关会计分录如下:

借:应付职工薪酬——工资　　　　　　　　　　　　　　　　20 000 000

　贷:银行存款　　　　　　　　　　　　　　　　　　　　　　　18 800 000

　　其他应收款——职工房租　　　　　　　　　　　　　　　　　1 000 000

　　　　　　　　——代垫医药费　　　　　　　　　　　　　　　　　50 000

　　应交税费——应交个人所得税　　　　　　　　　　　　　　　　150 000

【例7-3】　2017年1月,甲公司以现金支付职工张某生活困难补助2 000元。会计分录如下:

借:应付职工薪酬——职工福利　　　　　　　　　　　　　　　　2 000

　贷:库存现金　　　　　　　　　　　　　　　　　　　　　　　　　2 000

（二）非货币性职工薪酬

非货币性职工薪酬是指企业以非货币性资产支付给职工的薪酬,主要包括企业以自产产品发放给职工作为福利、将企业拥有的资产无偿提供给职工使用、为职工无偿提供医疗保健服务、免费旅游等。为了反映非货币性福利的支付与分配情况,应在"应付职工薪酬"账户下设置"非货币性福利"明细账户。

1.计提非货币性职工薪酬的账务处理

企业向职工提供的非货币性职工薪酬,应当分别情况处理:

（1）发放自产产品。

企业以其生产的产品作为非货币性福利提供给职工的,应当按照该产品的公允价值和相关税费,计量应计入成本费用的职工薪酬金额,相关收入的确认、销售成本的结转和相关税费的处理,与正常商品销售相同。

企业以自产产品或外购商品作为非货币性福利发放给职工,应当根据职工提供服务的受益对象,按照该产品或商品的公允价值计入相关资产成本或当期损益,同时确认应付职工薪酬,借记"生产成本""制造费用""管理费用"等科目,贷记"应付职工薪酬"科目;因为《中华人民共和国增值税暂行条例》及其实施细则规定,自产、委托加工的货物用于集体福利或个人消费属于视同销售货物行为,需要确认收入并计提销项税额。

（2）发放外购商品。

企业以外购的商品作为非货币性福利提供给职工的,应当按照该商品的公允价值和相关税费确定职工薪酬的金额,并计入当期损益或相关资产成本。购进的货物、应税劳务用于集体福利或者个人消费,其进项税额不得从销项税额中抵扣,已经抵扣的,要作进项税额转出处理。

【例7-4】　三星面粉有限公司,系增值税一般纳税人,主营面粉、挂面、食品加工等,共有职工100人,其中生产工人85人,厂部管理人员15人。2017年2月,公司决定以其生产的特制面粉和外购食用植物油作为福利发放给职工,每人2袋面粉和2桶植物油。每袋面粉单位生产成本40元,2月平均销售价格67.80元(含增值税);植物油系生产用原料,购买时取得增值税专用发票,每桶采购成本50元,并已按发票注明的增值税额在销项税额中抵扣。请编制计提职工薪酬业务的会计分录。

（1）发放自产货物（面粉）。

确认应付职工薪酬时:

计入生产成本的金额＝67.80×2×85＝11 526(元)

计入管理费用的金额＝67.80×2×15＝2 034(元)

确认的应付职工薪酬＝11 526＋2 034＝13 560(元)

借:生产成本　　　　　　　　　　　　　　　　　　　　11 526

　　管理费用　　　　　　　　　　　　　　　　　　　　2 034

　　　贷:应付职工薪酬　　　　　　　　　　　　　　　　　13 560

（2）发放外购货物（植物油）。

确认应付职工薪酬时:

计入生产成本的金额＝50×(1+13%)×2×85＝9 605(元)

计入管理费用的金额＝50×(1+13%)×2×15＝1 695(元)

确认的应付职工薪酬＝9 605＋1 695＝11 300(元)

借:生产成本	9 605	
管理费用	1 695	
贷:应付职工薪酬		11 300

(3)提供其他非货币性福利。

企业将拥有的房屋等资产无偿提供给职工使用的,应当根据受益对象,将住房每期应计提的折旧计入相关资产成本或当期损益,同时确认应付职工薪酬。租赁住房等资产供职工无偿使用的,应当根据受益对象,将每期应付的租金计入相关资产成本或当期损益,并确认应付职工薪酬。难以认定受益对象的,直接计入当期损益,并确认应付职工薪酬。

【例 7-5】　2017 年 2 月,三星面粉有限公司决定,为 5 名优秀员工(主管生产的副总经理和 4 名生产工人)免费提供由新闻旅行社组织的"春节港澳双飞六日游",旅行社报价 1 380元/人。根据会计准则规定,应作会计处理如下:

借:生产成本	5 520	
管理费用	1 380	
贷:应付职工薪酬		6 900

2.发放非货币性职工薪酬的账务处理

企业以自产产品作为职工福利费发放给职工时,应确认主营业务收入,借记"应付职工薪酬——非货币性福利"科目,贷记"主营业务收入"科目,同时结转相关成本,涉及增值税销项税额的,还应进行相应的处理。企业支付租赁住房等资产供职工无偿使用所发生的租金,借记"应付职工薪酬——非货币性福利"科目,贷记"银行存款"等科目。

【例 7-6】　沿用例 7-4 和例 7-5,三星面粉有限公司于 2017 年 2 月发放上述产品和用转账支票向旅行社支付费用。编制发放职工薪酬的会计分录。

(1)实际发放自产产品。

应确认的营业收入＝13 560÷(1＋13％)＝12 000(元)

应计提的销项税额＝12 000×13％＝1 560(元)

借:应付职工薪酬	13 560	
贷:主营业务收入		12 000
应交税费——应交增值税(销项税额)		1 560
借:主营业务成本	8 000	
贷:库存商品		8 000

(2)实际发放外购商品时。

应结转的原材料成本＝50×2×100＝10 000(元)

应转出的进项税额＝10 000×13％＝1 300(元)

借:应付职工薪酬	11 300	
贷:原材料		10 000
应交税费——应交增值税(进项税额转出)		1 300

(3)支付旅游费用。

借:应付职工薪酬	6 900	
贷:银行存款		6 900

❓ 公司将自产的产品发放给职工与用于本单位的工程建设,在核算上有何不同?

(三)短期带薪缺勤

短期带薪缺勤,即短期带薪休假,是指职工虽然缺勤但企业仍向其支付报酬的安排,包括年休假、病假、婚假、产假、丧假、探亲假等。

对于职工带薪缺勤,企业应当根据其性质及职工享有的权利,分为累积带薪缺勤和非累积带薪缺勤两类。企业应当在职工提供服务从而增加了其未来享有的带薪缺勤权利时,确认与累积带薪缺勤相关的职工薪酬,并以累积未行使权利而增加的预期支付金额计量。企业应当在职工实际发生缺勤的会计期间确认与非累积带薪缺勤相关的职工薪酬。

1.累积带薪缺勤及其账务处理

累积带薪缺勤,是指带薪权利可以结转下期的带薪缺勤,本期尚未用完的带薪缺勤权利可以在未来期间使用。企业应当在职工提供了服务从而增加了其未来享有的带薪缺勤权利时,确认与累积带薪缺勤相关的职工薪酬,并以累积未行使权利而增加的预期支付金额计量。有些累积带薪缺勤在职工离开企业时,对于未行使的权利,职工有权获得现金支付。职工在离开企业时能够获得现金支付的,企业应当确认企业必须支付的、职工全部累积未使用权利的金额。企业应当根据资产负债表日因累积未使用权利而导致的预期支付的追加金额,作为累积带薪缺勤费用进行预计。

企业应根据计算确定的带薪缺勤的金额,借记"生产成本""制造费用""管理费用""销售费用"等科目,贷记"应付职工薪酬——带薪缺勤——短期带薪缺勤(累积带薪缺勤、非累积带薪缺勤)"科目。

【例7-7】 宇辰有限责任公司共有1 000名职工,从2016年1月1日起,该公司实行累积带薪缺勤制度。该制度规定,每个职工每年可享受5个工作日带薪年休假,未使用的年休假只能向后结转一个日历年度,超过1年未使用的权利作废;职工休年休假时,首先使用当年可享受的权利,不足部分再从上年结转的带薪年休假中扣除;职工离开公司时,对未使用的累积带薪年休假无权获得现金支付。

2016年12月31日,每个职工当年平均未使用带薪年休假为2天。公司预计2017年有950名职工将享受不超过5天的带薪年休假,剩余50名职工每人将平均享受6天半年休假,假定这50名职工全部为总部管理人员,该公司平均每名职工每个工作日工资为500元。

要求:计算2016年末需要确认的累积带薪缺勤负债。

根据上述资料,该公司职工2016年已休带薪年假的,由于在休假期间照发工资,相应的薪酬已经计入公司每月确认的薪酬金额中,不需要单独进行账务处理。但公司需要预计职工2016年享有但尚未使用的、预期将在下一年度使用的累积带薪缺勤,并计入当期损益或者相关资产成本。在本例中,该公司在2016年12月31日预计950人在2017年休5天的带薪年假与公司制度相符,不需要确认负债。另50人休6.5天,其中1.5天属于使用上年结转的,需要确认为负债。由于职工累积未使用的带薪年休假权利而导致预期将支付的工资负债为75天(50×1.5)的年休假工资金额37 500元(75×500),作如下账务处理:

借:管理费用   37 500

  贷:应付职工薪酬——累积带薪缺勤   37 500

假定2017年12月31日,上述50名管理人员中有30名享受了6天半年假,休假期间的工资和正常工资以银行存款支付。另有 20 名只享受了 5 天年假,由于该公司的带薪缺勤制度规定,未使用的权利只能结转一年,超过 1 年未使用的权利将作废。2017 年,该公司应进行如下账务处理:

借:应付职工薪酬——累积带薪缺勤　　　　　　　　　　22 500(30×1.5×500)
　　贷:银行存款　　　　　　　　　　　　　　　　　　　　　　　　22 500
借:应付职工薪酬——累积带薪缺勤　　　　　　　　　　15 000(20×1.5×500)
　　贷:管理费用　　　　　　　　　　　　　　　　　　　　　　　　15 000

❓ 上例中,如果职工未休的年假需要企业支付现金,应当如何核算?

2.非累积带薪缺勤及其账务处理

非累积带薪缺勤,是指带薪权利不能结转下期的带薪缺勤,本期尚未用完的带薪缺勤权利将予以取消,并且职工离开企业时也无权获得现金支付。我国企业职工休婚假、产假、丧假、探亲假、病假期间的工资通常属于非累积带薪缺勤。由于职工提供服务本身不能增加其能够享受的福利金额,企业在职工未缺勤时不应当计提相关费用和负债。为此,职工薪酬准则规定,企业应当在职工实际发生缺勤的会计期间确认与非累积带薪缺勤相关的职工薪酬。企业确认职工享有的与非累积带薪缺勤权利相关的薪酬,视同职工出勤确认的当期损益或相关资产成本。通常情况下,与非累积带薪缺勤相关的职工薪酬已经包括在企业每期向职工发放的工资等薪酬中,因此,不必额外作相应的账务处理。

(四)短期利润分享计划

短期利润分享计划,是指因职工提供服务而与职工达成的基于利润或其他经营成果提供薪酬的协议。企业制订有短期利润分享计划的,如当职工完成规定业绩指标,或者在企业工作了特定期限后,能够享有按照企业净利润的一定比例计算的薪酬,同时满足特定条件的,企业应当确认相关的应付职工薪酬,应根据计算确定的短期利润分享计划的金额,借记"生产成本""制造费用""管理费用""销售费用"等科目,贷记"应付职工薪酬——利润分享计划——短期利润分享计划"科目。

【例 7-8】 宇辰有限责任公司于 2017 年初制订和实施了一项短期利润分享计划,以对公司管理层进行激励。该计划规定,公司全年的净利润指标为 1 000 万元,如果在公司管理层的努力下完成的净利润超过 1 000 万元,公司管理层将可以分享超过 1 000 万元净利润部分的 10% 作为额外报酬。假定至 2017 年 12 月 31 日,公司全年实际完成净利润 1 500 万元。假定不考虑离职等其他因素。

要求:计算 2017 年应确认的应付职工薪酬并进行账务处理。

公司管理层按照利润分享计划可以分享利润 50 万元[(1 500−1 000)×10%]作为其额外的薪酬。

公司 2017 年 12 月 31 日的相关账务处理如下:

借:管理费用　　　　　　　　　　　　　　　　　　　　　　　　500 000
　　贷:应付职工薪酬——利润分享计划　　　　　　　　　　　　　500 000

(五)离职后福利计划的账务处理

离职后福利包括退休福利(如养老金和一次性的退休支付)及其他离职后福利(如离职后

人寿保险和离职后医疗保障)。

职工正常退休时获得的养老金等离职后福利,是职工与企业签订的劳动合同到期或者职工达到了国家规定的退休年龄时,获得的离职后生活补偿金额。企业给予补偿的事项是职工在职时提供的服务而不是退休本身,因此,企业应当在职工提供服务的会计期间对离职后福利进行确认和计量。

离职后福利计划,是指企业与职工就离职后福利达成的协议,或者企业为向职工提供离职后福利制定的规章或办法等。企业应当按照企业承担的风险和义务情况,将离职后福利计划分类为设定提存计划和设定受益计划两种类型。

设定提存计划,是指企业向单独主体(如基金等)缴存固定费用后,不再承担进一步支付义务的离职后福利计划。

企业向职工提供了离职后福利的,无论是否设立了单独主体接受提存金并支付福利,均应当按照会计准则的相关要求对离职后福利进行会计处理。

对于设定提存计划,企业应当根据在资产负债表日为换取职工在会计期间提供的服务而应向单独主体缴存的提存金,确认为应付职工薪酬负债,并计入当期损益或相关资产成本,借记"生产成本""制造费用""管理费用""销售费用"等科目,贷记"应付职工薪酬——设定提存计划"科目。

【例 7-9】　承例 7-1,宇辰有限责任公司根据所在地政府规定,按照职工工资总额的 12% 计提基本养老保险费,缴存当地社会保险经办机构。

应计入生产成本的职工薪酬金额＝1 000×12%＝120(万元)

应计入制造费用的职工薪酬金额＝200×12%＝24(万元)

应计入管理费用的职工薪酬金额＝360×12%＝43.2(万元)

应计入销售费用的职工薪酬金额＝100×12%＝12(万元)

应计入在建工程成本的职工薪酬金额＝220×12%＝26.4(万元)

应计入无形资产成本的职工薪酬金额＝120×12%＝14.4(万元)

公司在分配工资、职工福利费、各种社会保险费、住房公积金、工会经费和职工教育经费等职工薪酬时,应当作如下账务处理:

借:生产成本　　　　　　　　　　　　　　　　　　　　　　1 200 000

　　制造费用　　　　　　　　　　　　　　　　　　　　　　240 000

　　管理费用　　　　　　　　　　　　　　　　　　　　　　432 000

　　销售费用　　　　　　　　　　　　　　　　　　　　　　120 000

　　在建工程　　　　　　　　　　　　　　　　　　　　　　264 000

　　研发支出——资本化支出　　　　　　　　　　　　　　　144 000

　　贷:应付职工薪酬——设定提存计划　　　　　　　　　　　　2 400 000

【任务实施】

应付职工薪酬核算的典型业务会计分录

1.货币性职工薪酬

(1)计提分配职工薪酬时。

借:生产成本

　　制造费用

　　管理费用

　　销售费用

　　在建工程

　　研发支出——资本化支出

　　　贷：应付职工薪酬——工资

　　　　　　　　　　　——社会保险费

　　　　　　　　　　　——住房公积金

　　　　　　　　　　　——工会经费

　　　　　　　　　　　——职工教育经费

　　　　　　　　　　　——设定提存计划

（2）发放职工薪酬时。

借：应付职工薪酬——工资

　　贷：银行存款

　　　　其他应收款（扣还为职工代垫款项）

　　　　应交税费——个人所得税

　　　　其他应付款（个人承担的社会保险、住房公积金和工会会费）

（3）支付职工福利费。

借：应付职工薪酬——职工福利

　　贷：银行存款

（4）支付社会保险费、住房公积金、工会经费和职工教育经费。

借：应付职工薪酬——社会保险费

　　　　　　　　　——住房公积金

　　　　　　　　　——工会经费

　　　　　　　　　——职工教育经费

　　贷：银行存款

2. 非货币性职工薪酬

（1）决定将自产产品发放给职工，作为非货币性福利时。

借：生产成本

　　制造费用

　　管理费用

　　销售费用

　　在建工程

　　研发支出——资本化支出

　　　贷：应付职工薪酬——非货币性福利

借：应付职工薪酬——非货币性福利

　　贷：主营业务收入

　　　　应交税费——应交增值税（销项税额）

（2）实际发放产品时。

借：主营业务成本

　　贷：库存商品

（3）将拥有的房屋等资产无偿提供给职工使用或租赁住房等资产供职工无偿使用。

借：管理费用等

　　贷：应付职工薪酬——非货币性福利

借：应付职工薪酬——非货币性福利

　　贷：累计折旧（职工无偿使用资产的折旧）

　　　　银行存款（支付的租金）

单元小结

●职工薪酬，是指企业为获得职工提供的服务或解除劳动关系而给予的各种形式的报酬或补偿。职工薪酬包括短期薪酬、带薪缺勤、离职后福利、辞退福利和其他长期职工福利。

●企业应当在职工为其提供服务的会计期间，将应付的职工薪酬确认为负债，除因解除与职工的劳动关系给予的补偿外，应当根据职工提供服务的受益对象，计入当期损益或有关资产成本。

●企业以其生产的产品作为非货币性福利提供给职工的，应当按照该产品的公允价值和相关税费，计量应计入成本费用的职工薪酬金额，相关收入的确认、销售成本的结转和相关税费的处理，与正常商品销售相同。

●企业以外购的商品作为非货币性福利提供给职工的，应当按照该商品的公允价值和相关税费确定职工薪酬的金额，并计入当期损益或相关资产成本。

●职工带薪缺勤分为累积带薪缺勤和非累积带薪缺勤两类。企业应当在职工提供服务从而增加了其未来享有的带薪缺勤权利时，确认与累积带薪缺勤相关的职工薪酬，并以累积未行使权利而增加的预期支付金额计量。企业应当在职工实际发生缺勤的会计期间确认与非累积带薪缺勤相关的职工薪酬。

●非累积带薪缺勤不必额外作相应的账务处理。

●短期利润分享计划，是指因职工提供服务而与职工达成的基于利润或其他经营成果提供薪酬的协议。

●企业应当在职工为其提供服务的会计期间，将根据设定提存计划计算的应缴存金额确认为负债，并计入当期损益或相关资产成本。

延伸阅读:《企业会计准则第 9 号——职工薪酬》

复习思考题

习题参考答案

单元 8　核算应交税费

知识目标

●了解一般纳税人增值税明细账各栏目的核算内容,熟悉增值税进项税抵扣凭证的法律规定,熟悉一般纳税人出口退税、缴纳增值税和月末增值税结转的账务处理方法,掌握一般纳税人采购、接受劳务、销售业务的增值税账务处理方法。

●掌握小规模纳税人增值税账务处理方法。

●了解消费税账户设置原理,掌握销售、自产自用、委托加工和进口应纳消费税商品的账务处理方法。

●掌握城市维护建设税、教育费附加和资源税的账务处理方法。

●掌握房产税、土地使用税、车船税和印花税的账务处理方法。

能力目标

●会设置增值税明细账。

●能够进行一般纳税人采购、接受劳务、销售业务、出口退税、缴纳增值税和月末增值税结转的账务处理。

●能够进行小规模纳税人增值税的账务处理。

●能够进行企业销售、自产自用、委托加工和进口应纳消费税商品的账务处理。

●会城市维护建设税、教育费附加和资源税、房产税、土地使用税、车船税、矿产资源补偿费和印花税的账务处理。

单元描述

宇辰有限责任公司 2017 年 1 月发生了如下业务:①购入原材料一批,取得增值税专用发票,支付运费取得运输业增值税专用发票,货物尚未到达,货款和进项税款已用银行存款支付。②购入不需要安装设备一台,取得增值税专用发票,款项尚未支付。③从附近农民收购稻草与棉壳用作研发过程中的栽培基料,按规定已开具收购凭证,价款已支付。④购入豆油发放给职工作为福利,取得增值税专用发票。⑤因管理不善毁损原材料一批。⑥购入外国甲公司在我国境内拥有的一处房产,其境内未设有经营机构和代理机构。⑦下设一旅游公司,提供旅游服务收入共收取价款 106 万元,景区门票、餐费等共计 63.6 万元。⑧下设 S 生物科技公司首次购入增值税税控系统设备。⑨销售所生产的化妆品。⑩下设一煤矿,销售和自用。

企业取得哪几种凭证才能抵扣增值税销项税? 企业取得的增值税扣税凭证在什么情况下不能抵扣增值税销项税? 取得外国企业的服务或资产(境内未设有经营机构和代理机构)增值税如何核算? 旅游公司收入如何缴纳增值税? 如何核算? 首次购入增值税税控系统设备有何增值税优惠政策,如何核算? 销售化妆品应交什么税? 资源税如何核算? 根据上述业务,该公司本月还要缴纳哪些税,如何核算? 解决上述问题是企业税务会计的基本业务能力。

岗位职责:

企业涉税业务的核算和管理是税务会计岗位的职责。与税务会计岗位相关的职责包括:

1.负责增值税发票、普通发票、修理修配发票、服务业发票等各种发票领购、保管,按规定及时登记发票领购簿。

2.正确及时开具增值税发票、普通发票等。

3.严格对各种发票特别是增值税专用发票进行审核,及时进行发票认证。

4.税金计算与申报,编制上报国税、地税的各类报表,每月按时进行纳税申报,用好税收政策,规避企业涉税风险,依法纳税;填报公司涉税的各种统计报表。

5.负责税金及附加、应交税费、所得税科目凭证填制及明细账登记、核对。

6.负责减免税、退税的申报和办理。

7.负责各种发票存根联的整理、税务相关资料的装订存档。

8.提报已保存五年以上普通发票,统计发票号码及发票本数,送税务机关审核后销毁。

9.接受各部门涉税业务咨询,合理协助解决业务困难。

10.对会计、业务人员进行税务培训。

11.协助处理开票系统操作故障或业务咨询。

12.收集最新税务法律法规,跟踪税务检查监管动态。

13.及时与税务机关就新业务进行涉税沟通,负责接待税务质询和检查工作。

14.负责涉税业务的内部控制工作,把握税法原则,保证业务在符合税法要求下开展。规范各项涉税事项的核算、管理流程,对发现的问题及时反映,并提出整改方案。

15.每月对纳税申报、税负情况进行综合分析,提出合理化建议。

108-1

任务一　核算增值税

【任务布置】

宇辰有限责任公司 2017 年 1 月发生了如下业务:①购入原材料一批,取得增值税专用发票,支付运费取得运输业增值税专用发票,货物尚未到达,货款和进项税款已用银行存款支付。②购入不需要安装设备一台,取得增值税专用发票,款项尚未支付。③从附近农民收购稻草与棉壳用作研发过程中的栽培基料,按规定已开具收购凭证,价款已支付。④购入豆油发放给职工作为福利,取得增值税专用发票。⑤因管理不善毁损原材料一批。⑥购入外国甲公司在我国境内拥有的一处房产,其境内未设有经营机构和代理机构。⑦下设一旅游公司,提供旅游服务收入共收取价款 106 万元,景区门票、餐费等共计 63.6 万元。⑧下设 S 生物科技公司首次购入增值税税控系统设备。

请针对上述业务,描述有关增值税核算的典型业务会计分录。

【知识准备】

增值税是对在我国境内销售货物、提供加工修理修配劳务、服务、销售无形资产或不动产以及从境外购进服务、无形资产或不动产的企业单位和个人,就其货物销售或提供劳务的增值额和货物、服务的进口金额为计税依据而课征的一种流转税。按增值税纳税义务人的规模及会计核算的健全程度不同,分为一般纳税人和小规模纳税人。

一、一般纳税人的账务处理

(一)扣税和记账依据

一般纳税企业购进货物或接受应税劳务支付的增值税(以下简称"进项税额"),可以从销售货物或提供应税劳务按规定收取的增值税(以下简称"销项税额")中抵扣,但必须取得以下凭证:

(1)从销售方或服务提供方取得的增值税专用发票上注明的增值税额。

(2)从海关取得的完税凭证上注明的增值税额。

(3)购进农产品,按照农产品收购发票或者销售发票上注明的农产品买价和13%的扣除率计算的进项税额。

(4)在生产经营过程中支付运输费用取得的运输业增值税专用发票上注明的增值税额。

(二)账户及专栏设置

增值税一般纳税人应当在"应交税费"账户下设置"应交增值税""未交增值税""预缴增值税""待抵扣进项税额""待认证进项税额""待转销项税额"等二级明细账户。

1. 应交增值税账户下专栏的设置

增值税一般纳税人应在"应交增值税"明细账内设置"进项税额""销项税额抵减""已交税金""转出未交增值税""减免税款""销项税额""出口退税""进项税额转出""转出多交增值税""简易计税"等专栏。

一般纳税人"应交增值税"账户采用多栏式账户格式,在账户的借方和贷方各设若干专栏。基本格式见表8-1。

表 8-1　应交增值税明细账

年		摘要	借　方						贷　方						借或贷	余额
月	日		合计	进项税额	销项税额抵减	已交税金	减免税款	转出未交增值税	合计	销项税额	出口退税	进项税额转出	转出多交增值税	简易计税		

其中:

(1)"进项税额"专栏,记录一般纳税人购进货物、加工修理修配劳务、服务、无形资产或不动产而支付或负担的、准予从销项税额中抵扣的增值税额;

(2)"销项税额抵减"专栏,记录一般纳税人按照现行增值税制度规定因扣减销售额而减少的销项税额;

（3）"已交税金"专栏，记录一般纳税人已交纳的当月应交增值税额；

（4）"转出未交增值税"和"转出多交增值税"专栏，分别记录一般纳税人月度终了转出当月应交未交或多交的增值税额；

（5）"减免税款"专栏，记录一般纳税人按现行增值税制度规定准予减免的增值税额；

（6）"销项税额"专栏，记录一般纳税人销售货物、加工修理修配劳务、服务、无形资产或不动产应收取的增值税额，以及从境外单位或个人购进服务、无形资产或不动产应扣缴的增值税额；

（7）"出口退税"专栏，记录一般纳税人出口产品按规定退回的增值税额；

（8）"进项税额转出"专栏，记录一般纳税人购进货物、加工修理修配劳务、服务、无形资产或不动产等发生非正常损失以及其他原因而不应从销项税额中抵扣，按规定转出的进项税额；

（9）"简易计税"专栏，记录一般纳税人采用简易计税方法应交纳的增值税额。

2. 未交增值税二级明细账

"未交增值税"明细账户，核算一般纳税人月度终了从"应交增值税"或"预缴增值税"明细科目转入当月应交未交、多交或预缴的增值税额，以及当月交纳以前期间未交的增值税额。

3. 预缴增值税二级明细账

"预缴增值税"明细账户，核算一般纳税人转让不动产、提供不动产经营租赁服务、提供建筑服务、采用预收款方式销售自行开发的房地产项目等，按现行增值税制度规定应预缴的增值税额。

4. 待抵扣进项税额二级明细账

"待抵扣进项税额"明细账户，核算一般纳税人已取得增值税扣税凭证并经税务机关认证，按照现行增值税制度规定准予以后期间从销项税额中抵扣的进项税额。包括：一般纳税人自2016年5月1日后取得并按固定资产核算的不动产或者2016年5月1日后取得的不动产在建工程，按现行增值税制度规定准予以后期间从销项税额中抵扣的进项税额；实行纳税辅导期管理的一般纳税人取得的尚未交叉稽核比对的增值税扣税凭证上注明或计算的进项税额。

5. 待认证进项税额二级明细账

"待认证进项税额"明细账户，核算一般纳税人由于未取得增值税扣税凭证或未经税务机关认证而不得从当期销项税额中抵扣的进项税额。包括：一般纳税人已取得增值税扣税凭证、按照现行增值税制度规定准予从销项税额中抵扣，但尚未经税务机关认证的进项税额；一般纳税人取得货物等已入账，但由于尚未收到相关增值税扣税凭证而不得从当期销项税额中抵扣的进项税额。

6. 待转销项税额二级明细账

"待转销项税额"明细账户，核算一般纳税人销售货物、加工修理修配劳务、服务、无形资产或不动产，已确认相关收入（或利得）但尚未发生增值税纳税义务而需于以后期间确认为销项税额的增值税额。

一般纳税人应交的增值税如何计算？目前一般纳税人的税率有多少种？

(三)账务处理

1. 取得资产或接收劳务等业务的账务处理

(1)采购等业务进项税额允许抵扣的账务处理。

一般纳税人购进货物、加工修理修配劳务、服务、无形资产,按应计入相关成本费用的金额,借记"在途物资"或"原材料"、"库存商品"、"生产成本"、"无形资产"、"固定资产"、"管理费用"、"主营业务成本"、"其他业务成本"等科目,按可抵扣的增值税额,借记"应交税费——应交增值税(进项税额)"科目,按应付或实际支付的金额,贷记"应付账款"、"应付票据"、"银行存款"等科目。发生退货的,应根据税务机关开具的红字增值税专用发票做相反的会计分录。

【例 8-1】　A 企业购入原材料一批,增值税专用发票上注明货款 60 000 元,增值税税额 10 200 元,货物尚未到达,货款和进项税款已用银行存款支付。该企业采用实际成本对原材料进行核算。该企业的有关会计分录如下:

借:在途物资　　　　　　　　　　　　　　　　　　　60 000
　　应交税费——应交增值税(进项税额)　　　　　　　10 200
　　贷:银行存款　　　　　　　　　　　　　　　　　　　　70 200

【例 8-2】　B 企业购入不需要安装设备一台,价款及运输保险等费用合计 300 000 元,增值税专用发票上注明的增值税税额 51 000 元,款项尚未支付。该企业的有关会计分录如下:

借:固定资产　　　　　　　　　　　　　　　　　　　300 000
　　应交税费——应交增值税(进项税额)　　　　　　　51 000
　　贷:应付账款　　　　　　　　　　　　　　　　　　　351 000

【例 8-3】　济南 S 生物科技公司进行灵芝栽培技术研发,从附近农民收购 1 500 元稻草与棉壳用作研发过程中的栽培基料,按规定已开具收购凭证,价款已支付。

可抵扣的增值税＝1 500×11%＝165(元)

借:低值易耗品　　　　　　　　　　　　　　　　　　1 335
　　应交税费——应交增值税(进项税额)　　　　　　　165
　　贷:库存现金　　　　　　　　　　　　　　　　　　　1 500

购入免税农产品可以按买价和规定的扣除率计算进项税额,并准予从销项税额中扣除。按购进免税农产品使用的经主管税务机关批准的收购凭证上注明的金额(买价),扣除依规定的扣除率(自 2017 年 7 月 1 日农产品采购的增值税率 11%,取消了 13% 的增值税率)计算的进项税额,作为购进农产品的成本。

【例 8-4】　某增值税一般纳税企业,采购原材料,增值税专用发票列明价款 100 万元,增值税 17 万元,支付运费取得运输业增值税专用发票列明运费 10 000 元,增值税税额 1 100 元,已经用银行存款支付。

借:原材料　　　　　　　　　　　　　　　　　　　　1 010 000
　　应交税费——应交增值税(进项税额)　　　　　　　171 100
　　贷:银行存款　　　　　　　　　　　　　　　　　　　1 181 100

(2)采购等业务进项税额不得抵扣的账务处理。

一般纳税人购进货物、加工修理修配劳务、服务、无形资产或不动产,用于简易计税方法计税项目、免征增值税项目、集体福利或个人消费等,其进项税额按照现行增值税制度规定不得从销项税额中抵扣的,应计入相关成本费用,不通过"应交税费——应交增值税(进项税额)"科目核算。

【例 8-5】　宇辰有限责任公司是一般纳税企业,2016 年末购入豆油 2 000 桶发放给职工作为福利,其中生产人员 500 人,管理人员 100 人,销售人员 400 人。增值税专用发票上列明价款 100 000 元,增值税额 17 000 元。不考虑其他费用,豆油到单位后直接发给职工。

此例中增值税发票中列明的增值税不能抵扣,应直接计入生产成本和费用中。

计提时:

借:生产成本　　　　　　　　　　　　　　　　　　　　　　　　　58 500
　　管理费用　　　　　　　　　　　　　　　　　　　　　　　　　11 700
　　销售费用　　　　　　　　　　　　　　　　　　　　　　　　　46 800
　　　贷:应付职工薪酬　　　　　　　　　　　　　　　　　　　　　　　　117 000

发放时:

借:应付职工薪酬　　　　　　　　　　　　　　　　　　　　　　117 000
　　　贷:银行存款　　　　　　　　　　　　　　　　　　　　　　　　　117 000

　营改增后,不得抵扣的进项税额可从纳税人身份、抵扣凭证、非正常损失、最终消费、简易计税办法、免税项目和差额计税等角度进行归类整理,请你收集整理一下吧! 也可扫本书有关本单元的二维码进行查看。

(3)进项税额抵扣情况发生改变的账务处理。

一般纳税人购进货物、加工修理修配劳务、服务、无形资产或不动产,购入后改变用途,将其用于简易计税方法计税项目、免征增值税项目、集体福利或个人消费,或发生非正常损失,其进项税额按照现行增值税制度规定不得从销项税额中抵扣,已经计入进项税额账户的金额需要作转出处理。借记"待处理财产损溢""应付职工薪酬"等科目,贷记"应交税费——应交增值税(进项税额转出)"、"应交税费——待抵扣进项税额"或"应交税费——待认证进项税额"科目。

原不得抵扣且未抵扣进项税额的固定资产、无形资产等,因改变用途等用于允许抵扣进项税额的应税项目的,应当在用途改变的次月调整相关资产账面价值,按允许抵扣的进项税额,借记"应交税费——应交增值税(进项税额)"科目,贷记"固定资产""无形资产"等科目;固定资产、无形资产经上述调整后,应按调整后的账面价值在剩余尚可使用寿命内计提折旧或摊销。

一般纳税人购进时已全额抵扣进项税额的货物或服务等,之后转变用途,将之用于不动产在建工程的,原已抵扣进项税额的 40% 部分应于转用当期转出,借记"应交税费——待抵扣进项税额"科目,贷记"应交税费——应交增值税(进项税额转出)"科目。第 13 个月后允许正常抵扣时,再转入"应交税费——应交增值税(进项税额)"科目。

【例 8-6】　宇辰有限责任公司是一般纳税企业,2016 年末将库存豆油 2 000 桶发放给职工作为福利,其中生产人员 500 人,管理人员 100 人,销售人员 400 人。原购入时增值税专用发票上列明价款 100 000 元,增值税额 17 000 元。

此例中增值税发票中列明的增值税不能抵扣,应直接计入生产成本和费用中。

计提时:

借:生产成本　　　　　　　　　　　　　　　　　　　　　　　　　58 500

管理费用	11 700
销售费用	46 800
贷：应付职工薪酬	117 000

发放时：

借：应付职工薪酬	117 000
贷：库存商品	100 000
应交税费——应交增值税（进项税额转出）	17 000

❓例 8-6 中的发放商品分录中的贷方登记的是"库存商品"科目，为什么不记入"主营业务收入"科目？

【例 8-7】　甲公司为增值税一般纳税人，适用的增值税税率为 17％。原材料等存货按实际成本进行日常核算。因管理不善毁损原材料一批，其实际成本 100 万元，应负担的增值税进项税额 17 万元。甲公司的有关会计分录如下：

审批前：

借：待处理财产损溢	1 170 000
贷：原材料	1 000 000
应交税费——应交增值税（进项税额转出）	170 000

审批后：

借：管理费用	1 170 000
贷：待处理财产损溢	1 170 000

❓例 8-7 中的原材料毁损如果是自然灾害造成的，应如何计算？

（4）购进不动产或不动产在建工程进项税额分年抵扣的账务处理。

一般纳税人自 2016 年 5 月 1 日后取得并按固定资产核算的不动产或者 2016 年 5 月 1 日后取得的不动产在建工程，其进项税额按现行增值税制度规定自取得之日起分 2 年从销项税额中抵扣的，应当按取得成本，借记"固定资产""在建工程"等科目，按当期可抵扣的增值税额，借记"应交税费——应交增值税（进项税额）"科目，按以后期间可抵扣的增值税额，借记"应交税费——待抵扣进项税额"科目，按应付或实际支付的金额，贷记"应付账款""应付票据""银行存款"等科目。尚未抵扣的进项税额待以后期间（自取得扣税凭证的当月起的第 13 个月）允许抵扣时，按允许抵扣的金额，借记"应交税费——应交增值税（进项税额）"科目，贷记"应交税费——待抵扣进项税额"科目。

【例 8-8】　甲公司为增值税一般纳税人，适用的增值税税率为 17％。2016 年 6 月 1 日购买办公用房两套，增值税发票注明价款 500 万元，增值税 25 万元。甲公司的有关会计分录如下：

2016 年 6 月购入资产时：

借：固定资产	5 000 000
应交税费——应交增值税（进项税额）	150 000
应交税费——待抵扣进项税额	100 000
贷：银行存款	5 250 000

第 13 个月，2017 年 7 月申请抵扣时：

借:应交税费——应交增值税(进项税额)　　　　　　　　　　　100 000
　　贷:应交税费——待抵扣进项税额　　　　　　　　　　　　　　　　100 000

(5)货物等已验收入库但尚未取得增值税扣税凭证的账务处理。

一般纳税人购进的货物等已到达并验收入库,但尚未收到增值税扣税凭证并未付款的,应在月末按货物清单或相关合同协议上的价格暂估入账,不需要将增值税的进项税额暂估入账。下月初,用红字冲销原暂估入账金额,待取得相关增值税扣税凭证并经认证后,按应计入相关成本费用或资产的金额,借记"原材料""库存商品""固定资产""无形资产"等科目,按可抵扣的增值税额,借记"应交税费——应交增值税(进项税额)"科目,按应付金额,贷记"应付账款"等科目。具体核算示例见本书单元3例3-9和例3-17。

(6)购买方作为扣缴义务人的账务处理。

境外单位或个人在境内发生应税行为,在境内未设有经营机构的,以购买方为增值税扣缴义务人。境内一般纳税人购进服务、无形资产或不动产,按应计入相关成本费用的金额,借记"生产成本""无形资产""固定资产""管理费用"等科目,按可抵扣的增值税额,借记"应交税费——待认证进项税额"科目,按应付或实际支付的金额,贷记"应付账款"等科目,按应代扣缴的增值税额,贷记"应交税费——应交增值税(销项税额)"科目。购买方代扣代缴增值税取得解缴税款的完税凭证时,按代扣缴的增值税额,借记"应交税费——应交增值税(已交税金)"科目,贷记"银行存款"科目;同时,按完税凭证上注明的增值税额,借记"应交税费——应交增值税(进项税额)"或"应交税费——待抵扣进项税额"科目,贷记"应交税费——待认证进项税额"科目。

【例8-9】　外国甲公司在我国境内拥有一处房产,境内未设有经营机构和代理机构。甲公司将该房产销售给乙公司,销售价格为3 200万元人民币(不含税),增值税税率5%。不考虑其他税费,乙公司以银行存款支付了购房款和代扣的增值税款。乙公司账务处理如下:

乙公司购入房产时:

借:固定资产　　　　　　　　　　　　　　　　　　　　　　　32 000 000
　　应交税费——待认证进项税额　　　　　　　　　　　　　　　1 600 000
　　贷:银行存款　　　　　　　　　　　　　　　　　　　　　　　　32 000 000
　　　　应交税费——应交增值税(销项税额)　　　　　　　　　　　　1 600 000

解缴税款时:

借:应交税费——应交增值税(已交税金)　　　　　　　　　　　1 600 000
　　贷:银行存款　　　　　　　　　　　　　　　　　　　　　　　　1 600 000

当期抵扣60%的进项税:

借:应交税费——应交增值税(进项税额)　　　　　　　　　　　960 000
　　　　　　　——待抵扣进项税额　　　　　　　　　　　　　　　640 000
　　贷:应交税费——待认证进项税额　　　　　　　　　　　　　　　1 600 000

2.销售等业务的账务处理

(1)普通销售业务的账务处理。

企业销售货物、加工修理修配劳务、服务、无形资产或不动产,应当按应收或已收的金额,借记"应收账款""应收票据""银行存款"等科目,按取得的收入金额,贷记"主营业务收入""其他业务收入""固定资产清理"等科目,按现行增值税制度规定计算的销项税额(或采用简易计税方法计算的应纳增值税额),贷记"应交税费——应交增值税(销项税额或简易计税)"科目,发生销售退回的,应根据税务机关开具的红字增值税专用发票做相反的会计分录。会计上收入或利得确认时点先于增值税纳税义务发生时点的,应将相关销项税额计入"应交税费——待转销项税额"科目,待实际发生纳税义务时再转入"应交税费——应交增值税(销项税额或简易计税)"科目。

【例 8-10】　宇辰有限责任公司 2017 年 1 月 10 日销售产成品一批,销售收入 1 200 000元,增值税税额 204 000 元,价税款收存银行。产品成本月末结转。

借:银行存款　　　　　　　　　　　　　　　　　　　　　　　　1 404 000
　　贷:主营业务收入　　　　　　　　　　　　　　　　　　　　　　1 200 000
　　　　应交税费——应交增值税(销项税额)　　　　　　　　　　　　204 000

【例 8-11】　宇辰有限责任公司 2017 年 1 月 5 日将其一座仓库对外出租(2015 年 1 月购入),租期一年,年租金 630 万元(含税),租金一次性收取。公司选择采用简易计税办法交纳增值税,已经税务局同意。征收率为 5%。

2017 年 1 月,宇辰公司账务处理如下:

借:银行存款　　　　　　　　　　　　　　　　　　　　　　　　6 300 000
　　贷:其他业务收入　　　　　　　　　　　　　　　　　　　　　　6 000 000
　　　　应交税费——应交增值税(简易计税)　　　　　　　　　　　　25 000
　　　　应交税费——应交增值税(待转销项税额)　　　　　　　　　　275 000

2017 年 2 月至 12 月,每个月宇辰公司账务处理如下:

借:应交税费——应交增值税(待转销项税额)　　　　　　　　　　25 000
　　贷:应交税费——应交增值税(简易计税)　　　　　　　　　　　　25 000

(2)视同销售的账务处理。

企业发生现行增值税制度规定视同销售的行为,应当按照国家统一的会计制度进行相应的会计处理,并按照现行增值税制度规定计算的销项税额(或采用简易计税方法计算的应纳增值税额),借记"应付职工薪酬""在建工程""利润分配"等科目,贷记"应交税费——应交增值税(销项税额或简易计税)"科目。核算示例见本书单元 4 例 4-5 和单元 7 例 7-4。

3.差额征税的账务处理

按现行增值税制度规定企业发生相关成本费用允许扣减销售额的,应当按减少的销项税额,借记"应交税费——应交增值税(销项税额抵减)"科目,按应付或实际支付的金额与上述增值税额的差额,借记"主营业务成本"等科目,按应付或实际支付的金额,贷记"应付账款""应付票据""银行存款"等科目。

【例 8-12】　宇辰有限责任公司下设一旅游公司,该旅游公司系一般纳税人,税率 6%,2017 年 1 月提供旅游服务收入共收取价款 106 万元,景区门票、餐费等共计 63.6 万元,取得合法票据,按税法规定可以扣除,款项未付。不考虑其他因素。

该旅游公司销项税额=106÷(1+6%)×6%=6(万元)

抵减的销项税额=63.6÷(1+6%)×6%=3.6(万元)

借:银行存款　　　　　　　　　　　　　　　　　　　　　　　　1 060 000
　　贷:主营业务收入　　　　　　　　　　　　　　　　　　　　　　1 000 000
　　　　应交税费——应交增值税(销项税额)　　　　　　　　　　　　60 000

借:主营业务成本 600 000

　　应交税费——应交增值税(销项税额抵减) 36 000

　　贷:应付账款 636 000

4. 出口退税的账务处理

出口产品按规定退税的,借记"其他应收款"科目,贷记"应交税费——应交增值税(出口退税)"科目。

5. 月末转出多交增值税和未交增值税的账务处理

月度终了,企业应当将当月应交未交或多交的增值税自"应交增值税"明细科目转入"未交增值税"明细科目。对于当月应交未交的增值税,借记"应交税费——应交增值税(转出未交增值税)"科目,贷记"应交税费——未交增值税"科目;对于当月多交的增值税,借记"应交税费——未交增值税"科目,贷记"应交税费——应交增值税(转出多交增值税)"科目。

【例 8-13】 宇辰有限责任公司 2017 年 2 月应交的增值税为 15 万元,此项税款在 2017 年 3 月初申报交纳。

借:应交税费——应交增值税(转出未交增值税) 150 000

　　贷:应交税费——未交增值税 150 000

6. 交纳增值税的账务处理

企业交纳当月应交的增值税,借记"应交税费——应交增值税(已交税金)"科目,贷记"银行存款"科目。

企业交纳以前期间未交的增值税,借记"应交税费——未交增值税"科目,贷记"银行存款"科目。

企业预缴增值税,借记"应交税费——预缴增值税"科目,贷记"银行存款"科目。月末,企业应将"预缴增值税"明细科目余额转入"未交增值税"明细科目,借记"应交税费——未交增值税"科目,贷记"应交税费——预缴增值税"科目。

【例 8-14】 宇辰有限责任公司 2017 年 3 月 15 日缴纳增值税共计 45 万元,包括 2 月份应交的增值税 15 万元,3 月份应交增值税 10 万元,按规定应预缴的增值税 20 万元。

借:应交税费——应交增值税(已交税金) 150 000

　　应交税费——未交增值税 100 000

　　应交税费——预缴增值税 200 000

　　贷:银行存款 450 000

3 月末时:

借:应交税费——未交增值税 200 000

　　贷:应交税费——预缴增值税 200 000

7. 增值税税控系统专用设备和技术维护费用抵减增值税额的账务处理

一般纳税人首次购入增值税税控系统专用设备,按实际支付或应付的金额,借记"固定资产"或"管理费用"科目,贷记"银行存款"科目。按规定抵减的增值税应纳税额,借记"应交税费——应交增值税(减免税款)"科目,贷记"管理费用"或"递延收益"科目(税控设备作为固定资产核算)。按期计提折旧,借记"管理费用"等科目,贷记"累计折旧"科目;同时,借记"递延收益"科目,贷记"管理费用"等科目。

　　一般纳税人发生技术维护费,按实际支付或应付的金额,借记"管理费用"等科目,贷记"银行存款"等科目。按规定抵减的增值税应纳税额,借记"应交税费——应交增值税(减免税款)"科目,贷记"管理费用"等科目。

　　【例 8-15】　2016 年 10 月,黑龙江 S 生物科技公司首次购入增值税税控系统设备,支付价款 1 416 元,同时支付当年增值税税控系统专用设备技术维护费 370 元。当月两项合计抵减当月增值税应纳税额 1 786 元。该公司把税控设备当作固定资产核算。

　　(1)首次购入增值税税控系统专用设备。

借:固定资产——税控设备　　　　　　　　　　　　　　　　　　1 416
　　贷:银行存款　　　　　　　　　　　　　　　　　　　　　　　　　　　1 416

　　(2)发生防伪税控系统专用设备技术维护费。

借:管理费用　　　　　　　　　　　　　　　　　　　　　　　　370
　　贷:银行存款　　　　　　　　　　　　　　　　　　　　　　　　　　　370

　　(3)抵减当月增值税应纳税额。

借:应交税费——应交增值税(减免税款)　　　　　　　　　　　1 786
　　贷:管理费用　　　　　　　　　　　　　　　　　　　　　　　　　　　370
　　　　递延收益　　　　　　　　　　　　　　　　　　　　　　　　　　1 416

以后各月计提折旧时(按 3 年,残值 10% 举例)。

借:管理费用　　　　　　　　　　　　　　　　　　　　　　　　35.40
　　贷:累计折旧　　　　　　　　　　　　　　　　　　　　　　　　　　35.40
借:递延收益　　　　　　　　　　　　　　　　　　　　　　　　35.40
　　贷:管理费用　　　　　　　　　　　　　　　　　　　　　　　　　　35.40

　　❓"应交税费——应交增值税"科目期末借方余额应当在资产负债表中的哪个项目列示?

二、小规模纳税人的账务处理

　　小规模纳税人销售货物或者应税劳务,实行简易办法按照销售额和规定的征收率计算应纳税额,不得抵扣进项税额。计算公式为:

$$应纳税额 = 不含税销售额 \times 征收率$$

　　小规模纳税企业"应交增值税"明细账采用三栏式账页,不需要在"应交增值税"明细科目中设置专栏,"应交税费——应交增值税"科目贷方登记应交纳的增值税和出口退税,借方登记已交纳的增值税和减免的增值税;期末贷方余额为尚未交纳的增值税,借方余额为多交纳的增值税。

　　小规模纳税企业购进货物和接受应税劳务时支付的增值税,直接计入有关货物和劳务的成本,借记"材料采购""在途物资""原材料"等科目,贷记"应付账款"等科目。

　　小规模纳税企业销售货物的价格通常为含税价格,而计算应交增值税的价格为不含税价格,所以应当将含税价格换算成不含税价格之后计算小规模纳税企业应交增值税。

$$不含税销售额 = 含税销售额 \div (1 + 征收率)$$
$$应纳增值税额 = 不含税销售额 \times 征收率$$

　　【例 8-16】　某企业核定为小规模纳税企业,本期购入原材料,按照增值税专用发票上记载的原材料成本为 100 万元,支付的增值税税额为 17 万元,企业开出商业承兑汇票,材料已经

入库;该企业本期销售产品,含税价格为 90 万元,货款尚未收到。根据上述经济业务,企业应做如下会计分录:

(1)购进货物时:

借:原材料　　　　　　　　　　　　　　　　　　　　1 170 000

　　贷:应付票据　　　　　　　　　　　　　　　　　　　　1 170 000

(2)销售货物时:

不含税价格＝900 000÷(1＋3％)＝873 786.41(元)

应交增值税＝873 786.41×3％＝26 213.59(元)

借:应收账款　　　　　　　　　　　　　　　　　　　　900 000

　　贷:主营业务收入　　　　　　　　　　　　　　　　　　873 786.41

　　　　应交税费——应交增值税　　　　　　　　　　　　　26 213.59

(3)上交本月应纳增值税时:

借:应交税费——应交增值税　　　　　　　　　　　　26 213.59

　　贷:银行存款　　　　　　　　　　　　　　　　　　　　26 213.59

一般纳税人从小规模纳税人处购货,向小规模纳税人索要增值税发票如何办理?

【任务实施】

增值税核算的典型业务会计分录

一、一般纳税人增值税核算的分录

1. 采购物资和接受应税劳务

借:材料采购、原材料、库存商品、固定资产等

　　应交税费——应交增值税(进项税额)

　　贷:银行存款等

发生的退货,做相反的会计分录。

2. 企业购进免税农产品

借:原材料(按买价扣除按规定计算的进项税额后的差额)

　　应交税费——应交增值税(进项税额)(按照买价和规定的扣除率计算的进项税额)

　　贷:银行存款(按照实际或应付的价款)

3. 一般销售物资或者提供应税劳务

借:应收账款、银行存款等

　　贷:主营业务收入或其他业务收入

　　　　应交税费——应交增值税(销项税额)

4. 视同销售

(1)将自产商品用于工程建造。

借:在建工程

　　贷:库存商品

　　　　应交税费——应交增值税(销项税额)

(2)将自产商品用于集体福利或个人消费。

借:应付职工薪酬

　　　贷:主营业务收入

　　　　　应交税费——应交增值税(销项税额)

(3)将自产、委托加工或购买的货物无偿赠送他人。

借:营业外支出

　　　贷:主营业务收入

　　　　　应交税费——应交增值税(销项税额)

5.企业出口产品按规定退税

借:其他应收款(应收的出口退税额)

　　　贷:应交税费——应交增值税(出口退税)

6.进项税额转出

借:待处理财产损溢(发生非常损失,物资盘亏)

　　　应付职工薪酬(购进的物资改变用途发给职工)

　　　贷:应交税费——应交增值税(进项税额转出)

7.月末处理

(1)将当月发生的应缴增值税额转入"未交增值税"明细科目。

借:应交税费——应交增值税(转出未交增值税)

　　　贷:应交税费——未交增值税

(2)将本月多缴的增值税转入"未交增值税"明细科目。

借:应交税费——未交增值税

　　　贷:应交税费——应交增值税(转出多交增值税)

8.上缴本月增值税

借:应交税费——应交增值税(已交税金)

　　　贷:银行存款

9.上缴上月增值税或预交增值税

借:应交税费——未交增值税

　　　应交税费——预缴增值税

　　　贷:银行存款

二、小规模纳税人增值税核算的分录

1.采购物资和接受应税劳务

借:在途物资、原材料、库存商品、固定资产等

　　　贷:银行存款等

购进货物的税款计入货物成本。

2.销售物资或者提供应税劳务

借:应收账款、银行存款等

　　　贷:主营业务收入或其他业务收入

　　　　　应交税费——应交增值税

3.上缴增值税

借:应交税费——应交增值税

　　　贷:银行存款

任务二 核算消费税

【任务布置】

宇辰有限责任公司生产销售的部分商品属于消费税征税品种,该类商品公司主要委托其他企业代为生产,生产完工收回后有的直接销售,有的需要继续加工后才能出售。

请针对上述业务,描述有关消费税核算的典型业务会计分录。

【知识准备】

消费税是指在我国境内生产、委托加工和进口应税消费品的单位和个人,按其流转额交纳的一种税。我国征收消费税的产品有烟、酒、贵重首饰及珠宝玉石、鞭炮、小汽车、摩托车、高档手表、游艇等税目。

一、账户设置

缴纳消费税的企业应在"应交税费"科目下设置"应交消费税"明细账户,核算应交消费税的发生、交纳情况。该账户贷方登记应交纳的消费税,借方登记已交纳的消费税;期末贷方余额为尚未交纳的消费税,借方余额为多交纳的消费税。

二、消费税的账务处理

1. 销售应税消费品

企业销售应税消费品应交的消费税,应借记"税金及附加"科目,贷记"应交税费——应交消费税"科目。

【例 8-17】 某企业销售所生产的化妆品,价款 500 000 元(不含增值税),适用的消费税税率为 15%。该企业的有关会计分录如下:

应交消费税＝500 000×15%＝75 000(元)

借:税金及附加　　　　　　　　　　　　　　　　　　　　　　75 000

　　贷:应交税费——应交消费税　　　　　　　　　　　　　　　　　75 000

2. 自产自用应税消费品

【例 8-18】 某企业将自己生产的应税消费品用于自行建造职工俱乐部。该批产品的成本为 200 000 元,计税价格为 300 000 元。增值税税率为 17%,消费税税率为 3%。该企业的有关会计分录如下:

借:在建工程　　　　　　　　　　260 000

　　贷:库存商品　　　　　　　　　　200 000

　　　　应交税费——应交增值税(销项税额)　　51 000(计税价格×17%)

　　　　应交税费——应交消费税　　　　　　　　9 000(计税价格×3%)

将自产的应税消费品用于在建工程、集体福利或个人消费,视同销售计算增值税和消费税。其中,用于在建工程的部分,贷方计入库存商品;用于集体福利和个人消费的部分,贷方计入主营业务收入。

3.将自产的应税消费品用于集体福利

【例8-19】 某企业将自己生产的应税消费品用于集体福利。该批产品的成本为100 000元,计税价格为120 000元(不含税)。增值税税率为17%,消费税税率为3%。该企业的有关会计分录如下:

借:应付职工薪酬　　　　　　　　　　　　　　　144 000
　　贷:主营业务收入　　　　　　　　　　　　　　120 000
　　　　应交税费——应交增值税(销项税额)　　　20 400(计税价格×17%)
　　　　应交税费——应交消费税　　　　　　　　　3 600(计税价格×3%)
借:主营业务成本　　　　　　　　　　　　　　　100 000
　　贷:库存商品　　　　　　　　　　　　　　　　100 000

4.委托加工应税消费品

企业如有应交消费税的委托加工物资,一般应由受托方代收代缴税款,受托方按照应交税款金额,借记"应收账款""银行存款"等科目,贷记"应交税费——应交消费税"科目。受托加工或翻新改制金银首饰按照规定由受托方交纳消费税。

委托方于委托加工物资收回后,若:

(1)直接用于销售的,应将受托方代收代缴的消费税计入委托加工物资的成本,借记"委托加工物资"等科目,贷记"应付账款""银行存款"等科目;

(2)用于连续生产的,按规定准予抵扣的,应按已由受托方代收代缴的消费税,借记"应交税费——应交消费税"科目,贷记"应付账款""银行存款"等科目。

有关委托加工应税消费品的账务处理参见本书单元3例3-25。

5.进口应税消费品

企业进口应税物资在进口环节应交的消费税,计入该项物资的成本,借记"材料采购""固定资产"等科目,贷记"银行存款"科目。

【例8-20】 甲公司从国外进口一批需要交纳消费税的商品,商品价值100 000元,进口环节需要交纳的消费税为40 000元,增值税为17 000元,采购的商品已经验收入库,货款及税款均未支付。甲公司的有关会计分录如下:

借:库存商品　　　　　　　　　　　　　　　　　140 000
　　应交税费——应交增值税　　　　　　　　　　17 000
　　贷:应付账款　　　　　　　　　　　　　　　　157 000

❓消费税的计算原理是什么? 有几种情形?

【任务实施】

消费税核算的典型业务会计分录

1.销售应税消费品

借:税金及附加
　　贷:应交税费——应交消费税

2. 自用应税消费品

(1) 用于工程建造。

借:在建工程

　　贷:库存商品

　　　　应交税费——应交增值税(销项税额)

　　　　　　　　——应交消费税

(2) 用于职工福利。

借:应付职工薪酬——职工福利

　　贷:主营业务收入

　　　　应交税费——应交增值税(销项税额)

　　　　　　　　——应交消费税

借:主营业务成本

　　贷:库存商品

3. 委托加工应税消费品

(1) 收回的委托加工物资用于继续生产应税消费品。

①发出材料时。

借:委托加工物资

　　贷:原材料

②结算价款时。

借:委托加工物资

　　　应交税费——应交增值税(进项税额)

　　　应交税费——应交消费税

　　贷:应付账款或银行存款等

③收回物资时。

借:原材料

　　贷:委托加工物资

(2) 收回的委托加工物资直接用于对外销售。

①发出材料时。

借:委托加工物资

　　贷:原材料

②结算价款时。

借:委托加工物资(成本中包括消费税)

　　　应交税费——应交增值税(进项税额)

　　贷:应付账款或银行存款等

③收回物资时。

借:原材料

　　贷:委托加工物资

4.受托加工应税消费品

借:应收账款或银行存款

　　贷:主营业务收入或其他业务收入

　　　　应交税费——应交消费税

　　　　应交税费——应交增值税(销项税额)

5.进口应税消费品

借:库存商品

　　固定资产(进口环节应交的消费税,计入资产的成本)

　　应交税费——应交增值税(进项税额)

　　贷:应付账款

　　　　银行存款

6.缴纳消费税

借:应交税费——应交消费税

　　贷:银行存款

任务三　核算城市维护建设税和教育费附加

【任务布置】

宇辰有限责任公司每月均需要缴纳增值税和消费税。

请问:城市维护建设税和教育费附加如何计算?典型的会计分录是什么?

【知识准备】

一、城市维护建设税的核算

城市维护建设税(简称城建税)是为了加强城市维护建设的需要,开征的附加税。凡负有缴纳增值税、消费税义务的单位和个人都是城市维护建设税的纳税人。

城建税的税率,是指纳税人应缴纳的城建税税额与纳税人实际缴纳的"二税"税额之间的比率。城建税按纳税人所在地的不同,设置了三档地区差别比例税率,即:纳税人所在地为市区的,税率为7%;纳税人所在地为县城、镇的,税率为5%;纳税人所在地不在市区、县城或者镇的,税率为1%。城建税纳税人的应纳税额大小是由纳税人实际缴纳的"二税"税额决定的,其计算公式为:

$$应纳税额 = (应交增值税 + 应交消费税) \times 适用税率$$

在会计核算时,企业按规定计算出应交纳的城市维护建设税,借记"税金及附加"等科目,贷记"应交税费——应交城市维护建设税"科目;实际上交时,借记"应交税费——应交城市维护建设税"科目,贷记"银行存款"科目。

【例 8-21】 2016 年 5 月,甲公司销售商品实际应交增值税 40 万元、应交消费税 25 万元,提供运输劳务实际应交增值税 10 万元。该公司适用的城市维护建设税税率为 7%。假定不

考虑其他因素,甲公司有关的会计分录如下:

(1)计算应交城建税时:

应交城建税＝(400 000＋250 000＋100 000)×7％＝52 500(元)

借:税金及附加　　　　　　　　　　　　　　　　　　　　52 500
　　贷:应交税费——应交城市维护建设税　　　　　　　　　　　　　52 500

(2)以存款上交城建税时:

借:应交税费——应交城市维护建设税　　　　　　　　　　52 500
　　贷:银行存款　　　　　　　　　　　　　　　　　　　　　　　　52 500

二、教育费附加的核算

教育费附加是为加快地方教育事业,扩大地方教育经费的资金而征收的一项专用基金。它是对缴纳增值税、消费税的单位和个人,就其实际缴纳的税额为计算依据征收的一种附加费。

现行教育费附加征收比率为3％。教育费附加的计算公式为:

$$应纳教育费附加＝实际缴纳的增值税、消费税×征收比率$$

企业应交的教育费附加,借记"税金及附加"科目,贷记"应交税费——应交教育费附加"科目。

$$应交教育费附加＝(应交增值税＋应交消费税)×适用税率$$

【例 8-22】　承上例,适用的教育费附加率为3％。

应交的教育费附加＝(400 000＋250 000＋100 000)×3％＝22 500(元)

(1)计算应交教育费附加时:

借:税金及附加　　　　　　　　　　　　　　　　　　　　22 500
　　贷:应交税费——应交教育费附加　　　　　　　　　　　　　　　22 500

(2)以存款上交教育费附加时:

借:应交税费——应交教育费附加　　　　　　　　　　　　22 500
　　贷:银行存款　　　　　　　　　　　　　　　　　　　　　　　　22 500

❓调查了解你所在地的企业还要承担哪些社会公共费用?

【任务实施】

城市维护建设税和教育费附加按当期实际缴纳的增值税和消费税之和乘以适用税率或费率计算。

城市维护建设税和教育费附加核算的典型业务会计分录

1.计算应交的城市维护建设税

借:税金及附加
　　贷:应交税费——应交城市维护建设税
　　　　　　　　——应交教育费附加

2.上交城市维护建设税和教育费附加

借:应交税费——应交城市维护建设税
　　　　　　——应交教育费附加
　　贷:银行存款

任务四　核算资源税

【任务布置】

宇辰有限责任公司下设一座煤矿生产分公司,生产的煤矿部分生产自用,部分销售。请您描述该公司资源税核算的典型会计分录。

【知识准备】

一、资源税计算原理

资源税采取从价定率或者从量定额的办法计征,分别以应税产品的销售额乘以纳税人具体适用的比例税率或者以应税产品的销售数量乘以纳税人具体适用的定额税率计算,实施"级差调节"的原则。

1.从价定率应纳税额的计算

实行从价定率征收的,根据应税产品的销售额和规定的适用税率计算应纳税额。具体公式为:

$$应纳税额＝销售额×适用税率$$

2.从量定额应纳税额的计算

实行从量定额征收的,根据应税产品的课税数量和规定的单位税额计算应纳税额,具体公式为:

$$应纳税额＝课税数量×单位税额$$

二、资源税的会计核算

对外销售应税产品应交纳的资源税应计入"税金及附加"科目。借记"税金及附加"科目,贷记"应交税费——应交资源税"科目。

自产自用应税产品应交纳的资源税应计入"生产成本""制造费用"等科目。借记"生产成本""制造费用"等科目,贷记"应交税费——应交资源税"科目。

【例8-23】　大发油田2017年5月销售原油20 000吨,取得货款11 700万元(含税),开具的增值税发票上列明增值税1 700万元。按《资源税税目税率幅度表》的规定,其适用的资源税税率为8%。请计算该油田5月份应缴纳的资源税并编制会计分录。

应纳资源税额＝10 000×8%＝800(万元)

借:银行存款	11 700
贷:主营业务收入	10 000
应交税费——应交增值税(销项税)	1 700
借:税金及附加	800
贷:应交税费——应交资源税	800

【例8-24】 某企业将自产的工业用煤炭1 000吨用于产品生产,成本200元/吨,销售工业用煤炭10 000吨,每吨售价351元(含增值税,税率为17%),货款未收,该企业适用的资源税税率为5%。根据该项经济业务,企业应作账务处理如下:

自产自用煤炭应交的资源税=1 000×5%×351÷1.17=15 000(元)

借:制造费用   215 000
　　贷:库存商品   200 000
　　　　应交税费——应交资源税   15 000

销售煤炭应交的资源税=10 000×5%×351÷1.17=150 000(元)

借:应收账款   3 510 000
　　贷:主营业务收入   3 000 000
　　　　应交税费——应交增值税(销项税)   510 000

借:税金及附加   150 000
　　贷:应交税费——应交资源税   150 000

【任务实施】

资源税核算的典型业务会计分录

1.生产自用

借:生产成本
　　贷:应交税费——应交资源税

2.销售

借:应收账款
　　贷:主营业务收入
　　　　应交税费——应交增值税(销项税)

借:税金及附加
　　贷:应交税费——应交资源税

任务五　核算房产税、土地使用税、车船税、印花税

【任务布置】

宇辰有限责任公司自有的厂房、办公用房等每年需要交纳房产税、土地使用税,使用的运输用车辆需要交纳车船税,经营过程中签订的各种合同需要缴纳印花税。

请问:上述税费核算的典型会计分录是什么?

【知识准备】

企业按规定计算应交的房产税、土地使用税、车船税、实际缴纳的印花税在"税金及附加"账户核算。

房产税是以房屋为征税对象,按照房屋的计税余值或租金收入,向产权所有人征收的一种财产税。房产税的计税依据是房产的计税价值或房产的租金收入。

　　城镇土地使用税是以城镇土地为征税对象,对拥有土地使用权的单位和个人征收的一种税。城镇土地使用税以纳税人实际占用的土地面积为计税依据,土地面积计量标准为每平方米。

　　车船税是以车船为征税对象,向拥有车船的单位和个人征收的一种税。车船税实行定额税率。

　　矿产资源补偿费是对在我国领域和管辖海域开采矿产资源而征收的费用。矿产资源补偿费按照矿产品销售收入的一定比例计征,由采矿人交纳。

　　企业按规定计算应交的房产税、土地使用税、车船税、矿产资源补偿费时,借记"税金及附加"科目,贷记"应交税费——应交房产税(或土地使用税、车船税、矿产资源补偿费)"科目;上交时,借记"应交税费——应交房产税(或土地使用税、车船税、矿产资源补偿费)"科目,贷记"银行存款"科目。

　　印花税是以经济活动和经济交往中书立、领受应税凭证的行为为征收对象征收的一种税。印花税因其采用在应税凭证上粘贴印花税票的方法缴纳税款而得名。

　　企业交纳的印花税,不会发生应付未付税款的情况,不需要预计应纳税金额,同时也不存在与税务机关结算或清算的问题。因此,企业交纳的印花税不需要通过"应交税费"科目核算,而是于购买印花税票时,直接借记"税金及附加"科目,贷记"银行存款"科目。

　　【例 8-25】　宇辰有限责任公司 2016 年度有关房产税、土地使用税、车船税和印花税的信息如下:

　　(1)在其所在城市市区有房屋三幢,其中两幢用于本企业生产经营,两幢房产账面原值共为 400 万元;另外一幢房屋租给某私营企业,年租金收入为 20 万元(当地政府规定允许按房产原值一次扣除 30%)。

　　(2)实际占用土地面积 5 000 平方米,该土地每平方米税额为 4 元,当地的城镇土地使用税按每年征收一次。

　　(3)企业共有小轿车 10 辆,车船税 480 元/辆。大客车 3 辆,每辆核定载客人数 55 人,车船税 540 元/辆,税务机关已批准每辆减税 30%。

　　(4)年初启用新账簿 8 本。资金账簿中登记本年增加实收资本 500 万元、资本公积 100 万元。企业用支票购买印花税票贴花。

　　要求:计算该企业 2016 年应缴纳房产税、城镇土地使用税税额、车船税和印花税,并进行会计核算。

　　(1)应交房产税。

　　该企业生产、经营自用房应缴纳的房产税$=400\times(1-30\%)\times0.012=3.36$(万元)

　　该企业出租的房屋应缴纳的房产税$=20\times0.12=2.4$(万元)

　　两项共计 5.76 万元。

　　(2)应交城镇土地使用税$=5\,000\times4=20\,000$(元)

　　(3)应交车船税。

　　小轿车应缴纳的车船税$=10\times480=4\,800$(元)

　　大客车应缴纳的车船税$=3\times540\times(1-30\%)=1\,134$(元)

　　(4)印花税应纳税额。

　　普通账本应纳定额税$=8\times5=40$(元)

资金账簿应纳的比例税额＝(5 000 000＋1 000 000)×0.5‰＝3 000(元)

账簿应纳税额＝40＋3 000＝3 040(元)

会计分录如下：

(1)企业应交的房产税、土地使用税、车船税。

借：税金及附加　　　　　　　　　　　　　　　　　　83 534

　　贷：应交税费——应交房产税　　　　　　　　　　　　　　57 600

　　　　　　——应交土地使用税　　　　　　　　　　　　　20 000

　　　　　　——应交车船税　　　　　　　　　　　　　　　5 934

(2)购买印花税票或集中汇缴印花税时。

借：税金及附加　　　　　　　　　　　　　　　　　　3 040

　　贷：银行存款　　　　　　　　　　　　　　　　　　　　3 040

【任务实施】

计入税金及附加账户的税费核算典型业务会计分录

1.计算应交的房产税、土地使用税、车船税、矿产资源补偿费

借：税金及附加

　　贷：应交税费——应交房产税

　　　　　　——应交土地使用税

　　　　　　——应交车船税

2.购买印花税票或集中汇缴印花税时

借：税金及附加

　　贷：银行存款

　　　　库存现金

单元小结

● 一般纳税企业购进货物或接受应税劳务支付的增值税若要抵扣，必须取得合法凭证。

● 增值税一般纳税人应当在"应交税费"账户下设置"应交增值税""未交增值税""预缴增值税""待抵扣进项税额""待认证进项税额""待转销项税额"等二级明细账户。

● 一般纳税人购进货物、加工修理修配劳务、服务、无形资产或不动产，用于简易计税方法计税项目、免征增值税项目、集体福利或个人消费等，其进项税额按照现行增值税制度规定不得从销项税额中抵扣的，应计入相关成本费用。购入后改变用途或发生非正常损失，已经计入进项税额账户的金额需要作转出处理。

● 购进不动产或不动产在建工程进项税额需要分年抵扣。

● 一般纳税人销项税的核算包括普通销售业务的账务处理、视同销售的账务处理、差额征税的账务处理、出口退税的账务处理。

● 企业交纳当月应交的增值税，通过"应交税费——应交增值税(已交税金)"科目核算。

● 小规模纳税人销售货物或者应税劳务，实行简易办法按照销售额和规定的征收率计算应纳税额，不得抵扣进项税额。

　　●消费税的账务处理包括销售应税消费品、自产自用应税消费品、委托加工应税消费品和进口应税消费品的账务处理。

　　●应交纳的城市维护建设税和教育费附加记入"税金及附加"账户。

　　●对外销售应税产品应交纳的资源税应计入"税金及附加"科目,自产自用应税产品应交纳的资源税应计入"生产成本"等科目。

　　●应交的房产税、土地使用税、车船税,计入"税金及附加"科目。企业交纳的印花税,直接计入"税金及附加"科目。

延伸阅读1:不得抵扣的增值税进项税额 	延伸阅读2:《财政部关于印发〈增值税会计处理规定〉的通知》 
复习思考题 	习题参考答案 

单元 9　核算债务融资

知识目标

●了解短期借款账户的核算内容,熟悉短期借款利息的计算;掌握短期借款借入、计提利息、支付利息和到期还本的核算。

●了解长期借款账户的核算内容,熟悉长期借款利息的核算原则,掌握长期借款借入、期末计息和归还的核算。

●了解债券的种类和发行方式,熟悉应付债券的明细账户,掌握债券发行、计提利息、还本付息的账务处理。

●了解长期应付款的内容,熟悉具有融资性质的延期付款购买资产的核算原理,掌握融资租入固定资产的核算方法。

能力目标

●会计算短期借款、长期借款的利息。

●会计算长期借款的利息费用。

●能够进行短期借款借入、计提利息、支付利息和到期还本的账务处理。

●能够进行长期借款借入、期末计息和归还长期借款的账务处理。

●会设置应付债券明细账。

●能够进行债券发行、计提利息、还本付息的账务处理。

●能够进行融资租入固定资产和具有融资性质的延期付款购买资产的账务处理。

单元描述

宇辰有限责任公司 2017 年 1 月发生了如下业务:①1 日向银行借入为期 8 个月的借款 100 000 元,用于生产经营周转,年利率为 3%。根据与银行签署的借款协议,该项借款的本金到期后一次归还;利息分月预提,按季支付。②5 日从银行借入资金 3 000 000 元用于固定资产的建造,借款期限为 3 年,年利率为 6.4%(到期一次还本付息,不计复利)。所借款项已存入银行。③5 日,经批准发行 5 年期一次还本、分期付息的公司债券 6 000 万元,债券利息在每年 12 月 31 日支付,票面利率为年利率 6%。假定债券发行时的市场利率为 5%。④10 日,融资租入一项固定资产。上述两种借款有何区别?两种借款的利息核算是否相同?两种借款在借入、计提利息、支付利息和到期还本的账务处理有无不同?企业发行债券的价格有几种情形?应付债券账户应设置哪些明细账户?应付债券的利息如何核算?债券发行、计息、还本应如何进行账务处理?融资租入的固定资产如何核算?

要解决上述一系列问题我们需要掌握短期借款、长期借款、应付债券和长期应付款等相关的核算知识。

岗位职责：

一般中小微企业的融资业务相对较少，业务也比较简单，本单元的业务在一般的企业并不常见，该类业务的核算和管理通常是由某会计岗位兼任，只要不违反不相容职务相分离的内控原则即可。与融资业务相关的职责包括：

1. 负责公司融入资金的管理工作，办理贷款、借款、结息等融资业务的核算工作；

2. 配合财务经理做好公司所有融资项目的成本预算，组织协调实施融资预算，设计融资方案；

3. 配合财务经理分析市场和项目融资风险，对公司短期及较长期的资金需求进行预测，参与制订并统一实施公司的融资方案；

4. 执行公司的融资决策，及时报送融资所需的基础资料，及时跟进完善，及时解决其间的各种问题，确保审批的时效性；

5. 对银行给予的每一笔授信、融资进展情况编制台账，准备把握每一笔已批款的额度、利率、期限及抵押担保的情况，确保贷款的及时发放，以满足公司的用款需求；

6. 对发放的每一笔贷款编制台账，详细反映贷款金额、利息和期限，及时进行账务处理；

7. 监控和分析融资项目的运营过程，并及时提出业务拓展和管理改进建议；

8. 协助领导进行融资项目后期的结果评估，拟订项目结果评估报告；

9. 对融资项目的资料、决议、方案、报告等资料进行整理、归档并保管。

若想完全履行上述职能，仅学习本单元的知识是不够的，还需要掌握预算知识、财务管理知识等。且上述职责仅是与融资业务相关的部分职责。

任务一 核算短期借款

【任务布置】

宇辰有限责任公司在经营过程中经常需要向银行借入短期资金用于流动资金补偿，该公司预算管理比较到位，资金运作水平较高，均能按期归还借入的短期资金和偿付利息，与银行间建立了良好的资金借贷关系。

请描述短期借款业务处理的典型会计分录。

【知识准备】

短期借款是指企业向银行或其他金融机构等借入的，偿还期在一年以内（含一年）的各种借款。

一、账户设置

企业所发生的短期借款业务，应设置"短期借款"账户。该账户的贷方登记取得的借款本金，借方登记借款本金的偿还，期末贷方余额表示期末尚未偿还的借款本金，列示在资产负债表负债方的流动负债项下。该账户应按照债权人和短期借款的种类设置明细科目，进行明细分类核算。

二、短期借款的账务处理

使用短期借款需要支付利息,对于利息的核算需要视付息方式而定。如果短期借款的利息是按期支付的(按季、按半年),或者利息在借款到期时连同本金一并偿还,并且数额较大的,为了正确体现支出与收入的相互配比,可以采用预提的方式,按月预提借款利息。如果短期借款的利息是按月支付的,或者利息是在借款到期时连同本金一并偿还,但数额较小的,可以简化核算方法,在实际支付或收到银行计息通知时直接计入当期损益。

企业从银行或其他金融机构取得短期借款时,借记"银行存款"科目,贷记"短期借款"科目;按月预提短期借款利息费用时,借记"财务费用"科目,贷记"应付利息"科目;根据借款合同规定支付利息时,借记"应付利息"科目,贷记"银行存款"科目;到期偿还本金时,借记"短期借款"科目,贷记"银行存款"科目。

【例 9-1】 甲公司于 2017 年 1 月 1 日向银行借入为期 8 个月的借款 100 000 元,用于生产经营周转,年利率为 3%。根据与银行签署的借款协议,该项借款的本金到期后一次归还;利息分月预提,按季支付。甲公司的有关会计分录如下:

(1)1 月 1 日借入短期借款:

借:银行存款　　　　　　　　　　　　　　　　　100 000
　　贷:短期借款　　　　　　　　　　　　　　　　　　100 000

(2)1 月末,预提 1 月份应计利息:

借:财务费用　　　　　　　　　　　　　　　　　　250
　　贷:应付利息　　　　　　　　　　　　　　　　　　250

本月应预提的利息金额＝100 000×3%÷12＝250(元)

2 月末预提利息费用的处理与 1 月份相同。

(3)3 月末支付第一季度的银行借款利息:

借:财务费用　　　　　　　　　　　　　　　　　　250
　　应付利息　　　　　　　　　　　　　　　　　　500
　　贷:银行存款　　　　　　　　　　　　　　　　　　750

第二季度以及 7、8 月份的会计处理与上述相同。9 月 1 日偿还银行借款本金,同时支付 7月和 8 月已提未付利息:

借:短期借款　　　　　　　　　　　　　　　　　100 000
　　应付利息　　　　　　　　　　　　　　　　　　500
　　贷:银行存款　　　　　　　　　　　　　　　　　100 500

❓企业借入借款有何风险?

【任务实施】
短期借款核算的典型业务会计分录

1.短期借款取得的核算

借:银行存款
　　贷:短期借款

2.短期借款利息的核算

(1)月末预提时：

借：财务费用

　　贷：应付利息

(2)实际支付时：

借：应付利息（已经预提的利息金额）

　　财务费用（未预提的利息）

　　　贷：银行存款（实际支付的利息金额）

3.短期借款偿还时核算

借：短期借款

　　贷：银行存款

任务二　核算长期借款

【任务布置】

宇辰有限责任公司 2017 年 1 月为了扩大经营规模，新建厂房一座，购生产线两条。由于自有资金不足，2017 年 1 月 2 日从银行借入了三年期的长期贷款 2 000 万元，每半年支付利息一次，到期归还本金。厂房从 1 月初开始动工建设，至 9 月 30 日竣工，达到了预定可使用状态。为了借入此项资金，该公司用办公楼进行抵押，发生评估费用 10 万元。

请根据上述业务描述长期借款业务处理的典型会计分录。

【知识准备】

长期借款是指企业向银行或其他金融机构借入的期限在一年以上（不含一年）或超过一年的一个营业周期以上的各项借款。如从各类银行取得的贷款；除此之外，还包括向财务公司、投资公司等金融企业借入的款项。

一、账户设置

为了反映企业的各种长期借款，应设置"长期借款"账户，用来核算各种长期借款的借入、应计利息、归还和结欠情况。该账户属于负债类，其贷方登记借入的款项及预计的应付利息；借方登记还本付息的数额；期末余额在贷方，表示尚未偿还的长期借款本息数额。该账户应按贷款单位设置明细账，并按贷款种类进行明细核算。

二、长期借款的账务处理

长期借款的核算包括取得长期借款、发生利息、归还长期借款等环节。

（一）取得长期借款的账务处理

企业借入长期借款时，应按实际收到的金额，借记"银行存款"科目，贷记"长期借款——本金"科目,如果有差额还应借记"长期借款——利息调整"科目。

【例 9-2】 甲公司于 2016 年 12 月 1 日从银行借入资金 3 000 000 元,借款期限为 3 年,年利率为 6.4%(到期一次还本付息,不计复利)。所借款项已存入银行。甲公司用该借款于当日购买不需要安装的设备一台,价款 2 000 000 元,增值税税额 340 000 元,另支付运杂费及保险费 100 000 元(不考虑增值税),设备已于当日投入使用。甲公司的有关会计处理如下:

(1)取得借款时:

借:银行存款   3 000 000

  贷:长期借款——本金   3 000 000

(2)支付设备款和运杂费、保险费时:

借:固定资产   2 100 000

  应交税费——应交增值税(进项税额)   340 000

  贷:银行存款   2 440 000

(二)长期借款利息的账务处理

资产负债表日,企业应按摊余成本和实际利率计算确定长期借款的利息费用,借记"在建工程"、"管理费用"或"财务费用"等科目;按合同利率计算确定应付未付的利息,如果是分期付息,贷记"应付利息"科目,如果是到期一次还本付息,贷记"长期借款——应计利息"科目;按其差额贷记"长期借款——利息调整"科目。如果合同利率和实际利率相差不大,也可以按合同利率计算确定利息费用。有关摊余成本的计算见本书应付债券的核算。

长期借款计算确定的利息费用,应当按以下原则核算:①属于筹建期间的,计入管理费用。②属于生产经营期间的,计入财务费用。③如果长期借款用于购建固定资产的,在固定资产尚未达到预定可使用状态前,所发生的应当资本化的利息支出数,计入在建工程等相关资产成本;固定资产达到预定可使用状态后发生的利息支出,以及按规定不予资本化的利息支出,计入财务费用。

【例 9-3】 承例 9-2,甲公司于 2016 年 12 月 31 日计提长期借款利息。甲公司的有关会计处理如下:

借:财务费用   16 000

  贷:长期借款——应计利息   16 000

2017 年 1 月至 2019 年 11 月月末预提利息分录同上。

(三)归还长期借款的账务处理

企业归还长期借款的本金时,应按归还的金额,借记"长期借款——本金"科目,贷记"银行存款"科目;按归还的利息,借记"应付利息"或"长期借款——应计利息"科目,贷记"银行存款"科目。

【例 9-4】 承例 9-2,2019 年 12 月 1 日,甲公司偿还该项银行借款本息。该公司的有关会计分录如下:

借:长期借款——本金   3 000 000

     ——应计利息   576 000

  贷:银行存款   3 576 000

❓短期借款和长期借款的利息在会计核算上有何区别?

相关链接——小企业长期借款的会计处理

小企业长期借款利息费用的计算,按照借款本金和借款合同利率计提利息费用,非筹建期利息费用计入"财务费用""在建工程"科目;不存在利息调整问题。

【任务实施】

长期借款核算的典型业务会计分录

1.取得长期借款

借:银行存款(实际收到的金额)

　　长期借款——利息调整

　　　贷:长期借款——本金

2.长期借款的利息

借:管理费用(不符合资本化条件的,且属于筹建期间)

　　在建工程(购建固定资产符合资本化条件的)

　　制造费用(生产产品符合资本化条件的)

　　研发支出(开发无形资产符合资本化条件的)

　　财务费用(不符合资本化条件的)

　　　贷:应付利息(分期付息)

或　　　长期借款——应计利息(到期一次还本付息)

3.归还长期借款

借:长期借款——本金

　　长期借款——应计利息(到期一次还本付息)

　　　贷:银行存款

或

借:长期借款——本金

　　应付利息(分期付息)

　　　贷:银行存款

任务三　应付债券核算

【任务布置】

宇辰有限责任公司属于国有企业,该公司经营业绩良好,符合企业债券发行条件。该公司在非洲新发现一座大型金属矿,为了开发此矿山,公司经过证券会批准发行了债券人民币1亿元(面值),共筹集资金1.51亿元(扣除了发行费用),该债券票面利率4.5%,市场利率3.8%,每年支付一次利息,到期归还本金,公司采用实际利率法核算该债券。公司从2017年1月开始动工建设矿山基础设施,至 9 月 30 日竣工,达到了预定可使用状态,开始采集金属矿。

请根据上述业务描述应付债券业务处理的典型会计分录。

【知识准备】

一、债券的认知

债券是指企业向社会上公开筹集资金而发行的,约定在一定时间内还本付息的有价证券。企业通过发行债券取得资金是以将来履行归还购买债券者的本金和利息的义务作为保证的。企业应当设置"企业债券备查簿",详细登记每一企业债券的票面金额、票面利率、还本付息期限与方式等资料。企业债券到期结清时,应当在备查簿内逐笔注销。

企业发行的一年期以上的债券,构成了企业的非流动负债。企业债券发行价格的高低一般取决于债券票面金额、债券票面利率、发行当时的市场利率以及债券期限的长短等因素。

企业债券的发行方式有三种,即面值发行、溢价发行和折价发行。当债券的票面利率高于市场利率时,可按超过债券面值的价格发行,称为溢价发行,溢价是企业以后各期多付利息而事先得到的补偿;当债券的票面利率低于市场利率时,可按低于债券面值的价格发行,称为折价发行,折价是企业以后各期少付利息而预先给投资者的补偿;当债券的票面利率与市场利率相同时,可按票面价格发行,称为面值发行。溢价或折价实质上是债券发行企业在债券存续期内对利息费用的一种调整。

二、账户设置

企业应设置"应付债券"账户,该账户属负债类账户,贷方登记应付债券的本金及利息,借方登记归还债券的本息,期末贷方余额表示尚未归还的债券本息。在该账户下设置"债券面值""债券溢价""债券折价""应计利息"等明细科目,核算应付债券发行、计提利息、还本付息等情况。

三、应付债券的账务处理

(一)发行债券的账务处理

企业发行债券,无论是面值发行,还是溢价发行或折价发行,均应按实际收到的款项,借记"银行存款"等科目,按债券票面价值,贷记"应付债券——面值"科目,实际收到的款项与票面价值存在差额的,还应借记或贷记"应付债券——利息调整"科目。

企业发行债券时,如果发行费用大于发行期间冻结资金所产生的利息收入,按发行费用减去发行期间冻结资金所产生的利息收入后的差额,根据发行债券筹集资金的用途,属于用于固定资产项目的,在固定资产达到预定可使用状态前发生的应予以资本化,计入在建工程,在固定资产达到预定可使用状态后发生的应予以费用化,计入财务费用;属于其他用途的,计入当期财务费用。如果发行费用小于发行期间冻结资金所产生的利息收入,按发行期间冻结资金所产生的利息收入减去发行费用后的差额,视同发行债券的溢价收入,在债券存续期间于计提利息时摊销。

债券溢价或折价计入"利息调整"明细账户,并在债券存续期间内采用实际利率法进行摊销。

【例 9-5】 2017 年 1 月 1 日,甲公司经批准委托证券公司发行 5 年期一次还本、分期付息的公司债券 60 000 000 元,债券利息在每年 12 月 31 日支付,票面利率为年利率 6%。假定债券发行时的市场利率为 5%。不考虑发行费用。

甲公司该批债券的实际发行价格

$=60\ 000\ 000\times(P/F,5\%,5)+60\ 000\ 000\times6\%\times(P/A,5\%,5)$

$=60\ 000\ 000\times0.783\ 5+60\ 000\ 000\times6\%\times4.329\ 5$

$=62\ 596\ 200(元)$

2017 年 1 月 1 日,发行债券时:

借:银行存款　　　　　　　　　　　　　　　　　　　　　62 596 200

　　贷:应付债券——面值　　　　　　　　　　　　　　　　　　60 000 000

　　　　　　——利息调整　　　　　　　　　　　　　　　　　2 596 200

(二)债券利息的账务处理

公司债券在计息日应当按规定计算应付给债券持有人的利息,同时对因债券溢折价形成的利息调整进行摊销。

1.债券票面利息

债券票面利息即债券发行人定期支付给债券持有人的利息。计算公式为:

债券票面利息＝债券面值×票面利率

对于债券票面利息的核算,应根据债券利息的支付方式分别处理。若债券利息是债券到期一次性支付的,则债券各期应计提的利息通过"应付债券——应计利息"科目进行明细核算;若债券利息是分期支付的,则应通过"应付利息"科目进行核算。

2.债券利息费用

债券利息费用按债券的摊余成本和实际利率计算确定;利息调整应在债券存续期间内采用实际利率法进行摊销。计算公式为:

债券利息费用＝应付债券的期初账面价值(摊余成本)×实际利率

摊销利息调整＝债券票面利息±债券利息费用

对于分期付息、一次还本的债券,企业应于资产负债表日按应付债券的摊余成本和实际利率计算确定的债券利息费用,借记"在建工程""制造费用""财务费用""研发支出"等科目,按票面利率计算确定的应付未付利息,贷记"应付利息"科目,按其差额,借记或贷记"应付债券——利息调整"科目。

对于一次还本付息的债券,企业应于资产负债表日按应付债券的摊余成本和实际利率计算确定的债券利息费用,借记"在建工程""制造费用""财务费用""研发支出"等科目,按票面利率计算确定的应付未付利息,贷记"应付债券——应计利息"科目,按其差额,借记或贷记"应付债券——利息调整"科目。

【例 9-6】　承例 9-5,甲公司根据上述资料,采用实际利率法和摊余成本计算确定的利息费用见表 9-1。

表 9-1　利息费用计算表　　　　　　　　　　　　　单位:元

付息日期	应付利息 ①=面值× 票面利率	利息费用 ②=上一期④× 实际利率	摊销的利息调整 ③=①-②	应付债券摊余成本 ④=上期④-③
2017.01.01				62 596 200
2018.12.31	3 600 000	3 129 810	470 190.00	62 126 010
2019.12.31	3 600 000	3 106 300.50	493 699.50	61 632 310.50
2020.12.31	3 600 000	3 081 615.53	518 384.47	61 113 926.03
2021.12.31	3 600 000	3 055 696.30	544 303.70	60 569 622.33
2022.12.31	3 600 000	3 030 377.67*	569 622.33*	60 000 000
合　计	18 000 000	15 403 800	2 596 200	

*尾数有调整:

569 622.33＝2 596 200－(470 190＋493 699.50＋518 384.47＋544 303.70)

3 030 377.67＝3 600 000－569 622.33

根据表 9-1 的资料,甲企业 2018 年 12 月 31 日有关债券利息的账务处理如下:

借:财务费用　　　　　　　　　　　　　　　　　　　　　　　　3 129 810

　　应付债券——利息调整　　　　　　　　　　　　　　　　　　470 190

　　　贷:应付利息　　　　　　　　　　　　　　　　　　　　　　　　3 600 000

支付利息时:

借:应付利息　　　　　　　　　　　　　　　　　　　　　　　　3 600 000

　　贷:银行存款　　　　　　　　　　　　　　　　　　　　　　　　3 600 000

2019 年、2020 年、2021 年确认利息费用及支付利息的账务处理可比照 2018 年进行。

(三)偿还债券的账务处理

采用一次还本付息方式的,企业应于债券到期支付债券本息时,借记"应付债券——面值"和"应付债券——应计利息"科目,贷记"银行存款"科目;采用一次还本、分期付息方式的,债券到期偿还本金并支付最后一期利息时,借记"应付债券——面值""在建工程""制造费用""财务费用""研发支出"等科目,贷记"银行存款"科目;同时,存在利息调整余额的,借记或贷记"应付债券——利息调整"科目。

【例 9-7】　承例 9-5、例 9-6,2022 年 12 月 31 日,归还债券本金及确认最后一期利息费月时,相关会计分录如下:

借:应付债券——面值　　　　　　　　　　　　　　　　　　　60 000 000

　　　　　　——利息调整　　　　　　　　　　　　　　　　　569 622.33

　　财务费用　　　　　　　　　　　　　　　　　　　　　　　3 030 377.67

　　贷:银行存款　　　　　　　　　　　　　　　　　　　　　　　63 600 000

企业发行债券需要符合哪些条件?

【任务实施】

<h2 style="text-align:center">公司债券核算的典型业务会计分录</h2>

1. 企业发行债券时

（1）溢价发行。

借：银行存款（实际收到的款项）

　　贷：应付债券——面值（债券票面价值）

　　　　应付债券——利息调整（实际收到的款项与票面价值之间的差额）

（2）折价发行。

借：银行存款（实际收到的款项）

　　应付债券——利息调整（实际收到的款项与票面价值之间的差额）

　　贷：应付债券——面值（债券票面价值）

2. 资产负债表日，利息调整的摊销

（1）分期付息、一次还本的债券。

借：在建工程（应付债券的摊余成本和实际利率计算确定的债券利息费用）

　　制造费用（应付债券的摊余成本和实际利率计算确定的债券利息费用）

　　财务费用（应付债券的摊余成本和实际利率计算确定的债券利息费用）

　　贷：应付利息（按票面利率计算确定的应付未付利息）

按借贷方差额，借记或贷记“应付债券——利息调整”科目。

（2）一次还本付息的债券。

借：在建工程（应付债券的摊余成本和实际利率计算确定的债券利息费用）

　　制造费用（应付债券的摊余成本和实际利率计算确定的债券利息费用）

　　财务费用（应付债券的摊余成本和实际利率计算确定的债券利息费用）

　　贷：应付债券——应计利息（按票面利率计算确定的应付未付利息）

按借贷方差额，借记或贷记“应付债券——利息调整”科目。

3. 债券偿还

（1）分期付息、一次还本的债券。

① 每期支付利息时。

借：应付利息

　　贷：银行存款

② 债券到期偿还本金并支付最后一期利息。

借：应付债券——面值

　　在建工程

　　财务费用

　　制造费用

　　贷：银行存款

按借贷方差额，借记或贷记“应付债券——利息调整”科目。

（2）一次还本付息的债券。

借：应付债券——面值

　　应付债券——应计利息

　　贷：银行存款

任务四　长期应付款核算

【任务布置】

宇辰有限责任公司经过测算，认为融资租入运输用轮船进行金属矿运输比自行购买更加经济，因此公司采用融资租赁方式租入大型货轮两艘，用于将非洲开采的金属矿进行对外销售和运回国内冶炼。

请问：融资租赁的固定资产如何进行核算？

【知识准备】

长期应付款是指除了长期借款和应付债券以外的其他多种长期应付款，主要有分期付款方式购入固定资产发生的应付款项和应付融资租入固定资产租赁费等。

一、账户设置

企业应设置"长期应付款"账户，核算企业融资租入固定资产和分期付款方式购入固定资产发生的应付款项及偿还情况。该账户贷方登记应付款项的发生数额；借方登记应付款项的归还数额；期末贷方余额，反映企业尚未支付的各种长期应付款。该账户应按长期应付款的种类设置明细账，进行明细核算。

二、应付融资租入固定资产的账务处理

企业采用融资租赁方式租入的固定资产，虽然在法律形式上资产的所有权在租赁期内仍然属于出租人，但由于资产的租赁期基本上包括了资产的有效使用年限，承租企业实际上获得了租赁资产所提供的主要经济利益，同时承担了与资产所有权有关的风险。因此，承租企业应将融资租入的固定资产作为一项自有固定资产入账，同时确认相应的负债。

企业应在租赁期开始日，将租赁开始日租赁资产的公允价值与最低租赁付款额现值两者中较低者，加上在租赁谈判和签订租赁合同过程中发生的、可直接归属于租赁项目的手续费、律师费、差旅费、印花税等初始直接费用，作为租入资产的入账价值，借记"在建工程"或"固定资产——融资租入固定资产"科目；按最低租赁付款额，贷记"长期应付款"科目；按发生的初始直接费用，贷记"银行存款"等科目；按其差额，借记"未确认融资费用"科目。

每期支付租赁费用时，借记"长期应付款"科目，贷记"银行存款"科目。

未确认融资费用应当在租赁期内各个期间进行分摊。承租人分摊未确认融资费用时，应当采用实际利率法。每期采用实际利率法分摊未确认融资费用时，按当期应分摊的未确认融

资费用金额,借记"财务费用"科目,贷记"未确认融资费用"科目。

【例 9-8】 甲公司 2016 年 12 月 1 日,与东方租赁公司签订了一份融资租赁合同。该公司以融资租赁方式向东方租赁公司租入一台设备,合同主要条款如下:

①租赁开始日:2017 年 1 月 1 日。

②租赁期:2017 年 1 月 1 日—2020 年 12 月 31 日,共 4 年。

③租金支付:自租赁开始日每年年末支付租金 150 000 元。

④该机器在 2017 年 1 月 1 日的公允价值为 500 000 元。

⑤租赁合同规定的年利率为 7%。

⑥承租人与出租人的初始直接费用均为 1 000 元。

⑦租赁期届满时,甲公司享有优惠购买该机器的选择权,购买价为 100 元,估计该日租赁资产的公允价值为 80 000 元。

第一步,计算租赁开始日最低租赁付款额的现值,确定租赁资产入账价值。

最低租赁付款额=各期租金之和+行使优惠购买选择权支付的金额

$$=150\ 000\times4+100=600\ 100(元)$$

最低租赁付款额的现值$=150\ 000\times(P/A,7\%,4)+100\times(P/F,7\%,4)$

$$=150\ 000\times3.387\ 2+100\times0.762\ 9$$

$$=508\ 080+76.29$$

$$=508\ 156.29(元)>租赁资产公允价值 500\ 000 元$$

根据租赁开始日租赁资产的公允价值与最低租赁付款额的现值孰低原则,租赁资产的入账价值应为租赁资产公允价值 500 000 元,加上初始直接费用 1 000 元,即 501 000 元。

第二步,计算未确认融资费用。

未确认融资费用=最低租赁付款额-租赁开始日租赁资产的入账价值(不考虑初始直接费用)

$$=600\ 100-500\ 000=100\ 100(元)$$

第三步,2017 年 1 月 1 日做以下会计分录。

借:固定资产——融资租入固定资产	501 000	
未确认融资费用	100 100	
贷:长期应付款		600 100
银行存款		1 000

第四步,支付租金,分摊未确认融资费用。

2017 年 12 月 31 日,支付第一期租金:

借:长期应付款	150 000	
贷:银行存款		150 000

采用实际利率法摊销未确认融资费用。(计算过程略)

借:财务费用	38 600	
贷:未确认融资费用		38 600

2021 年 1 月 1 日,甲公司购买该机器时:

借:长期应付款	100	
贷:银行存款		100

融资租入固定资产有哪些特征?

三、具有融资性质的延期付款购买资产的账务处理

企业购买资产有可能延期支付有关价款。如果延期支付的购买价格超过正常信用条件，实质上具有融资性质的，所购资产的成本应当以延期支付购买价款的现值为基础确定，实际支付的价款与购买价款的现值之间的差额，应当在信用期内采用实际利率法进行摊销，计入相关资产成本或当期损益。具体来说，企业购入资产超过正常信用条件延期付款实质上具有融资性质时，应按购买价款的现值，借记"固定资产""在建工程""无形资产"等科目，按应支付的价款总额，贷记"长期应付款"科目，按其差额，借记"未确认融资费用"科目。

【任务实施】

企业应设置"长期应付款"账户，核算企业融资租入固定资产。企业应在租赁期开始日，将租赁开始日租赁资产的公允价值与最低租赁付款额现值两者中较低者，加上在租赁谈判和签订租赁合同过程中发生的、可直接归属于租赁项目的手续费、律师费、差旅费、印花税等初始直接费用，作为租入资产的入账价值，借记"在建工程"或"固定资产——融资租入固定资产"科目；按最低租赁付款额，贷记"长期应付款"科目；按发生的初始直接费用，贷记"银行存款"等科目；按其差额，借记"未确认融资费用"科目。

每期支付租赁费用时，借记"长期应付款"科目，贷记"银行存款"科目。

未确认融资费用应当在租赁期内各个期间进行分摊。承租人分摊未确认融资费用时，应当采用实际利率法。每期采用实际利率法分摊未确认融资费用时，按当期应分摊的未确认融资费用金额，借记"财务费用"科目，贷记"未确认融资费用"科目。

单元小结

● 短期借款是指企业向银行或其他金融机构等借入的，偿还期在一年以内（含一年）的各种借款。

● 短期借款的利息是按期支付的（按季、按半年），或者利息在借款到期时连同本金一并偿还，并且数额较大的，可以采用预提的方式，按月预提借款利息。如果短期借款的利息是按月支付的，或者利息是在借款到期时连同本金一并偿还，但数额较小的，可以在实际支付或收到银行计息通知时直接计入当期损益。

● 长期借款是指企业向银行或其他金融机构借入的期限在一年以上（不含一年）或超过一年的一个营业周期以上的各项借款。

● 长期借款的核算包括取得长期借款、发生利息、归还长期借款等环节。

● 资产负债表日，企业应按摊余成本和实际利率计算确定长期借款的利息费用，如果合同利率和实际利率相差不大，也可以按合同利率计算确定利息费用。

● 长期借款的利息费用，属于筹建期间的，计入管理费用。属于生产经营期间的，计入财务费用。用于购建固定资产的，在固定资产尚未达到预定可使用状态前，所发生的利息应当资本化计入在建工程成本。

● 债券是指企业向社会上公开筹集资金而发行的，约定在一定时间内还本付息的有价证券。企业债券的发行方式有三种，即面值发行、溢价发行和折价发行。

●"应付债券"账户下设置"债券面值""债券溢价""债券折价""应计利息"等明细账户,核算应付债券发行、计提利息、还本付息等情况。

●债券溢价或折价计入"利息调整"明细账户,并在债券存续期间内采用实际利率法进行摊销。

●债券利息费用按债券的摊余成本和实际利率计算确定;利息调整应在债券存续期间内采用实际利率法进行摊销。

●长期应付款是指除了长期借款和应付债券以外的其他多种长期应付款,主要有分期付款方式购入固定资产发生的应付款项和应付融资租入固定资产租赁费等。

延伸阅读 1:《企业会计准则
第 17 号——借款费用》

延伸阅读 2:《企业会计准则
第 21 号——租赁》

复习思考题

习题参考答案

单元 10　核算所有者权益

单元描述

宇辰有限责任公司 2016 年接受 A 投资者投入资金 500 万元，接受 B 投资者投入的机床一台，价值 200 万。宇辰有限责任公司 2016 年度实现净利润 5 000 万元。2016 年 12 月 31 日的总股本 10 000 万股。该公司董事会提出如下议案：按净利润的 10% 提取法定盈余公积，每10 股派现 2 元，每 10 股分配股票股利 2 股（每股面值 1 元）；以 2016 年 12 月 31 日的总股本 10 000 万股为基数，使用资本公积中的股本溢价转增股本，每 10 股转增 3 股，计 3 000 万股。2017 年 3 月 5 日，该公司召开股东大会，审议董事会提出的方案，决定每 10 股派现 1 元，其余现金股利 1 000 万元改为股票股利（共 3 000 万股，每股面值 1 元），其余利润分配方案及资本公积转增股本方案保持不变。股东大会通过的上述利润分配方案及资本公积转增股本方案于2017 年 3 月 10 日实施。

所有者权益包括哪些内容？所有者权益与负债相比有何特点？企业接受投资投入的现金和机床如何进行账务处理？年度终了时，企业如何结转净利润？企业计提盈余公积的基数是什么？提取盈余公积如何进行账务处理？企业分派现金股利和股票股利如何进行账务处理？如何结转"利润分配"明细账？资本公积转增股本的如何进行账务处理？这一系列问题需要我们全面掌握所有者权益核算的相关知识才能解决。

> **岗位职责：**
> 　　与所有者权益会计要素有关的业务主要是企业接受投资者投资、期末利润结转与分配等，一般中小微企业的此类业务比较简单。但期末利润分配与结转是属于企业常见业务，该类业务的核算通常由收入会计岗位负责办理。而接受投资者投资的业务比较少见，该类业务的核算和管理通常由某会计岗位管理或专设融资会计岗位，只要不违反不相容职务相分离的内控原则即可。与所有者权益核算业务相关的职责包括：
> 　　1. 配合财务经理做好公司所有融资项目的成本预算，组织协调实施融资预算，设计融资方案。
> 　　2. 配合财务经理科学地确定筹资数量，控制资金投放时间，从数量上保证，并在时间上衔接，认真选择筹资渠道和筹资方式，降低资金成本，注意安排筹资结构，降低筹资风险。
> 　　3. 负责公司股权融入资金的管理和核算工作。
> 　　4. 对资本公积形成及使用、盈余公积的计提及使用、未分配利润的形成及使用进行有关的核算。

任务一　所有者权益认知

【任务布置】

　　宇辰有限责任公司经营业绩非常好，自设立之初全体股东投入5 000万元资金进行运营以来，累计获利15亿元，目前公司账上包括按国家法律规定计提的盈余公积1 500万元和未分配的利润1亿元，以及接受新投资出资多缴纳的资本公积金1 000万元。

　　请问：所有者权益包括哪些内容？投资者投入的资金是否需要归还？

【知识准备】

　　所有者权益是指企业资产扣除负债后由所有者享有的剩余权益。在股份制企业，所有者权益又称为股东权益。所有者权益是企业投资人对企业净资产的所有权。它受总资产和总负债变动的影响而发生增减变动。所有者权益的来源包括所有者投入的资本、直接计入所在者权益的利得和损失、留存收益等。

一、所有者权益的特征

　　企业的权益包括所有者权益和债权人权益，二者均是企业资金的来源，都对企业资产具有要求权，但所有者权益与债权人权益相比，又存在着明显的特征：

　　(1)所有者权益在企业经营期内可供企业长期、持续地使用，企业不必向投资人返还资本金。而负债则须按期返还给债权人，成为企业的负担。

　　(2)企业所有人凭其对企业投入的资本，享受税后分配利润的权利。所有者权益是企业分配税后净利润的主要依据，而债权人除按规定取得利息外，无权分配企业的盈利。

（3）企业所有人有权行使企业的经营管理权，或者授权管理人员行使经营管理权。但债权人并没有经营管理权。

（4）企业的所有者对企业的债务和亏损负有无限的责任或有限的责任，而债权人对企业的其他债务不发生关系，一般也不承担企业的亏损。

二、所有者权益的分类

所有者权益按经济内容划分，可分为实收资本、资本公积、盈余公积和未分配利润四种。

（1）实收资本是投资者按照企业章程或合同、协议的约定，实际投入企业经济活动的各种财产物资的价值，包括国家投资、法人投资、个人投资和外商投资。

（2）资本公积是指企业收到投资者的超出其在企业注册资本（或股本）中所占份额的投资，以及直接计入所有者权益的利得和损失等。资本公积包括资本溢价（或股本溢价）和直接计入所有者权益的利得和损失等。

（3）盈余公积是指按税后利润的一定比例提取、具有特定用途的留存收益。盈余公积包括法定盈余公积和任意盈余公积。盈余公积按规定可用于弥补企业亏损，也可按法定程序转增资本金。

（4）未分配利润是企业净利润经过利润分配后所剩余的部分。未分配利润有两层含义：一是留待以后年度处理的利润；二是未指定特定用途的利润，从数量上讲，未分配利润是期初未分配利润加上本期实现的净利润，减去提取的各种盈余公积和分出利润后的余额。

❓ 按照 2014 年新修订的《企业会计准则》，除了上述四个所有者权益项目外，还有哪个科目属于所有者权益科目？

【任务实施】

所有者权益包括实收资本、资本公积、盈余公积和未分配利润四项内容。投资者投入的资金不需要归还，投资者不想投资时可以进行转让。

任务二　核算实收资本

【任务布置】

宇辰有限责任公司设立之时共有股东四名，其中 A 公司投资 2 000 万元人民币，B 公司投资 1 000 万元人民币，C 公司用厂房投资，合同协议作价 1 000 万元人民币，D 公司用机器设备和原料投资，合同协议作价分别为 800 万元人民币和 200 万元人民币。

请问：上述业务的会计分录如何编制？

【知识准备】

实收资本是所有者权益的重要组成部分，实收资本的构成比例或股东的股份比例，是确定所有者在企业所有者权益中份额的基础，也是企业进行利润或股利分配的主要依据。

投资者向企业投入的资本，在企业持续经营期间内，除依法转让外，不得以任何形式抽回。

　　按照投资主体,实收资本可分为国家投资、法人投资、外商投资和个人投资;按投资方式,实收资本可分为货币出资和非货币财产出资。企业收到所有者投入企业的资本后,应根据有关原始凭证如投资清单、银行通知单等,分别从不同的出资方式进行会计处理。

一、账户设置

　　为了核算企业实际收到投资者投入的资本金,除股份公司对股东投入资本应设置"股本"账户外,其余企业均设置"实收资本"账户。该账户属于所有者权益类账户,贷方反映投入资本的增加数,借方反映投入资本的减少数,期末贷方余额表示企业实有的资本金数额。该账户应按投资者设置明细账,进行明细核算。

二、实收资本的账务处理

(一)接受现金资产投资

　　企业收到投资者直接以货币资金出资时,借记"银行存款"科目,贷记"实收资本"科目。

　　【例10-1】　宇辰有限责任公司收到A公司的货币资金投资200万元,款项已存入银行,根据银行的收款通知等凭证,宇辰公司编制会计分录如下:

借:银行存款 　　　　　　　　　　　　　　　　　　　　2 000 000
　　贷:实收资本——A公司 　　　　　　　　　　　　　　　　　2 000 000

　　【例10-2】　宇辰有限责任公司经批准向社会公开发行普通股票1 500万股,每股票面金额为1元,溢价发行。若发行后实收股款6 000万元,则宇辰公司应作如下会计分录:

借:银行存款 　　　　　　　　　　　　　　　　　　　　60 000 000
　　贷:股本 　　　　　　　　　　　　　　　　　　　　　15 000 000
　　　　资本公积——股本溢价 　　　　　　　　　　　　　　　45 000 000

(二)接受非现金资产投资

1.接受投入固定资产

　　企业接受投资者作价投入的房屋、建筑物、机器设备等固定资产,应按投资合同或协议约定价值确定固定资产价值(但投资合同或协议约定价值不公允的除外)和在注册资本中应享有的份额。根据合同或协议约定的价值,借记"固定资产"科目,根据可以抵扣的增值税,借记"应交税费——应交增值税(进项税额)",贷记"实收资本"科目。

　　【例10-3】　宇辰有限责任公司于设立时收到乙公司作为资本投入的不需要安装的机器设备一台,合同约定该机器设备的价值为2 000 000元,增值税进项税额为340 000元。合同约定的固定资产价值与公允价值相符,不考虑其他因素,根据有关资产评估报告及实物转移凭证等,宇辰有限责任公司应编制会计分录如下:

借:固定资产 　　　　　　　　　　　　　　　　　　　　2 000 000
　　应交税费——应交增值税(进项税额) 　　　　　　　　　340 000
　　贷:实收资本——甲公司 　　　　　　　　　　　　　　　2 340 000

2.接受投入存货

　　企业接受投资者作价投入的材料物资,应按投资合同或协议约定价值确定材料物资价值(但投资合同或协议约定价值不公允的除外)和在注册资本中应享有的份额。根据合同或协议约定的价值,借记"原材料""库存商品"科目,根据可以抵扣的增值税,借记"应交税费——应交增值税(进项税额)",贷记"实收资本"科目。

【例10-4】　宇辰有限责任公司于设立时收到 B 公司作为投入资本的原材料一批,该批原材料投资合同或协议约定价值(不含可抵扣的增值税进项税额部分)为 100 000 元,增值税进项税额为 17 000 元。B 公司已开具了增值税专用发票。假设合同约定的价值与公允价值相符,该进项税额允许抵扣,不考虑其他因素,宇辰有限责任公司在进行会计处理时,应编制会计分录如下:

借:原材料　　　　　　　　　　　　　　　　　　　　　　　100 000
　　应交税费——应交增值税(进项税额)　　　　　　　　　　 17 000
　　贷:实收资本——B 公司　　　　　　　　　　　　　　　　　　 117 000

3.接受投入无形资产

企业收到以无形资产方式投入的资本,应按投资合同或协议约定价值确定无形资产价值(但投资合同或协议约定价值不公允的除外)和在注册资本中应享有的份额。根据合同或协议约定的价值,借记"无形资产"科目,根据可以抵扣的增值税,借记"应交税费——应交增值税(进项税额)",贷记"实收资本"科目。

【例10-5】　宇辰有限责任公司于设立时收到 A 公司作为资本投入的专利权一项,该专利权投资合同约定价值为 300 000 元。假设宇辰有限责任公司接受该专利符合国家注册资本管理的有关规定,可按合同约定作实收资本入账,合同约定的价值与公允价值相符,不考虑其他因素。宇辰公司在进行会计处理时,应编制如下会计分录:

借:无形资产　　　　　　　　　　　　　　　　　　　　　　 300 000
　　贷:实收资本——A 公司　　　　　　　　　　　　　　　　　　 300 000

《中华人民共和国公司法》当前对企业设立出资有何具体规定？大学生创业设立公司有何优惠政策？

(三)实收资本(或股本)的增减变动

一般情况下,企业的实收资本应相对固定不变,但在某些特定情况下,实收资本也可能发生增减变化。《中华人民共和国企业法人登记管理条例》及其实施细则规定,除国家另有规定外,企业的注册资金应当与实收资本相一致,当实收资本比原注册资金增加或减少的幅度超过20%时,应持资金信用证明或者验资证明,向原登记主管机关申请变更登记。如擅自改变注册资本或抽逃资金,要受到工商行政管理部门的处罚。

1.实收资本(或股本)的增加

一般企业增加资本主要有三个途径:接受投资者追加投资、资本公积转增资本和盈余公积转增资本。资本公积转增资本和盈余公积转增资本的核算见本单元任务三和任务四。

【例10-6】　甲、乙、丙三人共同投资设立 A 有限责任公司,原注册资本为 4 000 000 元,甲、乙、丙分别出资 500 000 元、2 000 000 元和 1 500 000 元。为扩大经营规模,经批准,A 公司注册资本扩大为 5 000 000 元,甲、乙、丙按照原出资比例分别追加投资 125 000 元、500 000 元和 375 000 元。A 公司如期收到甲、乙、丙追加的现金投资。A 公司会计分录如下:

借:银行存款　　　　　　　　　　　　　　　　　　　　　 1 000 000

　　　　贷：实收资本——甲　　　　　　　　　　　　　　　　　　　　　　125 000

　　　　　　　　——乙　　　　　　　　　　　　　　　　　　　　　　　500 000

　　　　　　　　——丙　　　　　　　　　　　　　　　　　　　　　　　375 000

　　2. 实收资本（或股本）的减少

　　企业减少实收资本应按法定程序报经有关部门批准。

　　股份有限公司采用收购本公司股票方式减资的，按股票面值和注销股数计算的股票面值总额冲减股本，按注销库存股的账面余额与所冲减股本的差额冲减股本溢价，股本溢价不足冲减的，再冲减盈余公积直至未分配利润。如果购回股票支付的价值低于面值总额的，所注销库存股的账面余额与所冲减股本的差额作为增加股本溢价处理。

　　【例 10-7】 A 公司 2016 年 12 月 31 日的股本为 1 000 万股，面值为 1 元，资本公积（股本溢价）300 万元，盈余公积 400 万元。经股东大会批准，A 公司以现金回购本公司股票 200 万股并注销。假定 A 公司按每股 2 元回购股票，不考虑其他因素，A 公司的会计处理如下：

　　（1）回购本公司股票时：

　　借：库存股　　　　　　　　　　　　　　　　　　　　　　　　　　4 000 000

　　　　贷：银行存款　　　　　　　　　　　　　　　　　　　　　　　　　4 000 000

　　库存股成本＝2 000 000×2＝4 000 000（元）

　　（2）注销本公司股票时：

　　借：股本　　　　　　　　　　　　　　　　　　　　　　　　　　　2 000 000

　　　　资本公积——股本溢价　　　　　　　　　　　　　　　　　　　2 000 000

　　　　贷：库存股　　　　　　　　　　　　　　　　　　　　　　　　　4 000 000

　　应冲减的资本公积＝2 000 000×2－2 000 000×1＝2 000 000（元）

　　【例 10-8】 承例 10-7，假定 A 公司按每股 3 元回购股票，其他条件不变，A 公司的会计处理如下：

　　（1）回购本公司股份时：

　　借：库存股　　　　　　　　　　　　　　　　　　　　　　　　　　6 000 000

　　　　贷：银行存款　　　　　　　　　　　　　　　　　　　　　　　　　6 000 000

　　库存股成本＝2 000 000×3＝6 000 000（元）

　　（2）注销本公司股份时：

　　借：股本　　　　　　　　　　　　　　　　　　　　　　　　　　　2 000 000

　　　　资本公积——股本溢价　　　　　　　　　　　　　　　　　　　3 000 000

　　　　盈余公积　　　　　　　　　　　　　　　　　　　　　　　　　1 000 000

　　　　贷：库存股　　　　　　　　　　　　　　　　　　　　　　　　　6 000 000

　　应冲减的资本公积＝2 000 000×3－2 000 000×1＝4 000 000（元）

　　由于应冲减的资本公积大于现有的资本公积，所以只能冲减资本公积 3 000 000 元，剩余的 1 000 000 元应冲减盈余公积。

　　【例 10-9】 承例 10-7，假定 A 公司按每股 0.9 元回购股票，其他条件不变，A 公司的会计处理如下：

（1）回购本公司股票时：

借：库存股　　　　　　　　　　　　　　　　　　　　　　1 800 000

　　贷：银行存款　　　　　　　　　　　　　　　　　　　　　　1 800 000

库存股成本＝2 000 000×0.9＝1 800 000（元）

（2）注销本公司股票时：

借：股本　　　　　　　　　　　　　　　　　　　　　　　2 000 000

　　贷：库存股　　　　　　　　　　　　　　　　　　　　　　1 800 000

　　　　资本公积——股本溢价　　　　　　　　　　　　　　　　200 000

应增加的资本公积＝2 000 000×1－2 000 000×0.9＝200 000（元）

由于折价回购，股本与库存股成本的差额 200 000 元应作为增加资本公积处理。

❓企业接受投资者的出资，何种情况下会产生资本公积？

【任务实施】

借：银行存款　　　　　　　　　　　　　　　　　　　　　30 000 000

　　固定资产——厂房　　　　　　　　　　　　　　　　　10 000 000

　　　　　　　——机器　　　　　　　　　　　　　　　　　 8 000 000

　　原材料　　　　　　　　　　　　　　　　　　　　　　 2 000 000

　　贷：实收资本——A 公司　　　　　　　　　　　　　　　　20 000 000

　　　　　　　　　——B 公司　　　　　　　　　　　　　　　　10 000 000

　　　　　　　　　——C 公司　　　　　　　　　　　　　　　　10 000 000

　　　　　　　　　——D 公司　　　　　　　　　　　　　　　　10 000 000

任务三　核算资本公积

1110-3

【任务布置】

　　宇辰有限责任公司经营过程中扩大经营规模，吸收新股东 E 公司加入公司，E 公司投入人民币 1 000 万元，同时投入机器设备一台，作价 200 万元，双方协议为 E 公司以其 1 000 万元为基数计算其在公司中应享受的权益，机器设备对应的 200 万元计入资本公积，由全体股东共同享有。经过两年经营，公司决定继续增加公司注册资本，将公司的资本公积 600 万元转增资本，各股东按持股比例计算应享有的份额。

　　请问：上述业务的会计分录如何编制？

【知识准备】

　　资本公积是指由投资者或其他人（或单位）投入，所有权归属于投资者，但不构成实收资本的那部分资产。资本公积包括资本溢价（或股本溢价）和直接计入所有者权益的利得和损失等。

　　形成资本溢价（或股本溢价）的原因有投资者超额缴入资本、溢价发行股票等。

直接计入所有者权益的利得和损失是指不应计入当期损益、会导致所有者权益发生增减变动的、与所有者投入资本或者向所有者分配利润无关的利得或者损失,如企业的长期股权投资采用权益法核算时,因被投资单位除净损益、其他综合收益以外所有者权益的其他变动,投资企业按应享有份额而增加或减少的资本公积。

资本公积属于资本范畴,与企业的利润无关。《中华人民共和国公司法》规定,资本公积主要用来转增资本(或股本),从而更好地反映投资者的权益。资本公积由全体股东享有。资本公积在转增资本时,按各个股东在实收资本中所占的投资比例计算的金额,分别转增各个股东的投资金额。

一、账户设置

为了核算企业资本公积的增减变动情况,应设置"资本公积"账户。该账户属于所有者权益类科目,贷方反映资本公积的增加数,借方反映资本公积的减少数,期末贷方余额表示企业实有的资本公积金数额。该账户分别设置"资本溢价(股本溢价)""其他资本公积"明细科目,进行明细核算。

二、资本公积的账务处理

(一)资本溢价(或股本溢价)

1. 资本溢价

除股份有限公司外的其他类型的企业,在企业新设时,投资者认缴的出资额与注册资本一致,一般不会产生资本溢价。但在企业重组或有新的投资者加入时,常常会出现资本溢价。因为在企业进行正常生产经营后,其资本利润率通常要高于企业初创阶段,另外,企业有内部积累,新投资者加入企业后,对这些积累也要分享,所以新加入的投资者往往要付出大于原投资者的出资额,才能取得与原投资者相同的出资比例,投资者多缴的部分就形成了资本溢价。

【例 10-10】　A 有限责任公司由甲、乙两位股东各投资 50 万元人民币设立,设立时的实收资本为 100 万元。一年后,为扩大经营规模,经批准,A 公司注册资本增加到 150 万元,并吸引丙股东加入。按照投资协议,丙需要缴入现金 60 万元,仅占到 A 公司股份的三分之一。A 公司已收到该现金投资。假定不考虑其他因素,A 公司的会计分录如下:

```
借:银行存款                                    600 000
    贷:实收资本——丙                                    500 000
        资本公积——资本溢价                               100 000
```

本例中,A 公司收到丙的现金投资 600 000 元中,500 000 元属于丙在注册资本中所享有的份额,应记入"实收资本"科目,100 000 元属于资本溢价,应记入"资本公积——资本溢价"科目。

2. 股本溢价

股份有限公司是以发行股票的方式筹集股本的,股票可按面值发行,也可按溢价发行,我国目前不准折价发行。与其他类型的企业不同,股份有限公司在成立时可能会溢价发行股票,因而在成立之初,就可能会产生股本溢价。股本溢价的数额等于股份有限公司发行股票时实际收到的数额超过股票面值总额的部分。

　　在按面值发行股票的情况下，企业发行股票取得的收入，应全部作为股本处理；在溢价发行股票的情况下，企业发行股票取得的收入，相当于股票面值部分作为股本处理，超出股票面值的溢价收入应作为股本溢价处理。

　　需要注意的是，发行股票相关的手续费、佣金等交易费用，如果是溢价发行股票的，应从溢价中抵扣，冲减资本公积（股本溢价）；无溢价发行股票或溢价金额不足以抵扣的，应将不足抵扣的部分冲减盈余公积和未分配利润。

　　【例 10-11】　B 股份有限公司首次公开发行了普通股 5 000 万股，每股面值 1 元，每股发行价格为 4 元。B 公司以银行存款支付发行手续费、咨询费等费用共计 600 万元。假定发行收入已全部收到，发行费用已全部支付，不考虑其他因素，B 公司的会计处理如下：

　　（1）收到发行收入时：

借：银行存款　　　　　　　　　　　　　　　　　　　　　　　　　　　200 000 000

　　贷：股本　　　　　　　　　　　　　　　　　　　　　　　　　　　　　50 000 000

　　　　资本公积——股本溢价　　　　　　　　　　　　　　　　　　　　150 000 000

应增加的资本公积＝50 000 000×（4－1）＝150 000 000（元）

　　（2）支付发行费用时：

借：资本公积——股本溢价　　　　　　　　　　　　　　　　　　　　　　6 000 000

　　贷：银行存款　　　　　　　　　　　　　　　　　　　　　　　　　　　6 000 000

或（1）与（2）合并成以下会计分录：

借：银行存款　　　　　　　　　　　　　　　　　　　　　　　　　　　194 000 000

　　贷：股本　　　　　　　　　　　　　　　　　　　　　　　　　　　　　50 000 000

　　　　资本公积——股本溢价　　　　　　　　　　　　　　　　　　　　144 000 000

　　（二）其他资本公积

　　其他资本公积是指除资本溢价（或股本溢价）项目以外所形成的资本公积，其中主要是直接计入所有者权益的利得和损失。以因被投资单位所有者权益的其他变动产生的利得或损失为例，介绍相关的其他资本公积的核算。

　　长期股权投资采用权益法核算时，在持股比例不变的情况下，被投资单位除净损益、其他综合收益以外的所有者权益变动，投资企业按持股比例计算应享有的份额，借记或贷记"长期股权投资——其他权益变动"科目，贷记或借记"资本公积——其他资本公积"科目；在处置长期股权投资时，应转销与该笔投资相关的其他资本公积，借记或贷记"资本公积——其他资本公积"科目，贷记或借记"投资收益"科目。

　　【例 10-12】　A 有限责任公司于 2017 年 1 月 1 日向 B 公司投资 500 万元，拥有该公司 25％的股份，并对该公司有重大影响，因而对 B 公司长期期权投资采用权益法核算。2017 年 12 月 31 日，B 公司净损益之外的所有者权益增加了 100 万元。假定除此以外，B 公司的所有者权益没有变化，A 有限责任公司的持股比例没有变化，B 公司资产的账面价值与公允价值一致，不考虑其他因素。A 有限责任公司的会计分录如下：

借：长期股权投资——B 公司　　　　　　　　　　　　　　　　　　　　　250 000

　　贷：资本公积——其他资本公积　　　　　　　　　　　　　　　　　　　250 000

　　A 有限责任公司增加的资本公积＝1 000 000×25％＝250 000（元）

（三）资本公积转增资本

经股东大会或类似机构决议，用资本公积转增资本时，应冲减资本公积，同时按照转增前的实收资本（或股权）的结构或比例，将转增的金额记入"实收资本"（或"股本"）科目下各所有者的明细科目。

【例10-13】　甲、乙、丙三人共同投资设立A有限责任公司，原注册资本为4 000 000元，甲、乙、丙分别出资500 000元、2 000 000元和1 500 000元。因扩大经营规模需要，经批准，A公司按原出资比例将资本公积1 000 000元转增资本。A公司会计分录如下：

```
借:资本公积                                    1 000 000
    贷:实收资本——甲                                 125 000
              ——乙                                 500 000
              ——丙                                 375 000
```

❓资本公积转增资本会不会导致企业所有者权益增加？

【任务实施】

1.接受新股东E公司投资

```
借:银行存款                                   10 000 000
    固定资产                                    2 000 000
    贷:实收资本——E                               10 000 000
        资本公积——资本溢价                          2 000 000
```

2.资本公积转增资本

```
借:资本公积                                    6 000 000
    贷:实收资本——A公司                            2 000 000
              ——B公司                            1 000 000
              ——C公司                            1 000 000
              ——D公司                            1 000 000
              ——E公司                            1 000 000
```

任务四　核算留存收益

【任务布置】

宇辰有限责任公司每个年度经营后获得的利润按以下顺序进行分配，提取法定盈余公积，向股东分配利润。公司扩大规模时还用盈余公积转增资本，当利润不足时，用盈余公积发放股利。

请描述公司结转利润、提取盈余公积、分配股利等有关留存收益核算的典型业务分录。

【知识准备】

留存收益是指企业从历年实现的利润中提取或形成的留存于企业的内部积累。它是从企业经营所得的净利润中积累而形成的,也属于所有者权益,但不同于实收资本和资本公积,其区别在于:实收资本和资本公积来源于企业的资本投入,而留存收益则来源于企业资本增值。留存收益主要包括盈余公积和未分配利润两部分。

一、盈余公积

盈余公积是指企业按规定从净利润中提取的企业积累资金,它属于具有特定用途的留存收益。公司制企业的盈余公积包括法定盈余公积和任意盈余公积两部分。

(1)法定盈余公积。按照《中华人民共和国公司法》有关规定,企业应当按照净利润(减弥补以前年度亏损,下同)的 10% 提取法定盈余公积,法定盈余公积累计额达注册资本的 50% 时可以不再提取。计算提取法定盈余公积的基数仅是当年实现的净利润,不应包括年初未分配利润。

(2)任意盈余公积。公司制企业可根据股东大会的决议提取任意盈余公积(非公司制企业经类似权力机构批准提取)。任意盈余公积的提取比例由企业自行确定,国家有关法规不作强制规定。

企业提取的盈余公积经批准可用于弥补亏损、转增资本、派发现金股利(或利润)等。

(一)账户设置

为了核算企业盈余公积的提取和使用情况,应设置"盈余公积"账户。该账户属于所有者权益类账户,贷方反映盈余公积的提取数,借方反映盈余公积的使用数,期末贷方余额表示企业实有的盈余公积数额。本科目分别设置"法定盈余公积""任意盈余公积"明细科目进行明细核算。

(二)盈余公积的账务处理

1.提取盈余公积

【例 10-14】 宇辰有限责任公司本年实现净利为 5 000 000 元,年初未分配利润为 0 元。经股东大会批准,宇辰有限责任公司按当年净利润的 10% 提取法定盈余公积。假定不考虑其他因素,该公司的会计分录如下:

借:利润分配——提取法定盈余公积   500 000
  贷:盈余公积——法定盈余公积   500 000
本年提取盈余公积金数额＝5 000 000×10%＝500 000(元)

2.弥补亏损

【例 10-15】 经股东大会批准,宇辰有限责任公司用以前年度提取的盈余公积弥补当年亏损,当年弥补亏损的数额为 600 000 元。假定不考虑其他因素,宇辰有限责任公司的会计分录如下:

借:盈余公积   600 000
  贷:利润分配——盈余公积补亏   600 000

3.转增资本(股本)

【例 10-16】 因扩大经营规模需要,经股东大会批准,宇辰有限责任公司将盈余公积

400 000元转增股本。假定不考虑其他因素,宇辰有限责任公司的会计分录如下:

借:盈余公积　　　　　　　　　　　　　　　　　　　　　　　　　400 000
　　贷:股本　　　　　　　　　　　　　　　　　　　　　　　　　　　400 000

❓**企业用盈余公积转增资本或发放股利时,我国有关法律有何限制性规定?**

4.派发现金股利(或利润)

【例10-17】　经股东大会批准,宇辰有限责任公司共需要分配 1 500 000 元现金股利,其中动用可供投资者分配的利润 1 000 000 元、以前年度提取的法定盈余公积 500 000 元。假定不考虑其他因素,宇辰有限责任公司会计处理如下:

①宣告分配股利时:

借:利润分配——应付现金股利　　　　　　　　　　　　　　　1 000 000
　　盈余公积　　　　　　　　　　　　　　　　　　　　　　　　　500 000
　　贷:应付股利　　　　　　　　　　　　　　　　　　　　　　　1 500 000

②支付股利时:

借:应付股利　　　　　　　　　　　　　　　　　　　　　　　　1 500 000
　　贷:银行存款　　　　　　　　　　　　　　　　　　　　　　　1 500 000

❓**企业用盈余公积弥补亏损或转增资本,是否会导致企业所有者权益的减少?**

二、未分配利润

未分配利润是指企业实现的净利润经过弥补亏损、提取盈余公积和向投资者分配利润后留存在企业的、历年结存的利润。

(一)账户设置

企业应设置"利润分配"账户,核算企业利润的分配(或亏损的弥补)和历年分配(或弥补)后的未分配利润(未弥补亏损)。该账户应分别"提取法定盈余公积""提取任意盈余公积""应付现金股利或利润""盈余公积补亏""未分配利润"等进行明细核算。企业未分配利润通过"利润分配——未分配利润"明细科目进行核算。

(二)未分配利润的账务处理

年度终了,一方面,企业应将全年实现的净利润或发生的净亏损,自"本年利润"科目转入"利润分配——未分配利润"科目;另一方面,将"利润分配"科目所属其他明细科目的余额转入"未分配利润"明细科目。结转后,"利润分配——未分配利润"科目如为贷方余额,表示累积未分配的利润数额;如为借方余额,则表示累积未弥补的亏损数额。

未分配利润的账务处理如图 10-1 所示。

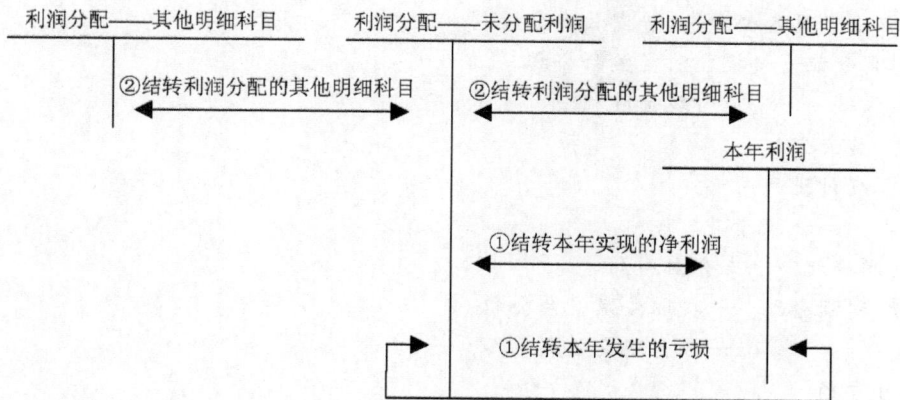

图 10-1　未分配利润的账务处理

【例 10-18】　宇辰有限责任公司年初未分配利润为 0,本年实现净利润 1 000 000 元,本年提取法定盈余公积 100 000 元,宣告发放现金股利 200 000 元。假定不考虑其他因素,宇辰有限责任公司会计处理如下:

(1)结转全年实现的净利润时:

借:本年利润　　　　　　　　　　　　　　　　　　　　　　　　　　1 000 000

　　贷:利润分配——未分配利润　　　　　　　　　　　　　　　　　　　　1 000 000

【提示】如果企业当年发生亏损,则应借记"利润分配——未分配利润"科目,贷记"本年利润"科目。

(2)提取法定盈余公积、宣告发放现金股利:

借:利润分配——提取法定盈余公积　　　　　　　　　　　　　　　100 000

　　　　　　——应付现金股利　　　　　　　　　　　　　　　　　200 000

　　贷:盈余公积　　　　　　　　　　　　　　　　　　　　　　　　　100 000

　　　应付股利　　　　　　　　　　　　　　　　　　　　　　　　　200 000

同时,

借:利润分配——未分配利润　　　　　　　　　　　　　　　　　　300 000

　　贷:利润分配——提取法定盈余公积　　　　　　　　　　　　　　　　100 000

　　　　　　——应付现金股利　　　　　　　　　　　　　　　　　　200 000

结转后,"利润分配——未分配利润"明细科目的余额在贷方,此贷方余额 700 000 元(本年利润 1 000 000-提取法定盈余公积 100 000-应付现金股利 200 000)即为宇辰有限责任公司本年年末的累计未分配利润。

❓企业本年度获得了 1 000 万元的净利润,能否表示企业有充足的现金? 为什么?

【任务实施】

留存收益核算典型业务会计分录

1.结转全年实现的净利润

借:本年利润

　　贷:利润分配——未分配利润

2.提取法定盈余公积、宣告发放现金股利

借:利润分配——提取法定盈余公积

　　　　——应付现金股利

　　贷:盈余公积

　　　　应付股利

同时,

借:利润分配——未分配利润

　　贷:利润分配——提取法定盈余公积

　　　　　　——应付现金股利

3.弥补亏损

借:盈余公积

　　贷:利润分配——盈余公积补亏

4.转增资本(股本)

借:盈余公积

　　贷:股本

单元小结

●所有者权益是指资产扣除负债后由所有者应享的剩余权益。

●所有者权益的三个来源:所有者投入的资本;直接计入所有者权益的利得和损失;留存收益。

●所有者权益包括的四项内容:实收资本(或股本)、资本公积(含资本溢价或股本溢价、其他资本公积)、盈余公积和未分配利润。

●所有者权益会计核算涉及的会计科目:实收资本、资本公积、盈余公积、本年利润、利润分配、库存股。

●所有者权益核算相关业务,主要包括投入资本的核算、资本公积转增资本的核算、提取盈余公积的核算、盈余公积的使用、未分配利润的计算等。

复习思考题

习题参考答案

单元 11　核算收入

知识目标

● 了解收入的概念;熟悉收入的特征及分类。

● 熟悉销售商品收入的确认条件与计量原理;掌握一般销售商品收入的账务处理方法;掌握销售商品涉及商业折扣、现金折扣、销售折让的账务处理方法;掌握销售退回、委托代销商品、预收款方式销售商品等特殊销售商品业务的账务处理方法;掌握销售材料等存货的账务处理方法。

● 了解提供劳务收入的概念及分类;熟悉完工百分比法的核算原理;掌握提供劳务交易结果能够可靠估计和不能可靠估计的账务处理原则及账务处理方法。

● 了解让渡资产使用权收入的概念;熟悉让渡资产使用权收入的确认与计量;掌握让渡资产使用权的使用费收入的账务处理方法。

能力目标

● 会设置销售商品、提供劳务和让渡资产使用权收入的核算账户。

● 会运用收入的确认条件,计量销售商品、提供劳务和让渡资产使用权收入。

● 能够进行一般销售商品业务,涉及商业折扣、现金折扣、销售折让的销售商品业务,特殊销售商品业务的账务处理。

● 能正确运用完工百分比法进行账务处理。

● 能够进行提供劳务交易结果能够可靠估计和不能可靠估计的账务处理。

● 能够进行让渡资产使用权业务的账务处理。

单元描述

某高职会计专业三年级学生王涛到宇辰有限责任公司应聘收入会计岗位,财务经理对其进行面试。提出了如下问题:收入包括哪些种类? 收入的确认标准是什么? 什么是商业折扣,销售方应该如何进行账务处理? 什么是现金折扣,销售方应该如何进行账务处理? 销售折让和销售退回如何进行账务处理? 什么是完工百分比法? 提供劳务收入如何进行确认和计量? 让渡资产使用权收入如何进行账务处理? 上述系列问题是一名负责收入核算的合格会计必须能够解决的。

> **岗位职责:**
>
> 各项收入是企业经营的成果,是企业典型业务,企业一般对收入的核算均专设销售会计岗位。与收入核算业务相关的岗位职责包括:
>
> 1.配合财务经理和销售部门进行年度销售预算编制。

2.参与合同评审,并形成相关统计报表交财务经理。

3.依照收入事项,进行正确的分类分级核算。审核出库单及对应生成的销售发票,根据销售发票、出库单进行"审核"过账,确认销售收入,进行账务处理。

4.每天凭出纳收款单和销售单,核对销售已收应收款,发现问题及时处理。

5.审核退货申请单、入库单,认真复核销售发票及红字发票,并及时制单及登记账簿。

6.根据公司销售制度,确定销售折让。

7.统计当日销售订单执行及回款情况统计表。具体项目包括:本日订单笔数、已发货订单笔数、本日回款金额笔数及总额。

8.每月定期汇总、编报商品销售情况统计报表,包括销售合同号、合同价、供应数量及金额、已开票及已作销售处理等内容,应按地区、部门、产品等多角度分类统计各项数据。

9.定期核对销售往来账,不允许逾期挂账,及时清欠处理。

如果企业规模不大,业务不多,销售会计岗位还可负责应收款项和税务业务的核算与管理。

任务一　核算销售商品收入

【任务布置】

宇辰有限责任公司生产的商品销售时主要存在以下情况:赊销商品、现款现货销售或是收到商业汇票。为了加速货款的回收,公司提供了现金折扣政策,绝大多数客户享受了现金折扣。公司对成批量购买的客户,给予5%的商业折扣。公司对一些新研发的产品给予客户一定的退货期,退货期内客户可以无条件退货,公司无法预计退货的可能性,退货期内确实有客户退货。

请描述上述业务核算的典型会计分录。

【知识准备】

收入是指企业在日常活动中形成的,会导致所有者权益增加的、与所有者投入资本无关的经济利益的总流入。按企业从事日常活动性质,可将收入划分销售商品收入、提供劳务收入和让渡资产使用权收入。按企业经营业务的主次,可将收入分为主营业务收入和其他业务收入。

一、销售商品收入的确认条件

销售商品收入同时满足下列五个条件,才能予以确认。

1.企业已将商品所有权上的主要风险和报酬转移给购货方

(1)通常情况下,所有权上风险和报酬的转移伴随着所有权凭证的转移或实物的交付而转移,如大多数零售交易。

(2)某些情况下,转移商品所有权凭证但未交付实物,商品所有权上的主要风险和报酬随之转移,企业只保留商品所有权上的次要风险和报酬,如交款提货方式销售商品。

(3)某些情况下,转移商品所有权凭证或交付实物后,商品所有权上的主要风险和报酬并未随之转移。

①企业销售的商品在质量、品种、规格等方面不符合合同规定的要求,又未根据正当的保证条款予以弥补,因而仍负有责任。

②销售商品的收入是否能够实现取决于购买方是否已将商品销售出去。如采用支付手续费方式委托代销商品等。

③企业尚未完成售出商品的安装或检验工作,且此项安装或检验工作是销售合同或协议的重要组成部分,如需要安装或检验的电梯销售等。如果安装程序比较简单或检验是为了最终确定合同或协议价格而必须进行的程序,企业可以在发出商品时确认收入。

④销售合同或协议中规定了买方由于特定原因有权退货的条款,且企业又不能确定退货的可能性,企业应在退货期期满时确认商品销售收入。

2.企业既没有保留通常与所有权相联系的继续管理权,也没有对已售出的商品实施有效控制

如果商品售出后,企业仍保留与所有权相联系的继续管理权,则说明此项销售交易没有完成,销售不能成立,不应确认销售商品收入。同样,如果商品售出后,企业仍对商品可以实施有效控制,也说明销售不能成立,企业不应确认销售商品收入。如果企业仅保留与所有权无关的继续管理权,如房地产公司销售商品房时保留的物业管理权,不影响收入的确认。

3.收入的金额能够可靠地计量

收入的金额能够可靠地计量,是指收入的金额能够合理地估计。但某些情况下,合同或协议明确规定销售商品需要延期收取价款,如分期收款销售商品,实质上具有融资性质的,应当按照应收的合同或协议价款的公允价值确定销售商品收入金额;已收或应收的价款不公允的,企业应按公允的交易价格确定收入金额。

4.相关的经济利益很可能流入企业

"很可能"是指销售商品价款收回的可能性超过50%。如果估计价款收回的可能性不大,即使收入确认的其他条件均已满足,也不应当确认收入。

5.相关的已发生或将发生的成本能够可靠地计量

如果销售商品相关的已发生或将发生的成本不能合理地估计,此时企业不应确认收入,已收到的价款应确认为负债。

？企业销售应税劳务,请思考税法上确认收入的时间。

相关链接——税法上关于收入的确认

> (1)采取直接收款方式销售货物,不论货物是否发出,均为收到销售额或取得索取销售额的凭据,并将提货单交给买方的当天确认收入。
>
> (2)采取托收承付和委托收款方式销售货物,为发出货物并办妥托收手续的当天确认收入。

（3）采取赊销和分期收款方式的货物，为书面合同约定的收款日期的当天；无书面合同或者书面合同没有约定收款日期的，为发出货物的当天确认收入。

（4）采取预收货款方式销售货物，为货物发出的当天确认收入。

（5）纳税人发生视同销售行为，为货物移送的当天。

二、销售商品收入的核算

（一）账户设置

为了总括反映企业销售商品的收支情况，企业应主要设置以下账户：

（1）"主营业务收入"账户。用来核算企业销售商品和提供劳务发生的收入，企业发生的销售退回、销售折让都作为冲减销售商品收入处理。该账户的贷方登记出售商品、自制半成品、提供劳务等取得的收入，借方登记发生销售退回、销售折让时冲减的主营业务收入以及期末转入"本年利润"账户的主营业务收入，结转后该账户应无余额。该账户应按商品或劳务种类进行明细核算。

（2）"主营业务成本"账户。用来核算企业销售商品和提供劳务等日常活动中的主要业务交易所发生的实际成本。该账户的借方登记本期结转的销售商品、提供劳务的实际成本，贷方登记发生销售退回冲减的主营业务成本以及期末转入"本年利润"账户的主营业务成本，结转后该账户应无余额。该账户应按商品或劳务种类进行明细核算。

（3）"税金及附加"账户。主要用来核算企业销售商品、销售材料、提供劳务等日常营业活动中的业务交易所负担的销售税金及附加，包括消费税、城市维护建设税、资源税和教育费附加等。该账户的借方登记按照规定计算出的企业日常营业活动应负担的销售税金及附加，贷方反映期末转入"本年利润"账户的税金及附加，结转后该账户应无余额。

（二）销售商品收入的账务处理

1.一般销售商品收入的账务处理

确认销售商品收入时，企业应按已收或应收的合同或协议价款，加上应收取的增值税额，借记"银行存款""应收账款""应收票据"等科目，按确定的收入金额，贷记"主营业务收入""其他业务收入"等科目，按应收取的增值税额，贷记"应交税费——应交增值税（销项税额）"科目。

企业销售商品、提供劳务，通常在月份终了，编制"商品发出汇总表"，汇总结转已销商品、已提供劳务的实际成本，按结转的实际成本，借记"主营业务成本"科目，贷记"库存商品""发出商品"等科目。

企业销售商品、提供劳务，按税法规定计算应交纳的消费税、资源税、城市维护建设税和教育费附加等税费金额，借记"税金及附加"科目，贷记"应交税费"科目。

【例11-1】　宇辰有限责任公司向乙公司销售一批产品，开出的增值税专用发票上注明的销售价格为100 000元，增值税税额为17 000元，产品已经发出，款项尚未收到。该批产品成本为80 000元。乙公司已将该批产品验收入库。假定不考虑其他因素。宇辰有限责任公司的账务处理如下：

借:应收账款 117 000
　　贷:主营业务收入 100 000
　　　应交税费——应交增值税（销项税额） 17 000
借:主营业务成本 80 000
　　贷:库存商品 80 000

？企业销售商品,商品已经发出但不符合销售收入确认条件时应如何处理?

2.已经发出但不符合销售商品收入确认条件的商品的处理

如果企业售出商品不符合销售商品收入确认的五项条件,不应确认收入。为了单独反映已经发出但尚未确认销售收入的商品成本,企业应增设"发出商品"科目。"发出商品"科目核算一般销售方式下,已经发出但尚未确认销售收入的商品成本。

这里应注意的一个问题是,尽管发出的商品不符合收入确认条件,但如果销售该商品的纳税义务已经发生,比如已经开出增值税专用发票,则应确认应交的增值税销项税额。借记"应收账款"等科目,贷记"应交税费——应交增值税(销项税额)"科目。如果纳税义务没有发生,则不需进行上述处理。

【例11-2】 宇辰有限责任公司在2016年5月2日向乙公司销售一批商品,开出的增值税专用发票上注明的销售价格为200 000元,增值税税额为34 000元,款项尚未收到;该批商品成本为120 000元。宇辰有限责任公司在销售时已知乙公司资金周转发生困难(不满足相关的经济利益很可能流入企业),但为了减少存货积压,同时也为了维持与乙公司长期建立的商业关系,宇辰有限责任公司仍将商品发往乙公司且办妥托收手续,假定宇辰有限责任公司销售该批商品的增值税纳税义务已经发生。

宇辰有限责任公司的相关账务处理如下:

(1)2016年5月2日发出商品时:

借:发出商品 120 000
　　贷:库存商品 120 000

因纳税义务已经发生,应将增值税专用发票上注明的增值税转入应收账款:

借:应收账款 34 000
　　贷:应交税费——应交增值税(销项税额) 34 000

(注:如果销售该商品的增值税纳税义务尚未发生,则不做这笔分录,等纳税义务发生时再做应交增值税的分录。)

(2)2016年6月10日,宇辰有限责任公司得知乙公司经营情况逐渐好转,乙公司承诺近期付款时:

借:应收账款 200 000
　　贷:主营业务收入 200 000
借:主营业务成本 120 000
　　贷:发出商品 120 000

(3)2016年6月20日收到款项时:

借:银行存款 234 000
　　贷:应收账款 234 000

3.商业折扣、现金折扣、销售折让的账务处理

企业销售商品有时会遇到现金折扣、商业折扣、销售折让等问题,应当分别不同情况进行处理。

(1)商业折扣。

商业折扣是指企业为促进商品销售而在商品标价上给予的价格扣除。商业折扣是企业最常用的促销方式之一,就是通常所说的打折销售。企业为了扩大销售、占领市场,对于批发商往往给予商业折扣,采用销量越多、价格越低的促销策略,也就是我们通常所说的"薄利多销",如购买5件,销售价格折扣10%;购买10件,折扣20%等。其特点是折扣在实现销售的同时发生。商业报价扣除商业折扣以后的实际成交价格才是应收账款的入账价值,商业折扣对会计核算不产生任何影响。企业销售商品涉及商业折扣的,应当按照扣除商业折扣后的金额确定销售商品收入金额。

❓企业销售商品时提供商业折扣(打折销售),税法上有何规定?请查阅国家税务总局《关于确认企业所得税收入若干问题的通知》(国税函〔2008〕875号)有关规定。

(2)现金折扣。

现金折扣又称销售折扣,是指债权人为鼓励债务人在规定的期限内付款而向债务人提供的债务扣除。

现金折扣的表示方式为:2/10,1/20,n/30(即10天内付款,货款折扣2%;20天内付款,货款折扣1%;30天内全额付款)。现金折扣发生在销货之后,是一种融资性质的理财费用,因此销售折扣不得从销售额中减除。例如,A公司向B公司出售商品30 000元,付款条件为2/10,n/60,如果B公司在10日内付款,只须付29 400元,如果在60天内付款,则须付全额30 000元。

企业销售商品涉及现金折扣的,应当按照扣除现金折扣前的金额确定销售商品收入金额。现金折扣实际上是企业为了尽快回笼资金而发生的理财费用,应在实际发生时计入当期财务费用。

❓企业销售商品时提供现金折扣政策,计算现金折扣的基数是什么?

【例11-3】　宇辰有限责任公司在2016年8月1日销售一批商品1 000件给甲公司,增值税专用发票注明售价300 000元,增值税税额51 000元。企业为了及早收回货款,在合同中规定符合现金折扣的条件为:2/10,1/20,n/30,假定计算现金折扣时不考虑增值税。

(1)8月1日销售实现时,应按总售价做收入:

借:应收账款——甲公司	351 000
贷:主营业务收入	300 000
应交税费——应交增值税(销项税额)	51 000

(2)如果8月1日甲公司付清货款,则按售价300 000的2%享受现金折扣6 000元(300 000×2%),实际付款345 000元(351 000−6 000)。会计分录如下:

借:银行存款	345 000
财务费用	6 000
贷:应收账款——甲公司	351 000

(3)如果8月18日甲公司付清货款,则应享受的现金折扣为3 000元,实付货款348 000元。会计分录如下:

借:银行存款　　　　　　　　　　　　　　　　　　　　　348 000
　财务费用　　　　　　　　　　　　　　　　　　　　　　 3 000
　　贷:应收账款——甲公司　　　　　　　　　　　　　　　　　　351 000

(4)如果甲公司在8月底付款,则应全额付款。会计分录如下:

借:银行存款　　　　　　　　　　　　　　　　　　　　　351 000
　　贷:应收账款——甲公司　　　　　　　　　　　　　　　　　　351 000

(3)销售折让。

销售折让是指企业因售出商品的质量不合格等原因而在售价上给予的减让。企业将商品销售给买方后,如买方发现商品在质量、规格等方面不符合要求,可能要求卖方在价格上给予一定的减让。

销售折让如发生在确认销售收入之前,则应在确认销售收入时直接按扣除销售折让后的金额确认;已确认销售收入的售出商品发生销售折让,且不属于资产负债表日后事项的,应在发生时冲减当期销售商品收入,如按规定允许扣减增值税额的,还应冲减已确认的应交增值税销项税额。

【例11-4】　甲公司销售一批商品给乙公司,开出的增值税专用发票上注明的售价为100 000元,增值税税额为17 000元。该批商品的成本为70 000元。货到后乙公司发现商品质量不合格,要求在价格上给予5%的折让。乙公司提出的销售折让要求符合原合同的约定,甲公司同意并办妥了相关手续,开具了增值税专用发票(红字)。假定此前甲公司已确认该批商品的销售收入,销售款项尚未收到,发生的销售折让允许扣减当期增值税销项税额。甲公司会计处理如下:

(1)销售实现时:

借:应收账款　　　　　　　　　　　　　　　　　　　　117 000
　　贷:主营业务收入　　　　　　　　　　　　　　　　　　　　100 000
　　　　应交税费——应交增值税(销项税额)　　　　　　　　　 17 000
借:主营业务成本　　　　　　　　　　　　　　　　　　 70 000
　　贷:库存商品　　　　　　　　　　　　　　　　　　　　　　 70 000

(2)发生销售折让时:

借:主营业务收入　　　　　　　　　　　5 000(100 000×5%)
　　应交税费——应交增值税(销项税额)　　850
　　贷:应收账款　　　　　　　　　　　　　　　　　　　　　 5 850

(3)实际收到款项时:

借:银行存款　　　　　　　　　　　　　　　　　　　　111 150
　　贷:应收账款　　　　　　　　　　　　　　　　　　　　　111 150

本例中,假定发生销售折让前,因该项销售在货款回收上存在不确定性,甲公司未确认该批商品的销售收入,纳税义务也未发生;发生销售折让后2个月,乙公司承诺近期付款。则甲公司会计处理如下:

（1）发出商品时：

借：发出商品 70 000

贷：库存商品 70 000

（2）乙公司承诺付款,甲公司确认销售收入时：

借：应收账款 111 150

贷：主营业务收入 95 000（100 000－100 000×5%）

应交税费——应交增值税（销项税额） 16 150

借：主营业务成本 70 000

贷：发出商品 70 000

（3）实际收到款项时：

借：银行存款 111 150

贷：应收账款 111 150

商业折扣、现金折扣和销售折让的对比如表 11-1 所示。

表 11-1　商业折扣、现金折扣和销售折让对比表

业　务	原　　因	账务处理
商业折扣	为促进商品销售给予的价格扣除	直接从单价中扣除,按照扣除商业折扣后的金额确定销售商品收入金额
现金折扣	为鼓励债务人在规定期限内付款而向债务人提供的债务扣除	收款时： 借：银行存款 　财务费用 　贷：应收账款 注：现金折扣不影响收入金额的确认,因为它实际上是为了尽快回笼资金而发生的理财费用,所以应该记入财务费用
销售折让	由于商品的品种、质量等不符合合同规定而给予购买方价格上的额外折让	发生销售折让时： 借：主营业务收入 　应交税费——应交增值税（销项税额） 　贷：应收账款 注：1.销售折让不冲减主营业务成本,因为并未退回货物,区别于销售退回 2.销售折让允许冲减增值税销项税额

4.销售退回的账务处理

销售退回,是指企业售出的商品,由于质量、品种不符合要求等原因而发生的退货。

销售退回应当根据不同情况进行账务处理：一是尚未确认销售商品收入的售出商品发生销售退回的,应将已计入"发出商品"科目的商品成本转回"库存商品"科目；二是已经确认收入后又发生销售退回的,不论是当年销售的,还是以前年度销售的,均应冲减退回当月的销售收入,同时冲减退回当月的销售成本。

已确认收入的销售折让、销售退回属于资产负债表日后事项的,应当按照有关资产负债表日后事项的相关规定进行会计处理。

❓什么是资产负债表日后事项？资产负债表日后事项的账务处理原则是什么？

【例 11-5】　宇辰有限责任公司在 2016 年 12 月 18 日向乙公司销售一批商品，开出的增值税专用发票上注明的销售价款为 50 000 元，增值税税额为 8 500 元。该批商品成本为 26 000元。为及早收回货款，宇辰有限责任公司和乙公司约定的现金折扣条件为：2/10,1/20,n/30。乙公司在 2016 年 12 月 27 日支付货款。2017 年 4 月 5 日，该批商品因质量问题被乙公司退回，宇辰有限责任公司当日支付有关款项。假定计算现金折扣时不考虑增值税，销售退回不属于资产负债表日后事项。宇辰有限责任公司的账务处理如下：

(1)销售实现时：

借：应收账款　　　　　　　　　　　　　　　　　　　　　　　　　58 500
　　贷：主营业务收入　　　　　　　　　　　　　　　　　　　　　　　　50 000
　　　　应交税费——应交增值税（销项税额）　　　　　　　　　　　　　8 500
借：主营业务成本　　　　　　　　　　　　　　　　　　　　　　　　26 000
　　贷：库存商品　　　　　　　　　　　　　　　　　　　　　　　　　26 000

(2)在 2016 年 12 月 27 日收到货款时，按销售总价 50 000 元的 2%享受现金折扣 1 000(50 000×2%)元，实际收款 57 500(58 500−1 000)元：

借：银行存款　　　　　　　　　　　　　　　　　　　　　　　　　57 500
　　财务费用　　　　　　　　　　　　　　　　　　　　　　　　　　1 000
　　贷：应收账款　　　　　　　　　　　　　　　　　　　　　　　　58 500

(3)2017 年 4 月 5 日发生销售退回时：

借：主营业务收入　　　　　　　　　　　　　　　　　　　　　　　50 000
　　应交税费——应交增值税（销项税额）　　　　　　　　　　　　　　8 500
　　贷：银行存款　　　　　　　　　　　　　　　　　　　　　　　　57 500
　　　　财务费用　　　　　　　　　　　　　　　　　　　　　　　　　1 000
借：库存商品　　　　　　　　　　　　　　　　　　　　　　　　　26 000
　　贷：主营业务成本　　　　　　　　　　　　　　　　　　　　　　26 000

5.委托代销商品的处理

企业代销商品主要有两种方式：视同买断方式和收取手续费方式。

视同买断方式，是指由委托方和受托方签订协议，委托方按协议价收取受托方代销商品的货款，实际售价可由受托方自定，实际售价与协议价之间的差额归受托方所有的销售方式。在这种销售方式下，委托方在交付商品后，根据收入确认条件判断何时确认收入。

收取手续费方式，是指受托方根据所代销的商品数量向委托方收取手续费的销售方式。对于受托方来说，收取的手续费实际上是一种劳务收入。在这种方式下，委托方发出商品时，商品所有权上的主要风险和报酬并未转移给受托方。因此，委托方在发出商品时通常不应确认销售商品收入，而应在收到受托方开出的代销清单时确认销售商品收入，支付的手续费作为销售费用；受托方应在商品销售后，按合同或协议约定的方法计算确定手续费收入。

受托方可通过"受托代销商品"、"受托代销商品款"或"应付账款"等科目，对受托代销商品进行核算。确认代销手续费收入时，借记"受托代销商品款"科目，贷记"其他业务收入"等科目。

【**例 11-6**】 宇辰有限责任公司委托丙公司销售商品 200 件,商品已经发出,每件成本为 60 元。合同约定丙公司应按每件 100 元对外销售,宇辰有限责任公司按不含增值税的售价的 10％向丙公司支付手续费。丙公司对外实际销售 100 件,开出的增值税专用发票上注明的销售价款为 10 000 元,增值税税额为 1 700 元,款项已经收到。宇辰有限责任公司收到丙公司开具的代销清单时,向丙公司开具一张相同金额的增值税专用发票。假定宇辰有限责任公司发出商品时纳税义务尚未发生,不考虑其他因素。

(1)委托方(宇辰有限责任公司)的账务处理如下:

①发出商品时:

借:委托代销商品		12 000
贷:库存商品		12 000

②收到代销清单时:

借:应收账款		11 700
贷:主营业务收入		10 000
应交税费——应交增值税(销项税额)		1 700
借:销售费用		1 000
贷:应收账款		1 000

代销手续费金额＝10 000×10％＝1 000(元)

借:主营业务成本		6 000
贷:委托代销商品		6 000

③收到丙公司支付的货款时:

借:银行存款		10 700
贷:应收账款		10 700

(2)受托方(丙公司)的账务处理如下:

①收到商品时:

借:受托代销商品		20 000
贷:受托代销商品款		20 000

②对外销售时:

借:银行存款		11 700
贷:受托代销商品		10 000
应交税费——应交增值税(销项税额)		1 700

③收到增值税专用发票时:

借:应交税费——应交增值税(进项税额)		1 700
贷:应付账款		1 700
借:受托代销商品款		10 000
贷:应付账款		10 000

④支付货款并计算代销手续费时:

借:应付账款		11 700
贷:银行存款		10 700
其他业务收入		1 000

6.预收货款销售商品的处理

预收货款销售商品是指购买方在商品尚未收到前按合同或协议约定分期付款,销售方在收到最后一笔款项时才交付商品给购货方的销售方式。

企业采用预收货款方式销售商品,预收的货款应先确认为负债,在发出商品时才能确认收入。

【例 11-7】 宇辰有限责任公司与乙公司签订协议,采用预收款方式向乙公司销售一批商品。该批商品的实际成本为 600 000 元。协议约定,该批商品销售价格为 800 000 元,增值税税额为 136 000 元;乙公司应在协议签订时预付 60% 的货款(按销售价格计算),剩余款项于 2 个月后支付。宇辰有限责任公司应编制如下会计分录:

①收到 60% 货款时:

借:银行存款   480 000

 贷:预收账款   480 000

②收到剩余货款及增值税税款并交付商品时:

借:预收账款   936 000

 贷:主营业务收入   800 000

  应交税费——应交增值税(销项税额) 136 000

借:银行存款   456 000

 贷:预收账款   456 000

同时:

借:主营业务成本   600 000

 贷:库存商品   600 000

7.销售材料等存货的账务处理

企业在日常活动中还可能发生对外销售不需用的原材料、随同商品对外销售单独计价的包装物等业务,其收入的确认和计量原则可以比照商品销售。

企业销售原材料、包装物等存货实现的收入作为其他业务收入处理,结转的相关成本作为其他业务成本处理。企业销售原材料、包装物等存货实现的收入以及结转的相关成本,通过"其他业务收入""其他业务成本"账户核算。

"其他业务收入"账户核算企业除主营业务活动以外的其他经营活动实现的收入,包括销售材料、出租包装物和商品、出租固定资产、出租无形资产等实现的收入。该账户贷方登记企业实现的各项其他业务收入,借方登记期末转入"本年利润"账户的其他业务收入,结转后该账户应无余额。本账户应按其他业务收入的项目进行明细核算。

"其他业务成本"账户核算除主营业务活动以外的其他经营活动所产生的成本,包括销售材料的成本、出租固定资产的折旧额、出租无形资产的摊销额、出租包装物的成本或摊销额。该账户借方登记企业结转或发生的其他业务成本,贷方登记期末结转入"本年利润"账户的其他业务成本,结转后该账户应无余额。该账户应按其他业务成本的项目进行明细核算。

【例 11-8】 宇辰有限责任公司销售一批原材料,开出的增值税专用发票上注明的售价为 10 000 元,增值税税额为 1 700 元,款项已由银行收妥。该批原材料的实际成本为 9 000 元。宇辰有限责任公司应编制如下会计分录:

取得原材料销售收入时：

借：银行存款　　　　　　　　　　　　　　　　　　　　　　　11 700
　　贷：其他业务收入　　　　　　　　　　　　　　　　　　　　　　10 000
　　　　应交税费——应交增值税（销项税额）　　　　　　　　　　　 1 700

结转已售原材料的实际成本：

借：其他业务成本　　　　　　　　　　　　　　　　　　　　　　9 000
　　贷：原材料　　　　　　　　　　　　　　　　　　　　　　　　　 9000

【任务实施】

一般销售商品收入核算典型业务会计分录

1.确认销售商品收入

借：应收账款/应收票据/银行存款
　　贷：主营业务收入/其他业务收入
　　　　应交税费——应交增值税（销项税额）

2.结转成本

借：主营业务成本/其他业务成本
　　贷：库存商品/原材料

3.收到货款发生现金折扣

现金折扣额＝销售总价×现金折扣率　　实际收款＝应收账款－现金折扣

借：银行存款
　　财务费用
　　贷：应收账款

4.发生销售退回

借：主营业务收入
　　应交税费——应交增值税（销项税额）
　　贷：银行存款
　　　　财务费用

借：库存商品
　　贷：主营业务成本

5.确认营业税费

借：税金及附加
　　贷：应交税费——应交消费税
　　　　　　　　——应交城市维护建设税
　　　　　　　　——应交教育费附加

6.已经发出但不符合销售收入确认条件的商品的处理

(1)发出商品时：

借：发出商品
　　贷：库存商品

已发生纳税义务,则将增值税专用发票上注明的增值税额转入应收账款：

借:应收账款

　　贷:应交税费——应交增值税(销项税额)

(2)承诺付款时:

借:应收账款

　　贷:主营业务收入

借:主营业务成本

　　贷:发出商品

(3)收到款项时:

借:银行存款

　　贷:应收账款

任务二　核算劳务收入

【任务布置】

宇辰有限责任公司下设多个从事家政、安装、运输、物业管理的分公司。各分公司提供的劳务有的属于短期劳务,当天或几天即可完成,有的劳务需要跨月完成,有的劳务需要跨年度完成。在提供劳务过程中会出现客户无法付款的情形。

请描述上述业务核算的典型会计分录。

【知识准备】

企业提供劳务的种类很多,如旅游、运输(包括交通运输、民航运输等)、饮食、广告、理发、照相、洗染、咨询、代理、培训、产品安装、物业管理等。提供劳务的内容不同,完成劳务的时间也不等,有的劳务一次就能完成,且一般均为现金交易,如饮食、理发、照相等;有的劳务需要花较长一段时间才能完成,如安装、旅游、培训、远洋运输等。

企业提供劳务收入的确认原则因劳务完成时间的不同而不同。

一、在同一会计期间内开始并完成的劳务

对于一次就能完成的劳务,或在同一会计期间内开始并完成的劳务,应在提供劳务交易完成时确认收入,确认的金额通常为从接受劳务方已收或应收的合同或协议价款,确认原则可参照销售商品收入的确认原则。

企业对外提供劳务,如属于企业的主营业务,所实现的收入应作为主营业务收入处理,结转的相关成本应作为主营业务成本处理;如属于主营业务以外的其他经营活动,所实现的收入应作为其他业务收入处理,结转的相关成本应作为其他业务成本处理。企业对外提供劳务发生的支出一般先通过"劳务成本"科目予以归集,待确认为费用时,再由"劳务成本"科目转入"主营业务成本"或"其他业务成本"科目。

对于一次就能完成的劳务,企业应在提供劳务完成时确认收入及相关成本。对于持续一段时间但在同一会计期间内开始并完成的劳务,企业应在为提供劳务发生相关支出时确认劳

务成本,劳务完成时再确认劳务收入,并结转相关劳务成本。

【例 11-9】　甲公司于 2017 年 3 月 10 日接受一项设备安装任务,该安装任务可一次完成,合同总价款为 9 000 元,实际发生安装成本 5 000 元。假定安装业务属于甲公司的主营业务。甲公司应在安装完成时作如下会计分录:

```
借:应收账款(或银行存款)                              9 000
    贷:主营业务收入                                        9 000
借:主营业务成本                                      5 000
    贷:银行存款等                                          5 000
```

若上述安装任务需花费一段时间(不超过本会计期间)才能完成,则应在为提供劳务发生有关支出时:

```
借:劳务成本
    贷:银行存款等
```

(注:以上分录未写明金额,主要是由于实际发生成本 5 000 元是个总计数,而每笔归集劳务成本的分录金额不同,下同。)

待安装完成确认所提供劳务的收入并结转该项劳务总成本时:

```
借:应收账款(或银行存款)                              9 000
    贷:主营业务收入                                        9 000
借:主营业务成本                                      5 000
    贷:劳务成本                                            5 000
```

二、劳务的开始和完成分属不同的会计期间

(一)提供劳务交易结果能够可靠估计

如果劳务的开始和完成分属不同的会计期间,且企业在资产负债表日提供劳务交易的结果能够可靠估计的,应采用完工百分比法确认提供劳务收入。

同时满足下列条件的,提供劳务交易的结果能够可靠估计:

(1)收入的金额能够可靠地计量。收入的金额能够可靠地计量,是指提供劳务收入的总额能够合理地估计。通常情况下,企业应当按照从接受劳务方已收或应收的合同或协议价款确定提供劳务收入总额。随着劳务的不断提供,可能会根据实际情况增加或减少已收或应收的合同或协议价款,此时,企业应及时调整提供劳务收入总额。

(2)相关的经济利益很可能流入企业。相关的经济利益很可能流入企业,是指提供劳务收入总额收回的可能性大于不能收回的可能性。企业在确定提供劳务收入总额能否收回时,应当结合接受劳务方的信誉、以前的经验以及双方就结算方式和期限达成的合同或协议条款等因素,综合进行判断。通常情况下,企业提供的劳务符合合同或协议要求,接受劳务方承诺付款,就表明提供劳务收入总额收回的可能性大于不能收回的可能性。

(3)交易的完工进度能够可靠地确定。企业可以根据提供劳务的特点,选用下列方法确定提供劳务交易的完工进度:

①已完工作的测量,这是一种比较专业的测量方法,由专业测量师对已经提供的劳务进行测量,并按一定方法计算确定提供劳务交易的完工程度。

②已经提供的劳务占应提供劳务总量的比例,这种方法主要以劳务量为标准确定提供劳

务交易的完工程度。

　　③已经发生的成本占估计总成本的比例,这种方法主要以成本为标准确定提供劳务交易的完工程度。只有反映已提供劳务的成本才能包括在已经发生的成本中,只有反映已提供或将提供劳务的成本才能包括在估计总成本中。

　　(4)交易中已发生和将发生的成本能够可靠地计量。交易中已发生和将发生的成本能够可靠地计量,是指交易中已经发生和将要发生的成本能够合理地估计。企业应当建立完善的内部成本核算制度和有效的内部财务预算及报告制度,准确地提供每期发生的成本,并对完成剩余劳务将要发生的成本作出科学、合理的估计。同时应随着劳务的不断提供或外部情况的不断变化,随时对将要发生的成本进行修订。

　　完工百分比法是采用完工百分比计算收入和成本的方法。

　　企业应当按照从接受劳务方已收或应收的合同或协议价款确定提供劳务收入总额,但已收或应收的合同或协议价款不公允的除外。

　　企业应当在资产负债表日按照提供劳务收入总额乘以完工进度扣除以前会计期间累计已确认提供劳务收入后的金额,确认当期提供劳务收入;同时,按照提供劳务估计总成本乘以完工进度扣除以前会计期间累计已确认劳务成本后的金额,结转当期劳务成本。

　　在采用完工百分比法确认收入时,收入和相关成本应按以下公式计算:

　　本期确认的收入＝提供劳务收入总额×完工进度－以前会计期间累计已确认的提供劳务收入

　　本期确认的成本＝提供劳务预计成本总额×完工进度－以前会计期间累计已确认提供劳务成本

　　【例 11-10】　某软件开发企业(适用增值税税率为 17%)于 2016 年 10 月 5 日为客户定制一项软件,工期大约 5 个月,合同总收入 4 680 000 元(含税),至 2016 年 12 月 31 日已发生成本 2 200 000 元(不考虑进项税额),预收账款 2 925 000 元。预计开发完整个软件还将发生成本 800 000 元。2016 年 12 月 31 日经专业测量师测量,软件的开发程度为 60%。

　　2016 年确认收入＝劳务总收入×劳务的完成程度－以前年度已确认的收入

　　　　　　　　　＝4 000 000×60%－0

　　　　　　　　　＝2 400 000(元)

　　2016 年确认成本＝劳务总成本×劳务的完成程度－以前年度已确认的成本

　　　　　　　　　＝(2 200 000＋800 000)×60%－0

　　　　　　　　　＝1 800 000(元)

该企业应做如下会计分录:

(1)实际发生劳务成本:

借:劳务成本　　　　　　　　　　　　　　　　　　　　　　　2 200 000

　　贷:银行存款　　　　　　　　　　　　　　　　　　　　　　　　2 200 000

(2)预收劳务款:

借:银行存款　　　　　　　　　　　　　　　　　　　　　　　2 925 000

　　贷:预收账款　　　　　　　　　　　　　　　　　　　　　　　　2 925 000

(3)确认劳务收入:

借:预收账款　　　　　　　　　　　　　　　　　　　　　　　2 808 000

　　贷:主营业务收入　　　　　　　　　　　　　　　　　　　　　　2 400 000

　　　　应交税费——应交增值税(销项税额)　　　　　　　　　　　　408 000

（4）结转劳务成本：

借：主营业务成本 1 800 000

　　贷：劳务成本 1 800 000

发生的成本为 2 200 000 元，扣除已结转的成本 1 800 000 元，余额 400 000 元应并入年度资产负债表"存货"项目内反映。

（二）提供劳务交易结果不能可靠估计

如劳务的开始和完成分属不同的会计期间，且企业在资产负债表日提供劳务交易结果不能可靠估计的，即不能同时满足上述四个条件的，不能采用完工百分比法确认提供劳务收入。此时，企业应当正确预计已经发生的劳务成本能否得到补偿，分别以下列情况处理：

（1）已经发生的劳务成本预计能够得到补偿的，按照已经发生的劳务成本金额确认提供劳务收入，并按相同金额结转劳务成本。

（2）已经发生的劳务成本预计不能够得到补偿的，应当将已经发生的劳务成本计入当期损益，不确认提供劳务收入。

【例 11-11】　宇辰有限责任公司于 2016 年 9 月 20 日接受丙公司委托，为其培训一批学员，培训期为 6 个月，2017 年 1 月份开学。协议约定，丙公司应向宇辰有限责任公司支付的培训费总额为 120 000 元，分三次等额支付，第一次在开学时预付，第二次在 2017 年 3 月 1 日支付，第三次在培训结束时支付。

2017 年 1 月，丙公司预付第一次培训费。至 2017 年 2 月末，宇辰有限责任公司发生培训成本 30 000 元（假定均为培训人员薪酬）。2017 年 3 月 1 日，宇辰有限责任公司得知丙公司经营发生困难，后两次培训费能否收回难以确定。假定不考虑增值税等相关税费。

宇辰有限责任公司的账务处理如下：

（1）2017 年 1 月收到丙公司预付的培训费：

借：银行存款 40 000

　　贷：预收账款 40 000

（2）实际发生培训支出：

借：劳务成本 30 000

　　贷：应付职工薪酬 30 000

（3）2017 年 2 月 28 日确认劳务收入并结转劳务成本：

借：预收账款 30 000

　　贷：主营业务收入 30 000

借：主营业务成本 30 000

　　贷：劳务成本 30 000

【任务实施】

提供劳务收入核算的典型业务会计分录

1. 提供劳务交易结果能够可靠估计的账务处理

（1）实际发生劳务成本：

借：劳务成本

　　贷：银行存款

（2）预收劳务款：

借：银行存款

　　贷：预收账款

（3）确认劳务收入：

借：预收账款

　　贷：主营业务收入

　　　　应交税费——应交增值税（销项税额）

（4）结转劳务成本：

借：主营业务成本

　　贷：劳务成本

2.提供劳务交易结果不能可靠估计的账务处理

（1）预收款项时：

借：银行存款

　　贷：预收账款

（2）发生的成本：

借：劳务成本

　　贷：应付职工薪酬（银行存款等）

（3）确认本期劳务收入：

借：预收账款

　　贷：主营业务收入

　　　　应交税费——应交增值税（销项税额）

（4）结转劳务成本：

借：主营业务成本

　　贷：劳务成本

任务三　核算让渡资产使用权收入

【任务布置】

宇辰有限责任公司有几项专利技术，为了获取更多的经济利益，公司采用加盟连锁的方式许可加盟商使用专利技术进行生产经营，按年收取加盟商的专利使用费。公司还将闲置不用的设备进行短期出租收取租金。

请描述上述业务核算的典型会计分录。

【知识准备】

让渡资产使用权收入包括以下两部分内容：一是利息收入，即他人使用本企业现金而收取的利息收入；二是使用费收入，即他人使用本企业的无形资产（如商标权、专利权、专营权、软件、版权）等而形成的使用费收入。出租固定资产取得的租金、进行债权投资收取的利息、进行股权投资取得的现金股利等也构成让渡资产使用权收入。这里主要介绍让渡资产使用权的使用费收入的核算。

一、让渡资产使用权收入的确认和计量

让渡资产使用权的使用费收入同时满足下列条件的,才能予以确认:

1. 相关的经济利益很可能流入企业

企业在确定让渡资产使用权的使用费收入金额是否很可能收回时,应当根据对方企业的信誉和生产经营情况、双方就结算方式和期限等达成的合同或协议条款等因素,综合进行判断。如果企业估计使用费收入金额收回的可能性不大,就不应确认收入。

2. 收入的金额能够可靠地计量

让渡资产使用权的使用费收入金额,应按照有关合同或协议约定的收费时间和方法计算确定。不同的使用费收入,收费时间和方法各不相同。有一次性收取一笔固定金额的,如一次收取 10 年的场地使用费;有在合同或协议规定的有效期内分期等额收取的,如合同或协议规定在使用期内每期收取一笔固定的金额;也有分期不等额收取的,如合同或协议规定按资产使用方每期销售额的百分比收取使用费等。

如果合同或协议规定一次性收取使用费,且不提供后续服务的,应当视同销售该项资产一次性确认收入;提供后续服务的,应在合同或协议规定的有效期内分期确认收入。如果合同或协议规定分期收取使用费的,应按合同或协议规定的收款时间和金额或规定的收费方法计算确定的金额分期确认收入。

二、让渡资产使用权收入的账务处理

企业让渡资产使用权的使用费收入,一般作为其他业务收入处理;让渡资产所计提的摊销额等,一般作为其他业务成本处理。

企业确认让渡资产使用权的使用费收入时,按确定的收入金额,借记"银行存款""应收账款"等账户,贷记"其他业务收入"账户。企业对所让渡资产计提的摊销额以及所发生的与让渡资产有关的支出等,借记"其他业务成本"账户,贷记"累计摊销"等账户。

【例 11-12】　宇辰有限责任公司于 2016 年 1 月 1 日向丙公司转让某专利权的使用权,协议约定转让期为 5 年,每年年末收取使用费 200 000 元。2016 年该专利权计提的摊销额为 120 000 元,每月计提金额为 10 000 元。假定不考虑其他因素和相关税费,宇辰有限责任公司应编制如下会计分录:

(1)2016 年年末确认使用费收入:

借:银行存款　　　　　　　　　　　　　　　　　　　　　　　　200 000

　　贷:其他业务收入　　　　　　　　　　　　　　　　　　　　　　　200 000

(2)2016 年每月计提专利权摊销额:

借:其他业务成本　　　　　　　　　　　　　　　　　　　　　　　10 000

　　贷:累计摊销　　　　　　　　　　　　　　　　　　　　　　　　　10 000

【例 11-13】　甲公司向丁公司转让某商品的商标使用权,约定丁公司每年年末按年销售收入的 10% 支付使用费,使用期 10 年。第一年,丁公司实现销售收入 1 200 000 元;第二年,

丁公司实现销售收入 1 800 000 元。假定甲公司均于每年年末收到使用费。假定不考虑其他
因素和相关税费,甲公司确认使用费收入的会计处理如下:

(1)第一年年末确认使用费收入:

应确认的使用费收入＝1 200 000×10％＝120 000(元)

借:银行存款　　　　　　　　　　　　　　　　　　　　　　120 000

　　贷:其他业务收入　　　　　　　　　　　　　　　　　　　　　120 000

(2)第二年年末确认使用费收入:

应确认的使用费收入＝1 800 000×10％＝180 000(元)

借:银行存款　　　　　　　　　　　　　　　　　　　　　　180 000

　　贷:其他业务收入　　　　　　　　　　　　　　　　　　　　　180 000

【任务实施】

让渡资产使用权收入核算的典型业务会计分录

1.出租固定资产的账务处理

(1)收到租金:

借:银行存款

　　贷:其他业务收入

　　　　应交税费——应交增值税(销项税)

(2)收到押金:

借:银行存款

　　贷:其他应付款

(3)计提折旧:

借:其他业务成本

　　贷:累计折旧

2.转让无形资产使用权(是否交纳增值税视具体情况而定)

(1)收到使用费:

借:银行存款

　　贷:其他业务收入

　　　　应交税费——应交增值税(销项税)

(2)摊销:

借:其他业务成本

　　贷:累计摊销

单元小结

●收入是指企业在日常活动中形成的,会导致所有者权益增加的、与所有者投入资本无关
的经济利益的总流入。

●按企业从事日常活动性质,可将收入划分销售商品收入、提供劳务收入和让渡资产使用
权收入。按企业经营业务的主次,可将收入分为主营业务收入和其他业务收入。

●销售商品收入同时满足五个条件，才能予以确认。已经发出但不符合销售商品收入确认条件的不应确认收入。

●商业折扣对会计核算不产生任何影响。

●企业销售商品涉及现金折扣的，应当按照扣除现金折扣前的金额确定销售商品收入金额。现金折扣应在实际发生时计入当期财务费用。

●销售折让如发生在确认销售收入之前，则应在确认销售收入时直接按扣除销售折让后的金额确认；已确认销售收入的售出商品发生销售折让，且不属于资产负债表日后事项的，应在发生时冲减当期销售商品收入。

●销售退回应当根据不同情况进行账务处理：一是尚未确认销售商品收入的售出商品发生销售退回的，应将已计入"发出商品"科目的商品成本转回"库存商品"科目；二是已经确认收入后又发生销售退回的，应冲减退回当月的销售收入，同时冲减退回当月的销售成本。

●收取手续费方式，是指受托方根据所代销的商品数量向委托方收取手续费的销售方式。委托方在发出商品时通常不应确认销售商品收入，而应在收到受托方开出的代销清单时确认销售商品收入，支付的手续费作为销售费用；受托方应在商品销售后，按合同或协议约定的方法计算确定手续费收入。

●企业采用预收货款方式销售商品，预收的货款应先确认为负债，在发出商品时才能确认收入。

●企业销售原材料、包装物等存货实现的收入作为其他业务收入处理，结转的相关成本作为其他业务成本处理。

●对于在同一会计期间内开始并完成的劳务，应在提供劳务交易完成时确认收入，在提供劳务完成时确认收入及相关成本。

●劳务的开始和完成分属不同的会计期间，且企业在资产负债表日提供劳务交易的结果能够可靠估计的，应采用完工百分比法确认提供劳务收入。

●让渡资产使用权的使用费收入金额，应按照有关合同或协议约定的收费时间和方法计算确定。

延伸阅读1：《企业会计准则第14号——收入》

延伸阅读2：《企业会计准则第15号——建造合同》

复习思考题

习题参考答案

单元 12　核算费用

知识目标

●熟悉税金及附加核算的税种,掌握营业成本、税金及附加的账务处理方法。

●了解期间费用的构成;熟悉期间费用区分原理;熟悉管理费用核算的税种;掌握期间费用的账务处理方法。

能力目标

●会计算税金及附加;

●能够正确区分管理费用、销售费用和财务费用;

●能够进行营业成本、税金及附加、期间费用的账务处理。

单元描述

大中型企业一般都专设费用会计岗位。创造利润的措施是开源节流,开源是增加收入,节流是控制成本费用,因此,可以说成本费用是企业利润的第二源。费用按照经济用途可以分为计入产品成本的成本费用和直接计入当期损益的期间费用两类。成本费用包括主营业务成本、其他业务成本、税金及附加和期间费用等。期间费用包括销售费用、管理费用和财务费用等。企业产品的成本在销售后最终体现在哪些账户中?企业经营过程中的哪些税费计入税金及附加账户?期间费用包含哪些内容?区分的原则是什么?

若想成为一名合格的费用会计,我们必须熟悉税金及附加核算的税种,掌握营业成本、税金及附加的账务处理方法。了解期间费用的构成;熟悉期间费用区分原理;熟悉管理费用核算的税种;掌握期间费用的账务处理方法。

岗位职责:

企业经营必然会发生各种费用,有关费用业务的核算和管理是费用会计岗位的职责。与费用会计岗位相关的基本职责包括:

1.会同有关部门制定管理费用和销售费用的管理与核算办法;

2.负责公司期间费用的核算工作,登记管理费用、销售费用等明细账,编制费用报表;

3.对员工费用报销的发票、凭据的合法性、准确性、真实性进行审核;

4.每月统计各项费用报表,进行综合分析,提出合理化建议。

上述仅列示的是与期间费用有关的职责,一般税金及附加业务的核算由税务会计负责,生产成本的核算可由费用会计负责或专设成本会计岗位。

任务一　核算营业成本和税金及附加

112-1

【任务布置】

宇辰有限责任公司销售业务对应的产品成本均在月末采用月末一次加权平均法进行结转,并按本期交纳的增值税和消费税计提城建税和教育费附加。

请描述上述业务处理的典型会计分录。

【知识准备】

一、核算营业成本

营业成本是指企业为生产产品、提供劳务等发生的可归属于产品成本、劳务成本等的费用,应当在确认销售商品收入、提供劳务收入等时,将已销售商品、已提供劳务的成本等计入当期损益。营业成本包括主营业务成本和其他业务成本。

(一)主营业务成本

主营业务成本是指企业销售商品、提供劳务等经常性活动所发生的成本。企业一般在确认销售商品、提供劳务等主营业务收入时,或在月末将已销售商品、已提供劳务的成本转入主营业务成本。企业应当设置"主营业务成本"账户,按主营业务的种类进行明细核算,用于核算企业因销售商品、提供劳务或让渡资产使用权等日常活动而发生的实际成本,借记该科目,贷记"库存商品""劳务成本"等科目。期末,将主营业务成本账户的余额转入"本年利润"账户,借记"本年利润",贷记该科目,结转后该账户无余额。

【例12-1】 2016年4月15日宇辰有限责任公司向乙公司销售一批产品,开出的增值税专用发票上注明售价为100 000元,增值税税额为17 000元;宇辰有限责任公司已收到乙公司支付的货款117 000元,并将提货单送交乙公司;该批产品成本为80 000元。甲公司应编制如下会计分录:

(1)销售实现时:

借:银行存款　　　　　　　　　　　　　　　　　117 000
　　贷:主营业务收入　　　　　　　　　　　　　　100 000
　　　　应交税费——应交增值税(销项税额)　　　17 000
借:主营业务成本　　　　　　　　　　　　　　　80 000
　　贷:库存商品　　　　　　　　　　　　　　　　80 000

(2)期末结转损益时:

借:主营业务收入　　　　　　　　　　　　　　　100 000
　　贷:本年利润　　　　　　　　　　　　　　　　100 000
借:本年利润　　　　　　　　　　　　　　　　　80 000
　　贷:主营业务成本　　　　　　　　　　　　　　80 000

【例12-2】 宇辰有限责任公司2016年1月末计算已销售的甲、乙、丙三种产品的实际成本,分别为 10 000 元、20 000 元和 25 000 元。该公司月末结转已销甲、乙、丙产品成本时,应编制如下会计分录:

```
借:主营业务成本                                    55 000
    贷:库存商品——甲产品                               10 000
           ——乙产品                               20 000
           ——丙产品                               25 000
```

(二)其他业务成本

其他业务成本是指企业除主营业务活动以外的其他经营活动所发生的成本。其他业务成本的结转与企业其他业务收入的内容要相匹配,比如,工业企业的其他业务收入主要包括对外销售材料、对外出租包装物、对外出租商品或固定资产、对外转让无形资产使用权等实现的收入,其他业务成本则是发生这些业务收入时所消耗的成本,具体包括销售材料的成本、出租固定资产的折旧额、出租无形资产的摊销额、出租包装物的成本或摊销额等。

企业应当设置"其他业务成本"账户,核算企业确认的除主营业务活动以外的其他经营活动所发生的支出。企业发生的其他业务成本,借记该科目,贷记"原材料""周转材料""累计折旧""累计摊销"等科目。该科目按其他业务成本的种类进行明细核算。期末,该账户余额转入"本年利润"账户,借记"本年利润",贷记该科目,结转后该账户无余额。

? 采用成本模式计量的投资性房地产计提的折旧在哪个账户核算?

【例 12-3】 2016 年 8 月 2 日,宇辰有限责任公司销售一批原材料,开具的增值税专用发票上注明的售价为 20 000 元,增值税税额为 3 400 元,款项已由银行收妥。该批原材料的实际成本为 13 000 元。甲公司应编制如下会计分录:

(1)销售实现时:

```
借:银行存款                                       23 400
    贷:其他业务收入                                   20 000
       应交税费——应交增值税(销项税额)                      3 400
借:其他业务成本                                    13 000
    贷:原材料                                       13 000
```

(2)期末结转损益时:

```
借:其他业务收入                                    20 000
    贷:本年利润                                      20 000
借:本年利润                                       13 000
    贷:其他业务成本                                   13 000
```

【例 12-4】 2016 年 9 月 1 日,宇辰有限责任公司将自行开发完成的专利权出租给另一家公司,该专利技术成本为 120 000 元,双方约定的租赁期限为 10 年,宇辰有限责任公司每月应摊销 1 000(120 000÷10÷12)元。宇辰有限责任公司应编制如下会计分录:

(1)每月摊销时:

```
借:其他业务成本                                     1 000
    贷:累计摊销                                        1 000
```

（2）期末结转损益时：

借：本年利润　　　　　　　　　　　　　　　　　　　　　　　　　　1 000

　　贷：其他业务成本　　　　　　　　　　　　　　　　　　　　　　　　　　1 000

二、核算税金及附加

税金及附加是指企业经营活动应负担的相关税费，主要包括消费税、资源税、城市维护建设税、教育费附加、房产税、土地使用税、车船税、印花税等。与投资性房地产相关的房产税、土地使用税确认为税金及附加。

【例 12-5】　宇辰有限责任公司 5 月份销售小轿车 10 辆，增值税专用发票上注明价款 1 500 000 元，增值税税额 255 000 元。该企业 5 月份增值税进项税额为 180 000 元。消费税税率为 10%，城建税税率为 7%，教育费附加税率为 3%。有关的计算如下：

应纳消费税税额＝1 500 000×10%＝150 000（元）

应纳增值税税额＝255 000－180 000＝75 000（元）

应纳城建税税额＝（150 000＋75 000）×7%＝15 750（元）

应纳教育费附加＝（150 000＋75 000）×3%＝6 750（元）

根据上述有关数据，做会计分录如下：

借：银行存款　　　　　　　　　　　　　　　　　　　　　　　　　1 755 000

　　贷：主营业务收入　　　　　　　　　　　　　　　　　　　　　　　　1 500 000

　　　　应交税费——应交增值税（销项税额）　　　　　　　　　　　　　255 000

借：税金及附加　　　　　　　　　　　　　　　　　　　　　　　　　172 500

　　贷：应交税费——应交消费税　　　　　　　　　　　　　　　　　　　150 000

　　　　　　　　——应交城建税　　　　　　　　　　　　　　　　　　　15 750

　　　　　　　　——应交教育费附加　　　　　　　　　　　　　　　　　6 750

【例 12-6】　2016 年 5 月，某公司当月实际应交增值税为 450 000 元，应交消费税 150 000 元，城建税税率 7%，教育费附加税率 3%。计算城建税和教育费附加并编制会计分录。

（1）计算应交城建税和教育费附加时：

应交城建税＝（450 000＋150 000）×7%＝42 000（元）

应交教育费附加＝（450 000＋150 000）×3%＝18 000（元）

（2）与城建税、教育费附加有关的会计分录如下：

借：税金及附加　　　　　　　　　　　　　　　　　　　　　　　　　60 000

　　贷：应交税费——应交城建税　　　　　　　　　　　　　　　　　　　42 000

　　　　　　　　——应交教育费附加　　　　　　　　　　　　　　　　　18 000

❓房产税、城镇土地使用税、印花税、车船税等应分别如何计算应纳税额？

【任务实施】

成本费用核算典型业务会计分录

1. 结转商品销售成本

借：主营业务成本

　　贷：库存商品

2.结转材料销售成本

借:其他业务成本

　　贷:原材料

3.计提城建税和教育费附加

借:税金及附加

　　贷:应交税费——应交城建税

　　　　　　　　——应交教育费附加

任务二　核算期间费用

【任务布置】

宇辰有限责任公司经营过程中发生的费用有:购买办公用品费用、采购人员和销售人员差旅费用、商品展览费用、水电费用、电话费用、借款利息支出等。

请描述上述业务处理的典型会计分录。

【知识准备】

期间费用是指虽与本期收入的取得密切相关,但与企业产品的生产关系不密切、不能直接或间接归属于某个特定产品成本对象,因而在发生的当期就全部计入当期损益的各项费用。

期间费用包括销售费用、管理费用和财务费用。

一、销售费用

销售费用是指企业销售商品和材料、提供劳务的过程中发生的各种费用,包括保险费、包装费、展览费和广告费、商品维修费、预计产品质量保证损失、运输费、装卸费等以及为销售本企业商品而专设的销售机构(含销售网点、售后服务网点等)的职工薪酬、业务费、折旧费等经营费用。企业发生的与专设销售机构相关的固定资产修理费用等后续支出属于销售费用。

企业应通过"销售费用"账户,核算销售费用的发生和结转情况。该账户借方登记企业所发生的各项销售费用,贷方登记期末转入"本年利润"科目的销售费用,结转后该账户应无余额。该账户应按销售费用的费用项目进行明细核算。

【例12-7】　宇辰有限责任公司2017年5月1日为宣传新产品发生广告费140 000元,用银行存款支付。该公司支付广告费的会计分录如下:

借:销售费用——广告费　　　　　　　　　　　　　　　　　140 000

　　贷:银行存款　　　　　　　　　　　　　　　　　　　　　　140 000

【例12-8】　宇辰有限责任公司销售部6月份共发生费用110 000元,其中:销售人员薪酬80 000元,销售部专用办公设备折旧费用20 000元,业务费10 000元(均用银行存款支付)。该公司应编制如下会计分录:

借:销售费用　　　　　　　　　　　　　　　　　　　　　　120 000

　　贷:应付职工薪酬　　　　　　　　　　　　　　　　　　　　80 000

累计折旧	20 000
银行存款	10 000

相关链接——小企业销售费用的内容

> 小企业的销售费用包括销售人员的薪酬、商品维修费、运输费、装卸费、包装费、保险费、广告费、业务宣传费、展览费等费用。
>
> 商品流通小企业在购买商品过程中发生的费用(运输费、装卸费、包装费、保险费、运输途中的合理损耗和入库前的挑选整理费等)也构成销售费用。

二、管理费用

管理费用是指企业为组织和管理企业生产经营发生的各种费用。管理费用包括企业在筹建期间发生的开办费、董事会和行政管理部门在企业的经营管理中发生的或者应由企业统一负担的公司经费(包括行政管理部门职工薪酬、物料消耗、低值易耗品摊销、办公费和差旅费等)、工会经费、董事会会费(包括董事会成员津贴、会议费和差旅费等)、聘请中介机构费、咨询费(含顾问费)、诉讼费、业务招待费、技术转让费、矿产资源补偿费、研究费用、排污费以及企业生产车间和行政管理部门发生的固定资产修理费用等。

商品流通企业管理费用不多的,可不设本科目,相关核算内容可并入"销售费用"科目核算。

企业应通过"管理费用"账户,核算管理费用的发生和结转情况。该账户借方登记企业发生的各项管理费用,贷方登记期末转入"本年利润"科目的管理费用,结转后该科目应无余额。该账户应按管理费用的费用项目进行明细核算。

【例 12-9】 宇辰有限责任公司筹建期间发生办公费、差旅费等开办费 34 000 元,均用银行存款支付。会计分录如下:

借:管理费用	34 000	
贷:银行存款		34 000

【例 12-10】 宇辰有限责任公司以银行存款支付业务招待费 30 000 元。会计分录如下:

借:管理费用	30 000	
贷:银行存款		30 000

【例 12-11】 宇辰有限责任公司行政部门 10 月份共发生费用 125 000 元,其中:行政人员薪酬 50 000 元,行政部门专用办公设备折旧费 23 000 元,报销行政人员差旅费 20 000 元(假定报销人员均未预借差旅费,以现金支付),其他办公、水电费 32 000 元(均用银行存款支付)。会计分录如下:

借:管理费用	125 000	
贷:应付职工薪酬		50 000
累计折旧		23 000
库存现金		20 000
银行存款		32 000

三、财务费用

财务费用是指企业为筹集生产经营所需资金等而发生的筹资费用。财务费用包括利息支出(减利息收入)、汇兑损益以及相关的手续费、企业发生或收到的现金折扣等。

企业应通过"财务费用"账户,核算财务费用的发生和结转情况。该账户借方登记企业发生的各项财务费用,贷方登记期末结转入"本年利润"科目的财务费用,结转后该科目应无余额。该账户应按财务费用的费用项目进行明细核算。

【例 12-12】　宇辰有限责任公司于 2017 年 1 月 1 日向银行借入生产经营用短期借款 150 000元,期限 6 个月,年利率 4%,该借款本金到期后一次归还,利息分月预提,按季支付。假定所有利息均不符合利息资本化条件。有关利息支出的会计处理如下:

每月末,预提当月份应计利息:150 000×4%÷12＝500(元)

借:财务费用　　　　　　　　　　　　　　　　　　　　　500
　　贷:应付利息　　　　　　　　　　　　　　　　　　　　　　　500

【例 12-13】　宇辰有限责任公司以银行存款支付银行手续费 600 元。该公司应编制如下会计分录:

借:财务费用　　　　　　　　　　　　　　　　　　　　　600
　　贷:银行存款　　　　　　　　　　　　　　　　　　　　　　　600

❓你能否准确区分企业的各项成本费用? 区分的原理是什么?

【任务实施】

成本费用核算典型业务会计分录

1.管理费用支出

借:管理费用

　　贷:库存现金等

2.销售费用支出

借:销售费用

　　贷:银行存款等

3.利息支出

借:财务费用

　　贷:应付利息或银行存款

相关链接——小企业财务费用的内容

　　小企业的财务费用包括利息费用(减利息收入)、汇兑损失、银行相关手续费、小企业给予的现金折扣(减享受的现金折扣)等费用。

　　小企业发生的汇兑收益,记入"营业外收入"账户。

单元小结

●营业成本是指企业为生产产品、提供劳务等发生的可归属于产品成本、劳务成本等的费用,应当在确认销售商品收入、提供劳务收入等时,将已销售商品、已提供劳务的成本等计入当期损益。营业成本包括主营业务成本和其他业务成本。

●主营业务成本是指企业销售商品、提供劳务等经常性活动所发生的成本。期末,将主营业务成本账户的余额转入"本年利润"账户,借记"本年利润",贷记该科目,结转后该账户无余额。

●其他业务成本是指企业除主营业务活动以外的其他经营活动所发生的成本。期末,该账户余额转入"本年利润"账户,借记"本年利润",贷记该科目,结转后该账户无余额。

●税金及附加是指企业经营活动应负担的相关税费,主要包括消费税、城市建设维护税、教育费附加、资源税、房产税、城镇土地使用税、车船税和印花税。

●期间费用是指虽与本期收入的取得密切相关,但与企业产品的生产关系不密切、不能直接或间接归属于某个特定产品成本对象,因而在发生的当期就全部计入当期损益的各项费用。包括销售费用、管理费用和财务费用。

●销售费用是指企业销售商品和材料、提供劳务的过程中发生的各种费用。

●管理费用是指企业为组织和管理企业生产经营发生的各种费用。

●财务费用是指企业为筹集生产经营所需资金等而发生的筹资费用。

●期间费用在期末结转本年利润后无余额。

复习思考题

习题参考答案

单元 13　核算利润

利润是企业一定会计期间的经营成果,创造利润是企业生存的必要条件。如何创造更多的利润是每一个企业管理者都要面对的课题。利润的构成项目有哪些? 各项目是如何计算的? 企业何种业务的收支在营业外收入或营业外支出核算? 企业的所得税费用是如何计算的? 所得税费用由哪些项目构成? 什么是政府补助? 政府补助如何核算? 本年利润的结转方法是什么? 如何结转本年利润? 上述问题是本单元我们要重点学习的内容。

岗位职责:

利润是企业经营的最终成果,取决于收入和费用、利得和损失的差额。中小微企业有关利润的核算一般不单设会计岗位,相关项目的核算由销售会计、费用会计、成本会计等岗位完成,在手工账务处理环境下,相关工作一般由总账会计完成。在会计期末与利润核算有关的工作包括:

1.计算所得税费用,进行账务处理;

2.结转损益类账户到本年利润账户,计算当期利润并进行账务处理;

　　3.计提盈余公积金和按公司利润分配方案进行账务处理；
　　4.编制财务报告，并对财务报表进行系统分析，编制分析报告，提出合理化建议。
　　财务报表的编制一般在此阶段指定由相关的会计完成，因此，在此一并进行列示。

任务一　认知利润

【任务布置】

　　企业的利润可以从多个角度进行核算，通过不同角度、不同层面的利润能够反映出企业经营管理的好坏，能够分析企业利润的来源，能够分析投入产出之间的关系，等等。

　　请问：我国《企业会计准则》规定的利润包括哪三个层次？分别是如何计算的？

【知识准备】

　　利润是指企业在一定会计期间的经营成果。利润包括收入减去费用后的净额、直接计入当期利润的利得和损失等。

　　根据我国《企业会计准则》规定，企业的利润一般包括营业利润、利润总额和净利润。

一、营业利润

　　营业利润是指企业日常生产经营活动及相关活动所形成的经营成果，是企业生产经营活动的主要成果，是企业利润的主要来源。其计算公式如下：

　　营业利润＝营业收入－营业成本－税金及附加－销售费用－管理费用－财务费用－资产减值损失±公允价值变动损益±投资收益

　　其中：营业收入是指企业经营业务所确认的收入总额，包括主营业务收入和其他业务收入。

　　营业成本是指企业经营业务所发生的成本总额，包括主营业务成本和其他业务成本。

　　资产减值损失是指企业计提各项资产减值准备所形成的损失。

　　公允价值变动损益是指企业交易性金融资产等公允价值变动形成的应计入当期损益的利得（或损失）。

　　投资收益是指企业以各种方式对外投资所取得的收益（或发生的损失）。

二、利润总额

　　利润总额是指税前利润，也就是企业在所得税前一定时期内全部经营活动的总成果。其计算公式如下：

利润总额＝营业利润＋营业外收入－营业外支出

　　其中：营业外收入是指企业发生的与日常活动无直接关系的各项利得。

　　营业外支出是指企业发生的与其日常活动无直接关系的各项损失。

三、净利润

企业的净利润为利润总额减去所得税后的余额,在实际工作中也称为税后利润。其计算公式如下:

$$净利润＝利润总额－所得税费用$$

其中:所得税费用是指企业确认的应从当期利润总额中扣除的所得税费用。

❓企业经营过程中产生的其他综合收益在哪里体现?

【任务实施】

企业的利润一般包括营业利润、利润总额和净利润。

营业利润＝营业收入－营业成本－税金及附加－销售费用－管理费用－财务费用－资产减值损失±公允价值变动损益±投资收益

利润总额＝营业利润＋营业外收入－营业外支出

净利润＝利润总额－所得税费用

任务二　核算营业外收支

【任务布置】

宇辰有限责任公司经营过程中会将闲置不用或报废的固定资产进行处置,产生利得或发生损失。在材料清查时偶尔会发生盘盈的情况。某个年度会获得政府一定金额的补助。由于管理不善会导致仓库被偷盗的情况。公司采矿过程中如果环保出现问题会被政府罚款。公司每年都要向红十字会、希望工程进行捐款。

请描述上述业务核算的典型业务会计分录。

【知识准备】

营业外收支是指与企业的生产经营活动无直接关系的各项收支,包括营业外收入和营业外支出。

一、营业外收入

(一)营业外收入核算的内容

营业外收入是指企业确认的与其日常活动无直接关系的各项利得,主要包括非流动资产处置利得、非货币性资产交换利得、债务重组利得、罚没利得、政府补助利得、收到的因享受税收优惠而返还的消费税等税金、确实无法支付而按规定程序经批准后划转出去的应付款项、捐赠利得、现金盘盈利得等。

其中:

非流动资产处置利得包括固定资产处置利得和无形资产出售利得。固定资产处置利得,指企业出售固定资产所取得价款或报废固定资产的材料价值和变价收入等,扣除处置固定资产的账面价值、清理费用、处置相关税费后的净收益;无形资产出售利得,指企业出售无形资产所取得的价款,扣除无形资产的账面价值、出售相关税费后的净收益。

政府补助利得,指企业从政府无偿取得货币性资产或非货币性资产形成的利得,不包括政府作为所有者投入的资本投入。

盘盈利得,主要指对于现金等清查盘点中盘盈的现金等,报经批准后计入营业外收入的金额。

罚没利得,指企业取得的各项罚款,在弥补由于对违反合同或协议而造成的经济损失后的罚款净收益。

捐赠利得,指企业接受捐赠产生的利得。

❓ 企业对即征即退的增值税如何进行核算?收到退还的增值税用不用交企业所得税?

(二)营业外收入的账务处理

企业应通过"营业外收入"账户核算营业外收入的取得及结转情况。该账户贷方登记企业发生的各项营业外收入,借方登记期末结转入本年利润的营业外收入,结转后该科目应无余额。该账户应按营业外收入的项目进行明细核算。

1.处置非流动资产利得

企业确认处置非流动资产利得,借记"固定资产清理""银行存款""待处理财产损溢""无形资产""原材料"等科目,贷记"营业外收入"科目。

【例 13-1】 宇辰有限责任公司将固定资产报废清理的净收益 15 000 元转作营业外收入。会计分录如下:

借:固定资产清理　　　　　　　　　　　　　　　　　　　　　　　15　000
　　贷:营业外收入　　　　　　　　　　　　　　　　　　　　　　　　15　000

2.政府补助利得

政府补助分为与资产相关的政府补助和与收益相关的政府补助。

(1)与资产相关的政府补助。

与资产相关的政府补助,是指企业取得的、用于购建或以其他方式形成长期资产的政府补助。

这类补助一般以银行转账的方式拨付,如政府拨付的用于企业购买无形资产的财政拨款、政府对企业用于建造固定资产的相关贷款给予的财政贴息等,应当在实际收到款项时按照到账的实际金额确认和计量。在很少的情况下,这类补助也可能表现为政府向企业无偿划拨长期非货币性资产,应当在实际取得资产并办妥相关受让手续时按照其公允价值确认和计量,公允价值不能可靠取得的,按照名义金额(即 1 元人民币)计量。按照名义金额计量的政府补助直接计入当期损益(营业外收入)。

根据配比原则,企业取得与资产相关的政府补助,不能全额确认为当期收益,应当随着相关资产的使用逐渐计入以后各期的收益。也就是说,与资产相关的政府补助应当确认为递延收益,然后自相关资产可供使用时起,在该项资产使用寿命内平均分配,计入当期营业外收入。相关资产在使用寿命结束前被出售、转让、报废或发生毁损的,应将尚未分配的递延收益余额一次性转入资产处置当期的营业外收入。

这里需要说明两点:第一,递延收益分配的起点是"相关资产可供使用时",对于应计提折旧或摊销的长期资产,即为资产开始折旧或摊销的时点。第二,递延收益分配的终点是"资产使用寿命结束或资产被处置时(孰早)"。相关资产在使用寿命结束前被处置(出售、转让、报废等),尚未分配的递延收益余额应当一次性转入资产处置当期的收益,不再予以递延。

确认与资产相关的政府补助,借记"银行存款"等科目,贷记"递延收益"科目,分配递延收益时,借记"递延收益"科目,贷记"营业外收入"科目。

【例 13-2】 2016 年 1 月 1 日,政府拨付丙公司 300 万元财政拨款(同日到账),要求用于购买大型科研设备 1 台,并规定若有结余,留归公司自行支配。2016 年 2 月 10 日,该公司购入大型设备(假设不需安装),实际成本为 240 万元,使用寿命为 8 年。假定 2019 年 2 月 10日,丙公司出售了这台设备。丙公司的会计处理如下:

①2016 年 1 月 1 日实际收到财政拨款,确认政府补助:

借:银行存款　　　　　　　　　　　　　　　　　　　　　3 000 000
　　贷:递延收益　　　　　　　　　　　　　　　　　　　　　　　　3 000 000

②2016 年 2 月 1 日购入设备:

借:固定资产　　　　　　　　　　　　　　　　　　　　　2 400 000
　　贷:银行存款　　　　　　　　　　　　　　　　　　　　　　　　2 400 000

③在该项固定资产使用期间(2016 年 3 月至 2019 年 2 月),每个月计提折旧和分配递延收益(按直线法计提折旧和分配递延收益):

每月应计提折旧=2 400 000÷8÷12=25 000(元)

每月应分配递延收益=3 000 000÷8÷12=31 250(元)

借:制造费用　　　　　　　　　　　　　　　　　　　　　25 000
　　贷:累计折旧　　　　　　　　　　　　　　　　　　　　　　　　25 000
借:递延收益　　　　　　　　　　　　　　　　　　　　　31 250
　　贷:营业外收入　　　　　　　　　　　　　　　　　　　　　　　31 250

④2019 年 2 月出售该设备时:

已计提折旧数额=25 000×(10+12+12+2)=900 000(元)

借:固定资产清理　　　　　　　　　　　　　　　　　　　1 500 000
　　累计折旧　　　　　　　　　　　　　　　　　　　　　900 000
　　贷:固定资产　　　　　　　　　　　　　　　　　　　　　　　　2 400 000
借:营业外支出　　　　　　　　　　　　　　　　　　　　1 500 000
　　贷:固定资产清理　　　　　　　　　　　　　　　　　　　　　　1 500 000

已分配的递延收益=31 250×(10+12+12+2)=1 125 000(元)

尚未分配的递延收益=3 000 000-1 125 000=1 875 000(元)

将尚未分配的递延收益直接转入当期损益:

借:递延收益　　　　　　　　　　　　　　　　　　　　　1 875 000
　　贷:营业外收入　　　　　　　　　　　　　　　　　　　　　　　1 875 000

(2)与收益相关的政府补助。

与收益相关的政府补助,是指除与资产相关的政府补助之外的政府补助。

这类补助通常以银行转账的方式拨付,应当在实际收到款项时按照到账的实际金额确认和计量。比如,按照有关规定对企业先征后返的增值税,企业应当在实际收到返还的增值税税款时将其确认为收益,而不应当在确认应付增值税时确认应收税收返还款。只有存在确凿证据表明该项补助是按照固定的定额标准拨付的,才可以在这项补助成为应收款时予以确认并按照应收的金额计量。例如,按储备量和补助定额计算和拨付给企业的储备粮存储费用补贴,可以按照实际储备量和补贴定额计算应收政府补助款。

与收益相关的政府补助应当在其补偿的相关费用或损失发生的期间计入当期损益,即:用于补偿企业以后期间的相关费用或损失的,在取得时先确认为递延收益,然后在确认相关费用的期间计入当期营业外收入;用于补偿企业已发生的相关费用或损失的,取得时直接计入当期营业外收入。

有些情况下,企业可能不容易分清与收益有关的政府补助是用于补偿已发生费用,还是用于补偿以后将发生的费用。根据重要性原则,企业通常可以将与收益相关的政府补助直接计入当期营业外收入,对于金额较大的补助,可以分期计入营业外收入。

确认与收益相关的政府补助,借记"银行存款"等科目,贷记"递延收益"或"营业外收入"科目。

【例 13-3】　乙企业为一家储备粮企业,2016 年实际粮食储备量 5 000 万千克。根据国家有关规定,财政部门按照企业的实际储备量给予每千克每季度 0.078 元的粮食保管费补贴,于每个季度初支付。乙企业的会计处理如下:

①2016 年 1 月,乙企业收到财政拨付的补贴款时:

借:银行存款　　　　　　　　　　　　　　　　　　　　　　3 900 000
　　贷:递延收益　　　　　　　　　　　　　　　　　　　　　　　3 900 000

②2016 年 1 月,将补偿 1 月份保管费的补贴计入当期收益:

借:递延收益　　　　　　　　　　　　　　　　　　　　　　1 300 000
　　贷:营业外收入　　　　　　　　　　　　　　　　　　　　　　1 300 000

(2016 年 2 月和 3 月的会计分录同上)

(3)确认税收返还。

【例 13-4】　甲企业生产一种先进的模具产品,按照国家相关规定,该企业的这种产品适用增值税先征后返政策,即先按规定征收增值税,然后按实际缴纳增值税税额返还 70%。2017 年 1 月,该企业实际缴纳增值税税额 120 万元。2017 年 2 月,该企业实际收到返还的增值税税额 84 万元。甲企业实际收到返还的增值税税额的会计分录如下:

借:银行存款　　　　　　　　　　　　　　　　　　　　　　840 000
　　贷:营业外收入　　　　　　　　　　　　　　　　　　　　　　840 000

？企业取得的政府补助如果与资产和收益均相关,应如何进行账务处理?

3. 盘盈利得、捐赠利得

企业确认盘盈利得、捐赠利得时,借记"库存现金""待处理财产损溢"等科目,贷记"营业外收入"科目。

【例 13-5】　A 企业接受某机构捐赠的现金 10 万元,应当如下编制会计分录:

借:库存现金　　　　　　　　　　　　　　　　　　　　　　100 000
　　贷:营业外收入　　　　　　　　　　　　　　　　　　　　　　100 000

【例 13-6】　A 企业在现金清查中盘盈 250 元,按管理权限报经批准后转入营业外收入,应当如下编制会计分录：

(1)盘盈时：

借：库存现金　　　　　　　　　　　　　　　　　　　　　　　　　　250

　　贷：待处理财产损溢　　　　　　　　　　　　　　　　　　　　　　250

(2)批准处理时：

借：待处理财产损溢　　　　　　　　　　　　　　　　　　　　　　　250

　　贷：营业外收入　　　　　　　　　　　　　　　　　　　　　　　250

4.期末结转本年利润

期末，应将"营业外收入"科目余额转入"本年利润"科目，借记"营业外收入"科目，贷记"本年利润"科目。

【例 13-7】　A 企业在本期营业外收入总额为 180 000 元，期末结转本年利润，应编制如下会计分录：

借：营业外收入　　　　　　　　　　　　　　　　　　　　　　　180 000

　　贷：本年利润　　　　　　　　　　　　　　　　　　　　　　　180 000

二、营业外支出

(一)营业外支出核算的内容

营业外支出是指企业发生的与其日常活动无直接关系的各项损失，主要包括非流动资产处置损失、罚款支出、公益性捐赠支出、盘亏损失、非常损失、非货币性资产交换损失、债务重组损失等。

其中：

非流动资产处置损失包括固定资产处置损失和无形资产出售损失。固定资产处置损失，指企业出售固定资产所取得价款或报废固定资产的材料价值和变价收入等，不足以抵补处置固定资产的账面价值、清理费用、处置相关税费所发生的净损失；无形资产出售损失，指企业出售无形资产所取得价款，不足以抵补出售无形资产的账面价值、出售相关税费后所发生的净损失。

盘亏损失，主要指对于财产清查盘点中盘亏的资产，在查明原因处理时按确定的损失计入营业外支出的金额。

罚款支出，指企业由于违反税收法规、经济合同等而支付的各种滞纳金和罚款。

公益性捐赠支出，指企业对外进行公益性捐赠发生的支出。

非常损失，指企业对于因客观因素(如自然灾害等)造成的损失，在扣除保险公司赔偿后应计入营业外支出的净损失。

非货币性资产交换损失、债务重组损失见本书第二编单元 18 和单元 19。

(二)营业外支出的账务处理

企业应通过"营业外支出"账户，核算营业外支出的发生及结转情况。该账户借方登记企业发生的各项营业外支出，贷方登记期末结转入本年利润的营业外支出，结转后该科目应无余额。该账户应按营业外支出的项目进行明细核算。

企业发生营业外支出时，借记"营业外支出"科目，贷记"固定资产清理""待处理财产损溢"

"库存现金""银行存款"等科目。

1.处置非流动资产损失

企业确认处置非流动资产损失时,借记"营业外支出"科目,贷记"固定资产清理""无形资产"等科目。

【例13-8】 宇辰有限责任公司将拥有的一项专利权出售,取得价款800 000元,应交的增值税为40 000元。该专利的账面余额为1 200 000元,累计摊销额为200 000元,已计提减值准备100 000元。出售时应编制如下会计分录:

借:银行存款　　　　　　　　　　　　　　　　　　　800 000
　　累计摊销　　　　　　　　　　　　　　　　　　　200 000
　　无形资产减值准备　　　　　　　　　　　　　　　100 000
　　营业外支出　　　　　　　　　　　　　　　　　　140 000
　　贷:无形资产　　　　　　　　　　　　　　　　　　　　1 200 000
　　　　应交税费——应交增值税　　　　　　　　　　　　　　40 000

2.非常损失、罚款支出、捐赠支出

确认非常损失、罚款支出、捐赠支出等计入营业外支出时,借记"营业外支出"科目,贷记"待处理财产损溢"等科目。

【例13-9】 宇辰有限责任公司将因地震造成的存货损失190 000元转作营业外支出。应编制如下会计分录:

借:营业外支出　　　　　　　　　　　　　　　　　　190 000
　　贷:待处理财产损溢　　　　　　　　　　　　　　　　　190 000

【例13-10】 宇辰有限责任公司用银行存款支付税款滞纳金10 000元。应编制如下会计分录:

借:营业外支出　　　　　　　　　　　　　　　　　　10 000
　　贷:银行存款　　　　　　　　　　　　　　　　　　　　10 000

3.期末结转本年利润

期末,应将"营业外支出"科目余额结转入"本年利润"科目,借记"本年利润"科目,贷记"营业外支出"科目。

【例13-11】 某企业本期营业外支出总额为840 000元,期末结转本年利润。会计分录如下:

借:本年利润　　　　　　　　　　　　　　　　　　　840 000
　　贷:营业外支出　　　　　　　　　　　　　　　　　　　840 000

❓你知道债务重组损失或非货币资产交换损失是如何计算的吗?

【任务实施】

营业外收支核算典型业务会计分录

1.处置非流动资产利得、盘盈利得、捐赠利得

借:固定资产清理
　　银行存款
　　待处理财产损溢
　　无形资产

原材料

  贷:营业外收入

2.政府补助

(1)与资产相关。

①取得时:

借:银行存款

  贷:递延收益

②与资产配比摊销时:

借:递延收益

  贷:营业外收入

(2)与收益相关。

①补偿已经发生的费用:

借:银行存款

  贷:营业外收入

②补偿将要发生的支出:

借:银行存款

  贷:递延收益

③发生支出时:

借:递延收益

  贷:营业外收入

3.处置非流动资产损失

借:营业外支出

  贷:固定资产清理

   无形资产

4.非常损失、罚款支出、捐赠支出

借:营业外支出

  贷:待处理财产损溢

   银行存款

任务三　核算所得税费用

【任务布置】

  宇辰有限责任公司的企业所得税按月预缴,年终汇算清缴。公司计提的各项资产减值准备属于纳税调整事项,产生递延所得税资产。公司机器设备采用直线法计提折旧,税法规定应采用加速折旧法计提折旧,形成递延所得税负债。

请描述上述业务核算的典型业务会计分录。

【知识准备】

企业的所得税费用包括当期所得税和递延所得税。其中当期所得税是指当期应交所得税。递延所得税包括递延所得税资产和递延所得税负债。递延所得税资产是指以未来期间很可能取得的用来抵扣可抵扣暂时性差异的应纳税所得额为限确认的一项资产。递延所得税负债是指根据应纳税暂时性差异计算的未来期间应付所得税的金额。有关递延所得税资产和递延所得税负债的核算原理见本书第二编的单元20。

一、应交所得税的计算

当期所得税是指当期应交所得税。应交所得税即指企业按照税法规定计算确定的针对当期发生的交易和事项,应交纳给税务部门的所得税金额。

企业在确定当期所得税时,对于当期发生的交易或事项,会计处理与税收处理不同的,应在会计利润的基础上,按照适用的税法要求进行调整,计算出当期应纳税所得额,按照应纳税所得额与适用所得税税率计算确定当期应交所得税。

应纳税所得额＝税前会计利润＋纳税调整增加额－纳税调整减少额

纳税调整增加额主要包括税法规定允许扣除项目中,企业已计入当期费用但超过税法规定扣除标准的金额(如超过税法规定标准的职工福利费、工会经费、职工教育经费、业务招待费、公益性捐赠支出、广告费和业务宣传费等),以及企业已计入当期损失但税法规定不允许扣除项目的金额(如税收滞纳金、罚金、罚款)。

纳税调整减少额主要包括按税法规定允许弥补的亏损和准予免税的项目,如前五年内未弥补亏损和国债利息收入等。

企业当期所得税的计算公式为:

应交所得税＝应纳税所得额×所得税税率

？我国当前的企业所得税税率是如何规定的?

【例13-12】　宇辰有限责任公司 2016 年度按企业会计准则计算的税前会计利润为 19 800 000元,所得税税率为 25%。宇辰有限责任公司全年实发工资、薪金为 2 000 000 元,职工福利费 300 000 元,工会经费 50 000 元,职工教育经费 100 000 元;经查,宇辰有限责任公司当年营业外支出中有 120 000 元为税收滞纳罚金。假定宇辰有限责任公司全年无其他纳税调整因素。

税法规定,企业发生的合理的工资、薪金支出准予据实扣除;企业发生的职工福利费支出,不超过工资、薪金总额14%的部分准予扣除;企业拨缴的工会经费,不超过工资、薪金总额2%的部分准予扣除;除国务院财政、税务主管部门另有规定外,企业发生的职工教育经费支出,不超过工资、薪金总额 2.5%的部分准予扣除,超过部分准予结转以后纳税年度扣除。

本例中,按税法规定,企业在计算当期应纳税所得额时,可以扣除工资、薪金支出 2 000 000 元,扣除职工福利费支出 280 000(2 000 000×14%)元,工会经费支出 40 000(2 000 000×2%)元,职工教育经费支出 50 000(2 000 000×2.5%)元。宇辰有限责任公司有两种纳税调整因素,一是已计入当期费用但超过税法规定标准的费用支出,二是已计入当期营业外支出但按税法规定不允许扣除的税收滞纳金,这两种因素均应调整增加应纳税所得额。

宇辰有限责任公司当期所得税的计算如下:

纳税调整增加数＝(300 000－280 000)＋(50 000－40 000)＋(100 000－50 000)＋

　　　　　　　　　　120 000

　　　　　　＝200 000(元)

应纳税所得额＝19 800 000＋200 000＝20 000 000(元)

当期应交所得税＝20 000 000×25％＝5 000 000(元)

二、所得税费用的账务处理

企业应根据会计准则的规定,对当期所得税加以调整计算后,据以确认应从当期利润总额中扣除的所得税费用。

$$所得税费用＝当期所得税＋递延所得税$$

企业应通过"所得税费用"账户,核算企业所得税费用的确认及其结转情况,期末,应将"所得税费用"账户余额转入"本年利润"账户,借记"本年利润"科目,贷记"所得税费用"科目,结转后该账户无余额。

【例 13-13】　承例 13-12,宇辰有限责任公司递延所得税负债年初数为 400 000 元,年末数为 500 000 元,递延所得税资产年初数为 250 000 元,年末数为 200 000 元。

宇辰有限责任公司的会计处理如下：

递延所得税费用＝(500 000－400 000)＋(250 000－200 000)

　　　　　　＝150 000(元)

所得税费用＝当期所得税＋递延所得税费用

　　　　　＝5 000 000＋150 000

　　　　　＝5 150 000(元)

甲公司会计分录如下：

借:所得税费用　　　　　　　　　　　　　　　　　　　　　　5 150 000

　　贷:应交税费——应交所得税　　　　　　　　　　　　　　　　　　5 000 000

　　　　递延所得税负债　　　　　　　　　　　　　　　　　　　　　　100 000

　　　　递延所得税资产　　　　　　　　　　　　　　　　　　　　　　50 000

❓递延所得税负债和递延所得税资产能不能合并抵消？

【任务实施】

所得税费用核算典型业务会计分录

1.当期所得税费用的核算

借:所得税费用

　　贷:应交税费——应交所得税

2.递延所得税费用的核算

(1)发生递延所得税负债时。

借:所得税费用

　　贷:递延所得税负债

（2）发生递延所得税资产时。

借：递延所得税资产

　　贷：所得税费用

递延所得税负债转回时作相反处理；递延所得税资产转回时作相反处理。

任务四　核算本年利润

【任务布置】

宇辰有限责任公司的利润结转采用账结法，每个月末结转损益。根据当月利润计算所得税，在年末将本年利润结转至利润分配账户。

请描述上述业务核算的典型业务会计分录。

【知识准备】

一、结转本年利润的方法

会计期末结转本年利润的方法有表结法和账结法两种。

（一）表结法

表结法下，各损益类科目每月月末只需结计出本月发生额和月末累计余额，不结转到"本年利润"科目，只有在年末时才将全年累计余额结转记入"本年利润"科目。但每月月末要将损益类科目的本月发生额合计数填入利润表的本月数栏，同时将本月末累计余额填入利润表的本年累计数栏，通过利润表计算反映各期的利润（或亏损）。表结法中，年中损益类科目无需转入"本年利润"科目，从而减少了转账环节和工作量，同时并不影响利润表的编制及有关损益指标的利用。

（二）账结法

账结法下，每月月末均需编制转账凭证，将在账上结计出的损益类科目的余额转入"本年利润"科目。结转后"本年利润"科目的本月合计数反映当月实现的利润或发生的亏损，"本年利润"科目的本年累计数反映本年累计实现的利润或发生的亏损。账结法在各月均可通过"本年利润"科目提供当月及本年累计实现的利润或发生的亏损额，但增加了转账环节和工作量。

二、结转本年利润的账务处理

企业应设置"本年利润"账户，核算企业本年度实现的净利润（或发生的净亏损）。

会计期末，企业应将"主营业务收入""其他业务收入""营业外收入"等账户的余额分别转入"本年利润"账户的贷方；将"主营业务成本""其他业务成本""税金及附加""销售费用""管理费用""财务费用""资产减值损失""营业外支出""所得税费用"等账户的余额分别转入"本年利润"账户的借方。企业还应将"公允价值变动损益""投资收益"等账户的净收益分别转入"本年利润"账户的贷方，将"公允价值变动损益""投资收益"账户的净损失转入"本年利润"账户的借方。结转后，"本年利润"账户如为贷方余额，表示当年实现的净利润；如为借方余额，表示当年发生的净亏损。

年度终了,企业应将"本年利润"账户的本年累计余额转入"利润分配——未分配利润"账户。如"本年利润"为贷方余额,借记"本年利润"科目,贷记"利润分配——未分配利润"科目;如为借方余额,做相反的会计分录。结转后,"本年利润"账户无余额。

【例 13-14】　宇辰有限责任公司 2016 年有关损益类账户的年末余额如表 13-1 所示(该企业采用表结法年末一次结转损益类科目,所得税税率为 25%)。

表 13-1　宇辰有限责任公司 2016 年有关损益类账户的年末余额　　　　　单位:元

科目名称	借或贷	结账前余额
主营业务收入	贷	5 000 000
其他业务收入	贷	500 000
公允价值变动损益	借	100 000
投资收益	贷	80 000
营业外收入	贷	60 000
主营业务成本	借	3 500 000
其他业务成本	借	380 000
税金及附加	借	70 000
销售费用	借	270 000
管理费用	借	670 000
财务费用	借	130 000
资产减值损失	借	40 000
营业外支出	借	190 000

宇辰有限责任公司 2016 年末结转本年利润的会计分录如下:

(1)将各损益类科目年末余额结转入"本年利润"科目:

①借:主营业务收入　　　　　　　　　　　　5 000 000
　　其他业务收入　　　　　　　　　　　　　　500 000
　　投资收益　　　　　　　　　　　　　　　　 80 000
　　营业外收入　　　　　　　　　　　　　　　 60 000
　　　贷:本年利润　　　　　　　　　　　　　　　　5 640 000
②借:本年利润　　　　　　　　　　　　　　5 350 000
　　　贷:公允价值变动损益　　　　　　　　　　　　100 000
　　　　主营业务成本　　　　　　　　　　　　　3 500 000
　　　　其他业务成本　　　　　　　　　　　　　　380 000
　　　　税金及附加　　　　　　　　　　　　　　　 70 000
　　　　销售费用　　　　　　　　　　　　　　　　270 000
　　　　管理费用　　　　　　　　　　　　　　　　670 000
　　　　财务费用　　　　　　　　　　　　　　　　130 000
　　　　资产减值损失　　　　　　　　　　　　　　 40 000
　　　　营业外支出　　　　　　　　　　　　　　　190 000

(2)经过上述结转后,"本年利润"科目的贷方发生额合计 5 640 000 元减去借方发生额合计 5 350 000 元,即为税前会计利润 290 000 元。

（3）假设宇辰有限责任公司 2016 年度不存在所得税纳税调整因素。

应交所得税＝290 000×25％＝72 500（元）

①确认所得税费用：

借：所得税费用　　　　　　　　　　　　　　　　　　　　　　72 500

　　贷：应交税费——应交所得税　　　　　　　　　　　　　　　　72 500

②将所得税费用结转入"本年利润"科目：

借：本年利润　　　　　　　　　　　　　　　　　　　　　　　72 500

　　贷：所得税费用　　　　　　　　　　　　　　　　　　　　　　72 500

（4）将"本年利润"科目年末余额 217 500（290 000－72 500）元转入"利润分配——末分配利润"科目：

借：本年利润　　　　　　　　　　　　　　　　　　　　　　　217 500

　　贷：利润分配——末分配利润　　　　　　　　　　　　　　　　217 500

❓利润分配的账务处理有哪些内容？

【任务实施】

本年利润核算的典型业务会计分录

1.将各损益类科目年末余额结转入"本年利润"科目

（1）借：主营业务收入

　　　　其他业务收入

　　　　投资收益

　　　　营业外收入

　　　　贷：本年利润

（2）借：本年利润

　　　　贷：公允价值变动损益

　　　　　　主营业务成本

　　　　　　其他业务成本

　　　　　　税金及附加

　　　　　　销售费用

　　　　　　管理费用

　　　　　　财务费用

　　　　　　资产减值损失

　　　　　　营业外支出

2.将所得税费用结转入"本年利润"科目

借：本年利润

　　贷：所得税费用

3.将"本年利润"科目年末余额转入"利润分配——末分配利润"科目

借：本年利润

　　贷：利润分配——末分配利润

亏损做相反的会计分录。

单元小结

- 利润是指企业在一定会计期间的经营成果。利润包括收入减去费用后的净额、直接计入当期利润的利得和损失等。
- 企业的利润一般包括营业利润、利润总额和净利润。
- 营业利润＝营业收入－营业成本－税金及附加－销售费用－管理费用－财务费用－资产减值损失±公允价值变动损益±投资收益
- 利润总额＝营业利润＋营业外收入－营业外支出
- 企业的净利润为利润总额减去所得税后的余额,在实际工作中也称为税后利润。
- 净利润＝利润总额－所得税费用
- 营业外收支是指与企业的生产经营活动无直接关系的各项收支,包括营业外收入和营业外支出。
- 营业外收入是指企业确认的与其日常活动无直接关系的各项利得,主要包括非流动资产处置利得、非货币性资产交换利得、债务重组利得、罚没利得、政府补助利得、收到的因享受税收优惠而返还的消费税等税金、确实无法支付而按规定程序经批准后划转出去的应付款项、捐赠利得、现金盘盈利得等。
- 政府补助分为与资产相关的政府补助和与收益相关的政府补助。
- 营业外支出是指企业发生的与其日常活动无直接关系的各项损失,主要包括非流动资产处置损失、罚款支出、公益性捐赠支出、盘亏损失、非常损失、非货币性资产交换损失、债务重组损失等。
- 企业的所得税费用包括当期所得税和递延所得税。其中当期所得税是指当期应交所得税。递延所得税包括递延所得税资产和递延所得税负债。
- 所得税费用＝当期所得税＋递延所得税
- 会计期末结转本年利润的方法有表结法和账结法两种。

延伸阅读:《企业会计准则第16号——政府补助》

复习思考题

习题参考答案

单元 14 编制财务报表

知识目标

● 熟悉财务报表的编制要求；掌握财务报表的构成内容和分类。

● 了解资产负债表的概念、作用；熟悉资产负债表的结构和列报原理；掌握资产负债表中各项目的填制方法。

● 了解利润表的概念、作用；熟悉利润表的结构和列报原理；掌握利润表中各项目的填制方法。

● 了解现金流量表的作用；熟悉现金流量表的结构和列报原理；掌握现金流量表中各项目的填制方法。

● 熟悉所有者权益变动表的结构和内容；掌握所有者权益变动表中各项目的填制方法。

● 了解会计报表附注的内容。

能力目标

● 会计算资产负债表、利润表和现金流量表的主要项目；

● 会编制资产负债表；

● 会编制利润表；

● 会编制现金流量表；

● 会编制所有者权益变动表；

● 会填写会计报表附注。

单元描述

企业经营情况的好坏最终是通过财务报表来反映的。通过财务报表可以了解企业拥有多少资产、欠多少债务、净资产是多少；在经营期间内产生了多少收入、发生了多少费用、净利润是多少；在经营期间内收入了多少现金、支出了多少现金，现金从哪来、付到哪去；在经营期间内所有者权益是增加还是减少、是如何变动的等信息。学习了本单元的相关知识后，我们至少要能解决以下问题：

1. 企业的财务报表包括哪些内容？是如何分类的？

2. 编制财务报表有什么要求？

3. 什么是资产负债表？其有什么作用？如何编制？

4. 什么是利润表？其有什么作用？如何编制？

5. 什么是现金流量表？其有什么作用？如何编制？

6. 什么是所有者权益变动表？其有什么作用？如何编制？

7. 什么是会计报表附注？其有什么作用？

岗位职责：

编制财务报表是企业每个期间会计核算工作的最后一个环节,通过编制的各种财务报表和报表分析报告可以系统全面地反映企业经营成果、财务状况等信息,为经营决策提供依据。在手工账务处理环境下,报表的编制工作一般由总账会计完成,在电算化环境下一般由某会计岗位或财务主管完成。与财务报表编制有关的职责包括：

1. 按企业会计制度的规定要求定期编制公司对外会计报表和内部管理报表；
2. 根据会计报表分析检查各项预算考核指标的完成情况；
3. 负责为公司管理决策活动提供有关的财务数据和报表；
4. 协助财务负责人建立本单位的财务核算制度和具体业务的会计核算办法。

该岗位还可负责会计报表、账册、凭证的管理,对在财务工作中形成的收文和发文、会计制度、会计工作计划、总结以及有其他保留价值的会计核算档案归档备案。

任务一　认知财务报表

【任务布置】

财务报表是企业管理者和外部使用者了解企业财务状况、经营成果和现金流量情况的载体。通过不同角度编制的财务报表可以提供不同的财务信息,财务报表使用者通过这些报表可以获取自己所需要的信息,从而为决策提供依据。

请问：

(1)企业的财务报表包括哪些内容? 是如何分类的?

(2)编制财务报表有什么要求?

【知识准备】

财务报表,是指企业对外提供的反映企业某一特定日期的财务状况和某一会计期间的经营成果、现金流量等会计信息的文件。

财务报表是对企业财务状况、经营成果和现金流量的结构性表述。一套完整的财务报表至少应当包括"四表一注",即资产负债表、利润表、现金流量表、所有者权益(或股东权益,下同)变动表以及报表附注。

在会计核算中,企业日常经营活动所发生的各项经济业务,平时通过编制会计凭证和复式记账等方法,分别反映在各种会计账簿中。尽管账簿资料是按照会计账户归类汇总的,但其提供的核算资料相对分散,不能集中、概括、系统、全面地提供经营管理所需要的完整的会计信息。因此,必须在日常核算资料的基础上,定期地对账簿等核算资料进行归集、加工、汇总,编制各种财务报表。

一、财务报表的分类

财务报表可以按照不同的标准进行分类。

(一)按财务报表的编制时间分类

按财务报表的编制时间不同分为年度财务报表和中期财务报表。年度财务报表是指按日历年度所涵盖的会计期间所编报的报表,即从 1 月 1 日至 12 月 31 日的报告。中期财务报表是以短于一个完整会计年度的报告期间为基础编制的财务报表,包括月报、季报和半年报。其中,月报要求简明扼要、及时反映;年报要求揭示完整、反映全面;季报和半年报在会计信息的详细程度方面,介于月报和年报之间。

(二)按财务报表的编报主体分类

按财务报表的编报主体不同分为个别财务报表和合并财务报表。个别财务报表是由企业在自身会计核算基础上对账簿记录进行加工而编制的财务报表,它主要用以反映企业自身的财务状况、经营成果和现金流量情况;合并财务报表是以母公司和子公司组成的企业集团为会计主体,根据母公司和所属子公司的财务报表,由母公司编制的综合反映企业集团财务状况、经营成果及现金流量的财务报表。

(三)按财务报表的服务对象分类

按财务报表的服务对象不同分为外部财务报表和内部财务报表。外部财务报表是企业定期向外部报告使用者(如政府部门、投资者、债权人)报送的财务报表,这类报告是按企业会计准则编制的,有统一规定的格式和信息指标体系;内部财务报表是为了适应企业内部经营者管理的需要而编制的,一般不对外公开,因此不需要统一规定的格式。

(四)按财务报表反映财务活动的方式分类

按财务报表反映财务活动的方式不同分为静态财务报表和动态财务报表。静态财务报表是指反映企业特定时点上有关资产、负债和所有者权益情况的财务报表,一般应根据有关账户的"余额"填列,如资产负债表;动态财务报表是指反映企业一定时期内资金耗费和收回情况以及经营成果的财务报表,一般应根据有关账户的"发生额"填列,如利润表。

二、财务报表的编制要求

编制和提供财务报表的最终目的,是为了达到社会资源的合理配置,因此,财务报表所提供的信息应能真实、公允地反映企业的财务状况、经营成果和现金流量。因此,在我国,编制财务报表的基本要求是便于理解、真实可靠、相关可比、内容完整和编报及时。

(1)便于理解。可理解性是指财务报表提供的财务信息可以为使用者所理解。企业对外提供的财务报表是为了供广大阅读者使用,以提供企业过去、现在和未来的财务信息资料,为投资者、债权人以及潜在的投资者和债权人提供决策所需的经济信息,因此,编制的财务报表应清晰易懂。如果提供的财务报表晦涩难懂,不可理解,使用者就不能作出可靠的判断,所提供的财务报表也毫无用途。

(2)真实可靠。会计首先是一个信息系统,如实反映编表单位经济活动情况是信息的基本要求。对外提供的财务报表主要是满足不同的使用者对信息资料的要求,便于使用者根据所提供的财务信息作出决策、判断,因此,财务报表所提供的数据必须做到真实可靠。如果财务报表所提供的财务信息不真实可靠,甚至是虚假的信息资料,这样的财务报表不仅不能发挥会计应有的作用,反而会由于错误的信息,导致报告的使用者对企业财务状况做出相反的结论,使其决策失误。

（3）相关可比。相关可比是指财务报表提供的财务信息必须与使用者的决策需要相关并且具有可比性。如果财务报表提供的信息资料能够使使用者了解过去、现在或未来事项的影响及其变化趋势，并为使用者提供有关的可比信息，则可以认为财务报表提供的财务信息相关可比。

（4）内容完整。每一种财务报表都是从不同侧面对会计对象进行反映的。为方便报表的阅读、理解和汇总，我国《企业会计准则》规定，企业应当按照会计准则所规定的财务报表格式和内容，根据登记完整、核对无误的会计账簿记录和其他有关资料编制财务报表。凡是会计准则要求提供的财务报表，各企业必须全部编制报送，不得漏编、漏报；对于应当填列的报表指标，不论是表内的项目还是表外的补充资料，必须全部填列，不得少列、漏列，更不可随意取舍。

（5）编报及时。财务报表必须在规定的期限内编制完成，以便报告阅读者及时了解情况，发现问题。为此，各个企业平时就应做好记账、算账和对账工作，做到日清月结，在任何情况下都不能为赶编财务报表而提前结账。按企业会计制度的规定，月度财务报表，应当于月度终了后 6 天内（节假日顺延，下同）对外提供；季度财务报表应当于季度终了后 15 天内对外提供；半年度财务报表应当于半年度结束后 60 天内（相当于两个连续的月份）对外提供；年度财务报表应当于年度终了后 5 个月内对外提供。

企业对外提供的财务报表应当依次编定页数，加具封面，装订成册，加盖公章。封面上应当注明企业名称、企业统一代码、组织形式、地址、报表所属年度或者月份、报出日期，并由企业负责人和主管会计工作的负责人、会计机构负责人（会计主管人员）签名并盖章；设置总会计师的企业，还应当由总会计师签名并盖章。

❓企业每个月向税务局申报纳税时需要编制报送哪些财务报表？

【任务实施】

（1）一套完整的财务报表至少应当包括"四表一注"，即资产负债表、利润表、现金流量表、所有者权益（或股东权益）变动表以及报表附注。

财务报表可以按照编制时间、编报主体、服务对象和财务活动的方式分类。

按财务报表的编制时间不同分为年度财务报表和中期财务报表。按财务报表的编报主体不同分为个别财务报表和合并财务报表。按财务报表的服务对象不同分为外部财务报表和内部财务报表。按财务报表反映财务活动的方式不同分为静态财务报表和动态财务报表。

（2）编制财务报表的基本要求是便于理解、真实可靠、相关可比、内容完整和编报及时。

相关链接——小企业财务报表构成

> 小企业的财务报表至少应当包括下列组成部分：
>
> （1）资产负债表；
>
> （2）利润表；
>
> （3）现金流量表；
>
> （4）附注。
>
> 小企业不要求提供所有者权益变动表。

任务二　编制资产负债表

【任务布置】

宇辰有限责任公司的资产、负债和净资产信息通过编制的资产负债表反映。公司往来款项有应收账款、预收账款、应付账款、预付账款等。固定资产有关账户包括固定资产、累计折旧、固定资产减值准备。公司仓库中存有大量的原材料、库存商品,生产车间存在半成品,企业还委托其他单位代为生产部分产品,仓库中部分商品的成本高于市价,且无固定合同保证该部分商品正常销售。

请问:该公司资产负债表中应收账款、预收账款、应付账款、预付账款、固定资产、存货等项目的填列原理是什么?

【知识准备】

资产负债表是反映企业在某一特定日期财务状况的会计报表。它是根据"资产＝负债＋所有者权益"这一会计恒等式,按照一定的分类标准和顺序,把企业在特定日期的资产、负债、所有者权益等项目予以适当编排,并对日常工作中形成的大量数据进行高度浓缩整理后编制而成的。

一、资产负债表的作用

资产负债表的作用主要表现在以下方面:

(1)提供企业某一日期的资产总额,表明企业拥有的经济资源及其分布情况,是分析企业生产经营能力的重要资料。

(2)反映企业某一日期的负债总额以及结构,表明企业未来需要清偿的债务是多少。

(3)反映企业所有者权益的情况,表明投资者在企业资产中所占有的份额,了解企业所有者权益的结构情况。

(4)计算财务指标,分析企业经营管理情况,例如,通过计算流动比率、速动比率和资产负债率等比率,以了解企业的偿债能力。

(5)通过对资产负债表不同时期相同项目的比较,可以了解企业财务状况变动情况,预测企业未来财务状况的发展趋势。

二、资产负债表的结构

资产负债表的结构有报告式和账户式。

我国企业的资产负债表采用账户式结构。账户式资产负债表分左右两方,左方为资产项目,按资产的流动性大小排列,流动性大的资产如"货币资金""以公允价值计量且其变动计入当期损益的金融资产"等排在前面,流动性小的资产如"长期股权投资""固定资产"等排在后面;右方为负债及所有者权益项目,一般按要求清偿时间的先后顺序排列,"短期借款""应付票据""应付账款"等需要在一年以内或者长于一年的一个正常营业周期内偿还的流动负债排在前面,"长期借款"等在一年以上才需偿还的非流动负债排在中间,在企业清算之前不需要偿还的所有者权益项目排在后面。

通过账户式资产负债表,可以反映资产、负债、所有者权益之间的内在关系,即"资产=负债+所有者权益"。

❓报告式的资产负债表是何样式?

三、资产负债表的编制

(一)资产负债表各项目的填列方法

资产负债表的各项目均需填列"年初余额"和"期末余额"两栏。其中"年初余额"栏内各项数字,应根据上年末资产负债表的"期末余额"栏内所列数字填列。如果本年度资产负债表规定的各个项目的名称和内容同上年度不相一致,应对上年年末资产负债表各项目的名称和数字按本年度的规定进行调整,按调整后的数字填入本表"年初余额"栏内。

(1)根据总账科目的余额直接或汇总填列。资产负债表中的有些项目,可直接根据有关总账科目的余额填列,如"以公允价值计量且其变动计入当期损益的金融资产""短期借款""应付票据""应付职工薪酬""实收资本""资本公积""盈余公积"等项目;有些项目,则需根据几个总账科目的期末余额汇总填列,如"货币资金"项目,需根据"库存现金""银行存款""其他货币资金"三个总账科目期末余额合计填列。

(2)根据有关明细科目的余额计算填列。如"应付账款"项目,需要分别根据"应付账款"和"预付账款"两科目所属明细科目的期末贷方余额计算填列;"应收账款"项目,需要分别根据"应收账款"和"预收账款"两科目所属明细科目的期末借方余额计算填列。

【例14-1】 某企业2016年12月31日结账后有关科目余额,如表14-1所示。

表14-1 某企业2016年12月31日结账后有关科目余额

单位:万元

总账科目	明细科目	借方余额		贷方余额	
		总账科目	明细科目	总账科目	明细科目
应收账款		800			
	——A公司		1 000		
	——B公司				200
预收账款				5 000	
	——C公司				7 000
	——D公司		2 000		
坏账准备				100	

假设此处坏账准备均属于为应收账款计提。

要求:计算2016年12月31日资产负债表中应收账款和预收款项应列示的金额。

解析:

该企业2016年12月31日资产负债表中相关项目的金额为:

企业"应收账款"的实际金额为应收账款明细账借方金额加上预收账款明细账借方金额的合计,报表中还要扣除坏账准备。

"应收账款"在资产负债表中的金额为:1 000+2 000—100=2 900(万元)。

企业"预收账款"的实际金额为应收账款明细账贷方金额加上预收账款明细账贷方金额的合计。

"预收款项"在资产负债表中的金额为:200+7 000=7 200(万元)。

【例 14-2】 某企业 2016 年 12 月 31 日结账后有关科目余额,如表 14-2 所示。

表 14-2 某企业 2016 年 12 月 31 日结账后有关科目余额 单位:万元

总账科目	明细科目	借方余额		贷方余额	
		总账科目	明细科目	总账科目	明细科目
应付账款				6 000	
	——A 公司				8 000
	——B 公司		2 000		
预付账款		3 000			
	——C 公司		4 000		
	——D 公司				1 000
坏账准备				1 000	

假设此处坏账准备均属于为预付账款计提。

要求:计算 2016 年 12 月 31 日资产负债表中应付账款和预付款项应列示的金额。

企业"预付账款"的实际金额为预付账款明细账借方金额加上应付账款明细账借方金额的合计,报表中还要扣除坏账准备。

"预付款项"在资产负债表中的金额为:2 000+4 000—1 000=5 000(万元)。

企业"应付账款"的实际金额为应付账款明细账贷方金额加上预付账款明细账贷方金额的合计。

"应付账款"在资产负债表中的金额为:8 000+1 000=9 000(万元)。

(3)根据总账科目和明细科目的余额分析计算填列。如"长期借款"项目,应根据"长期借款"总账科目余额扣除"长期借款"科目所属的明细科目中将在资产负债表日起一年内到期且企业不能自主地将清偿义务展期的长期借款后的金额填列。

【例 14-3】 某企业 2016 年 12 月 31 日长期借款情况,如表 14-3 所示。

表 14-3 某企业 2016 年 12 月 31 日长期借款情况

借款起始日期	借款期限(年)	金额(万元)
2016 年 1 月 1 日	3	100
2014 年 1 月 1 日	5	200
2013 年 6 月 1 日	4	150

"长期待摊费用"科目的期末余额为 200 万元,将于一年内摊销的数额为 50 万元。

要求:计算 2016 年 12 月 31 日资产负债表中"长期借款""一年内到期的非流动负债""长期待摊费用""一年内到期的非流动资产"应列示的金额。

解析:

该企业 2016 年 12 月 31 日资产负债表中"长期借款"项目金额为:

100+200=300(万元)

该企业 2016 年 12 月 31 日资产负债表中"一年内到期的非流动负债"项目 150 万元。

该企业 2016 年 12 月 31 日资产负债表中的"长期待摊费用"项目金额为：

$200-50=150$（万元）

该企业 2016 年 12 月 31 日资产负债表中的"一年内到期的非流动资产"项目为 50 万元。

（4）根据有关科目余额减去其备抵科目余额后的净额填列。如资产负债表中的"应收账款""长期股权投资"等项目，应根据"应收账款""长期股权投资"等科目的期末余额减去"坏账准备""长期股权投资减值准备"等科目余额后的净额填列；"固定资产"项目，应根据"固定资产"科目期末余额减去"累计折旧""固定资产减值准备"科目余额后的净额填列；"无形资产"项目，应根据"无形资产"科目期末余额减去"累计摊销""无形资产减值准备"科目余额后的净额填列。

【例 14-4】　甲公司 2016 年 12 月 31 日有关科目余额如表 14-4 所示。

表 14-4　甲公司 2016 年 12 月 31 日有关科目余额　　　　　　　　单位：万元

科　　目	借方科目余额	贷方科目余额
长期股权投资	100	
长期股权投资减值准备		6
投资性房地产	2 000	
投资性房地产累计折旧		450
投资性房地产减值准备		150
固定资产	2 000	
累计折旧		90
固定资产减值准备		200
在建工程	120	
在建工程减值准备		20
无形资产	488	
累计摊销		48.8
无形资产减值准备		93

要求：计算该企业 2016 年 12 月 31 日资产负债表中"长期股权投资""投资性房地产""固定资产""在建工程""无形资产"应该填列的金额。

解析：该企业 2016 年 12 月 31 日资产负债表中的

"长期股权投资"项目金额 $=100-6=94$（万元）

"投资性房地产"项目金额 $=2\ 000-450-150=1\ 400$（万元）

"固定资产"项目金额 $=2\ 000-90-200=1\ 710$（万元）

"在建工程"的项目金额 $=120-20=100$（万元）

"无形资产"项目金额 $=488-48.8-93=346.2$（万元）

（5）综合运用以上各种方法分析填列。如资产负债表中的"存货"项目，需根据"材料采购""在途物资""原材料""生产成本""库存商品""发出商品""委托加工物资""周转材料""材料成本差异"等总账科目期末余额的分析汇总数，再减去"存货跌价准备"备抵科目余额后的净额填列。

【例 14-5】　某企业采用计划成本核算存货，2016 年 12 月 31 日结账后有关科目余额如表 14-5 所示。

表 14-5　某企业 2016 年 12 月 31 日结账后有关科目余额　　　　　单位:万元

科　目	借方科目余额	贷方科目余额
材料采购	100	
原材料	2 600	
周转材料	200	
库存商品	5 000	
发出商品	300	
委托代销商品	400	
生产成本	1 000	
劳务成本	50	
材料成本差异		600
存货跌价准备		400
受托代销商品	123	
受托代销商品款		123

解析:

该企业 2016 年 12 月 31 日资产负债表中的"存货"项目金额

＝100＋2 600＋200＋5 000＋300＋400＋1 000＋50－600－400＋123－123

＝8 650(万元)

(二)资产负债表各项目的填列说明

1.资产项目的填列说明

(1)"货币资金"项目。本项目反映企业库存现金、银行结算户存款、外埠存款、银行汇票存款、银行本票存款、信用卡存款、信用证保证金存款等的合计数。本项目应根据"库存现金""银行存款""其他货币资金"科目期末余额的合计数填列。

(2)"以公允价值计量且其变动计入当期损益的金融资产"项目。本项目反映企业为交易目的而持有的债券投资、股票投资、基金投资等金融资产的公允价值。本项目应当根据"交易性金融资产"科目的期末余额填列。

(3)"应收票据"项目。本项目反映企业因销售商品、提供劳务等而收到的商业汇票,包括银行承兑汇票和商业承兑汇票。本项目应根据"应收票据"科目的期末余额,减去"坏账准备"科目中有关应收票据计提的坏账准备期末余额后的金额填列。

(4)"应收账款"项目。本项目反映企业因销售商品、提供劳务等经营活动应收取的款项。本项目应根据"应收账款"和"预收账款"科目所属各明细科目的期末借方余额合计减去"坏账准备"科目中有关应收账款计提的坏账准备期末余额后的金额填列。如"应收账款"科目所属明细科目期末有贷方余额的,应在资产负债表"预收款项"项目内填列。

(5)"预付款项"项目。本项目反映企业按照购货合同规定预付给供应单位的款项等。本项目应根据"预付账款"和"应付账款"科目所属各明细科目的期末借方余额合计数,减去"坏账准备"科目中有关预付款项计提的坏账准备期末余额后的金额填列。如"预付账款"科目所属各明细科目期末有贷方余额的,应在资产负债表"应付账款"项目内填列。

(6)"应收利息"项目。本项目反映企业应收取的债券投资等的利息。本项目应根据"应收利息"科目的期末余额,减去"坏账准备"科目中有关应收利息计提的坏账准备期末余额后的金额填列。

（7）"应收股利"项目。本项目反映企业应收取的现金股利和应收取其他单位分配的利润。本项目应根据"应收股利"科目的期末余额，减去"坏账准备"科目中有关应收股利计提的坏账准备期末余额后的金额填列。

（8）"其他应收款"项目。本项目反映企业除应收票据、应收账款、预付款项、应收股利、应收利息以外的其他各种应收、暂付的款项。本项目应根据"其他应收款"科目的期末余额，减去"坏账准备"科目中有关其他应收款计提的坏账准备期末余额后的金额填列。

（9）"存货"项目。本项目反映企业期末在库、在途和在加工中的各种存货的可变现净值。本项目应根据"材料采购""在途物资""原材料""生产成本""库存商品""发出商品""周转材料""委托加工物资""委托代销商品""受托代销商品"等科目的期末余额合计，减去"受托代销商品款""存货跌价准备"科目期末余额后的金额填列。材料采用计划成本核算，以及库存商品采用计划成本核算或售价核算的企业，还应按加或减材料成本差异、商品进销差价后的金额填列。

? 运用存货定义分析：资产负债表中存货项目包括哪些内容？如材料采用计划成本核算，材料成本差异超支差应从存货项目中加上还是减去？

（10）"一年内到期的非流动资产"项目。本项目反映企业非流动资产项目中在一年内到期的金额，包括一年内到期的持有至到期投资、长期待摊费用和1年内可收回的长期应收款等。本项目应根据有关科目的期末余额分析填列。

（11）"其他流动资产"项目。本项目反映企业除以上流动资产项目外的其他流动资产。本项目应根据有关科目的期末余额填列。

（12）"可供出售金融资产"项目。本项目反映企业持有的可供出售金融资产的公允价值，包括可供出售的股票、债券投资等金融资产。本项目应根据"可供出售金融资产"科目的期末余额填列。

（13）"持有至到期投资"项目。本项目反映企业持有至到期投资的摊余价值。持有至到期投资中，将于一年内到期的投资，应在流动资产类下"一年内到期的非流动资产"项目单独反映。本项目应根据"持有至到期投资"科目的期末余额，减去"持有至到期投资减值准备"科目期末余额和持有至到期投资中将于一年内到期的投资后的金额填列。

（14）"长期应收款"项目。本项目反映企业长期应收款净额。本项目应根据"长期应收款"科目的期末余额，减去一年内到期部分、"未确认融资收益"科目期末余额、"坏账准备"科目中有关长期应收款计提的坏账准备期末余额后的金额填列。

（15）"长期股权投资"项目。本项目反映企业持有的对子公司、联营企业和合营企业的长期股权投资。本项目应根据"长期股权投资"科目的期末余额，减去"长期股权投资减值准备"科目期末余额后的金额填列。

（16）"投资性房地产"项目。本项目反映企业投资性房地产的价值，包括采用成本模式计量的投资性房地产和采用公允价值模式计量的投资性房地产。成本模式下，本项目应根据"投资性房地产"科目的期末余额，减去"投资性房地产累计折旧"和"投资性房地产减值准备"科目期末余额后的金额填列；公允价值模式下，本项目应根据"投资性房地产"科目的期末余额直接填列。

（17）"固定资产"项目。本项目反映企业各种固定资产原价减去累计折旧和累计减值准备后的净额。本项目应根据"固定资产"科目的期末余额,减去"累计折旧"和"固定资产减值准备"科目期末余额后的金额填列。

(18)"在建工程"项目。本项目反映企业期末各项未完工程的实际支出,包括交付安装的设备价值,未完建筑安装工程已经耗用的材料、工资和费用支出,预付出包工程的价款等的可收回金额。本项目应根据"在建工程"科目的期末余额,减去"在建工程减值准备"科目期末余额后的金额填列。

(19)"工程物资"项目。本项目反映企业尚未使用的各项工程物资的实际成本。本项目应根据"工程物资"科目的期末余额,减去"工程物资减值准备"科目期末余额后的金额填列。

(20)"固定资产清理"项目。本项目反映企业因出售、毁损、报废等原因转入清理但尚未清理完毕的固定资产的账面价值,以及固定资产清理过程中所发生的清理费用和变价收入等各项金额的差额。本项目应根据"固定资产清理"科目的期末借方余额填列,如"固定资产清理"科目期末为贷方余额,以"－"号填列。

(21)"无形资产"项目。本项目反映企业持有的各项无形资产的账面价值。本项目应根据"无形资产"科目的期末余额,减去"累计摊销"和"无形资产减值准备"科目期末余额后的金额填列。

(22)"开发支出"项目。本项目反映企业开发无形资产过程中能够资本化形成无形资产成本的支出部分。本项目应当根据"研发支出"科目中所属的"资本化支出"明细科目期末余额填列。

(23)"长期待摊费用"项目。本项目反映企业已经发生但应由本期和以后各期负担的分摊期限在1年以上的各项费用。长期待摊费用中在1年内(含1年)摊销的部分,在资产负债表"一年内到期的非流动资产"项目填列。本项目应根据"长期待摊费用"科目的期末余额减去将于1年内(含1年)摊销的数额后的金额填列。

(24)"递延所得税资产"项目。本项目反映企业根据所得税准则确认的可抵扣暂时性差异产生的递延所得税资产。本项目应根据"递延所得税资产"科目的期末余额填列。

(25)"其他非流动资产"项目。本项目反映企业除上述所列非流动资产以外的其他非流动资产。本项目应根据有关科目的期末余额填列。

2.负债项目的填列说明

(1)"短期借款"项目。本项目反映企业向银行或其他金融机构等借入的期限在1年以下(含1年)的各种借款。本项目应根据"短期借款"科目的期末余额填列。

(2)"应付票据"项目。本项目反映企业购买材料、商品和接受劳务供应等而开出、承兑的商业汇票,包括银行承兑汇票和商业承兑汇票。本项目应根据"应付票据"科目的期末余额填列。

(3)"应付账款"项目。本项目反映企业因购买材料、商品和接受劳务供应等经营活动应支付的款项。本项目应根据"应付账款"和"预付账款"科目所属各明细科目的期末贷方余额合计数填列。如"应付账款"科目所属明细科目期末有借方余额的,应在资产负债"预付款项"项目内填列。

(4)"预收款项"项目。本项目反映企业按照销货合同规定预收客户的款项。本项目应根据"预收账款"和"应收账款"科目所属各明细科目的期末贷方余额合计数填列。如"预收账款"科目所属各明细科目期末有借方余额,应在资产负债表"应收账款"项目内填列。

(5)"应付职工薪酬"项目。本项目反映企业应付未付的职工薪酬。本项目应根据"应付职工薪酬"科目期末余额填列。如"应付职工薪酬"科目期末为借方余额,以"一"号填列。

(6)"应交税费"项目。本项目反映企业按照税法规定计算应交纳的各种税费,包括增值税、消费税、所得税、资源税、土地增值税、城市维护建设税、房产税、土地使用税、车船税、教育费附加、矿产资源补偿费等。企业代扣代交的个人所得税,也通过本项目列示。企业所交纳的税金不需要预计应交数的,如印花税、耕地占用税等,不在本项目列示。本项目应根据"应交税费"科目的期末贷方余额填列;如"应交税费"科目期末为借方余额,应以"一"号填列。

(7)"应付利息"项目。本项目反映企业按照规定应当支付的各种利息。本项目应当根据"应付利息"科目的期末余额填列。

(8)"应付股利"项目。本项目反映企业尚未支付的现金股利或利润,企业分配的股票股利不通过本项目列示。本项目应根据"应付股利"科目的期末余额填列。

(9)"其他应付款"项目。本项目反映企业除应付票据、应付账款、预收款项、应付职工薪酬、应交税费、应付利息、应付股利等以外的其他各项应付、暂收的款项。本项目应根据"其他应付款"科目的期末余额填列。

(10)"一年内到期的非流动负债"项目。本项目反映企业非流动负债中将于资产负债表日后一年内到期部分的金额,如将于一年内偿还的长期借款。本项目应根据有关科目的期末余额分析填列。

(11)"其他流动负债"项目。本项目反映企业除以上流动负债项目外的其他流动负债。本项目应根据有关科目的期末余额填列。

(12)"长期借款"项目。本项目反映企业向银行或其他金融机构借入的期限在 1 年以上(不含 1 年)的各项借款。本项目应根据"长期借款"科目的期末余额,减去"长期借款"科目中将于一年到期的长期借款后的金额填列。

(13)"应付债券"项目。本项目反映企业为筹集长期资金而发行的债券本金和利息。本项目应根据"应付债券"科目的期末余额,减去"应付债券"科目中将于一年到期的应付债券后的金额填列。

(14)"长期应付款"项目。本项目反映企业除长期借款和应付债券以外的其他各种长期应付款。本项目应根据"长期应付款"科目的期末余额,减去"长期应付款"科目中将于一年到期的长期应付款后的金额填列。

(15)"预计负债"项目。本项目反映企业计提的各项预计负债。本项目应根据"预计负债"科目的期末余额填列。

(16)"递延所得税负债"项目。本项目反映企业根据所得税准则确认的应纳税暂时性差异产生的递延所得税负债。本项目应根据"递延所得税负债"科目的期末余额填列。

(17)"其他非流动负债"项目。本项目反映企业除以上非流动负债项目以外的其他非流动负债。本项目应根据有关科目期末余额减去将于 1 年内(含 1 年)到期偿还数后的余额填列。

3. 所有者权益项目的填列说明

(1)"实收资本(或股本)"项目。本项目反映企业投资者实际投入的资本(或股本)总额。本项目应根据"实收资本"(或"股本")科目的期末余额填列。

(2)"资本公积"项目。本项目反映企业收到投资者出资超出其在注册资本或股本中所占的份额以及直接计入所有者权益的利得和损失等。本项目应根据"资本公积"科目的期末余额填列,其中"库存股"项目按"库存股"科目的期末余额填列。

（3）"盈余公积"项目。本项目反映企业从净利润中提取的盈余公积。本项目应根据"盈余公积"科目的期末余额填列。

（4）"未分配利润"项目。本项目反映企业尚未分配的利润。1至11月份本项目应根据"本年利润"科目和"利润分配"科目的余额计算填列（未弥补的亏损在本项目内以"－"号填列）；12月份，本项目应根据"利润分配——未分配利润"科目的余额直接填列，如为借方余额，以"－"号填列。

四、资产负债表编制举例

【例14-6】　W股份有限公司2016年有关资料如下：

（1）1月1日部分总账及其所属明细账余额如表14-6所示。

表14-6　　W股份有限公司2016年1月1日部分总账及其所属明细账余额　　　　单位：万元

总　账	明细账	借或贷	余　额
应收账款	A公司	借	600
坏账准备		贷	30
长期股权投资	B公司	借	2 500
固定资产	厂房	借	3 000
累计折旧		贷	900
固定资产减值准备		贷	200
应付账款	C公司	借	150
	D公司	贷	1 050
长期借款	甲银行	贷	300

注：

①该公司未单独设置"预付账款"会计科目。

②表中长期借款为2015年10月1日从银行借入，借款期限2年，年利率5%，每年付息一次。

（2）2016年W股份有限公司发生如下业务：

①3月10日，收回上年已作为坏账转销的应收A公司账款70万元并存入银行。

借：银行存款　　　　　　　　　　　　　　　　　　　　　　　700 000

　　贷：坏账准备　　　　　　　　　　　　　　　　　　　　　　　700 000

②4月15日，收到C公司发来的材料一批并验收入库，增值税专用发票注明货款100万元，增值税17万元，其款项上年已预付。

借：原材料　　　　　　　　　　　　　　　　　　　　　　　1 000 000

　　应交税费——应交税费（进项税额）　　　　　　　　　　　　170 000

　　贷：应付账款　　　　　　　　　　　　　　　　　　　　　　1 170 000

③4月20日，对厂房进行更新改造，发生后续支出总计500万元，所替换的旧设施账面价值为3 000万元（已提折旧1 000万元，已提减值准备200万元）。改造过程中发生报废损失300万。该厂房于12月30日达到预定可使用状态，其后续支出符合资本化条件。

借：在建工程　　　　　　　　　　　　　　　　　　　　　　18 000 000

　　累计折旧　　　　　　　　　　　　　　　　　　　　　　10 000 000

　　固定资产减值准备　　　　　　　　　　　　　　　　　　　2 000 000

贷:固定资产	30 000 000
借:在建工程	5 000 000
贷:银行存款等	5 000 000
借:营业外支出等	3 000 000
贷:在建工程	3 000 000
借:固定资产 20 000 000(18 000 000+5 000 000-3 000 000)	
贷:在建工程	20 000 000

④生产用设备和厂房计提折旧 60 万元,管理用设备和办公楼计提折旧 40 万。

借:管理费用	400 000
制造费用	600 000
贷:累计折旧	1 000 000

⑤6 月 30 日从乙银行借款 200 万元,期限 3 年,年利率 6%,每半年付息一次。

借:银行存款	2 000 000
贷:长期借款	2 000 000

年底计提利息:

借:财务费用 60 000(2 000 000×6%×2)	
贷:应付利息	60 000
借:应付利息	60 000
贷:银行存款	60 000

⑥10 月份以票据结算的经济业务有(不考虑增值税):持银行汇票购进材料 500 万元;持银行本票购进库存商品 300 万元;签发 6 个月的商业汇票购进物资 800 万元。

借:原材料	5 000 000
库存商品	3 000 000
贷:其他货币资金	8 000 000
借:原材料等	8 000 000
贷:应付票据	8 000 000

⑦12 月 31 日,经计算本月应付职工工资 200 万元,应计提社会保险费 50 万元。同日,以银行存款预付下月住房租金 2 万元,该住房供公司高级管理人员免费居住。

借:管理费用等	2 500 000
贷:应付职工薪酬	2 500 000
借:应付账款	20 000
贷:银行存款	20 000

注意:因为是预付下个月即下年度的 1 月份的租金,要确认预付账款,不确认应付职工薪酬,该题不单独设置预付账款,所以是记入到应付账款科目。

⑧12 月 31 日,经减值测试,应收 A 公司账款预计未来现金流量现值为 400 万元。

应收 A 公司的款项期末坏账准备应有余额=600-400=200(万元),计提坏账准备前已经有的余额=30+70=100(万元),所以应该补提的坏账准备=200-100=100(万元)。

借:资产减值损失	1 000 000
贷:坏账准备	1 000 000

⑨W股份有限公司对B公司的长期股权投资采用权益法核算,其投资占B公司的表决权股份的30%。2016年B公司实现净利润9 000万元。长期股权投资在资产负债表日不存在减值迹象。

借:长期股权投资　　　　　　　　　　　　　　　　　27 000 000
　　贷:投资收益　　　　　　　　　　　　　　　　　　　　　27 000 000

要求:计算W股份有限公司2016年12月31日资产负债表下列项目的年末余额(金额单位用万元表示):(1)应收账款;(2)预付款项;(3)长期股权投资;(4)固定资产;(5)应付票据;(6)应付账款;(7)应付职工薪酬;(8)长期借款。

解析:

(1)应收账款=年初应收600-(年初坏账30+①坏账70+⑧坏账100)=400(万元)

(2)预付款项=(年初150-②117+⑦2)-0=35(万元)

(3)长期股权投资=年初2 500+⑨2 700=5 200(万元)

(4)固定资产=(年初固定资产3 000-③3 000+③2 000)-(年初累计折旧900+④100-③1 000)-(年初准备200-③200)
　　　　　　　=2 000(万元)

(5)应付票据=⑥800(万元)

(6)应付账款=年初1 050(万元)

(7)应付职工薪酬=⑦250(万元)

(8)长期借款=⑤200(万元)(期初的向甲银行借入的300万元,到年底还有9个月到期,所以应该列入到一年内到期的非流动负债项目)

【例14-7】　宇辰有限责任公司2016年12月31日的资产负债表及2017年12月31日的科目余额如表14-7和表14-8所示。假设宇辰有限责任公司2017年度计提坏账准备导致应收账款账面价值与计税基础存在可抵扣暂时性差异外,其他资产和负债的账面价值均等于计税基础。

表14-7　资产负债表

会企01表

编制单位:宇辰有限责任公司　　　　　　　2016年12月31日　　　　　　　　　　单位:元

资　产	期末余额	年初余额	负债和所有者权益	期末余额	年初余额
流动资产:			流动负债:		
货币资金	193 411	154 730	短期借款	53 000	42 400
以公允价值计量且其变动计入当期损益的金融资产	6 673	5 338	交易性金融负债		
应收票据	12 320	9 856	应付票据	28 500	22 800
应收账款	173 727	159 200	应付账款	115 358	92 200

资　产	期末余额	年初余额	负债和所有者权益	期末余额	年初余额
预付款项	41 452	45 600	预收款项		
应收利息			应付职工薪酬	47 718	49 100
应收股利			应交税费	55 894	44 700
其他应收款		31 840	应付利息	5 000	4 100
存　货	377 795	302 000	应付股利	50 000	
一年内到期的非流动资产			其他应付款	132 335	67 200
其他流动资产			一年内到期的非流动负债	50 000	33 500
流动资产合计	805 378	708 564	其他流动负债		
非流动资产：			流动负债合计	537 805	356 000
可供出售金融资产			非流动负债：		
持有至到期投资			长期借款	264 733	253 420
长期应收款			应付债券	800 000	—
长期股权投资	87 900	70 320	长期应付款		
投资性房地产			专项应付款		
固定资产	548 965	548 416	预计负债		
在建工程	895 673	85 700	递延所得税负债		
工程物资			其他非流动负债		
固定资产清理			非流动负债合计	1 064 733	253 420
生产性生物资产			负债合计	1 602 538	609 420
油气资产			所有者权益		
无形资产	70 000	30 000	实收资本	750 000	750 000
开发支出			资本公积		
商　誉			减：库存股		
长期待摊费用	143 902	77 700	盈余公积	142 000	133 200
递延所得税资产	218.25		未分配利润	57 498.25	28 080
其他非流动资产			所有者权益合计	949 498.25	911 280
非流动资产合计	1 746 658.25	812 136			
资产总计	2 552 036.25	1 520 700	负债和所有者权益（或股东权益）总计	2 552 036.25	1 520 700

表 14-8　科目余额表

2017 年 12 月 31 日

单位：元

科目名称	借方余额	科目名称	贷方余额
库存现金	3 500	短期借款	23 000
银行存款	29 179	应付票据	18 500
其他货币资金	2 500	应付账款	95 358

科目名称	借方余额	科目名称	贷方余额
交易性金融资产	4 673	预收账款	−10 000
应收票据	2 320	应付职工薪酬	75 718
应收账款	441 600	应付股利	60 000
坏账准备	−2 208	应交税费	50 728.75
预付账款	21 452	其他应付款	192 335
材料采购	117 000	应付利息	4 800
原材料	159 713	长期借款	534 633
周转材料	20 200	应付债券	800 000
材料成本差异	5 966	股本	750 000
库存商品	164 486	盈余公积	152 633.20
委托加工物资	23 330	资本公积	10 000
长期股权投资	87 900	利润分配	83 197.05
固定资产	1 771 500		
累计折旧	−411 035		
工程物资	70 000		
在建工程	142 373		
无形资产	70 000		
累计摊销	−8 000		
长期待摊费用	133 902		
递延所得税资产	552		

宇辰有限责任公司相关明细资料提示：

(1)长期借款账户:2017 年 12 月 31 日的余额为 534 633 元。其中:

①2017 年 4 月 1 日借入的 5 年期、年利率 6%、到期一次还本付息的贷款 256 700 元。其中:本金 250 000 元,利息 6 700 元。

②2013 年 8 月 9 日借入的 5 年期、年利率 6%、到期一次还本付息的贷款 277 933 元。其中:本金 220 000 元,利息 57 933 元。

(2)应付债券账户余额:2017 年 12 月 31 日的余额为 800 000 元。该债券是为了购建固定资产,企业于 2016 年 2 月 3 日向内部职工发行的 2 年期无息融资债券。

(3)采用应收款账余额百分比法计提坏账准备,坏账准备的计提比例为 5‰。除应收账款外,其他资产均未计提减值准备。

(4)应付账款总账 95 358 元,明细账中借方余额 10 000 元,贷方余额 105 358 元;预付账款总账 21 452 元,明细账中借方余额 31 452 元,贷方余额 10 000 元。

根据表 14-7 和表 14-8,宇辰有限责任公司编制 2017 年 12 月 31 日资产负债表,如表 14-9 所示。

表 14-9 资产负债表

会企 01 表

编制单位：宇辰有限责任公司　　　　　2017 年 12 月 31 日　　　　　　　　单位：元

资　产	期末余额	年初余额	负债和所有者权益	期末余额	年初余额
流动资产：			流动负债：		
货币资金	35 179	193 411	短期借款	23 000	53 000
以公允价值计量且其变动计入当期损益的金融资产	4 673	6 673	交易性金融负债		
应收票据	2 320	12 320	应付票据	18 500	28 500
应收账款	439 392	173 727	应付账款	115 358	115 358
预付款项	41 452	41 452	预收款项		
应收股利			应付职工薪酬	75 718	47 718
应收利息			应交税费	50 728.75	55 894
其他应收款			应付利息	4 800	5 000
存　货	490 695	377 795	应付股利	60 000	50 000
一年内到期的非流动资产			其他应付款	192 335	132 335
其他流动资产			一年内到期的非流动负债	1 077 933	50 000
流动资产合计	1 013 711	805 378	其他流动负债		
非流动资产：			流动负债合计	1 618 372.75	537 805
可供出售金融资产			非流动负债：		
持有至到期投资			长期借款	256 700	264 733
长期应收款			应付债券		800 000
长期股权投资	87 900	87 900	长期应付款		
投资性房地产			专项应付款		
固定资产	1 360 465	548 965	预计负债		
在建工程	142 373	895 673	递延所得税负债		
工程物资	70 000		其他非流动负债		
固定资产清理			非流动负债合计	256 700	1 064 733
生产性生物资产			负债合计	1875 072.75	1 602 538
油气资产			所有者权益：		
无形资产	62 000	70 000	实收资本（或股本）	750 000	750 000
开发支出			资本公积		
商誉			减：库存股		
长期待摊费用	133 902	143 902	盈余公积	152 633.20	142 000
递延所得税资产	552	218.25	未分配利润	93 197.05	57 498.25
其他非流动资产			所有者权益合计	995 830.25	949 98.25
非流动资产合计	1 857 192	1746 658.25			
资产总计	2 870 903	2 552 036.25	负债和所有者权益总计	2 870 903	2552036.25

　　(1)货币资金＝库存现金＋银行存款＋其他货币资金

　　　　　　　　＝3 500＋29 179＋2 500＝35 179(元)

　　(2)应收账款＝应收账款借方＋预收账款借方－坏账准备

　　　　　　　　＝431 600＋10 000－2 208＝439 392(元)

　　(3)预付账款＝31 452＋10 000＝41 452(元)

　　预付账款中填列的是预付账款明细账中借方余额31 452元和应付账款明细账中借方余额10 000元的合计。

　　(4)存货＝材料采购＋原材料＋周转材料＋材料成本差异＋库存商品＋委托加工物资

　　　　　　＝117 000＋159 713＋20 200＋5 966＋164 486＋23 330＝490 695(元)

　　(5)固定资产＝固定资产原值－累计折旧＝1 771 500－411 035＝1 360 465(元)

　　(6)无形资产＝无形资产－累计摊销＝70 000－8 000＝68 000(元)

　　(7)应付账款＝105 358＋10 000＝115 358(元)

　　应付账款中填列的是应付账款明细账贷方余额105 358元和预付账款明细账中贷方余额10 000元的合计。

　　(8)一年内到期的非流动负债＝277 933＋800 000＝1 077 933(元)

　　一年内到期的非流动负债内填列的是2013年8月9日借入的5年期、年利率6％、到期一次还本付息的贷款277 933元和为了购建固定资产,企业于2016年2月3日向内部职工发行的2年期无息融资债券800 000元。该两笔负债将于一年内到期,所以需要列入一年内到期的非流动负债中。

　　【任务实施】

　　"应收账款"的填列金额为应收账款明细账借方金额加上预收账款明细账借方金额的合计,报表中还要扣除坏账准备。

　　"预收账款"的填列金额为应收账款明细账贷方金额加上预收账款明细账贷方金额的合计。

　　"应付账款"的填列金额金额为应付账款明细账贷方金额加上预付账款明细账贷方金额的合计。

　　"预付账款"的填列金额为预付账款明细账借方金额加上应付账款明细账借方金额的合计,报表中还要扣除坏账准备。

　　"固定资产"项目,应根据"固定资产"科目期末余额减去"累计折旧""固定资产减值准备"科目余额后的净额填列。

　　"存货"项目,需根据"材料采购""在途物资""原材料""生产成本""库存商品""发出商品""委托加工物资""周转材料""材料成本差异"等总账科目期末余额的分析汇总数,再减去"存货跌价准备"备抵科目余额后的净额填列。

任务三 编制利润表

【任务布置】

宇辰有限责任公司的经营期间的收入、费用和利润通过编制的利润表反映。公司各种产品的销售收入计入主营业务收入,销售材料、出租设备等的收入计入其他业务收入。

请问:我国利润表的结构是什么样式的?利润表中的营业收入如何填列?利润表中营业利润、利润总额和净利润如何填列?

【知识准备】

利润表是反映企业在一定会计期间经营成果的报表。该表以"收入-费用=利润"会计等式为依据,将一定会计期间(如年度、季度、月份)的收入与其同一会计期间相关的费用进行配比,据以计算出企业一定时期的净利润(或净亏损)。

一、利润表的作用

(1)可以反映企业一定会计期间的收入实现情况,即实现的营业收入、公允价值变动收益、营业外收入等。

(2)可以反映企业一定会计期间的耗费情况,即耗费的营业成本、税金及附加、销售费用、管理费用、财务费用、资产减值损失、营业外支出等。

(3)可以反映企业生产经营活动的成果,即净利润的实现情况,据以判断资本保值、增值情况。

(4)可以反映企业不同时期的比较数字,便于财务报表使用者分析判断企业未来的发展趋势和获利能力,从而作出正确的经营决策。

二、利润表的结构

常见的利润表结构一般有单步式和多步式两种,我国现行的利润表采用多步式结构。

多步式利润表的结构主要包括以下几部分内容:

(1)以营业收入为基础,减去营业成本、税金及附加、销售费用、管理费用、财务费用、资产减值损失,加(或减)公允价值变动收益、加(或减)投资收益,计算出营业利润。

(2)以营业利润为基础,加上营业外收入,减去营业外支出,计算出利润总额。

(3)以利润总额为基础,减去所得税费用,计算出净利润。

三、利润表各项目的填列说明

利润表同时提供"本期金额"和"上期金额"的资料。其中"上期金额"栏根据上年度利润表各项目的数字填列;"本期金额"栏内各项数字,应当按照各损益类科目的本期发生额分析填列。具体方法如下:

(1)"营业收入"项目。本项目反映企业经营主要业务和其他业务所确认的收入总额。本项目应根据"主营业务收入"和"其他业务收入"科目的发生额分析填列。

【例 14-8】 A 企业 2017 年度"主营业务收入"科目的贷方发生额为 5 000 万元,借方发生额为 1 000 万元(系 11 月份发生的购买方退货),"其他业务收入"科目的贷方发生额为 2 000 万元。

要求:计算该企业 2017 年度利润表中"营业收入"项目金额。

解析:

该企业 2017 年度利润表中"营业收入"项目金额＝(5 000－1 000)＋2 000＝6 000(万元)

(2)"营业成本"项目。本项目反映企业经营主要业务和其他业务所发生的成本总额。本项目应根据"主营业务成本"和"其他业务成本"科目的发生额分析填列。

【例 14-9】 A 企业 2017 年度"主营业务成本"科目的借方发生额为 3 000 万元,贷方发生额为 800 万元(系 11 月份发生的购买方退货),"其他业务成本"科目的借方发生额为 1 500 万元。

要求:计算该企业 2017 年度利润表中的"营业成本"项目金额。

解析:

该企业 2017 年度利润表中的"营业成本"项目金额＝(3 000－800)＋1 500＝3 700(万元)

(3)"税金及附加"项目。本科目反映企业经营业务应负担的消费税、城市维护建设税、资源税、土地增值税和教育费附加等。本项目应根据"税金及附加"科目的发生额分析填列。

(4)"销售费用"项目。本项目反映企业在销售商品过程中发生的包装费、广告费等费用和为销售本企业商品而专设的销售机构的职工薪酬、业务费等经营费用。本项目应根据"销售费用"科目的发生额分析填列。

(5)"管理费用"项目。本项目反映企业为组织和管理生产经营活动发生的管理费用。本项目应根据"管理费用"科目的发生额分析填列。

(6)"财务费用"项目。本项目反映企业筹集生产经营所需资金等而发生的筹资费用。本项目应根据"财务费用"科目的发生额分析填列。

(7)"资产减值损失"项目。本项目反映企业根据资产减值等准则计提各项资产减值准备所形成的损失。本项目应根据"资产减值损失"科目的发生额分析填列。

(8)"公允价值变动收益"项目。本项目反映企业应当计入当期损益的资产或负债公允价值变动收益。本项目应根据"公允价值变动损益"科目的发生额分析填列,如为净损失,本项目以"－"号填列。

(9)"投资收益"项目。本项目反映企业以各种方式对外投资所取得的收益。本项目应根据"投资收益"科目的发生额分析填列,如为投资损失,本项目以"－"号填列。

(10)"营业利润"项目。本项目反映企业实现的营业利润。如为亏损,本项目以"－"号填列。

(11)"营业外收入"项目。本项目反映企业发生的与经营业务无直接关系的各项收入。本项目应根据"营业外收入"科目的发生额分析填列。

(12)"营业外支出"项目。本项目反映企业发生的与经营业务无直接关系的各项支出。本项目应根据"营业外支出"科目的发生额分析填列。

(13)"利润总额"项目。本项目反映企业实现的利润总额。如为亏损,本项目以"－"号填列。

(14)"所得税费用"项目。本项目反映企业应从当期利润总额中扣除的所得税费用。本项目应根据"所得税费用"科目的发生额分析填列。

(15)"净利润"项目。本项目反映企业实现的净利润。如为亏损,本项目以"－"号填列。

(16)"每股收益"项目,包括基本每股收益和稀释每股收益两项指标,反映普通股或潜在普通股已公开交易的企业,以及正处在公开发行普通股或潜在普通股过程中的企业每股收益信息。

(17)"其他综合收益的税后净额"项目。本项目反映企业根据《企业会计准则》规定未在损益中确认的各项利得和损失扣除所得税影响后的净额。

(18)"综合收益总额"项目。本项目反映企业净利润与其他综合收益的合计金额。

四、利润表编制举例

【例 14-10】 截至 2017 年 12 月 31 日,某企业"主营业务收入"科目发生额为 1 990 万元,"主营业务成本"科目发生额为 630 万元,"其他业务收入"科目发生额为 500 万元,"其他业务成本"科目发生额为 150 万元,"税金及附加"科目发生额为 780 万元,"销售费用"科目发生额为 60 万元,"管理费用"科目发生额为 50 万元,"财务费用"科目发生额为 170 万元,"资产减值损失"科目发生额为 50 万元,"公允价值变动损益"科目为借方发生额 450 万元(无贷方发生额),"投资收益"科目贷方发生额为 850 万元(无借方发生额),"营业外收入"科目发生额为 100 万元,"营业外支出"科目发生额为 40 万元,"所得税费用"科目发生额为 171.6 万元。

要求:计算该企业 2017 年度利润表中营业利润、利润总额和净利润。

解析:

该企业 2017 年度利润表中营业利润、利润总额和净利润的计算过程如下:

(1)营业利润＝营业收入(1 990＋500)－营业成本(630＋150)－税金及附加 780－销售费用 60－管理费用 50－财务费用 170－资产减值损失 50－公允价值变动损益 450＋投资收益 850＝1 000(万元)

(2)利润总额＝1 000＋营业外收入 100－营业外支出 40＝1 060(万元)

(3)净利润＝1 060－所得税费用 171.6＝888.4(万元)

【例 14-11】 宇辰有限责任公司 2017 年度有关损益类科目本年累计发生净额如表 14-10 所示,假设该公司不存在未在损益中确认的利得和损失。

表 14-10 宇辰有限责任公司 2017 年度损益类科目累计发生额　　单位:元

科目名称	借方发生额	贷方发生额
主营业务收入		370 000
投资收益		30 250
营业外收入		40 000
主营业务成本	222 000	
税金及附加	2 000	
销售费用	13 000	
管理费用	43 700	
财务费用	17 084	
资产减值损失	1 335	
营业外支出	9 800	
所得税费用	24 999	

宇辰有限责任公司根据上述资料编制 2017 年度的利润表,如表 14-11 所示。

宇辰有限责任公司相关明细资料提示:

(1)投资收益中,有 30 000 元是国债利息收入。

(2)所得税费用的组成:当期所得税 25 332.75 元,递延所得税收益 333.75 元。

宇辰有限责任公司 2017 年度利润表如表 14-11 所示。

表 14-11　利润表　　　　　　　　　　　　会企 02 表

编制单位:宇辰有限责任公司　　　　　　2017 年度　　　　　　　　单位:元

项　目	本期金额	上期金额
一、营业收入	370 000	(略)
减:营业成本	222 000	
税金及附加	2 000	
销售费用	13 000	
管理费用	43 700	
财务费用	17 084	
资产减值损失	1 335	
加:公允价值变动收益(损失以"-"号填列)		
投资收益(损失以"-"号填列)	30 250	
其中:对联营企业和合营企业的投资收益		
二、营业利润(亏损以"-"号填列)	101 131	
加:营业外收入	40 000	
减:营业外支出	9 800	
其中:非流动资产处置损失		
三、利润总额(亏损总额以"-"号填列)	131 331	
减:所得税费用	24 999	
四、净利润(净亏损以"-"号填列)	106 332	
五、其他综合收益的税后净额		
(一)以后不能重分类进损益的其他综合收益		
1.重新计量设定受益计划净负债或净资产的变动		
2.权益法下在被投资单位不能重分类进损益的其他综合收益中享有的份额		
……		
(二)以后将重分类进损益的其他综合收益		
1.权益法下在被投资单位以后将重分类进损益的其他综合收益中享有的份额		
2.可供出售金融资产公允价值变动损益		
3.持有至到期投资重分类为可供出售金融资产损益		
4.现金流量套期损益的有效部分		
5.外币财务报表折算差额		
……		
六、综合收益总额		
七、每股收益	(略)	
(一)基本每股收益		
(二)稀释每股收益		

【任务实施】

我国现行的利润表采用多步式结构。

营业收入等于主营业务收入加其他业务收入。

以营业收入为基础，减去营业成本、税金及附加、销售费用、管理费用、财务费用、资产减值损失，加（或减）公允价值变动收益、加（或减）投资收益，计算出营业利润。

以营业利润为基础，加上营业外收入、减去营业外支出，计算出利润总额。

以利润总额为基础，减去所得税费用，计算出净利润。

任务四　编制现金流量表

【任务布置】

宇辰有限责任公司在经营过程中现金收支信息通过现金流量表反映。现金流量表是按收付实现制编制的企业一定期间现金流入流出情况的会计报表。

请问：

(1)现金流量表中的现金流量分为哪几类？

(2)采用直接法填列现金流量表时，销售商品、提供劳务收到的现金和购买商品及接受劳务收到的现金的填列原理是什么？

【知识准备】

现金流量表是反映企业在一定会计期间现金和现金等价物流入和流出的报表。

现金是指企业库存现金以及可以随时用于支付的存款，包括库存现金、银行存款和其他货币资金等。不能随时用于支付的存款不属于现金。

现金等价物是指企业持有的期限短、流动性强、易于转换为已知金额现金、价值变动风险很小的投资。期限短一般是指从购买日起三个月内到期。现金等价物通常包括三个月内到期的债券投资等，权益性投资变现的金额通常不确定，因而不属于现金等价物。企业应当根据具体情况确定现金等价物的范围，一经确定不得随意变更。

一、现金流量表的作用

现金流量表的作用主要表现在以下几个方面：

(1)可以提供企业的现金流量信息，从而对企业整体财务状况作出客观评价。通过现金流量表揭示的企业现金流量情况，可以大致判断其经营周转是否顺畅。

(2)投资者和债权人通过现金流量表，可以对企业的支付能力和偿债能力，以及企业对外部资金的需求情况作出较为可靠的判断。

(3)可以了解企业当前的财务状况，预测企业未来的发展情况。

二、现金流量的分类

现金流量，是指一定会计期间内企业现金和现金等价物的流入和流出。具体可分为三大类,即经营活动产生的现金流量、投资活动产生的现金流量和筹资活动产生的现金流量。

1. 经营活动产生的现金流量

经营活动,是指企业投资活动和筹资活动以外的所有交易和事项,包括销售商品或提供劳务、购买商品或接受劳务、收到的税费返还、支付的职工薪酬、支付的各项税费等。

2. 投资活动产生的现金流量

投资活动,是指企业长期资产的购建和不包括在现金等价物范围内的投资及其处置活动。这里的"投资"既包括对外投资,又包括对内投资。具体包括取得和收回投资、购建和处置固定资产、购买和处置无形资产等。

3. 筹资活动产生的现金流量

筹资活动,是指导致企业资本及债务规模和构成发生变化的活动。其中的资本是指实收资本(股本)和资本溢价(股本溢价),一般包括发行股票或接受投入资本、分配利润、支付股利等;其中的债务是指企业对外举债所借入的款项,如取得和偿还银行借款、发行和偿还公司债券等。偿付应付账款、应付票据等商业应付款属于经营活动,不属于筹资活动。

三、现金流量表的内容和结构

现金流量表的结构包括现金流量表正表和现金流量表补充资料两部分。

现金流量表正表是现金流量表的主体,企业一定会计期间现金流量的信息主要由正表提供。正表采用报告式的结构,按照现金流量的性质,依次分类反映经营活动产生的现金流量、投资活动产生的现金流量和筹资活动产生的现金流量,最后汇总反映企业现金及现金等价物净增加额。在有外币现金流量及境外子公司的现金流量折算为人民币的企业,正表中还应单设"汇率变动对现金及现金等价物的影响"项目,以反映企业外币现金流量及境外子公司的现金流量折算为人民币时,所采用的现金流量发生日的汇率或平均汇率折算的人民币金额与"现金及现金等价物增加额"中外币现金净增加额按期末汇率折算的人民币金额之间的差额。

现金流量表补充资料包括三部分:①将净利润调节为经营活动现金流量(即按间接法反映的经营活动现金流量),与正表中的"经营活动产生的现金流量净额"应当相等;②不涉及现金收支的投资和筹资活动;③现金及现金等价物净变动情况。

❓ 现金流量表与资产负债表和利润表之间是何关系?

四、现金流量表的编制

(一)现金流量表的编制方法

列报经营活动现金流量的方法有两种:一是直接法,二是间接法。

所谓直接法,是指通过现金收入和现金支出的主要类别列示经营活动的现金流量。采用直接法编制经营活动产生的现金流量时,一般以利润表中的营业收入为起算点,按照利润表项目自上而下逐项分析,并调整与经营活动有关的项目的增减变动,然后计算出经营活动产生的现金流量。

所谓间接法,是指以本期净利润为起算点,按照利润表项目自下而上逐项分析,调整不涉及现金的收入、费用、营业外收支以及经营性应收、应付等项目的增减变动,然后计算出经营活动产生的现金流量。

在具体编制现金流量表时,企业可根据业务量的大小及复杂程度,采用工作底稿法、T 型账户法,或直接根据有关科目的记录分析填列。

(二)现金流量表各项目的内容和填列方法

现金流量表由正表和补充资料两部分构成。

1. 正表

(1)"经营活动产生的现金流量"各项目的内容和填列方法。

①"销售商品、提供劳务收到的现金"项目。

该项目反映企业销售商品、提供劳务实际收到的现金(含应向购买者收取的增值税销项税额),包括本期销售商品、提供劳务收到的现金,以及前期销售商品、提供劳务本期收到的现金和本期预收的款项,减去本期销售本期退回的商品和前期销售本期退回的商品所支付的现金。企业销售材料和代购代销业务收到的现金,也在该项目反映。

销售商品、提供劳务收到的现金

＝本期销售商品、提供劳务收到的现金＋前期销售商品、提供劳务本期收到的现金＋本期预收的款项

＝营业收入＋增值税的销项税额＋(应收票据年初余额－应收票据期末余额)＋(应收账款年初余额－应收账款期末余额)＋(预收账款期末余额－预收账款年初余额)－当期计提的坏账准备－应收票据贴现息

公式解析:

企业销售商品时,如果收到了现金,则借记"银行存款"科目,贷记"主营业务收入"或"其他业务收入"科目、"应交税费——应交增值税(销项税额)"科目。上述公式的原理是假设利润表中的"营业收入"全部实现了现金收入,对应的增值税(销项税)也都收到了现金,然后再对本期未收到现金的应收款项等进行调整。上述公式中应收和预收项目是资产负债表中列示的金额,不是账簿中的数。

例如,应收账款账簿中年初余额 100 万元,年末余额 200 万元。坏账准备按应收款账余额的 5％计提,年初坏账准备余额为 $100 \times 5\% = 5$(万元),本期计提坏账准备则为$(200 - 100) \times 5\% = 5$(万元),年末坏账准备的余额为 $200 \times 5\% = 10$(万元)。年初资产负债表中应收账款应列示 95 万元(100－5),年末资产负债表中应收账款应列示 190 万元(200－10),根据账簿,本期应收账款增加 100 万元(200－100)是未收到现金的销售,在公式中应减掉。用资产负债表中的数计算也是 100 万元[(应收账款年初余额 95－应收账款年末余额 190)－本期计提的坏账准备 5]。

【例 14-12】　某企业 2017 年有关资料如下:

(1)应收账款项目:年初数 100 万元,年末数 120 万元;

(2)应收票据项目:年初数 40 万元,年末数 20 万元;

(3)预收账款项目:年初数 80 万元,年末数 90 万元;

(4)主营业务收入 6 000 万元;

(5)应交税费——应交增值税(销项税额)1 037 万元;

（6）其他资料：本期计提坏账准备 5 万元，工程领用的本企业产品市价 100 万元，产生增值税销项税额 17 万元。

要求：计算销售商品、提供劳务收到的现金。

解析：

销售商品、提供劳务收到的现金

＝（6 000＋1 037－17）＋（100－120）＋（40－20）＋（90－80）－5

＝7 025（万元）

②"收到的税费返还"项目。

该项目反映企业收到返还的各种税费，包括收到返还的增值税、消费税、所得税、教育费附加等。

③"收到其他与经营活动有关的现金"项目。

该项目反映企业除了上述各项目外，收到的其他与经营活动有关的现金流入，如罚款收入、流动资产损失中由个人赔偿的现金收入、经营租赁租金收入等，若其他与经营活动有关的现金流入金额较大，则单列项目反映。

④"购买商品、接受劳务支付的现金"项目。

该项目反映企业购买商品、接受劳务实际支付的现金（含增值税进项税额），包括本期购入商品、接受劳务支付的现金，以及本期支付前期购入商品、接受劳务的未付款项和本期预付款项，减去本期发生的购货退回收到的现金。企业购买材料和代购代销业务支付的现金，也在该项目反映。

购买商品、接受劳务支付的现金

＝本期购入商品、接受劳务支付的现金＋前期购入商品、接受劳务本期支付的现金＋本期预付现金

＝营业成本＋增值税的进项税额＋（存货期末余额－存货年初余额）＋（应付账款年初余额－应付账款期末余额）＋（应付票据年初余额－应付票据期末余额）＋（预付账款期末余额－预付账款年初余额）－当期列入生产成本、制造费用的职工薪酬－当期列入生产成本、制造费用的折旧费

公式解析：

按照企业购买材料、加工、销售商品的流程，最终购买材料的成本转入了"主营业务成本"或"其他业务成本"；采购商品如果支付了现金，则借记"存货""应交税费——应交增值税（进项税额）"科目，贷记"银行存款"科目。上述公式的原理是假设利润表中的"营业成本"都是本期采购的存货并在本期全部销售，对应的增值税（进项税）也都支付了现金，然后再对本期未支付现金的应付款项等、当期由于生产加工增加的存货价值（列入生产成本、制造费用的职工薪酬）和当期未支付现金而增加的存货价值（列入生产成本、制造费用的折旧费）进行调整。上述公式中应付和预付项目是资产负债表中列示的金额，不是账簿中的数。

【例 14-13】　某企业 2017 年度有关资料如下：

（1）应付账款项目：年初数 100 万元，年末数 120 万元；

（2）应付票据项目：年初数 40 万元，年末数 20 万元；

（3）预付账款项目：年初数 80 万元，年末数 90 万元；

（4）存货项目：年初数 100 万元，年末数 180 万元；

(5)主营业务成本 4 000 万元;

(6)应交税费——应交增值税(进项税额)600 万元;

(7)当期列入生产成本、制造费用的职工薪酬为 60 万元,当期列入生产成本、制造费用的折旧费为 40 万元。

要求:计算购买商品、接受劳务所支付的现金。

解析:

购买商品、接受劳务所支付的现金

$= 4\ 000 + 600 + (100 - 120) + (40 - 20) + (90 - 80) + (180 - 100) - 60 - 40$

$= 4\ 590$(万元)

⑤"支付给职工以及为职工支付的现金"项目。

该项目反映企业实际支付给职工的薪酬和为职工支付的其他现金,不包括支付的离退休人员的各项费用和支付给在建工程人员的职工薪酬等。企业支付给离退休人员的各项费用,包括支付的统筹退休金及未参加统筹的退休人员的费用,在"支付其他与经营活动有关的现金"项目中反映;支付给在建工程人员的职工薪酬,在"购建固定资产"、"无形资产"和"其他长期资产支付的现金"项目中反映。

支付给职工以及为职工支付的现金

$=$生产成本、制造费用、管理费用、销售费用中职工薪酬(非货币性薪酬除外)$+$应付职工薪酬(在建工程人员薪酬除外)(期初余额$-$期末余额)

⑥"支付的各项税费"项目。

该项目反映企业本期发生并支付、以前各期发生本期支付及预交的各项税费,包括所得税、增值税、消费税、印花税、房产税、土地增值税、车船税、教育费附加等。但不包括计入固定资产价值,实际支付的耕地占用税,也不包括本期退回的增值税、所得税。本期退回的增值税、所得税在"收到的税费返还"项目反映。

⑦"支付其他与经营活动有关的现金"项目。

该项目反映企业除上述各项目外,支付的其他与经营活动有关的现金流出,如经营租赁支付的租金、支付的罚款、差旅费、业务招待费、保险费等。若其他与经营活动有关的现金流出金额较大,则单列项目反映。

(2)"投资活动产生的现金流量"各项目的内容和填列方法。

①"收回投资收到的现金"项目。

该项目反映企业出售、转让或到期收回除现金等价物以外的交易性金融资产、可供出售金融资产、长期股权投资(不包括处置子公司)及收回持有至到期投资本金而收到的现金。

②"取得投资收益收到的现金"项目。

该项目反映企业因股权性投资而分得的现金股利、利润,因债权性投资而分得的利息等。

③"处置固定资产、无形资产和其他长期资产收回的现金净额"项目。

该项目反映企业出售、报废固定资产、无形资产和其他长期资产所取得的现金(包括因资产毁损而收到的保险赔偿收入),减去为处置这些资产而支付的有关费用后的净额。如所收回的现金净额为负数,则应在"支付其他与投资活动有关的现金"项目反映。

④"处置子公司及其他营业单位收到的现金净额"项目。

该项目反映企业处置子公司及其他营业单位所取得的现金,减去子公司或其他营业单位持有的现金和现金等价物以及相关处置费用后的净额。

⑤"收到其他与投资活动有关的现金"项目。

该项目反映企业除了上述各项以外,收到的其他与投资活动有关的现金流入。若其他与投资活动有关的现金流入金额较大,则单列项目反映。

⑥"购建固定资产、无形资产和其他长期资产支付的现金"项目。

该项目反映企业购买、建造固定资产、取得无形资产和其他长期资产支付的现金(含增值税款等),包括购买机器设备所支付的现金、建造工程支付的现金、支付在建工程人员的职工薪酬等现金支出。不包括资本化借款利息、融资租入固定资产支付的租赁费。企业支付的借款利息和融资租入固定资产支付的租赁费,在筹资活动产生的现金流量中反映。企业以分期付款方式购建的固定资产,其首次付款时支付的现金作为投资活动的现金流出,以后各期支付的现金作为筹资活动的现金流出。

【例 14-14】 B公司 2017 年发生下列业务:

(1)购买固定资产价款为 500 万元,款项已付;

(2)购买工程物资价款为 100 万元,款项已付;

(3)支付工程人员薪酬 60 万元;

(4)预付工程价款 800 万元;

(5)长期借款资本化利息 789 万元、费用化利息 70 万元,本年已支付;

(6)支付购买专利权的价款 600 万元。

要求:计算购建固定资产、无形资产和其他长期资产而支付的现金。

解析:

"购建固定资产、无形资产和其他长期资产而支付的现金"项目

$=500+100+60+800+600=2\,060(万元)$

注意:资本化的长期借款利息 789 万元、费用化利息 70 万元,虽本年已支付,但不在本项目中反映,而在筹资活动现金流量中"分配股利、利润或偿付利息支付的现金"项目中反映。

⑦"投资支付的现金"项目。

该项目反映企业进行各种性质的投资所支付的现金,包括企业取得除现金等价物以外的交易性金融资产、持有至到期投资、可供出售金融资产而支付的现金及支付的佣金、手续费等交易费用。但取得子公司及其他营业单位支付的现金净额除外。

⑧"取得子公司及其他营业单位支付的现金净额"项目。

该项目反映企业取得子公司及其他营业单位购买出价中以现金支付的部分,减去子公司或其他营业单位持有的现金和现金等价物后的净额。

⑨"支付其他与投资活动有关的现金"项目。

该项目反映企业除上述各项以外所支付的其他与投资活动有关的现金流出,若其他与投资活动有关的现金流出金额较大,则单列项目反映。

企业购买股票和债券时,实际支付的价款中包含的已宣告但尚未领取的现金股利或已到付息期但尚未领取的债券利息,在投资活动的"支付其他与投资活动有关的现金"项目中反映;收回购买股票和债券时支付的已宣告但尚未领取的现金股利或已到付息期但尚未领取的债券利息,在投资活动的"收到其他与投资活动有关的现金"项目中反映。

（3）"筹资活动产生的现金流量"各项目的内容和填列方法。

①"吸收投资收到的现金"项目。

该项目反映企业收到的投资者投入的现金，包括以发行股票方式筹集资金实际收到的股款净额、发行债券实际收到的现金等。以发行股票方式筹集资金而由企业直接支付的审计、咨询等费用以及发行债券支付的发行费用在"支付的其他与筹资活动有关的现金"项目中反映，不从该项目中扣除。

②"取得借款收到的现金"项目。

该项目反映企业举借各种短期、长期借款而收到的现金。

③"收到其他与筹资活动有关的现金"项目。

该项目反映企业除上述各项目外，收到的其他与筹资活动有关的现金流入，如接受现金捐赠等。若其他与筹资活动有关的现金流入金额较大，则单列项目反映。

④"偿还债务支付的现金"项目。

该项目反映企业偿还债务本金所支付的现金，包括偿还金融企业的借款本金、偿还企业到期的债券本金等。企业支付的借款利息和债券利息在"分配股利、利润或偿付利息支付的现金"项目中反映，不包括在该项目内。

⑤"分配股利、利润或偿付利息支付的现金"项目。

该项目反映企业实际支付的现金股利、支付给其他投资单位的利润和支付的借款利息、债券利息等。

【例 14-15】　C 公司 2017 年发生下列业务：

（1）偿还短期借款，本金 2 000 万元，利息 10 万元；

（2）偿还长期借款，本金 5 000 万元，应付利息 66 万元，其中资本化利息费用 60 万元；

（3）支付到期一次还本付息的应付债券，面值 1 000 万元，3 年期，利率 5%；

（4）支付现金股利 200 万元。

要求：分别计算"偿还债务支付的现金"和"分配股利、利润或偿付利息支付的现金"项目的金额。

解析：

"偿还债务支付的现金"项目＝2 000＋5 000＋1 000＝8000（万元）

"分配股利、利润或偿付利息支付的现金"项目＝10＋66＋150＋200＝426（万元）

⑥"支付其他与筹资活动有关的现金"项目。

该项目反映企业除了上述各项目外，支付的其他与筹资活动有关的现金流出，如对外捐赠现金支出、支付的融资租赁费、分期付款购建固定资产除首付款外其他各期支付的款项。

（4）"汇率变动对现金及现金等价物的影响"项目的内容和填列方法。

该项目反映下列两个项目之间的差：①企业外币现金流量折算为记账本位币时，所采用的现金流量发生日的即期汇率或按照系统合理的方法确定的、与现金流量发生日即期汇率近似的汇率折算的金额；②"现金及现金等价物净增加额"中外币现金净增加额按期末汇率折算的金额。

在编制现金流量表时，可逐笔计算外币业务所发生的汇率变动对现金流量的影响，也可采用简化的计算方法，即通过报表中的"现金及现金等价物净增加额"与"经营活动产生的现金流量净额""投资活动产生的现金流量净额""筹资活动产生的现金流量净额"三项之和比较，其差额即为"汇率变动对现金及现金等价物的影响"项目的金额。

2. 补充资料

现金流量表补充资料包括以下三个项目：

(1)将净利润调节为经营活动现金流量。

补充资料中的"将净利润调节为经营活动现金流量"，实际上是以间接法编制的经营活动产生的现金流量。即以本期净利润为起点，调整不涉及现金的收入、费用、营业外收支及应收、应付等项目的增减变动，据此计算出经营活动的现金流量。

需调整：实际没有支付现金的费用；实际没有收到现金的收益；不属于经营活动的损益；经营性应收、应付项目的增减变动。

间接法原理：有的费用发生时，并没有现金流出，但在计算净利润时，已经减去了，所以应当加回，如：提取的固定资产折旧和无形资产摊销，在备抵法下提取的坏账准备，在直接转销法下核销的坏账，待摊费用摊销，预提费用的计提。有的现金流出时，当时并没有计入当期净利润，所以在调整经营活动现金流量时，应当减去，如：发生的待摊费用，支付的预提费用。

综合而言，需要调整的项目可分为三大类：一是没有付现的费用；二是不属于经营活动的损益；三是与净利润无关但影响现金流量的经营性应收应付项目的增减变动。

①没有付现的费用。

a."资产减值准备"项目。该项目反映企业本期实际计提的各项资产减值准备。该项目可根据"资产减值损失"科目的记录分析填列。

b."固定资产折旧"项目。该项目反映本期计提的固定资产折旧费用。该项目可以根据"累计折旧"科目的贷方发生额分析填列。

c."无形资产摊销"和"长期待摊费用摊销"项目。这两个项目分别反映企业本期累计摊入成本费用的无形资产的价值和长期待摊费用。这两个项目根据"无形资产""长期待摊费用"科目的贷方发生额分析填列。

d."递延所得税资产减少"项目。递延所得税资产减少使计入所得税费用的金额大于当期应交的所得税金额，其差额没有发生现金流出，在计算净利润时已经扣除，则加回。反之则扣除。该项目可根据"递延所得税资产"科目期初、期末余额分析填列。

e."递延所得税负债增加"项目。递延所得税负债增加使计入所得税费用的金额大于当期应交的所得税金额，其差额没有发生现金流出，在计算净利润时已经扣除，则加回。反之则扣除。该项目可以根据"递延所得税负债"科目期初、期末余额分析填列。

②不属于经营活动的损益。

a."处置固定资产、无形资产和其他长期资产的损失"项目。该项目反映企业本期由于处置固定资产、无形资产和其他长期资产而发生的净损失，如为净收益以"－"号填列。该项目可以根据"营业外收入""营业外支出"等科目所属有关明细科目的记录分析填列。处置固定资产、无形资产和其他长期资产，不属于经营活动，而属于投资活动，如果处置固定资产、无形资产和其他长期资产产生损失，则在调整净利润时加回。

b."固定资产报废损失"项目。该项目反映企业本期固定资产盘亏(减盘盈)后的净损失。可以根据"营业外支出""营业外收入"科目所属有关明细科目的记录分析填列。固定资产盘亏、报废损失，均计入营业外支出，列入了利润表。这部分损失既没有发生现金流出，也不属于经营活动的现金流量，所以在调节净利润时加回。如果发生固定资产盘盈和报废清理收益，则在调节净利润时减去。

c.“公允价值变动损失”项目。该项目反映企业在初始确认时划分为以公允价值计量且变动计入当期损益的交易性金融资产或金融负债等业务中公允价值变动形成的应计入当期损益的利得或损失。本项目根据“公允价值变动损益”科目的发生额填列。如为持有损失,则加回;如为持有利得,则扣除。

d.“财务费用”项目。该项目反映企业本期发生的应属于投资活动或筹资活动的财务费用。可以根据“财务费用”科目的本期借方发生额分析填列,如为收益,则以“－”号填列。

企业发生的财务费用可以分别归属于经营活动、投资活动和筹资活动。比如应收票据贴现、销售产品和购买原材料所产生的汇兑损益属于经营活动,购买固定资产所产生的汇兑损益属于投资活动,支付的利息属于筹资活动等。调整净利润时,把属于投资活动和筹资活动的部分调整出去。

e.“投资损失”项目。该项目反映企业本期投资所发生的净损失。可以根据利润表“投资收益”项目的数字填列;如为投资收益,则以“－”号填列。

投资损益是因投资活动所引起的,不属于经营活动,在调节净利润时,若为投资收益,则调节净利润时减去;若为投资损失,则调节净利润时加回。

③与净利润无关但影响现金流量的经营性应收应付项目的增减变动项目。

a.“存货的减少”项目。该项目反映企业本期存货项目的期初与期末余额的差额。存货的增减变动属于经营活动。在不存在赊购的情况下,如某一期间期末存货比期初存货增加了,则说明当期购入的存货除耗用或销售外,还余留了一部分,即除了当期销货成本包含的存货发生现金支出外,还为增加的存货发生了现金支出,故在调节净利润时减去。反之则应加回。

b.“经营性应收项目的减少”项目。该项目反映企业本期经营性应收项目的期初与期末余额的差额。经营性应收项目主要指应收账款、应收票据、预付账款、长期应收款和其他应收款等与经营活动有关的部分以及应收的增值税销项税额等。如某一期间期末应收账款或应收票据余额大于期初应收账款或应收票据余额,则说明本期销售收入中有一部分没有收到现金,但在利润表中已将销售收入全数列入,所以在调整时将应收账款和应收票据的增加额从净利润中减去,反之则应加回。

c.“经营性应付项目的增加”项目。该项目反映企业本期经营性应付项目的期初余额与期末余额的差额。经营性应付项目主要是指应付账款、应付票据、预收账款、应付职工薪酬、应交税费和其他应付款中与经营活动有关的部分以及应付的增值税进项税额等。如某一期间期末应付账款或应付票据余额大于期初应付账款或应付票据余额,则说明本期购入的存货中有一部分没有支付现金,但在利润表中已将销售成本全部列入,所以在调整时将应付账款和应付票据的增加额加回到净利润中;反之则应减去。

(2)不涉及现金收支的投资和筹资活动。

该项目反映企业一定期间内影响资产或负债但不形成该期现金收支的所有投资和筹资活动的信息。这些投资和筹资活动虽然不涉及当期现金收支,但对以后各期的现金流量将产生重大影响。如融资租入设备,记入“长期应付款”账户,当期并不支付或支付较少的设备款及租金,但以后各期必须为此支付大量的现金,从而在一定期间内形成了一项固定的现金支出。

(3)现金及现金等价物净变动情况。

该项目反映企业一定会计期间现金及现金等价物的期末余额减去期初余额后的净增加额

（或净减少额），该项目的金额应与正表"现金及现金等价物净增加额"项目的金额相一致。

五、现金流量表编制举例

【例 14-16】 　承例 14-7、例 14-11，宇辰有限责任公司 2017 年度其他相关资料如下：

（1）存货中生产成本、制造费用的组成项目：职工薪酬 85 500 元，折旧费用 90 000 元。

（2）应付职工薪酬的期初数无应付在建工程人员部分，本期在建工程人员薪酬 120 000 元。应付职工薪酬的期末数中应付在建工程人员的部分为 16 800 元。

（3）应交税费的组成：本期增值税进项税额 42 398 元，增值税销项税额 62 900 元，已交增值税 25 667.25 元，年初、年末余额仅指增值税。

（4）管理费用的组成：职工薪酬 5 700 元，无形资产摊销 8 000 元，折旧费用 20 000 元，以存款支付退休金 10 000 元。

（5）销售费用的组成：广告费 8 000 元，产品展销费 5 000 元，均以存款支付。

（6）财务费用的组成：计提借款利息 11 000 元，支付票据贴现利息 6 084 元。

（7）资产减值损失的组成：计提坏账准备 1 335 元，上年末坏账准备余额为 873 元。

（8）投资收益的组成：收到国债利息 30 000 元存入银行；出售交易性金融资产获得变现收入 2 250 元存入银行（投资成本 2 000 元，持有期间无公允价值变动）。

（9）营业外收入与营业外支出的组成：

①车间一台机床报废，原价 100 000 元，已提折旧 90 000 元，残值收入 400 元，清理费用 200 元，均通过银行存款收支。该项固定资产已清理完毕。

②公司出售一台不需用设备，收到价款 180 000 元，该设备原值 200 000 元，已提折旧 60 000 元。该项设备已离开企业。

（10）所得税费用的组成：当期所得税费用 25 332.75 元，递延所得税收益 333.75 元。

（11）本期取得长期借款 250 000 元；归还短期借款本金 30 000 元，利息 1 200 元，归还长期借款 50 000 元。

（12）本期支付股利 60 000 元。

（13）本期用银行存款购入基建工程物资 70 000 元、购入设备 101 500 元、支付工程人员薪酬 120 000 元。

（14）其他应付款的期末余额中包含 60 000 元的工程款。

要求：根据上述资料，采用分析填列的方法，编制宇辰公司 2017 年度的现金流量表。

第一，正表中各项目金额计算如下：

①销售商品、提供劳务收到的现金

＝（本期营业收入＋本期销项税额）＋（应收账款年初余额－应收账款期末余额）＋（应收票据年初余额－应收票据期末余额）＋（预收账款期末余额－预收账款年初余额）－当期计提的坏账准备－票据贴现的利息

＝（370 000＋62 900）＋（173 727－439 392）＋（12 320－2 320）＋（0－0）－1 335－6 084

＝169 816（元）

②购买商品、接受劳务支付的现金

＝（本期营业成本＋本期进项税额）＋（存货期末余额－存货年初余额）＋（应付账款年初余额－应付账款期末余额）＋（应付票据年初余额－应付票据期末余额）＋（预付账款期末余额－预

付账款年初余额）－当期列入存货中的职工薪酬－当期列入存货中的折旧费

$= (222\,000 + 42\,398) + (480\,695 - 377\,795) + (115\,358 - 115\,358) + (28\,500 - 18\,500) + (41\,452 - 41\,452) - 85\,500 - 90\,000$

$= 201\,798$（元）

③支付给职工以及为职工支付的现金

＝应付职工薪酬年初余额＋本期计提的职工薪酬－应付职工薪酬期末余额

$= 47\,718 + (85\,500 + 5\,700) - (75\,718 - 16\,800)$

$= 80\,000$（元）

④支付的各项税费

＝当期已交纳的增值税＋当期所得税费用＋税金及附加＋应交税费（不包括增值税）（年初余额－期末余额）

$= 25\,667.25 + 25\,332.75 + 2\,000 + (0 - 0)$

$= 53\,000$（元）

⑤支付其他与经营活动有关的现金

＝管理费用项目中以存款支付的部分＋销售费用

$= 10\,000 + 8\,000 + 5\,000$

$= 23\,000$（元）

⑥收回投资收到的现金

＝交易性金融资产的变现收入

$= 2\,250$（元）

⑦取得投资收益收到的现金

＝收到国债利息

$= 30\,000$（元）

⑧处置固定资产等收回的现金净额

＝处置固定资产残值收入－发生的清理费用＋出售固定资产收入

$= 400 - 200 + 180\,000$

$= 180\,200$（元）

⑨购建固定资产等支付的现金

＝用存款购买的工程物资＋用存款购买的设备＋支付给在建工程人员的薪酬

$= 70\,000 + 101\,500 + 120\,000$

$= 291\,500$（元）

⑩取得借款收到的现金$= 250\,000$（元）

⑪偿还债务支付的现金

＝归还短期借款本金＋归还长期借款本金

$= 30\,000 + 50\,000$

$= 80\,000$（元）

⑫分配股利、利润或偿付利息支付的现金

＝偿付的利息＋分配的股利

$= 1\,200 + 60\,000$

＝61 200(元)

第二,补充资料中各项目金额计算如下：

①资产减值准备＝1 335(元)

②固定资产折旧＝110 000(元)

③无形资产摊销＝8 000(元)

④处置固定资产、无形资产和其他长期资产的损失＝－40 000(元)

⑤固定资产报废损失＝9 800(元)

⑥财务费用＝11 000(元)

⑦投资损失＝－30 250(元)

⑧递延所得税资产减少＝－333.75(元)

⑨存货的减少＝－(480 695－377 795)＝－102 900(元)

⑩经营性应收项目的减少

＝(12 320－2 320)＋[(173 727＋873)－(439 392＋2 208)]

＝10 000＋[174 600－441 600]

＝－257 000(元)

⑪经营性应付项目的增加

＝(18 500－28 500)＋(115 358－115 358)＋[(75 718－16 800)－47 718]＋(50 728.75－55 894)＋[(192 335－60 000)－132 335)]

＝－10 000＋0＋11 200－5 165.25＋0

＝－3 965.25(元)

第三,根据上述资料,编制现金流量表,如表 14-12、表 14-13 所示。

表 14-12 现金流量表   会企 03 表

编制单位:宇辰有限责任公司   2017 年度   单位:元

项 目	行次	本期金额	上期金额
一、经营活动产生的现金流量			(略)
销售商品、提供劳务收到的现金	1	169 816	
收到的税费返还	3		
收到其他与经营活动有关的现金	8		
经营活动现金流入小计	9	169 816	
购买商品、接受劳务支付的现金	10	201 798	
支付给职工以及为职工支付的现金	12	80 000	
支付的各项税费	13	53 000	
支付其他与经营活动有关的现金	18	23 000	
经营活动现金流出小计	20	357 798	
经营活动产生的现金流量净额	21	－187 982	
二、投资活动产生的现金流量			
收回投资收到的现金	22	2 250	
取得投资收益收到的现金	23	30 000	
处置固定资产、无形资产和其他长期资产收回的现金净额	25	180 200	
处置子公司及其他营业单位收到的现金净额	26		

续表 14-12

项　目	行次	本期金额	上期金额
收到其他与投资活动有关的现金	28		
投资活动现金流入小计	29	212 450	
购建固定资产、无形资产和其他长期资产支付的现金	30	291 500	
投资支付的现金	31		
取得子公司及其他营业单位支付的现金净额	32		
支付其他与投资活动有关的现金	35		
投资活动现金流出小计	36	291 500	
投资活动产生的现金流量净额	37	－79 050	
三、筹资活动产生的现金流量			
吸收投资收到的现金	38		
取得借款收到的现金	40	250 000	
收到其他与筹资活动有关的现金	43		
筹资活动现金流入小计	44	250 000	
偿还债务所支付的现金	45	80 000	
分配股利、利润和偿付利息所支付的现金	46	61 200	
支付其他与筹资活动有关的现金	52		
筹资活动现金流出小计	53	141 200	
筹资活动产生的现金流量净额	54	108 800	
四、汇率变动对现金及现金等价物的影响	55		
五、现金及现金等价物净增加额	56	－148 232	
加：期初现金及现金等价物余额	57	193 411	
六、期末现金及现金等价物余额	58	35 179	

表 14-13　现金流量表补充资料　　　　　　　　　　　　　　　　单位：元

补充资料	本期金额	上期金额
1. 将净利润调节为经营活动现金流量		（略）
净利润	106 332	
加：资产减值准备	1 335	
固定资产折旧、油气资产折耗、生产性生物资产折旧	110 000	
无形资产摊销	8 000	
长期待摊费用摊销	0	
处置固定资产、无形资产和其他长期资产的损失（收益以"－"号填列）	－40 000	
固定资产报废损失（收益以"－"号填列）	9 800	
公允价值变动损失（收益以"－"号填列）	0	
财务费用（收益以"－"号填列）	11 000	
投资损失（收益以"－"号填列）	－30 250	
递延所得税资产减少（增加以"－"号填列）	－333.75	
递延所得税负债增加（减少以"－"号填列）	0	
存货的减少（增加以"－"号填列）	－102 900	
经营性应收项目的减少（增加以"－"号填列）	－257 000	
经营性应付项目的增加（减少以"－"号填列）	－3 965.25	

补充资料	本期金额	上期金额
其　他	0	
经营活动产生的现金流量净额	−187 982	
2.不涉及现金收支的投资和筹资活动		
债务转为资本	0	
一年内到期的可转换公司债券	0	
融资租入固定资产	0	
3.现金及现金等价物净变动情况		
现金的期末余额	35 179	
减:现金的期初余额	193 411	
加:现金等价物的期末余额	0	
减:现金等价物的期初余额	0	
现金及现金等价物净增加额	−148 232	

【任务实施】

现金流量表的现金流量具体可分为三大类,即经营活动产生的现金流量、投资活动产生的现金流量和筹资活动产生的现金流量。

销售商品、提供劳务收到的现金

＝本期销售商品、提供劳务收到的现金＋前期销售商品、提供劳务本期收到的现金＋本期预收的款项

＝营业收入＋增值税的销项税额＋(应收票据年初余额－应收票据期末余额)＋(应收账款年初余额－应收账款期末余额)＋(预收账款期末余额－预收账款年初余额)－当期计提的坏账准备－应收票据贴现息

购买商品、接受劳务支付的现金

＝本期购入商品、接受劳务支付的现金＋前期购入商品、接受劳务本期支付的现金＋本期预付现金

＝营业成本＋增值税的进项税额＋(存货期末余额－存货年初余额)＋(应付账款年初余额－应付账款期末余额)＋(应付票据年初余额－应付票据期末余额)＋(预付账款期末余额－预付账款年初余额)－当期列入生产成本、制造费用的职工薪酬－当期列入生产成本、制造费用的折旧费

任务五　所有者权益变动表

114-5

【任务布置】

宇辰有限责任公司经营期间所有者权益的变动情况通过所有者权益变动表进行反映。

请问:所有者权益变动表能提供哪些信息?

【知识准备】

所有者权益(或股东权益)变动表是反映构成所有者权益各组成部分当期的增减变动情况的报表。

通过所有者权益变动表,既可以为报表使用者提供一定时期所有者权益总量增减变动的信息,也能为其提供所有者权益增减变动的结构性信息,特别是能够让报表使用者准确理解所有者权益增减变动的原因。

我国的所有者权益变动表以矩阵的形式列示,如表14-14所示。表14-14的纵列,列示导致所有者权益变动的交易或事项,按所有者权益变动的根源对一定时期所有者权益变动情况进行全面反映;表14-14的横列,按照所有者权益各组成部分[包括实收资本(或股本)、资本公积、其他综合收益、盈余公积、未分配利润和库存股]列示交易或事项对所有者权益的影响。而且,所有者权益变动表还要就各项目在"本年金额"和"上年金额"两栏分别填列。

一、所有者权益变动表项目的列报方法

所有者权益变动表各项目均需填列"本年金额"和"上年金额"两栏。

所有者权益表变动表"上年金额"栏内各项数字,应根据上年度所有者权益变动表"本年金额"内所列数字填列。上年度所有者权益变动表规定的各个项目的名称和内容同本年度不一致的,应对上年度所有者权益变动表各项目的名称和数字按照本年度的规定进行调整,填入所有者权益变动表的"上年金额"栏内。

所有者权益变动表"本年金额"栏内各项数字一般应根据"实收资本(或股本)""资本公积""其他综合收益""盈余公积""利润分配""库存股""以前年度损益调整"科目的发生额分析填列。

企业的净利润及其分配情况作为所有者权益变动的组成部分,不需要单独编制利润分配表列示。

二、所有者权益变动表主要项目说明

(一)"上年年末余额"项目

该项目反映企业上年资产负债表中实收资本(或股本)、资本公积、库存股、其他综合收益、盈余公积、未分配利润的年末余额。

(二)"会计政策变更""前期差错更正"项目

该项目分别反映企业采用追溯调整法处理的会计政策变更的累计影响金额和采用追溯重述法处理的会计差错更正的累积影响金额。该项目根据"盈余公积""利润分配""以前年度损益调整"等科目分析填列。

(三)"本年增减变动金额"项目

(1)"综合收益总额"项目,反映企业当年实现的净利润(或净亏损)和其他综合收益扣除所得税影响后的净额相加后的合计金额,根据当年利润表填列,并对应列在"其他综合收益"和"未分配利润"栏。

(2)"所有者投入和减少资本"项目,反映企业当年所有者投入的资本和减少的资本。

①"所有者投入资本"项目,反映企业接受投资者投入形成的实收资本(或股本)和资本溢价(或股本溢价),并对应列在"实收资本"和"资本公积"栏。

②"股份支付计入所有者权益的金额"项目,反映企业处于等待期中的权益结算的股份支付当年计入资本公积的金额,并对应列在"资本公积"栏。

(3)"利润分配"项目,反映企业当年的利润分配金额。

①"提取盈余公积"项目,反映企业当年按照规定提取的盈余公积金额,并对应列在"未分配利润"和"盈余公积"栏。

②"对所有者(或股东)的分配"项目,反映企业对所有者(或股东)分配的利润(或股利)金额,并对应列在"未分配利润"栏。

(4)"所有者权益内部结转"项目,反映企业构成所有者权益各组成部分之间的增减变动情况。

①"资本公积转增资本(或股本)"项目,反映企业以资本公积转增资本或股本的金额,并对应列在"资本公积"和"实收资本"栏。

②"盈余公积转增资本(或股本)"项目,反映企业以盈余公积转增资本或股本的金额,并对应列在"盈余公积"和"实收资本"栏。

③"盈余公积弥补亏损"项目,反映企业以盈余公积弥补亏损的金额,并对应列在"盈余公积"和"未分配利润"栏。

(四)"本年年末余额"项目

该项目反映企业本年资产负债表中实收资本(或股本)、资本公积、库存股、其他综合收益、盈余公积、未分配利润的年末余额。

三、所有者权益变动表编制举例

【例14-17】 承例14-7、例14-11、例14-16,宇辰有限责任公司其他相关资料为:提取盈余公积 10 633.2 元,向投资者分配现金股利 60 000 元。根据上述资料,宇辰有限责任公司编制 2017 年度的所有者权益变动表,如表 14-14 所示。

表 14-14　　所有者权益变动表　　　　　　　　会企 04 表

编制单位:宇辰有限责任公司　　　　　　2017 年 12 月 31 日　　　　　　　　单位:元

项　　目	本年金额							上年金额						
	实收资本	资本公积	减:库存股	其他综合收益	盈余公积	未分配利润	所有者权益合计	实收资本(或股本)	资本公积	减:库存股	其他综合收益	盈余公积	未分配利润	所有者权益合计
一、上年年末余额	750 000				142 000	57 498.25	949 498.25							
加:会计政策变更														
前期差错更正														
二、本年年初余额	750 000				142 000	57 498.25	949 498.25							
三、本年增减变动金额(减少以"—"号填列)														

项　目	本年金额							上年金额						
	实收资本	资本公积	减:库存股	其他综合收益	盈余公积	未分配利润	所有者权益合计	实收资本（或股本）	资本公积	减:库存股	其他综合收益	盈余公积	未分配利润	所有者权益合计
（一）综合收益总额						106 332	106 332							
（二）所有者投入和减少资本														
1. 所有者投入资本														
2. 股份支付计入所有者权益的金额														
3. 其他														
（三）利润分配														
1. 提取盈余公积					10 633.2	−10 633.2	0							
2. 对所有者（或股东）的分配						−60 000	−60 000							
3. 其他														
（四）所有者权益内部结转														
1. 资本公积转增资本（或股本）														
2. 盈余公积转增资本（或股本）														
3. 盈余公积弥补亏损														
4. 其他														
四、本年年末余额	750 000				152 633.2	93 197.05	995 830.25							

❓通过上述四张财务报表,你能否真正了解企业的财务状况、经营成果和现金流量等信息?

【任务实施】

所有者权益变动表是反映构成所有者权益各组成部分当期的增减变动情况的报表。通过所有者权益变动表,既可以为报表使用者提供一定时期所有者权益总量增减变动的信息,也能为其提供所有者权益增减变动的结构性信息,特别是能够让报表使用者准确理解所有者权益增减变动的原因。

　　我国的所有者权益变动表以矩阵的形式列示。纵列列示导致所有者权益变动的交易或事项,按所有者权益变动的根源对一定时期所有者权益变动情况进行全面反映;横列按照所有者权益各组成部分[包括实收资本(或股本)、资本公积、其他综合收益、盈余公积、未分配利润和库存股]列示交易或事项对所有者权益的影响。而且,所有者权益变动表还要就各项目在"本年金额"和"上年金额"两栏分别填列。

任务六　　认知财务报表附注

【任务布置】

　　财务报表附注是财务报告的重要组成部分,一套完整的会计报表必须有附注,否则我们将难以完全读懂一个单位的会计报表。

　　请问:财务报表附注能提供哪些信息?

【知识准备】

　　财务报表附注是对资产负债表、利润表、现金流量表和所有者权益变动表等报表中列示项目的文字描述或明细资料,以及未能在这些报告中列示项目的说明等。附注是财务报表的重要组成部分。

一、报表附注的作用

　　财务报表附注主要作用体现在以下两个方面:第一,附注是对资产负债表、利润表、现金流量表和所有者权益变动表列示项目的含义的补充说明,帮助使用者更准确地把握其含义。例如,通过阅读附注中披露的固定资产折旧政策的说明,使用者可以掌握报告企业与其他企业在固定资产折旧政策上的异同,以便进行更准确的比较。第二,附注提供了对资产负债表、利润表、现金流量表和所有者权益变动表中未列示项目的详细或明细说明。例如,通过阅读附注中披露的存货增减变动情况,使用者可以了解资产负债表中未单列的存货分类信息。

　　通过附注与资产负债表、利润表、现金流量表和所有者权益变动表列示项目的相互参照,以及对未能在报表中列示项目的说明,可以使报表使用者全面了解企业的财务状况、经营成果和现金流量等信息。

二、附注披露的主要内容

　　附注应当按照以下顺序披露有关内容。

　　(1)企业的基本情况。

　　①企业注册地、组织形式和总部地址。

　　②企业的业务性质和主要经营活动。

　　③母公司以及集团最终母公司的名称。

　　④财务报表的批准报出者和财务报表的批准报出日。

（2）财务报表的编制基础。

财务报表的编制基础是指财务报表是在持续经营基础上还是非持续经营基础上编制的。企业一般是在持续经营基础上编制财务报表，清算、破产属于非持续经营基础。

（3）遵循企业会计准则的声明。

企业应当明确说明编制的财务报表符合企业会计准则体系的要求，真实、完整地反映了企业的财务状况、经营成果和现金流量。

（4）重要会计政策和会计估计。

企业应当披露重要的会计政策和会计估计，不重要的会计政策和会计估计可以不披露。在披露重要会计政策和会计估计时，应当披露重要会计政策的确定依据和财务报表项目的计量基础，以及会计估计中所采用的关键假设和不确定因素。

（5）会计政策和会计估计变更以及差错更正的说明。

企业应当按照《企业会计准则第 28 号——会计政策、会计估计变更和差错更正》及应用指南的规定，披露会计政策和会计估计变更及差错更正的有关情况。

（6）报表重要项目的说明。

企业应当尽可能以列表的形式披露重要报表项目的构成或当期的增减变动情况。对重要报表项目的明细说明，应当按照资产负债表、利润表、现金流量表、所有者权益变动表的顺序以及报表项目列示的顺序进行披露，采用文字和数字描述相结合的方式，并与报表项目相互参照。

报表中的重大项目主要有（不限于以下项目）：①以公允价值计量且其变动计入当期损益的金融资产；②应收款项；③存货；④可供出售金融资产；⑤持有至到期投资；⑥长期股权投资；⑦投资性房地产；⑧固定资产；⑨无形资产；⑩交易性金融负债；⑪应付职工薪酬；⑫应交税费；⑬短期借款；⑭长期借款；⑮应付债券；⑯长期应付款；⑰营业收入；⑱公允价值变动收益；⑲投资收益；⑳资产减值损失；㉑营业外收入；㉒营业外支出；㉓所得税费用等。

（7）或有和承诺事项、资产负债表日后非调整事项、关联方关系及其交易等需要说明的事项。

（8）有助于财务报表使用者评价企业管理资本的目标、政策及程序的信息。

【任务实施】

财务报表附注是对资产负债表、利润表、现金流量表和所有者权益变动表等报表中列示项目的文字描述或明细资料，以及未能在这些报告中列示项目的说明等。附注是财务报表的重要组成部分。

附注披露的主要内容包括：企业的基本情况、财务报表的编制基础、遵循企业会计准则的声明、重要会计政策和会计估计、会计政策和会计估计变更以及差错更正的说明、报表重要项目的说明、或有和承诺事项、资产负债表日后非调整事项、关联方关系及其交易等需要说明的事项、有助于财务报表使用者评价企业管理资本的目标、政策及程序的信息。

单元小结

●完整的财务报表至少应当包括"四表一注"，即资产负债表、利润表、现金流量表、所有者权益（或股东权益）变动表以及附注。

●资产负债表是反映企业在某一特定日期财务状况的会计报表。采用账户式结构,以本期账户期初、期末余额为基础,依据"资产＝负债＋所有者权益"这一会计恒等式进行编制,是对日常工作中形成的大量数据进行高度浓缩整理后编制而成的。

●利润表是反映企业在一定会计期间经营成果的报表。该表以"收入－费用＝利润"会计等式为依据,采用多步式结构,根据当期损益类账户的发生额进行计算、填列,据以计算出企业一定时期的净利润(或净亏损)。

●现金流量表是反映企业在一定会计期间现金和现金等价物流入和流出的报表。由正表和补充资料构成,现金流量包括经营活动产生的现金流量、投资活动产生的现金流量、筹资活动产生的现金流量。列报经营活动现金流量的方法有两种:一是直接法,二是间接法。

●所有者权益变动表是反映构成所有者权益各组成部分当期的增减变动情况的报表。该表全面反映一定时期所有者权益变动的情况,让报表使用者准确理解所有者权益增减变动的原因。

●附注是对资产负债表、利润表、现金流量表和所有者权益变动表等报表中列示项目的文字描述或明细资料,以及未能在这些报告中列示项目的说明等。

延伸阅读1:《企业会计准则第30号——财务报表列报》

延伸阅读2:《企业会计准则第31号——现金流量表》

延伸阅读3:《企业会计准则第32号——中期财务报告》

延伸阅读4:《企业会计准则第33号——合并财务报表》

延伸阅读 5:《企业会计准则
第 35 号——分部报告》

延伸阅读 6:《企业会计准则
第 37 号——金融工具列报》

延伸阅读 7:《企业会计准则
第 41 号——在其他主体中
权益的披露》

复习思考题

习题参考答案

第二编 特殊业务篇

单元 15 核算金融资产

●了解交易性金融资产的概念;熟悉交易性金融资产核算涉及的账户;熟悉交易性金融资产初始成本的计算原理;掌握交易性金融资产取得、收到利息或股利、期末公允价值变动和出售的账务处理方法。

●了解持有至到期投资的特点;熟悉持有至到期投资及其明细账户的核算内容;熟悉持有至到期投资取得成本的计算原理;掌握持有至到期投资利息收入和应计利息的计算原理;掌握持有至到期投资取得、期末计息、利息调整摊销、减值计提和到期收回的账务处理方法。

●了解可供出售金融资产的内容;熟悉可供出售金融资产核算涉及账户的核算内容;熟悉可供出售金融资产取得成本的计算原理;掌握可供出售债券投资利息收入和应计利息的计算原理;掌握可供出售金融资产取得、收到利息或股利、期末计息、利息调整摊销、期末公允价值变动、减值计提和出售的账务处理方法。

●会设置交易性金融资产、持有至到期投资和可供出售金融资产明细账户。

●会计算交易性金融资产、持有至到期投资和可供出售金融资产的初始取得成本。

●会计算持有至到期投资和可供出售金融资产的利息收入和应计利息。

●能够进行交易性金融资产取得、收到利息或股利、期末公允价值变动和出售的账务处理。

●能够进行持有至到期投资取得、期末计息、利息调整摊销、减值计提和到期收回的账务处理。

●能够进行可供出售金融资产取得、收到利息或股利、期末计息、利息调整摊销、期末公允价值变动、减值计提和出售的账务处理。

企业的金融资产主要包括库存现金、应收账款、应收票据、应收利息、应收股利、其他应收款、贷款、垫款、债权投资、股权投资、基金投资、衍生金融资产等。2017 年 1 月 3 日,宇辰有限责任公司支付价款 550 000 元从二级市场购入乙公司发行的股票 100 000 股,每股价格 5.50 元(含已宣告但尚未发放的现金股利 0.50 元),另支付交易费用 1 000 元,主要目的是为了赚取价差,不准备长期持有。1月5日,从美国市场以 21 000 000 美元的价格购入美国某金融公司新发行的 3 年期固定利率债券,票面利率 4.5%,债券面值为 20 000 000 美元,将其划分为持有至到期投资。1月5日,从国内二级市场支付价款 1 020 000 元(含已到付息但尚未领取的利息 20 000 元)购入某公司发行的债券,另支付交易费用 20 000 元。该债券面值 1 000 000元,剩余期限为 2 年,票面年利率为 4%,每半年付息一次,将其划分为可供出售金融资产。上述内容是金融资产核算的典型业务。本单元我们学习后,应能解决下列问题:

(1)企业短期持有的股票、债券投资如何计算成本? 应设置哪些明细账进行核算? 短期持有的股票、债券投资在取得、收到利息或股利、期末公允价值变动和出售时如何进行账务处理?

(2)准备持有至到期的债券投资初始取得成本如何计算? 准备持有至到期的债券投资的利息收入和应计利息如何计算? 应设置哪些明细账进行核算? 准备持有至到期的债券投资在取得、期末计息、利息调整摊销、减值计提和到期收回时如何进行账务处理?

(3)可供出售金融资产的初始取得成本如何计算? 应设置哪些明细账进行核算? 可供出售金融资产取得、收到利息或股利、期末计息、利息调整摊销、期末公允价值变动、减值计提和出售时应如何进行账务处理?

任务一　交易性金融资产核算

【任务布置】

宇辰有限责任公司支付价款 550 000 元从二级市场购入乙公司发行的股票 100 000 股,每股价格 5.50 元(含已宣告但尚未发放的现金股利 0.50 元),另支付交易费用 1 000 元,主要目的是为了赚取价差,不准备长期持有。1月5日,从美国市场以 21 000 000 美元的价格购入美国某金融公司发行的 3 年期固定利率债券(还有三个月到期),票面利率 4.5%,债券面值为20 000 000 美元。

请根据上述业务描述交易性金融资产核算的典型会计分录。

【知识准备】

交易性金融资产,主要是指企业为了近期内出售而持有的金融资产,例如企业以赚取差价为目的,从二级市场购入的股票、债券、基金等。

一、账户设置

为了核算交易性金融资产的取得、收取现金股利或利息、处置等业务,需要设置“交易性金融资产”“公允价值变动损益”“投资收益”等账户。

“交易性金融资产”属于资产类账户,用于核算企业为交易目的所持有的债券投资、股票投资、基金投资等交易性金融资产的公允价值。企业持有的直接指定为以公允价值计量且其变动计入当期损益的金融资产也在“交易性金融资产”账户核算。借方登记交易性金融资产的取得成本、资产负债表日其公允价值高于账面余额的差额等,贷方登记资产负债表日其公允价值低于账面余额的差额,以及企业出售交易性金融资产时结转的成本和公允价值变动损益。企业应当按照交易性金融资产的类别和品种,分别设置"成本"和"公允价值变动"两个明细账户进行核算。

"公允价值变动损益"属于损益类账户,用于核算企业交易性金融资产等公允价值变动而形成的应计入当期损益的利得或损失。借方登记资产负债表日企业持有的交易性金融资产等的公允价值低于账面余额的差额,贷方登记资产负债表日企业持有的交易性金融资产等的公允价值高于账面余额的差额。

"投资收益"属于损益类账户,用于核算企业持有交易性金融资产期间内取得的投资收益以及处置交易性金融资产等实现的投资收益或投资损失,借方登记企业出售交易性金融资产等发生的投资损失,贷方登记企业出售交易性金融资产等实现的投资收益。

❓ 公允价值变动损益和投资收益都是损益类账户,二者有何区别?

二、交易性金融资产的账务处理

(一)交易性金融资产的取得

企业取得交易性金融资产时,应当按照该金融资产取得时的公允价值(市场交易价格)作为其初始确认金额;取得交易性金融资产所支付价款中包含了已宣告但尚未发放的现金股利或已到付息期但尚未领取的债券利息的,应当单独确认为应收项目(应收股利或应收利息);取得交易性金融资产所发生的相关交易费用应当在发生时计入投资收益。

交易费用,是指可直接归属于购买、发行或处置金融工具新增的外部费用,包括支付给代理机构、咨询公司、券商等的手续费和佣金及其他必要支出。

企业取得交易性金融资产时,按其公允价值,借记"交易性金融资产——成本"科目;按发生的交易费用,借记"投资收益"科目;按已到付息期但尚未领取的利息或已宣告但尚未发放的现金股利,借记"应收利息"或"应收股利"科目;按实际支付的金额,贷记"银行存款"等科目。

【例 15-1】 2017 年 1 月 3 日,甲公司支付价款 550 000 元从二级市场购入乙公司发行的股票 100 000 股,每股价格 5.50 元(含已宣告但尚未发放的现金股利 0.50 元),另支付交易费用 1 000 元。甲公司将持有的乙公司股权划分为交易性金融资产,且持有乙公司股权后对其无重大影响。

假定不考虑其他因素,甲公司的账务处理如下:

购入乙公司股票:

借:交易性金融资产——成本	500 000
应收股利	50 000
投资收益	1 000
贷:其他货币资金——存出投资款	551 000

(二)交易性金融资产持有期间取得的现金股利和利息

交易性金融资产持有期间,对于被投资单位宣告发放的现金股利或企业在资产负债表日按分期付息、一次还本债券投资的票面利率计算的利息,借记"应收股利"或"应收利息"科目,贷记"投资收益"科目。而收到取得交易性金融资产时所支付的价款中包含的已宣告但尚未发放的现金股利或已到付息期但尚未领取的债券利息,借记"应收股利"或"应收利息"科目,贷记"银行存款"科目。

【例 15-2】 沿用例 15-1,2017 年 5 月 23 日,收到乙公司发放的现金股利。

甲公司的账务处理如下:

借:其他货币资金——存出投资款 50 000
　　贷:应收股利 50 000

（三）交易性金融资产的期末计价

资产负债表日,交易性金融资产应当按照公允价值计量,公允价值与账面余额之间的差额计入当期损益。企业应当在资产负债表日按照交易性金融资产公允价值高于其账面余额的差额,借记"交易性金融资产——公允价值变动"科目,贷记"公允价值变动损益"科目;公允价值低于其账面余额的差额做相反的会计分录。

【例 15-3】 沿用例 15-1,6 月 30 日,乙公司股票价格涨到每股 6 元。

甲公司 6 月 30 日,确认股票价格变动的账务处理如下:

借:交易性金融资产——公允价值变动 100 000
　　贷:公允价值变动损益 100 000

（四）出售交易性金融资产

出售交易性金融资产时,应当将该金融资产出售时的公允价值与其初始入账金额之间的差额确认为投资收益,同时调整公允价值变动损益。企业应按实际收到的金额,借记"银行存款"等科目,按该金融资产的账面余额,贷记"交易性金融资产"科目,按其差额,贷记或借记"投资收益"科目。

同时,将原计入该金融资产的公允价值变动转出,借记或贷记"公允价值变动损益"科目,贷记或借记"投资收益"科目。

【例 15-4】 沿用例 15-1、例 15-3,8 月 15 日,甲公司将持有的乙公司股票全部售出,每股售价 7 元。

甲公司 8 月 15 日,将乙公司股票全部售出的账务处理如下:

借:其他货币资金——存出投资款 700 000
　　贷:交易性金融资产——成本 500 000
　　　　　　　　　　——公允价值变动 100 000
　　　投资收益 100 000

同时:

借:公允价值变动损益 100 000
　　贷:投资收益 100 000

【例 15-5】 2017 年 1 月 3 日,丙企业从二级市场支付价款 1 020 000 元(含已到付息但尚未领取的利息 20 000 元)购入某公司发行的债券,另支付交易费用 20 000 元。该债券面值 1 000 000 元,剩余期限为 2 年,票面年利率为 4%,每半年付息一次,丙企业将其划分为交易性金融资产。

丙企业的其他相关资料如下:

(1)2017 年 1 月 5 日,收到该债券 2016 年下半年利息 20 000 元;

(2)2017 年 6 月 30 日,该债券的公允价值为 1 150 000 (不含利息);

(3)2017 年 7 月 5 日,收到该债券半年利息;

(4)2017 年 12 月 31 日,该债券的公允价值为 1 100 000 元(不含利息);

(5)2018 年 1 月 5 日,收到该债券 2017 年下半年利息;

(6)2018 年 3 月 31 日,丙企业将该债券出售,取得价款 1 180 000 元。

假定不考虑其他因素,则丙企业的账务处理如下:

(1)2017 年 1 月 3 日,购入债券:

借:交易性金融资产——成本   1 000 000
    应收利息   20 000
    投资收益   20 000
    贷:其他货币资金——存出投资款   1 040 000

(2)2017 年 1 月 5 日,收到该债券 2016 年下半年利息:

借:其他货币资金——存出投资款   20 000
    贷:应收利息   20 000

(3)2017 年 6 月 30 日,确认债券公允价值变动和投资收益:

借:交易性金融资产——公允价值变动   150 000
    贷:公允价值变动损益   150 000

借:应收利息   20 000
    贷:投资收益   20 000

(4)2017 年 7 月 5 日,收到该债券半年利息:

借:其他货币资金——存出投资款   20 000
    贷:应收利息   20 000

(5)2017 年 12 月 31 日,确认债券公允价值变动和投资收益:

借:公允价值变动损益   50 000
    贷:交易性金融资产——公允价值变动   50 000

借:应收利息   20 000
    贷:投资收益   20 000

(6)2018 年 1 月 5 日,收到该债券 2017 年下半年利息:

借:其他货币资金——存出投资款   20 000
    贷:应收利息   20 000

(7)2018 年 3 月 31 日,将该债券予以出售:

借:其他货币资金——存出投资款   1 180 000
    贷:交易性金融资产——成本   1 000 000
               ——公允价值变动   100 000
      投资收益   80 000

同时:

借:公允价值变动损益   100 000
    贷:投资收益   100 000

【任务实施】

交易性金融资产核算的典型业务会计分录

1. 交易性金融资产取得的核算

借:交易性金融资产——成本(公允价值)

　　投资收益(发生的交易费用)

　　应收股利(已宣告但尚未发放的现金股利)

　　应收利息(已到付息期但尚未领取的利息)

　　　贷:其他货币资金——存出投资款

2. 交易性金融资产持有期间的股利或利息的核算

借:应收股利(被投资单位宣告发放的现金股利×投资持股比例)

　　应收利息(资产负债表日计算的应收利息)

　　　贷:投资收益

3. 资产负债表日交易性金融资产计量的核算

公允价值上升时:

借:交易性金融资产——公允价值变动(公允价值与账面余额的差额)

　　贷:公允价值变动损益

公允价值下降时:

借:公允价值变动损益

　　贷:交易性金融资产——公允价值变动(公允价值与账面余额的差额)

4. 交易性金融资产的处置核算

借:其他货币资金——存出投资款(实际售价)

　　贷:交易性金融资产——成本

　　　　　　　　　　——公允价值变动损益

　　　投资收益(差额,也可能在借方)

同时:

借:公允价值变动损益(原计入该金融资产的公允价值变动)

　　贷:投资收益

或:

借:投资收益

　　贷:公允价值变动损益

相关链接——金融商品转让增值税的计算

金融商品转让应适用一般计税方式,也就是计算销项税额,与纳税人其他销项税额一起计算总的销项税额,抵扣可以抵扣的进项税额,一并计算当月或当季度的应纳税额。

1. 税率

金融商品转让的税率是6%。

2.金融商品转让的销售额,按照卖出价扣除买入价后的余额为销售额

金融资产转让的销售额,按照转让金融商品时,取得的全部价款和价外费用,作为销售额。金融商品的买入价,按投资者在购买金融商品时,支付的全部价款和价外费用,既是转让方的卖出价,也是投资方的买入价。有关支出,比如佣金或手续费等,如果取得了可以抵扣的增值税专用发票,应该抵扣有关的进项税,不得再从卖出价中扣减。

3.销项税额计算

销项税额＝销售额/（1＋6％）×6％

4.账务处理

金融商品转让按规定以盈亏相抵后的余额作为销售额的账务处理。金融商品实际转让月末,如产生转让收益,则按应纳税额借记"投资收益"等科目,贷记"应交税费——转让金融商品应交增值税"科目;如产生转让损失,则按可结转下月抵扣税额,借记"应交税费——转让金融商品应交增值税"科目,贷记"投资收益"等科目。交纳增值税时,应借记"应交税费——转让金融商品应交增值税"科目,贷记"银行存款"科目。年末,本科目如有借方余额,则借记"投资收益"等科目,贷记"应交税费——转让金融商品应交增值税"科目。

任务二　持有至到期投资核算

【任务布置】

宇辰有限责任公司从美国市场以 21 000 000 美元的价格购入美国某金融公司新发行的 3 年期固定利率债券,票面利率 4.5％,债券面值为 20 000 000 美元,将其划分为持有至到期投资。

请根据上述业务描述持有至到期投资核算的典型会计分录。

【知识准备】

持有至到期投资,是指到期日固定、回收金额固定或可确定,且企业有明确意图和能力持有至到期的非衍生金融资产。它通常指企业购入的债券投资。

从定义可以看到,持有至到期投资的基本特征如下:

（1）到期日固定、回收金额固定或可确定。购入的股权投资因其没有固定的到期日,不符合持有至到期投资的条件,不能划分为持有至到期投资。通常情况下,能够划分为持有至到期投资的金融资产,主要是债权性投资,比如从二级市场上购入的固定利率国债、浮动利率金融债券等。

（2）企业有明确意图和能力持有至到期。即购入时就准备持有至到期的,而且企业有足够的财务资源,并不受外部因素的影响。

（3）属于非衍生金融资产。

❓什么是衍生金融资产?

一、账户设置

为了核算持有至到期投资的取得、收取利息和出售等业务,企业应设置"持有至到期投资""投资收益"等账户进行核算。

"持有至到期投资"账户核算企业持有至到期投资的摊余成本,借方登记持有至到期投资的取得成本、一次还本付息债券投资在资产负债表日按照票面利率计算确定的应收未收利息等;贷方登记企业出售持有至到期投资时结转的成本等;期末借方余额,反映企业持有至到期投资的摊余成本。

按照持有至到期投资的类别和品种,分别设置"成本""利息调整""应计利息"等明细账户进行明细核算。

"成本"明细账登记所购入债券的面值,即无论是溢价还是折价购入的债券,在核算时"成本"明细账始终记录的是债券的面值。

"利息调整"明细账初始入账金额等于"实际支付的价款减去实际支付的价款中包含的已到付息期但尚未领取的利息的差额"与"债券面值"的差额。在资产负债表日,该账户核算企业采用实际利率法计算的持有至到期投资摊销额。

"应计利息"明细账登记到期一次还本付息的债券的应收利息,期末账户余额反映企业累计应收的投资利息。

实际利率法是指按实际利率计算摊余成本及各期利息费用的方法。

二、持有至到期投资的账务处理

(一)持有至到期投资的取得

持有至到期投资的初始投资成本等于取得时的公允价值和相关交易费用之和,相关交易成本计入投资成本中。支付的价款中包含的已到付息期但尚未领取的债券利息应单独确认为应收利息,不计入投资成本。

企业取得的持有至到期投资,应按该投资的面值,借记"持有至到期投资(成本)"科目;按实际支付的价款中包含的已到付息期但尚未领取的债券利息,借记"应收利息"科目;按实际支付的价款,贷记"银行存款"科目;按借贷方的差额,借记或贷记"持有至到期投资(利息调整)"科目。

【例 15-6】 甲企业 2017 年 1 月 3 日购入财政部 2017 年 1 月 1 日发行的五年期固定利率国债,该债券每年付息一次,最后一年还本金并付最后一次利息,票面年利率 12%,债券面值 1 000 元,债券购买时市场利率为 10.66%,甲企业按 1 050 元的溢价价格购入 800 张,票款以银行存款付讫,不考虑交易费用,每年 1 月 5 日支付利息。

根据本例资料,甲企业在 2017 年 1 月 3 日购入本批债券时应编制如下会计分录:

借:持有至到期投资——成本　　　　　　　　　　　　　　800 000
　　　　　　　　——利息调整　　　　　　　　　　　　　40 000
　　贷:其他货币资金——其他投资款　　　　　　　　　　　　840 000

比较一下交易性金融资产和持有至到期投资的初始确认成本有何异同?

(二)资产负债表日的计量

企业应在持有至到期投资持有期间,采用实际利率法,按照摊余成本和实际利率计算确认利息收入,计入投资收益。实际利率应当在取得持有至到期投资时确定,实际利率与票面利率差别较小的,也可按票面利率计算利息收入,计入投资收益。

摊余成本是指该长期债权投资的初始确认金额经下列调整后的结果:①扣除已偿还的本金;②加上或减去采用实际利率法将该初始确认金额与到期日金额之间的差额进行摊销形成的累计摊销额(即折价或溢价摊销额);③扣除已发生的减值损失。

(1)分期付息、到期一次还本债券投资的,应按票面利率和面值计算确定的应收未收利息,借记"应收利息"科目;按持有至到期投资的期初摊余成本和实际利率计算确定的实际利息收入,贷记"投资收益"科目;按其差额借记或贷记"持有至到期投资——利息调整"科目。

$$应计利息 = 债券面值 \times 票面利率$$

$$投资收益 = 账面期初摊余成本 \times 实际利率$$

$$利息调整(溢折价的摊销额) = 应收利息 - 投资收益$$

(2)一次还本付息债券投资的,应按票面利率和面值计算确定的应收未收利息,借记"持有至到期投资——应计利息"科目;按持有至到期投资的期初摊余成本和实际利率计算确定的实际利息收入,贷记"投资收益"科目;按其差额借记或贷记"持有至到期投资——利息调整"科目。

【例 15-7】 承例 15-6,每年 12 月 31 日计提利息、利息调整和实际利息收益计算如表 15-1 所示。

表 15-1　利息调整计算表　　　　　　　单位:元

期　次	按实际利率计算的利息 ①=上期⑤×10.66%	按票面利率计算的利息 ②=面值×12%	各期利息调整 ③=①-②	利息调整账面余额 ④=上期④-③	账面摊余成本 ⑤=上期⑤-③
				40 000	840 000
2017	89 544	96 000	6 456	33 544	833 544
2018	88 855.79	96 000	7 144.21	26 399.79	826 399.79
2019	88 094.22	96 000	7 905.78	18 494.01	818 494.01
2020	87 251.46	96 000	8 748.54	9 745.47	809 745.47
2021	86 254.53	96 000	9 745.47*	0	800 000
合　计	440 000	480 000	40 000	—	

* 尾数有调整:

9 745.47 = 40 000 - (6 456 + 7 144.21 + 7 905.78 + 8 748.54)

86 254.53 = 96 000 - 9 745.47

根据表 15-1 计算结果,2017 年年末应编制的会计分录如下:

2017 年 12 月 31 日,确认投资收益时:

借:应收利息　　　　　　　　　　　　　　　　　　　　　　　96 000

　　贷:持有至到期投资——利息调整　　　　　　　　　　　　　　　6 456

　　　　投资收益　　　　　　　　　　　　　　　　　　　　　　89 544

收到利息时:

借:其他货币资金——存出投资款　　　　　　　　　　　96 000
　　贷:应收利息　　　　　　　　　　　　　　　　　　　　　96 000

以后各年账务处理同上。

债券到期收回债券本金和最后一期利息时:

借:其他货币资金——存出投资款　　　　　　　　　　896 000
　　贷:持有至到期投资——成本　　　　　　　　　　　　800 000
　　　　应收利息　　　　　　　　　　　　　　　　　　　96 000

❓通过上述例题你是否真正理解了摊余成本的内涵?请谈一下吧!

(三)持有至到期投资的减值

企业应当在资产负债表日对持有至到期投资的账面价值进行检查,有客观证据表明该金融资产发生减值的,即持有至到期投资的账面价值高于预计未来现金流量现值的,应当将其账面价值减记至预计未来现金流量现值,减记的金额确认为资产减值损失,计入当期损益,同时计提减值准备。

已计提减值准备的持有至到期投资价值以后得以恢复,应在原计提减值准备金额内予以转回,转回的金额计入当期损益。

企业应当设置"持有至到期投资减值准备"账户,核算计提的持有至到期投资减值准备,贷方登记计提的减值准备;借方登记实际发生的减值损失和转回的减值准备金额,期末余额一般在贷方,反映企业已计提但尚未转销的持有至到期投资减值准备。

在资产负债表日,持有至到期投资发生减值时,借记"资产减值损失"科目,贷记"持有至到期投资减值准备"科目。当持有至到期投资价值以后又得以恢复的,按恢复的金额,借记"持有至到期投资减值准备"科目,贷记"资产减值损失"科目。该转回后的账面价值不应当超过假定不计提减值准备情况下该持有至到期投资在转回日的摊余成本。

【例 15-8】　承例 15-6 和例 15-7,如果甲企业持有的债券在第四年,即 2020 年 12 月 31 日经检查,该批债券已发生减值,预计只能收回本息 500 000 元。则甲企业 2020 年 12 月 31 日应作如下处理:

该批债券预计未来现金流量现值＝500 000/(1＋10.66％)＝451 834.45(元)

未提减值准备前持有至到期投资的账面价值＝809 745.47(元)

应计提减值准备＝809 745.47－451 834.45＝357 911.02(元)

计提减值准备的会计处理:

借:资产减值损失　　　　　　　　　　　　　　　　　357 911.02
　　贷:持有至到期投资减值准备　　　　　　　　　　　　357 911.02

❓交易性金融资产期末是否计提减值?

(四)持有至到期投资到期收回

持有至到期投资到期,应按实际收到的金额,借记"银行存款"等科目,按其账面余额,贷记"持有至到期投资——成本、利息调整、应计利息"等科目,按其差额,贷记或借记"投资收益"科目。已计提减值准备的,还应同时结转减值准备。

【例 15-9】　承例 15-6、例 15-7、例 15-8,假定 2021 年 1 月 3 日,甲企业将该债券全部出售,

取得价款 510 000 元。

借:其他货币资金——存出投资款	510 000	
持有至到期投资减值准备	357 911.02	
贷:持有至到期投资——成本		800 000
持有至到期投资——利息调整		9 745.47
投资收益		58 165.55

【任务实施】

持有至到期投资核算的典型业务会计分录

1.取得持有至到期投资的核算

借:持有至到期投资——成本(按债券的面值计算)

　应收利息(支付的价款中包含的已到付息期但尚未领取的利息)

　贷:其他货币资金——存出投资款(实际支付的金额)

按借贷方差额,借记或贷记"持有至到期投资——利息调整"科目。

2.资产负债表日持有至到期投资的核算

(1)分期付息、一次还本债券:

借:应收利息(票面利率×债券面值)

　贷:投资收益(持有至到期投资摊余成本×实际利率)

按借贷方差额,借记或贷记"持有至到期投资——利息调整"科目。

(2)一次还本付息债券:

借:持有至到期投资——应计利息(票面利率×债券面值)

　贷:投资收益(持有至到期投资摊余成本×实际利率)

按借贷方差额,借记或贷记"持有至到期投资——利息调整"科目。

3.出售持有至到期投资的核算

借:其他货币资金——存出投资款(实际收到的金额)

　持有至到期减值准备

　贷:持有至到期投资——成本

　　　　　　——利息调整

　　　　　　——应计利息

按借贷方差额,贷记或借记"投资收益"科目。

相关链接——小企业长期债券投资的会计处理

> 持有至到期投资,在小企业会计处理中是通过"长期债券投资"科目进行的。
> 长期债券投资,是指小企业购入的在 1 年以上(不含 1 年)不能变现或不准备随时变现的债券投资。
> 长期债券投资按照实际支付的购买价款作为成本进行计量。实际支付价款中包含的已到付息期但尚未领取的债券利息,单独确认为应收利息,不计入长期债券投资的成本。

　　长期债券投资在持有期间，按月计算的应收利息应当确认为投资收益。分期付息，一次还本的长期债券投资，按月计算的应收未收利息确认为应收利息，不增加长期债券投资的账面余额；一次还本付息的长期债券投资，按月计算的应收未收利息增加长期债券投资的账面余额。

　　长期债券投资损失于实际发生时计入营业外支出，同时冲减长期债券投资账面余额。

　　处置长期债券投资，实际取得价款与其账面余额之间的差额，计入投资收益。

任务三　可供出售金融资产核算

【任务布置】

　　宇辰有限责任公司从国内二级市场支付价款 1 020 000 元（含已到付息但尚未领取的利息 20 000 元）购入某公司发行的债券，另支付交易费用 20 000 元。该债券面值 1 000 000 元，剩余期限为 2 年，票面年利率为 4%，每半年付息一次，将其划分为可供出售金融资产。

　　请根据上述业务描述可供出售金融资产核算的典型会计分录。

【知识准备】

　　可供出售金融资产，是指初始确认时即被指定为可供出售的非衍生金融资产，以及没有划分为持有至到期投资、贷款和应收款项、以公允价值计量且其变动计入当期损益的金融资产的金融资产。通常情况下，划分为此类的金融资产应当在活跃市场上有报价，因此，企业从二级市场上购入的有报价的股票、债券、基金等，没有划分为以公允价值计量且其变动计入当期损益的金融资产或持有至到期投资等金融资产的，可以划分为可供出售金融资产。

一、账户设置

　　为了核算可供出售金融资产的取得、收取现金股利或利息、期末计价、出售和到期收回等业务，企业应设置"可供出售金融资产""其他综合收益""投资收益"等账户进行核算。

　　"可供出售金融资产"账户核算企业持有的可供出售金融资产的公允价值。该账户借方登记可供出售金融资产的取得成本、资产负债表日其公允价值高于账面余额的差额、可供出售金融资产转回的减值损失等；贷方登记资产负债表日其公允价值低于账面余额的差额、可供出售金融资产发生的减值损失、出售可供出售金融资产时结转的成本和公允价值变动。企业应当按照可供出售金融资产的类别和品种，分别以"成本""利息调整""应计利息""公允价值变动"等明细账户进行核算。

　　"其他综合收益"账户核算企业可供出售金融资产公允价值变动而形成的应计入所有者权益的利得或损失等。该账户的借方登记资产负债表日企业持有的可供出售金融资产的公允价值低于几项余额的差额等；贷方登记资产负债表日企业持有的可供出售金融资产的公允价值高于账面余额的差额等。

　　可供出售金融资产发生减值的还可以单独设置"可供出售金融资产减值准备"账户。

二、可供出售金融资产的账务处理

(一)可供出售金融资产的取得

可供出售金融资产的初始入账金额等于实际支付的价款减去实际支付的价款中包含的已到付息期但尚未领取的利息或股利的差额加上取得时发生的交易费用。支付的价款中包含的已到付息期但尚未领取的债券利息和已宣告发放但尚未领取的现金股利等应单独确认为应收项目,不计入投资成本。

企业取得可供出售金融资产为股票投资的,应按取得资产的公允价值和相关交易费用,借记"可供出售金融资产——成本"科目;按支付的价款中已宣告发放但尚未领取的现金股利,借记"应收股利"科目;按实际支付的价款,贷记"银行存款"科目。

企业取得可供出售金融资产为债券投资的,应按该投资的面值,借记"可供出售金融资产——成本"科目;按实际支付的价款中包含的已到付息期但尚未领取的债券利息,借记"应收利息"科目,按实际支付的价款,贷记"银行存款"科目;按借贷方的差额,借记或贷记"可供出售金融资产——利息调整"科目。

【例 15-10】 2017 年 3 月 10 日,甲公司从股票二级市场以每股 10 元(含已宣告但尚未发放的现金股利 0.4 元)的价格购入乙公司发行的股票 100 万股,占乙公司有表决权股份的 5%,对乙公司无重大影响,作为可供出售金融资产。2017 年 3 月 25 日,甲公司收到乙公司发放的上年度现金股利 40 万元。

3 月 10 日取得该金融资产时:

借:可供出售金融资产——成本	9 600 000
应收股利	400 000
贷:其他货币资金——存出投资款	10 000 000

3 月 25 日收到现金股利时:

借:其他货币资金——存出投资款	400 000
贷:应收股利	400 000

比较一下交易性金融资产、持有至到期投资和可供出售金融资产的初始确认成本有何异同?

(二)可供出售金融资产持有期间现金股利或债券利息的账务处理

可供出售金融资产持有期间取得的现金股利或债券利息应直接计入"投资收益"账户。

(1)分期付息、到期一次还本债券投资的,应按票面利率和面值计算确定的应收未收利息,借记"应收利息"科目;按可供出售债券投资的期初摊余成本和实际利率计算确定的实际利息收入,贷记"投资收益"科目;按其差额借记或贷记"可供出售金融资产——利息调整"科目。

(2)一次还本付息债券投资的,应按票面利率和面值计算确定的应收未收利息,借记"可供出售金融资产——应计利息"科目;按可供出售债券投资的期初摊余成本和实际利率计算确定的实际利息收入,贷记"投资收益"科目;按其差额借记或贷记"可供出售金融资产——利息调整"科目。

【例 15-11】 甲企业 2017 年 1 月 3 日购入财政部 2017 年 1 月 1 日发行的五年期固定利率国债,该债券每年付息一次,最后一年还本金并付最后一次利息,票面年利率 12%,债券面值 1 000 元,债券购买时市场利率为 10.66%,甲企业按 1 050 元的溢价价格购入 800 张,票款以银行存款付讫,不考虑交易费用,每年 1 月 5 日支付利息。甲企业将其划分为可供出售金融资产。根据本例资料,甲企业在 2017 年 1 月 3 日购入本批债券时应编制如下会计分录:

借:可供出售金融资产——成本　　　　　　　　　　　　　　　800 000

　　　　　　　　　　　——利息调整　　　　　　　　　　　　40 000

　　贷:其他货币资金——其他投资款　　　　　　　　　　　　　840 000

【例 15-12】　承例 15-11,每年 12 月 31 日计提利息、利息调整和实际利息收益计算如表 15-2 所示。

要求:编制该债券投资 2017 年和 2018 年的相关业务会计分录。

表 15-2　利息调整计算表　　　　　　　　　　　　　单位:元

期　次	按实际利率计算的利息 ①=上期⑤×10.66%	按票面利率计算的利息 ②=面值×12%	各期利息调整 ③=①-②	利息调整账面余额 ④=上期④-③	账面摊余成本 ⑤=上期⑤-③
				40 000	840 000
2017	89 544	96 000	6 456	33 544	833 544
2018	88 855.79	96 000	7 144.21	26 399.79	826 399.79

根据表 15-2 计算结果,2017 年年末应编制的会计分录如下:

2017 年 12 月 31 日,确认投资收益时:

借:应收利息　　　　　　　　　　　　　　　　　　　　　　96 000

　　贷:可供出售金融资产——利息调整　　　　　　　　　　　　6 456

　　　投资收益　　　　　　　　　　　　　　　　　　　　89 544

收到利息时:

借:其他货币资金——存出投资款　　　　　　　　　　　　　96 000

　　贷:应收利息　　　　　　　　　　　　　　　　　　　　　96 000

2018 年 12 月 31 日,确认投资收益时:

借:应收利息　　　　　　　　　　　　　　　　　　　　　　96 000

　　贷:可供出售金融资产——利息调整　　　　　　　　　　7 144.21

　　　投资收益　　　　　　　　　　　　　　　　　　88 855.79

收到利息时:

借:其他货币资金——存出投资款　　　　　　　　　　　　　96 000

　　贷:应收利息　　　　　　　　　　　　　　　　　　　　　96 000

❓ 持有至到期投资和可供出售金融资产如果是债券投资在核算原理上是否相同?

(三)可供出售金融资产的期末计量

企业应当按照公允价值对可供出售金融资产进行后续计量。可供出售金融资产公允价值变动计入其他综合收益(所有者权益类账户),不构成当期利润。

(1)企业于资产负债表日,对持有的可供出售金融资产按照公允价值调整账面价值。可供出售金融资产的公允价值高于账面价值的差额,借记“可供出售金融资产——公允价值变动”

科目,贷记"其他综合收益"科目;公允价值低于账面价值的差额,做相反的会计分录。

(2)资产负债表日,如果可供出售金融资产的公允价值发生较大幅度的下降,认定该可供出售金融资产已经发生了减值,应当确认为减值损失。确认减值损失时,应当将原直接计入所有者权益的公允价值下降形成的累计损失一并转出,计入资产减值损失。按应减记的金额,借记"资产减值损失"科目,按应从所有者权益中转出原计入"其他综合收益"的累计损失金额,贷记"其他综合收益"科目,按其差额,贷记"可供出售金融资产——减值准备"科目。

(3)对于已确认减值损失的可供出售金融资产,在随后会计期间内公允价值已上升且客观上与原确认减值损失事项相关的,应按原确认的减值损失,借记"可供出售金融资产——减值准备"科目,贷记"资产减值损失"科目;但可供出售金融资产为股票等权益工具投资的,应借记"可供出售金融资产——减值准备"科目,贷记"其他综合收益"科目。

【例15-13】 承例15-10,若2017年6月30日,该股票的市场价格为每股8元,甲公司预计该股票的价格下跌是暂时的。

借:其他综合收益   1 600 000
    贷:可供出售金融资产——公允价值变动   1 600 000

【例15-14】 承例15-10和例15-13,2017年末该可供出售股票市价严重下跌,每股跌为6元,预期这种下降趋势暂时不可逆转,则应确认资产减值损失。

借:资产减值损失   3 600 000
    贷:其他综合收益   1 600 000
      可供出售金融资产——减值准备   2 000 000

(四)出售可供出售金融资产

出售可供出售金融资产,应按实际收到的金额,借记"其他货币资金"等科目,按其账面余额,贷记"可供出售金融资产——成本、公允价值变动、利息调整、应计利息"等科目,按应从所有者权益中转出的公允价值累计变动,借记或贷记"其他综合收益"科目,按其差额借记或贷记"投资收益"科目。

【例15-15】 承例15-10、例15-13,若甲公司于2018年初将上述股票出售,收得价款每股7.5元。

借:其他货币资金——存出投资款   7 500 000
    可供出售金融资产——公允价值变动   1 600 000
    投资收益   500 000
    贷:可供出售金融资产——成本   9 600 000
同时:
借:投资收益   1 600 000
    贷:其他综合收益   1 600 000

请分别从取得、收到利息或股利、期末计息、利息调整摊销、期末公允价值变动、减值计提、出售或到期收回等角度对交易性金融资产、持有至到期投资、可供出售金融资产的账务处理进行比较归纳。

【任务实施】

可供出售金融资产核算的典型业务会计分录

1.取得可供出售的金融资产的核算

(1)股票投资。

借:可供出售金融资产——成本(公允价值与交易费用之和)

　　应收股利(支付的价款中包含的已宣告但尚未发放的现金股利)

　　　贷:其他货币资金——存出投资款(实际支付的金额)

(2)债券投资。

借:可供出售金融资产——成本(公允价值与交易费用之和)

　　应收利息(支付的价款中包含的已到付息期但尚未领取的利息)

　　　贷:其他货币资金——存出投资款(实际支付的金额)

按借贷方差额,借记或贷记"可供出售金融资产——利息调整"科目。

2.资产负债表日可供出售债券的核算

(1)可供出售债券为分期付息、一次还本债券投资。

借:应收利息(按票面利率计算确定的应收未收利息)

　　　贷:投资收益(按可供出售债券的摊余成本和实际利率计算确定的利息收入)

按其差额,借记或贷记"可供出售金融资产——利息调整"科目。

(2)可供出售债券为一次还本付息债券投资。

借:可供出售金融资产——应计利息(按票面利率计算确定的应收未收利息)

　　　贷:投资收益(按可供出售债券的摊余成本和实际利率计算确定的利息收入)

按其差额,借记或贷记"可供出售金融资产——利息调整"科目。

3.资产负债表日公允价值变动的核算

(1)公允价值高于其账面余额。

借:可供出售金融资产——公允价值变动(公允价值高于其账面余额的差额)

　　　贷:其他综合收益

(2)公允价值低于其账面余额的差额做相反的会计分录。

4.可供出售金融资产减值的核算

(1)计提减值。

借:资产减值损失

　　贷:其他综合收益

　　　　可供出售金融资产——减值准备

(2)转回减值。

①债券投资。

借:可供出售金融资产——减值准备

　　贷:资产减值损失

②股票等权益工具投资。

借:可供出售金融资产——减值准备

　　贷:其他综合收益

5. 出售可供出售金融资产的核算

借：其他货币资金——存出投资款（实际收到的金额）
　　贷：可供出售金融资产——成本
　　　　　　　　　　　　——公允价值变动
　　　　　　　　　　　　——利息调整
　　　　　　　　　　　　——应计利息
　　　　　　　　　　　　——减值准备

同时：
借：其他综合收益（从所有者权益中转出的公允价值累计变动额）
　　贷：投资收益
或
借：投资收益
　　贷：其他综合收益（从所有者权益中转出的公允价值累计变动额）

单元小结

● 交易性金融资产，主要是指企业为了近期内出售而持有的金融资产。

● 企业取得交易性金融资产时，应当按照该金融资产取得时的公允价值（市场交易价格）作为其初始确认金额，所支付价款中包含了已宣告但尚未发放的现金股利或已到付息期但尚未领取的债券利息的，应当单独确认为应收项目，取得交易性金融资产所发生的相关交易费用应当在发生时计入投资收益。

● 交易性金融资产持有期间取得的现金股利和利息计入投资收益。

● 资产负债表日，交易性金融资产应当按照公允价值计量，公允价值与账面余额之间的差额计入公允价值变动损益。

● 出售交易性金融资产时，应当将该金融资产出售时的公允价值与其初始入账金额之间的差额确认为投资收益，同时调整公允价值变动损益。

● 持有至到期投资，是指到期日固定、回收金额固定或可确定，且企业有明确意图和能力持有至到期的非衍生金融资产。

● 持有至到期投资的初始投资成本等于取得时的公允价值和相关交易费用之和，相关交易成本计入投资成本中。

● 企业应在持有至到期投资持有期间，采用实际利率法，按照摊余成本和实际利率计算确认利息收入，计入投资收益。

● 已计提减值准备的持有至到期投资价值以后得以恢复，应在原计提减值准备金额内予以转回，转回的金额计入当期损益。

● 可供出售金融资产的初始入账金额等于实际支付的价款减去实际支付的价款中包含的已到付息期但尚未领取的利息或股利的差额加上取得时发生的交易费用。

● 可供出售金融资产持有期间取得的现金股利或债券利息应直接计入投资收益。

● 企业应当按照公允价值对可供出售金融资产进行后续计量。可供出售金融资产公允价值变动计入其他综合收益(所有者权益类账户),不构成当期利润。

　　●对于已确认减值损失的可供出售金融资产,在随后会计期间内公允价值已上升且客观上与原确认减值损失事项相关的,应按原确认的减值损失范围内转回。

延伸阅读:《企业会计准则第22号——金融工具确认和计量》

复习思考题

习题参考答案

单元 16   核算长期股权投资

知识目标

●了解长期股权投资的形成方式；熟悉长期股权投资核算涉及的账户；掌握长期股权投资的核算范围和核算方法；掌握长期股权投资初始成本的计算原理。

●掌握成本法下长期股权投资取得、持有期间被投资单位宣告分派股利或利润和处置的账务处理方法。

●熟悉权益法的核算原理；熟悉超级亏损的核算原理；掌握权益法下长期股权投资取得、持有期间被投资单位实现净损益、其他综合收益变动、其他权益变动和处置的账务处理方法。

●掌握长期股权投资计提减值的账务处理方法。

能力目标

●会设置权益法下长期股权投资明细账户。

●会计算长期股权投资初始取得成本。

●会计算持有至到期投资和可供出售金融资产的利息收入和应计利息。

●能够进行成本法下长期股权投资取得、持有期间被投资单位宣告分派股利或利润和处置的账务处理。

●能够进行权益法下长期股权投资取得、持有期间被投资单位实现净损益、其他综合收益变动、其他权益变动和处置的账务处理。

●能够进行长期股权投资计提减值的账务处理。

单元描述

2017 年 1 月，宇辰有限责任公司进行了两项投资：①从上海证券交易所支付价款 5 500 000 元购入乙公司发行的股票 1 000 000 股，每股价格 5.50 元（含已宣告但尚未发放的现金股利 0.50 元），另支付交易费用 10 000 元，准备长期持有，通过此次交易，宇辰公司持有乙公司有表决权股份达到 21%，对乙公司有重大影响。②1 月 5 日，从深圳证券交易所通过大综交易购入甲公司股票 1 000 万股，每股价格 12 元，另支付交易费用 12 万元，准备长期持有，通过此次交易，宇辰公司持有甲公司有表决权股份达到 51%。上述业务是企业对外权益投资比较典型的业务。学习本单元后，我们应能解决下列问题：

（1）企业长期持有的股票通过何种账户进行核算？上述两种股票的核算方法是否相同？

（2）长期股权投资初始取得成本如何确认？上述两种股票应设置哪些明细账进行核算？

（3）成本法下长期股权投资如何核算？

（4）权益法下长期股权投资的核算原理是什么？涉及哪些核算内容？如何核算？

任务一　认知长期股权投资

【任务布置】

宇辰有限责任公司在经营过程中出于发展战略考虑,对其他企业进行了系列投资。与 A 公司共同设立了高科有限公司,占有该公司 50% 的股份,与 A 公司共同决定高科有限公司的经营管理。投资 B 公司以获取重要的原料,占 B 公司 30% 的股份,在该公司董事会上具有投票权。投资 C 公司形成产业链,占 C 公司 75% 的股份。通过换股的方式购入 E 公司,占该公司 80% 的股份,宇辰有限责任公司与 E 公司同为宇辰集团的子公司。

请问:

(1)长期股权投资的核算范围是什么?

(2)长期股权投资初始取得成本如何确认?

(3)企业合并有哪些常见方式?

(4)长期股权投资的核算方法有哪两种?

【知识准备】

一、长期股权投资的核算范围

长期股权投资是指投资企业对被投资单位实施控制、重大影响的权益性投资,以及对其合营企业的权益性投资。除此之外的其他权益性投资不作为长期股权投资进行核算,而应当按照《企业会计准则第 22 号——金融工具确认和计量》的规定进行会计核算。

上述长期股权投资的定义明确了企业进行权益性投资能够通过"长期股权投资"账户核算的范围。

(1)投资企业能够对被投资单位实施控制的权益性投资。投资企业能够对被投资单位实施控制,被投资单位为本企业的子公司。控制,是指投资方拥有对被投资单位的权力,通过参与被投资单位的相关活动而享有可变回报,并且有能力运用对被投资单位的权力影响其回报金额。通常指有权决定一个企业的财务和经营政策,并能据以从该企业的经营活动中获取利益。母、子公司之间属于控制与被控制关系。

(2)投资企业对其合营企业的权益性投资。投资企业与其他方一同对被投资单位实施共同控制的,被投资单位为本企业的合营企业。共同控制,是指按照相关约定对某项安排所共有的控制,并且该安排的相关活动必须经过分享控制权的参与方一致同意后才能决策。通常是指按照合同约定对某项经济活动所共有的控制,仅在与该项经济活动相关的重要财务和生产经营决策需要分享控制权的投资方一致同意时存在。

(3)投资企业能够对被投资单位实施重大影响的权益性投资。投资企业能够对被投资单位施加重大影响,被投资单位为本企业的联营企业。重大影响,是指对一个企业的财务和经营政策有参与决策的权力,但并不能够控制或者与其他方一起共同控制这些政策的制定。一般情况下投资企业应拥有被投资企业 20% 以上股份。

　　在确定能否对被投资单位施加重大影响时,一方面应考虑投资方直接或间接持有被投资单位的表决权股份,同时要考虑投资方及其他方持有的被投资单位的当期可转换的认股权证、股份期权及可转换公司债券等的影响。投资企业通常可以通过以下一种或几种情形来判断是否对被投资单位具有重大影响:

　　(1)在被投资单位的董事会或类似权力机构中派有代表。在这种情况下,由于在被投资单位的董事会或类似权力机构中派有代表,并相应享有实质性的参与决策权,投资方可以通过该代表参与被投资单位财务和经营政策的制定,达到对被投资单位施加重大影响。

　　(2)参与被投资单位财务和经营政策制定过程。这种情况下,在制定政策过程中可以为其自身利益提出建议和意见,从而可以对被投资单位施加重大影响。

　　(3)与被投资单位之间发生重要交易。有关的交易因对被投资单位的日常经营具有重要性,进而一定程度上可以影响到被投资单位的生产经营决策。

　　(4)向被投资单位派出管理人员。在这种情况下,管理人员有权力主导被投资单位的相关活动,从而能够对被投资单位施加重大影响。

　　(5)向被投资单位提供关键技术资料。因被投资单位的生产经营需要依赖投资方的技术或技术资料,表明投资方对被投资单位具有重大影响。

　　但是,需要注意的是,存在上述一种或多种情形并不意味着投资方一定对被投资单位具有重大影响。企业需要综合考虑所有事实和情况来作出恰当的判断。

　　❓ 你通过老师的讲解是否真正理解了"控制"和"共同控制"的内涵？如果你还想深入理解这两个词,请查阅《企业会计准则第33号——合并财务报表》和《企业会计准则第40号——合营安排》及其应用指南(2014)。

二、长期股权投资的形成方式

1.企业合并形成的长期股权投资

企业合并,是指将两个或者两个以上单独的企业合并形成一个报告主体的交易或事项。通过合并,合并前的多家企业的财产变成一家企业的财产,多个法人变成一个法人。由于企业合并导致一个企业对另外一个或多个企业股权的持有,形成长期股权投资。企业合并分为同一控制下的企业合并和非同一控制下的企业合并。

同一控制下企业合并是指参与合并的企业在合并前后均受同一方或相同的多方最终控制且该控制并非暂时性的。

非同一控制下企业合并是指参与合并的企业在合并前后不受同一方或相同的多方最终控制的。

2.其他方式形成的长期股权投资

企业也可以通过现金、发行权益性证券、债务重组、非货币性资产交换等方式对其他企业进行投资,获得被投资企业股份,形成长期股权投资。

三、长期股权投资的核算方法

长期股权投资的核算方法有两种:一是成本法,二是权益法。

1.成本法的适用范围

投资方持有的对子公司投资应当采用成本法核算,投资方为投资性主体且子公司不纳入其合并财务报表的除外。

长期股权投资准则要求投资方对子公司的长期股权投资采用成本法核算,主要是为了避免在子公司实际宣告发放现金股利或利润之前,母公司垫付资金发放现金股利或利润等情况,解决了原来权益法核算下投资收益不能足额收回导致超分配的问题。

2.权益法的适用范围

对合营企业和联营企业投资应当采用权益法核算。

投资企业对联营企业的权益性投资,其中一部分通过风险投资机构、共同基金以及类似主体(如投资连结保险产品)持有的,无论以上主体是否对这部分投资具有重大影响,投资企业都可以按照《企业会计准则第 22 号——金融工具确认和计量》的有关规定,对间接持有的该部分投资选择以公允价值计量且其变动计入当期损益,并对其余部分采用权益法核算。

四、账户设置

为了反映和监督长期股权投资的取得、持有和处置等情况,企业应设置"长期股权投资""其他综合收益""投资收益"等账户。

"长期股权投资"账户借方登记长期股权投资取得时的成本以及采用权益法核算时按被投资单位实现的净损益、其他综合收益和其他权益变动等计算的应享有的份额;贷方登记处置长期股权投资的账面余额或采用权益法核算时被投资单位宣告发放的现金或取得利润时企业按持投比例计算应享有的份额,以及按被投资单位发生净亏损其他综合收益和其他权益变动等计算的应分担的份额;期末余额在借方,反映企业长期股权投资的账面价值。

本账户应按被投资单位进行明细核算。采用权益法核算时,还应当分别"投资成本""损益调整""其他综合收益""其他权益变动"进行明细核算。

五、长期股权投资初始投资成本的确定

除企业合并形成的长期股权投资外,无论采用权益法还是成本法,以支付现金取得的长期股权投资,应当按照实际支付的购买价款作为长期股权投资的初始投资成本。其包括投资企业所发生的与取得长期股权投资直接相关费用、税金和其他必要支出,但不包括被投资单位已宣告发放的现金股利或利润。

企业无论是以何种方式取得长期股权投资,取得投资时,对于被投资单位已经宣告发放的现金股利或利润应作为应收项目单独核算,不构成长期股权投资成本。

❓比较交易性金融资产、持有至到期投资、可供出售金融资产和长期股权投资的初始投资成本有何异同?

【任务实施】

长期股权投资是指投资企业对被投资单位实施控制、重大影响的权益性投资,以及对其合营企业的权益性投资。

企业合并分为同一控制下的企业合并和非同一控制下的企业合并。

除企业合并形成的长期股权投资外,无论采用权益法还是成本法,以支付现金取得的长期

股权投资,应当按照实际支付的购买价款作为长期股权投资的初始投资成本。其包括投资企业所发生的与取得长期股权投资直接相关费用、税金和其他必要支出,但不包括被投资单位已宣告发放的现金股利或利润。

长期股权投资的核算方法有两种:一是成本法,二是权益法。

任务二　运用成本法核算长期股权投资

【任务布置】

宇辰有限责任公司投资 C 公司形成产业链,占 C 公司 75% 的股份。通过换股的方式购入 E 公司,占该公司 80% 的股份,宇辰有限责任公司与 E 公司同为宇辰集团的子公司。宇辰有限责任公司对上述两公司的投资采用成本法核算。

请描述成本法核算长期股权投资的典型业务会计分录。

【知道准备】

一、长期股权投资的取得

投资企业取得长期股权投资时,应当按照初始投资成本计价,初始投资时,按照追加投资时的成本增加长期股权投资的账面价值。

除企业合并形成的长期股权投资外,以支付现金、非现金资产等方式取得的长期股权投资,应按照上述规定确定的长期股权投资初始投资成本,借记"长期股权投资"科目,如果实际支付的价款中包含了已宣告但尚未发放的现金股利或利润,则借记"应收股利"科目,贷记"其他货币资金——存出投资款"科目。

【例 16-1】　宇辰有限责任公司 2017 年 1 月 5 日以每股 3.4 元的价格购入 A 公司每股面值为 1 元的股票 5 000 万股,从而拥有 A 公司 51% 的股份,准备长期持有,支付的价款中包括已宣告发放尚未支取的现金股利 500 万元。另外购入股票时发生相关交易费用 153 万元。(单位:万元)

(1)计算初始投资成本:

初始投资成本=支付的价款+相关交易费用-应收的股利

$$=5\,000\times3.4+153-500$$

$$=16\,653(万元)$$

(2)编制购入股票的会计分录:

借:长期股权投资——A 公司		16 653
应收股利		500
贷:其他货币资金——存出投资款		17 153

二、长期股权投资持有期间被投资单位宣告分派股利或利润

长期股权投资持有期间被投资单位宣告分派现金股利或利润的,投资方根据应享有的部

分确认当期投资收益,借记"应收股利"科目,贷记"投资收益"科目。

【例 16-2】　2016 年 1 月 5 日,宇辰有限责任公司自上海证券交易所以现金 800 万元购入 H 公司 60％的股票作为长期投资,能够对 H 公司实施控制,另支付相关交易费用 10 万元。2017 年 3 月 5 日,H 公司宣告分派现金股利 100 万元,2017 年 3 月 25 日收到按持股比例应得的股利。不考虑相关税费等其他影响因素。(单位:万元)

宇辰有限责任公司有关会计处理如下:

(1)2016 年 1 月购入股票时:

初始投资成本＝800＋10＝810(万元)

借:长期股权投资——投资成本　　　　　　　　　　　　　　　　　810

　　贷:其他货币资金——存出投资款　　　　　　　　　　　　　　　　　810

(2)2017 年 3 月 5 日,H 公司宣告分派现金股利时:

应收的股利＝100×60％＝60(万元)

借:应收股利　　　　　　　　　　　　　　　　　　　　　　　60

　　贷:投资收益　　　　　　　　　　　　　　　　　　　　　　　60

(3)2017 年 3 月 25 日收到股利:

借:其他货币资金——存出投资款　　　　　　　　　　　　　　　60

　　贷:应收股利　　　　　　　　　　　　　　　　　　　　　　　60

❓上述例题反映了核算长期股权投资的成本法的基本内涵,你能总结一下吗?

三、长期股权投资的处置

处置长期股权投资时,按实际取得的价款与长期股权投资账面价值的差额确认为投资损益,并应同时结转已计提的长期股权投资减值准备。

企业处置长期股权投资时,应按实际收到的金额,借记"其他货币资金——存出投资款"科目,按原已计提的减值准备,借记"长期股权投资减值准备"科目,按该项长期股权投资的账面余额,贷记"长期股权投资"科目,按其差额,贷记或借记"投资收益"科目。

【例 16-3】　宇辰有限责任公司将其作为长期股权投资持有的 B 公司 15 000 股股票出售,每股售价 10 元,支付交易税费 1 000 元,取得价款 149 000 元,该项投资账面余额 160 000 元,已经计提减值准备 5 000 元。宇辰有限责任公司应编制如下会计分录:

借:其他货币资金——存出投资款　　　　　　　　　　　　149 000

　　长期股权投资减值准备　　　　　　　　　　　　　　　5 000

　　投资收益　　　　　　　　　　　　　　　　　　　　6 000

　　贷:长期股权投资　　　　　　　　　　　　　　　　　160 000

【任务实施】

成本法下长期股权投资核算的典型业务会计分录

1.取得长期股权投资

借:长期股权投资

　　应收股利

　　贷:其他货币资金——存出投资款

2.被投资单位宣告分配股利

借:应收股利

　　贷:投资收益

3.收到现金股利时

借:其他货币资金——存出投资款

　　贷:应收股利

4.处置长期股权投资

借:其他货币资金——存出投资款

　　长期股权投资减值准备

　　贷:长期股权投资

借贷方的差额记入投资收益。

任务三　运用权益法核算长期股权投资

【任务布置】

宇辰有限责任公司与 A 公司共同设立了高科有限公司,占有该公司 50% 的股份,与 A 公司共同决定高科有限公司的经营管理。投资 B 公司以获取重要的原料,占 B 公司 30% 的股份,在该公司董事会上具有投票权。宇辰公司对上述两公司的投资采用权益法核算。

请描述权益法核算长期股权投资的典型业务会计分录。

【知识准备】

一、权益法的核算原理

企业取得对联营企业或合营企业的投资以后,采用权益法核算,原理如下:

(1)按初始投资成本增加长期股权投资的账面价值。

(2)比较初始投资成本与投资时应享有被投资单位可辨认净资产公允价值的份额,前者大于后者的,不调整长期股权投资的账面价值;前者小于后者的,应当按照二者之间的差额增加长期股权投资的账面价值,同时计入取得投资当期损益。

(3)持有投资期间,随着被投资单位所有者权益的变动相应调整增加或减少长期股权投资的账面价值,并分别情况处理:对属于因被投资单位实现净损益产生的所有者权益的变动,投资企业按照持股比例计算应享有的份额,增加或减少长期股权投资的账面价值,同时确认为当期投资损益;对被投资单位除净损益以外其他因素导致的所有者权益变动,在持股比例不变的情况下,按照持股比例计算应享有或应分担的份额,增加或减少长期股权投资的账面价值,同时确认为其他综合收益。

(4)被投资单位宣告分派现金股利或利润时,投资企业按持股比例计算应分得的部分,一般应冲减长期股权投资的账面价值。

二、长期股权投资的取得

企业取得长期股权投资时，首先，按确认的初始投资成本，借记"长期股权投资——投资成本"科目，贷记"其他货币资金——存出投资款"科目；如果实际支付的价款中包含了已宣告但尚未发放的现金股利或利润，还应借记"应收股利"科目。

然后，将初始投资成本与取得投资时应享有被投资单位可辨认净资产公允价值份额进行比较，如果初始投资成本大于取得投资时应享有被投资单位可辨认净资产公允价值份额的，该部分差额体现为投资企业在购入该项投资过程中通过作价体现出的与所取得股权份额相对应的商誉价值，该部分差额不要求调整长期股权投资的成本。

初始投资成本小于取得投资时应享有被投资单位可辨认净资产公允价值份额的，两者之间的差额体现为交易双方在作价过程中转让方对投资企业给予的让步或是出于其他方面的考虑给予投资企业的无偿经济利益流入，应计入取得投资当期的损益。

【例 16-4】　宇辰有限责任公司于 2017 年 1 月取得 E 公司 30％的股权，支付价款 6 000 万元。取得投资时被投资单位净资产账面价值为 15 000 万元（假定被投资单位各项可辨认资产、负债的公允价值与其账面价值相同，单位：万元）。

实收资本	3 000
资本公积	5 500
盈余公积	6 000
未分配利润	500
所有者权益总额	15 000

宇辰有限责任公司在取得 E 公司的股权后，能够对 E 公司施加重大影响，对该投资采用权益法核算。取得投资时，宇辰有限责任公司应进行以下账务处理：

借：长期股权投资——投资成本　　　　　　　　　　　　　　　　6 000 万
　　贷：银行存款　　　　　　　　　　　　　　　　　　　　　　　　6 000 万

长期股权投资的初始投资成本 6 000 万元大于取得投资时应享有被投资单位可辨认净资产公允价值的份额 4 500 万元（15 000×30％），该差额不调整长期股权投资的账面价值。

假定本例中取得投资时被投资单位可辨认净资产的公允价值为 24 000 万元，宇辰有限责任公司按持股比例 30％计算确定应享有 7 200 万元，则初始投资成本与应享有被投资单位可辨认净资产公允价值份额之间的差额 1 200 万元应计入取得投资当期的营业外收入。有关账务处理为：

借：长期股权投资——投资成本　　　　　　　　　　　　　　　　7 200 万
　　贷：银行存款　　　　　　　　　　　　　　　　　　　　　　　　6 000 万
　　　　营业外收入　　　　　　　　　　　　　　　　　　　　　　　1 200 万

三、持有期间被投资单位实现净利润或发生净亏损和其他综合收益

1. 被投资单位实现净利润和发放股利的核算

采用权益法核算的长期股权投资，持有期间被投资单位实现净收益时，应按照被投资单位实现的净利润（以取得投资时被投资单位的可辨认净资产的公允价值为基础计算）中应享有的份额，借记"长期股权投资——损益调整"科目，贷记"投资收益"科目。

【例 16-5】　沿用例 16-4,假定宇辰有限责任公司长期股权投资的成本大于取得投资时 E 公司可辨认净资产公允价值份额的情况下,2017 年 E 公司实现净利润 800 万元。宇辰有限责任公司、E 公司均以公历年度作为会计年度,采用相同的会计政策。

宇辰有限责任公司的账务处理如下:

应确认的投资收益为 240 万元(800×30%),一方面增加长期股权投资的账面价值,另一方面作为利润表中的投资收益确认。

借:长期股权投资——损益调整　　　　　　　　　　　　　　　240 万
　　贷:投资收益　　　　　　　　　　　　　　　　　　　　　　　　240 万

被投资单位宣告发放股利时,应冲减长期股权投资的账面价值,按持股比例计算应得的股利,借记"应收股利"科目,贷记"长期股权投资——损益调整"科目。

【例 16-6】　沿用例 16-5,2018 年 1 月,E 公司宣告发放股利 200 万元。宇辰有限责任公司按持股比例应分得股利 60 万元。宇辰有限责任公司的账务处理如下:

借:应收股利　　　　　　　　　　　　　　　　　　　　　　　60 万
　　贷:长期股权投资——损益调整　　　　　　　　　　　　　　　60 万

2.被投资单位发生净亏损的核算

采用权益法核算的长期股权投资,持有期间被投资单位发生净亏损时,应按照被投资单位发生的净亏损(以取得投资时被投资单位的可辨认净资产的公允价值为基础计算)中应承担的份额,借记"投资收益"科目,贷记"长期股权投资——损益调整"科目。在冲减"长期股权投资——损益调整"时,应以"长期股权投资——对某单位的投资"所有明细账户(投资成本、损益调整、其他综合收益、其他权益变动)的账面余额减记至零为限。

还需要承担的投资损失,应将其他实质上构成对被投资单位净投资的"长期应收款"等的账面价值减记至零为限;这里所讲"其他实质上构成对被投资单位净投资"通常是指长期应收项目,比如,企业对被投资单位的长期债权,该债权没有明确的清收计划且在可预见的未来期间不准备收回的,实质上构成对被投资单位的净投资。但是该类长期权益不包括投资企业与被投资单位之间因销售商品、提供劳务等日常活动所产生的长期债权。

除按照以上步骤已确认的损失外,按照投资合同或协议约定将承担的损失,确认为预计负债。

除上述情况仍未确认的应分担被投资单位的损失,应在备查簿中登记,不再予以确认。

发生亏损的被投资单位以后实现净利润的,投资企业计算应享有的份额应按与上述相反的顺序进行处理,在备查簿上有未确认的投资损失的,先弥补未确认的投资损失,然后依次借记"预计负债""长期应收款""长期股权投资——损益调整"科目,贷记"投资收益"科目。

【例 16-7】　甲企业持有乙企业 40% 的股权,能够对乙企业施加重大影响。2014 年 12 月 31 日该项长期股权投资的账面价值为 4 000 万元。其他资料如下:

(1)乙企业 2015 年度亏损 6 000 万元。假定甲企业在取得该投资时,乙企业各项可辨认资产、负债的公允价值与其账面价值相等,双方所采用的会计政策及会计期间也相同。

(2)乙企业 2016 年的亏损额为 6 000 万元。

(3)甲企业账上有应收乙企业的长期应收款 500 万元,该款项从目前情况看,没有明确的清偿计划(并非产生于商品购销等日常活动)。

(4)乙企业 2017 年实现净利润 9 000 万元。

针对上述资料,对甲企业的长期股权投资进行核算。

(1)针对乙企业 2015 年度亏损 6 000 万元,甲企业当年度应确认的投资损失为 2 400 万元。确认上述投资损失后,长期股权投资的账面价值变为 1 600 万元。

借:投资收益 　　　　　　　　　　　　　　　　　　　　　　2 400 万
　贷:长期股权投资——损益调整 　　　　　　　　　　　　　　　2 400 万

(2)针对乙企业 2016 年度亏损 6 000 万元,甲企业按其持股比例确认应分担的损失为 2 400 万元,但长期股权投资的账面价值仅为 1 600 万元,甲企业账上应收乙企业的长期应收款 500 万元,超额损失 300 万元(2 400－1 600－500)在账外进行备查登记,则甲企业应进行的账务处理为:

借:投资收益 　　　　　　　　　　　　　　　　　　　　　　1 600 万
　贷:长期股权投资——损益调整 　　　　　　　　　　　　　　　1 600 万
借:投资收益 　　　　　　　　　　　　　　　　　　　　　　500 万
　贷:长期应收款 　　　　　　　　　　　　　　　　　　　　　500 万

(3)乙企业 2017 年实现净利润 9 000 万元,甲企业按其持股比例确认收益应为 3 600 万元,扣除原未确认的 300 万超额损失后还有 3 300 万元投资收益,则甲企业应进行的账务处理为:

借:长期股权投资——损益调整 　　　　　　　　　　　　　　　2 800 万
　长期应收款 　　　　　　　　　　　　　　　　　　　　　　500 万
　贷:投资收益 　　　　　　　　　　　　　　　　　　　　　3 300 万

3.被投资单位其他综合收益发生变动的核算

被投资单位其他综合收益发生变动(利得)的,投资方按照应享有份额,借记"长期股权投资——其他综合收益"科目,贷记"其他综合收益"科目。若是损失的,则做相反的会计分录。

【例 16-8】 A 企业持有 B 企业 30%的股份,能够对 B 企业施加重大影响。当期 B 企业因持有的可供出售金融资产公允价值的变动计入其他综合收益的金额为 1 200 万元,假设 A 企业与 B 企业适用的会计政策、会计期间相同,投资时 B 企业各项可辨认资产、负债的公允价值与其账面价值亦相同。双方在当期及以前期间未发生任何内部交易。不考虑所得税影响因素。

A 企业在确认应享有被投资单位所有者权益的变动时:

借:长期股权投资——其他综合收益 　　　　　　　　　　　　　360 万
　贷:其他综合收益 　　　　　　　　　　　　　　　　　　　　360 万

❓企业经营过程中都有哪些资产公允价值变动计入其他综合收益?

投资企业在对权益法下的长期股权投资确认投资收益和其他综合收益时,还需要注意以下两个方面:

一是被投资单位采用的会计政策和会计期间与投资企业不一致时,应按投资企业的会计政策和会计期间对被投资单位的财务报表进行调整,以调整后的净利润为基础计算确认投资损益。

二是投资企业计算确认应享有或应分担被投资单位的净损益时,与联营企业、合营企业之间发生的未实现内部交易损益按照应享有的比例计算归属于投资企业的部分,应当予以抵消,在此基础上确认投资收益。投资企业与被投资单位发生的未实现内部交易损失,按照《企业会计准则第 8 号——资产减值》等的有关规定属于资产减值损失的,应当全额确认。

四、被投资单位所有者权益的其他变动的核算

采用权益法核算时,投资企业对于被投资单位除净损益、其他综合收益以及利润分配以外的所有者权益的其他变动,在持股比例不变的情况下,应按照持股比例计算归属于本企业的部分,借记或贷记"长期股权投资——其他权益变动"科目,贷记或借记"资本公积"科目。

【例 16-9】 2014 年 3 月 20 日,A、B、C 公司分别以现金 200 万元、400 万元和 400 万元出资设立 D 公司,分别持有 D 公司 20%、40%、40% 的股权。A 公司对 D 公司具有重大影响,采用权益法对有关长期股权投资进行核算。D 公司自设立至 2017 年 1 月 1 日实现净损益 1 000万元,除此以外,无其他影响净资产的事项。2017 年 1 月 1 日,经 A、B、C 公司协商,B 公司对 D 公司增资 800 万元,增资后 D 公司净资产为 2 800 万元,A、B、C 公司分别持有 D 公司 15%、50%、35% 的股权。相关手续于当日完成。假定 A 公司与 D 公司适用的会计政策、会计期间相同,双方在当期及以前期间未发生其他内部交易。不考虑相关税费等其他因素影响。

本例中,2017 年 1 月 1 日,B 公司增资前,D 公司的净资产账面价值为 2 000 万元,A 公司应享有 D 公司权益的份额为 400 万元(2 000×20%)。B 公司单方面增资后,D 公司的净资产增加 800 万元,A 公司应享有 D 公司权益的份额为 420 万元(2 800×15%)。A 公司享有的权益变动 20 万元(420−400),属于 D 公司除净损益、其他综合收益和利润分配以外所有者权益的其他变动。A 公司对 D 公司的长期股权投资的账面价值应增加 20 万元,并相应调整"资本公积——其他资本公积"。

五、取得股票股利的处理

被投资单位分派的股票股利,投资企业不作账务处理,但应于除权日注明所增加的股数,以反映股份的变化情况。

六、长期股权投资减值的核算

企业应当关注长期股权投资账面价值是否大于享有被投资单位所有者权益账面价值的份额等类似情况。出现类似情况时,投资企业应当按照《企业会计准则第 8 号——资产减值》对长期股权投资进行减值测试,其可收回金额低于账面价值的,应当将该长期股权投资的账面价值减记至可收回金额,减记的金额确认为减值损失,计入当期损益,同时计提相应的资产减值准备。

投资企业计提长期股权投资减值准备,应当设置"长期股权投资减值准备"账户进行核算。投资企业按照应减记的金额,借记"资产减值损失——计提的长期股权投资减值准备"科目,贷记"长期股权投资减值准备"科目。

长期股权投资减值损失一经确认,在以后会计期间不得转回。

【例 16-10】 珠江公司长期股权投资的账面价值为 200 万元,2016 年 12 月 31 日该项投资的可收回金额为 180 万元,则珠江公司作如下会计处理:

借:资产减值损失——计提的长期股权投资减值准备　　　　　　　　20 万
　　贷:长期股权投资减值准备　　　　　　　　　　　　　　　　　　20 万

❓企业经营过程中计提的资产减值都有哪些允许转回?

七、长期股权投资处置的核算

投资企业处置长期股权投资时,按照实际取得的价款与长期股权投资账面价值的差额确认为投资损益,采用与被投资单位直接处置相关资产或负债相同的基础,按相应比例对原计入其他综合收益的部分进行会计处理,同时按照结转的长期股权投资的投资成本比例结转"资本公积——其他资本公积"账户中的相关金额。如果对长期股权投资计提了减值准备,还应当同时结转已计提的长期股权投资减值准备。

投资企业处置长期股权投资时,按照实际取得的价款,借记"其他货币资金——存出投资款"等科目,按照原已计提的减值准备,借记"长期股权投资减值准备"科目,按照该长期股权投资的账面余额,贷记"长期股权投资"有关明细科目,按照尚未领取的现金股利或利润,贷记"应收股利"科目,按照借贷方差额,贷记或借记"投资收益"科目。

同时,应当采用与被投资单位直接处置相关资产或负债相同的基础,对相关的其他综合收益进行会计处理。按照上述原则可以转入当期损益的其他综合收益,应按结转的长期股权投资的投资成本比例结转原记入"其他综合收益"科目的金额,借记或贷记"其他综合收益"科目,贷记或借记"投资收益"科目。

同时,还应当按照结转的长期股权投资的投资成本比例结转原记入"资本公积——其他资本公积"科目的金额,借记或贷记"资本公积——其他资本公积"科目,贷记或借记"投资收益"科目。

【例 16-11】　A 公司原持有 B 公司 40％的股权,2017 年 5 月 30 日,A 公司出售所持有 B 公司股权中的 25％,出售时 A 公司账面上对 B 公司长期股权投资的构成为:投资成本 3 600 万元,损益调整为 960 万元,其他综合收益 100 万元,其他权益变动 600 万元。出售取得价款 1 410 万元。

(1)A 公司确认处置损益的账务处理为:

借:银行存款	14 100 000
贷:长期股权投资——B 公司——成本	9 000 000
——损益调整	2 400 000
——其他权益变动	1 500 000
——其他综合收益	1 000 000
投资收益	200 000

(2)结转原记入"其他综合收益"科目的金额。

借:其他综合收益——B 公司	1 000 000
贷:投资收益	1 000 000

(3)除应将实际取得价款与出售长期股权投资的账面价值进行结转,确认为处置当期损益外,还应将原计入资本公积的部分按比例转入当期损益。

借:资本公积——其他资本公积——B 公司	1 500 000
贷:投资收益	1 500 000

？对比长期股权投资的成本法和权益法下的各个例题,你能总结一下"权益法"的具体内涵吗?

【任务实施】

权益法下长期股权投资核算的典型业务会计分录

1.取得长期股权投资

借:长期股权投资——成本

　　贷:其他货币资金

2.调整初始投资成本

借:长期股权投资——成本

　　贷:营业外收入

3.被投资单位实现净利润

借:长期股权投资——损益调整

　　贷:投资收益

4.被投资单位宣告发放股利或利润

借:应收股利

　　贷:长期股权投资——损益调整

5.收到股利或利润

借:其他货币资金

　　贷:应收股利

6.超额亏损确认和转回的分录

(1)企业在发生投资损失时。

借:投资收益

　　贷:长期股权投资——损益调整

(2)长期股权投资的账面价值减记至零后,存在其他长期权益,继续确认的投资损失。

借:投资收益

　　贷:长期应收款

(3)因投资合同或协议约定导致投资企业需要承担额外义务的。

借:投资收益

　　贷:预计负债

(4)被投资单位于以后期间实现盈利,按相反顺序减记已确认的预计负债、恢复其他长期权益及长期股权投资的账面价值。

借:预计负债

　　　长期应收款

　　　长期股权投资——损益调整

　　贷:投资收益

7.被投资单位其他综合收益变动(利得)

借:长期股权投资——其他权益变动

　　贷:其他综合收益

8.被投资单位所有者权益的其他变动

借:长期股权投资——其他权益变动

　　贷:资本公积——其他资本公积

9. 计提长期股权投资减值

借：资产减值损失——计提的长期股权投资减值准备

　　贷：长期股权投资减值准备

10. 处置长期股权投资

借：银行存款

　　长期股权投资减值准备

　　贷：长期股权投资——成本

　　　　　　　　　　——损益调整

　　　　　　　　　　——其他权益变动

　　　　　　　　　　——其他综合收益

　　投资收益（损失记借方）

同时：

借：资本公积——其他资本公积

　　贷：投资收益

借：其他综合收益

　　贷：投资收益

单元小结

●长期股权投资是指投资企业对被投资单位实施控制、重大影响的权益性投资，以及对其合营企业的权益性投资。

●在确定能否对被投资单位施加重大影响时，要考虑投资方及其他方持有的被投资单位的当期可转换的认股权证、股份期权及可转换公司债券等的影响。

长期股权投资的形成方式包括两大类，一是企业合并，二是通过现金、发行权益性证券、债务重组、非货币性资产交换等方式对其他企业进行投资，形成长期股权投资。

●长期股权投资的核算方法有两种：一是成本法，二是权益法。对子公司投资应当采用成本法核算，对合营企业和联营企业投资应当采用权益法核算。

●为了反映和监督长期股权投资，企业应设置"长期股权投资""其他综合收益""投资收益"等账户。采用权益法核算时，还应当分别"投资成本""损益调整""其他综合收益""其他权益变动"进行明细核算。

●除企业合并形成的长期股权投资外，以支付现金取得的长期股权投资，应当按照实际支付的购买价款作为长期股权投资的初始投资成本。不包括被投资单位已宣告发放的现金股利或利润。

●成本法下长期股权投资持有期间被投资单位宣告分派现金股利或利润的，投资方根据应享有的部分确认当期投资收益。

●处置长期股权投资时，按实际取得的价款与长期股权投资账面价值的差额确认为投资损益，并应同时结转已计提的长期股权投资减值准备。

●采用权益法核算长期股权投资，初始投资成本与投资时应享有被投资单位可辨认净资产公允价值的份额,前者大于后者的,不调整长期股权投资的账面价值;前者小于后者的,应当按照二者之间的差额增加长期股权投资的账面价值,同时计入取得投资当期损益。

●采用权益法核算长期股权投资,持有投资期间,对属于因被投资单位实现净损益产生的所有者权益的变动,投资企业按照持股比例计算应享有的份额,增加或减少长期股权投资的账面价值,同时确认为当期投资损益;对被投资单位除净损益以外其他因素导致的所有者权益变动,在持股比例不变的情况下,按照持股比例计算应享有或应分担的份额,增加或减少长期股权投资的账面价值,同时确认为其他综合收益。

●被投资单位宣告分派现金股利或利润时,投资企业按持股比例计算应分得的部分,一般应冲减长期股权投资的账面价值。

●被投资单位分派的股票股利,投资企业不作账务处理。

●长期股权投资减值损失一经确认,在以后会计期间不得转回。

●采用权益法核算长期股权投资,投资企业处置长期股权投资时,按照实际取得的价款与长期股权投资账面价值的差额确认为投资损益,采用与被投资单位直接处置相关资产或负债相同的基础,按相应比例对原计入其他综合收益的部分进行会计处理,同时按照结转的长期股权投资的投资成本比例结转"资本公积——其他资本公积"账户中的相关金额。如果对长期股权投资计提了减值准备,还应当同时结转已计提的长期股权投资减值准备。

延伸阅读1:《企业会计准则第40号——合营安排》

延伸阅读2:《企业会计准则第2号——长期股权投资》

复习思考题

习题参考答案

单元 17　核算投资性房地产

知识目标

● 了解投资性房地产的含义和特征；了解投资性房地产的确认条件；掌握投资性房地产的核算范围。

● 掌握投资性房地产初始计量和后续计量的核算原理；熟悉投资性房地产后续计量的公允价值模式的适用条件。

● 熟悉投资性房地产核算涉及的账户；掌握投资性房地产外购和自行建造成本的计算原理；掌握投资性房地产外购、自行建造和后续支出的账务处理。

● 掌握成本模式下投资性房地产收取租金、计提折旧或摊销、计提减值的账务处理方法。

● 掌握公允价值模式下投资性房地产收取租金、公允价值变动的账务处理方法。

● 了解投资性房地产转换形式；熟悉投资性房地产转换日的确认标准；掌握投资性房地产成本模式和公允价值模式下转换和处置的账务处理方法。

能力目标

● 能够判定适用投资性房地产账户核算的资产范围；

● 会设置投资性房地产明细账户；

● 会计算投资性房地产初始取得成本；

● 能够选定投资性房地产的后续计量模式；

● 能够进行投资性房地产初始确认、后续支出的账务处理；

● 能够进行成本模式下投资性房地产收取租金、计提折旧或摊销、计提减值的账务处理；

● 能够进行公允价值模式下投资性房地产收取租金、公允价值变动的账务处理；

● 能够进行投资性房地产成本模式和公允价值模式下转换和处置的账务处理。

单元描述

宇辰有限责任公司为了提高资产利用效益，将自有的 B 厂房和租入的厂房分别进行出租赚取租金。该公司出租的 B 厂房位于市区，存在着活跃的市场，公允价值能够可靠计量。该公司有 600 亩已经开发完成的土地，当前市价 10 000 元/亩，计划在升值后出售。该公司自 2016 年起建设一幢写字楼，计划建成后进行出租，该幢写字楼于 2017 年 3 月达到预定可使用状态，部分自用，部分出租给了商户，产权能够区分，公允价值和成本均能可靠计量。2017 年 3 月，公司将出租到期的 C 仓库收回。上述自有厂房和租入的厂房在核算上有区别吗？它们是否属于投资性房地产？出租的自有厂房在出租后应如何核算？待售的土地是否属于投资性房地产？上述自建的写字楼在达到可使用状态时应如何核算？出租到期的 C 仓库收回时如何核算？

上述是企业有关投资性房地产业务核算的典型案例与核算问题。学习本单元知识点后，我们应能解决这些问题。

任务一 认知投资性房地产

【任务布置】

宇辰有限责任公司在经营过程中将大量的房屋进行出租赚取租金,该公司的房屋处于市区,市场交投活跃,市价可公允计量。该公司还将租来的房屋用于转租赚取差价。公司还有一块开发完成的土地,租给了某汽车驾驶学校。

请问:什么是投资性房地产? 属于投资性房地产的核算项目包括哪些? 哪些房地产不能在投资性房地产核算? 投资性房地产应如何计量?

【知识准备】

投资性房地产是指为赚取租金或资本增值,或者两者兼有而持有的房地产。投资性房地产应当能够单独计量和出售。

一、投资性房地产的特征

1. 投资性房地产是一种经营活动

投资性房地产的主要形式是出租建筑物、出租土地使用权,这实质上属于一种让渡资产使用权行为。房地产租金就是让渡资产使用权取得的使用费收入,是企业为完成其经营目标所从事的经营性活动以及与之相关的其他活动形成的经济利益总流入。投资性房地产的另一种形式是持有并准备增值后转让的土地使用权,尽管其增值收益通常与市场供求、经济发展等因素相关,但目的是为了增值后转让以赚取增值收益,也是企业为完成其经营目标所从事的经营性活动以及与之相关的其他活动形成的经济利益总流入。

2. 投资性房地产在用途、状态、目的等方面区别于作为生产经营场所的房地产和用于销售的房地产

企业持有的房地产除了用作自身管理、生产经营活动场所和对外销售之外,出现了将房地产用于赚取租金或增值收益的活动,甚至成为个别企业的主营业务。这就需要将投资性房地产单独作为一项资产核算和反映,与自用的厂房、办公楼等房地产和作为存货(已建完工商品房)的房地产加以区别,从而更加清晰地反映企业所持有房地产的构成情况和盈利能力。

二、投资性房地产的核算范围

投资性房地产主要包括已出租的土地使用权、持有并准备增值后转让的土地使用权和已出租的建筑物。

（一）属于投资性房地产的项目

1. 已出租的土地使用权

已出租的土地使用权是指企业通过出让或转让方式取得并以经营租赁方式出租的土地使用权。企业计划用于出租但尚未出租的土地使用权，不属于此类。对于以经营租赁方式租入土地使用权再转租给其他单位的，不能确认为投资性房地产。

【例17-1】　2017年5月10日，甲公司与乙公司签订了一项经营租赁合同，约定自2017年6月1日起，甲公司以年租金8 000 000元租赁使用乙公司拥有的一块400 000平方米的场地，租赁期为8年。2017年7月1日，甲公司又将这块场地转租给丙公司，以赚取租金差价，租赁期为5年。以上交易假设不违反国家有关规定。

本例中，对于甲公司而言，这项土地使用权不能予以确认，也不属于其投资性房地产。对于乙公司而言，自租赁期开始日（2017年6月1日）起，这项土地使用权属于投资性房地产。

2. 持有并准备增值后转让的土地使用权

持有并准备增值后转让的土地使用权是指企业通过出让或转让方式取得并准备增值后转让的土地使用权。但是，按照国家有关规定认定的闲置土地，不属于持有并准备增值的土地使用权。

3. 已出租的建筑物

已出租的建筑物是指企业拥有产权并以经营租赁方式出租的房屋等建筑物，包括自行建造或开发活动完成后用于出租的建筑物。

企业在判断和确认已出租的建筑物时，应当把握以下要点：

（1）用于出租的建筑物是指企业拥有产权的建筑物，企业以经营租赁方式租入再转租的建筑物不属于投资性房地产。

（2）已出租的建筑物是企业已经与其他方签订了租赁协议，约定以经营租赁方式出租的建筑物。一般应自租赁协议规定的租赁期开始日起，经营租出的建筑物才属于已出租的建筑物。

（3）企业将建筑物出租，按租赁协议向承租人提供的相关辅助服务在整个协议中不重大的，应当将该建筑物确认为投资性房地产。例如，企业将其办公楼出租，同时向承租人提供维护、保安等日常辅助服务，企业应当将其确认为投资性房地产。

? 企业出租的土地使用权算不算投资性房地产？

（二）不属于投资性房地产的项目

下列房地产不属于投资性房地产：

（1）自用房地产，即为生产商品、提供劳务或者经营管理而持有的房地产，包括自用建筑物（固定资产）和自用土地使用权（无形资产）。

（2）作为存货的房地产，通常指房地产开发企业在正常经营过程中销售的或为销售而正在开发的商品房和土地。

如果某项房地产部分用于赚取租金或资本增值、部分自用（即用于生产商品、提供劳务或经营管理），能够单独计量和出售的、用于赚取租金或资本增值的部分，应当确认为投资性房地产；不能够单独计量和出售的、用于赚取租金或资本增值的部分，不确认为投资性房地产。该项房地产自用的部分，以及不能够单独计量和出售的、用于赚取租金或资本增值的部分，应当确认为固定资产或无形资产。

三、投资性房地产的确认和计量

(一)投资性房地产的确认

将某个项目确认为投资性房地产,首先应当符合投资性房地产的概念,其次要同时满足投资性房地产的两个确认条件:①与该投资性房地产有关的经济利益很可能流入企业;②该投资性房地产的成本能够可靠地计量。

(二)投资性房地产的计量

投资性房地产应当按照成本进行初始计量,其中建筑物成本构成与固定资产一致,土地使用权成本构成与无形资产一致。

在后续计量时,通常应当采用成本模式,满足特定条件的情况下也可以采用公允价值模式。但同一企业只能采用一种模式对所有投资性房地产进行后续计量,不得同时采用两种计量模式。

1.成本模式

在成本模式下,投资性房地产的后续计量与固定资产或无形资产一致,也需要计提折旧或摊销、计提资产减值准备等。但投资性房产转让属于其他业务,不是营业外收支。

2.公允价值模式

在公允价值模式下,不需对投资性房地产计提折旧或进行摊销,应当以资产负债表日投资性房地产的公允价值为基础调整其账面价值,公允价值与原账面价值之间的差额计入当期损益。

采用公允价值模式计量的,应当同时满足下列两个条件:

(1)投资性房地产所在地有活跃的房地产交易市场;

(2)企业能够从房地产交易市场上取得同类或类似房地产的市场价格及其他相关信息,从而对投资性房地产的公允价值作出合理的估计。

已采用公允价值模式计量的投资性房地产,不得从公允价值模式转为成本模式。

【任务实施】

投资性房地产是指为赚取租金或资本增值,或者两者兼有而持有的房地产。投资性房地产应当能够单独计量和出售。

投资性房地产主要包括已出租的土地使用权、持有并准备增值后转让的土地使用权和已出租的建筑物。

自用房地产和作为存货的房地产不属于投资性房地产。

投资性房地产应当按照成本进行初始计量。在后续计量时,通常应当采用成本模式,满足特定条件的情况下也可以采用公允价值模式。但同一企业只能采用一种模式对所有投资性房地产进行后续计量,不得同时采用两种计量模式。

任务二 投资性房地产初始确认与后续支出的核算

【任务布置】

宇辰有限责任公司自 2016 年起建设一幢写字楼,计划建成后进行出租,该幢写字楼于 2017 年 3 月达到预定可使用状态,部分自用,部分出租给了商户,产权能够区分,公允价值和成本均能可靠计量。2017 年 3 月,公司购入一幢写字楼用于整体出租。

请描述外购投资性房地产和自行建造投资性房地产业务核算的典型会计分录。

【知识准备】

一、账户设置

为了反映和监督投资性房地产的取得、后续计量、处置等情况,企业应当设置"投资性房地产"、"投资性房地产累计折旧"或"投资性房地产累计摊销"、"投资性房地产减值准备"、"公允价值变动损益"、"其他综合收益"、"其他业务收入"、"其他业务成本"等账户进行核算。投资性房地产作为企业主营业务的,应当设置"主营业务收入""主营业务成本"账户核算相关损益。

"投资性房地产"账户核算企业采用成本模式计量的投资性房地产的成本或采用公允价值模式计量的投资性房地产的公允价值。该账户借方登记企业取得投资性房地产的取得成本、资产负债表日其公允价值高于账面余额的差额等;贷方登记资产负债表日其公允价值低于账面余额的差额、处置投资性房地产时结转的成本和公允价值变动等。企业可以按照投资性房地产类别和项目进行明细核算。

"其他业务收入"和"其他业务成本"账户分别核算企业投资性房地产取得的租金收入、处置投资性房地产实现的收入和投资性房地产计提的折旧或进行摊销、处置投资性房地产结转的成本。

由于投资性房地产的后续计量有成本和公允价值两种模式,因此,在不同模式下的账户设置也有区别。

成本模式的会计处理相对比较简单,主要涉及"投资性房地产"、"投资性房地产累计折旧(摊销)"和"投资性房地产减值准备"等科目,可比照"固定资产"("无形资产")、"累计折旧"("累计摊销")、"固定资产减值准备"("无形资产减值准备")等相关科目进行处理。

公允价值计量模式下,主要涉及"投资性房地产"和"公允价值变动损益"两个科目。其中,"投资性房地产"科目应当按照投资性房地产类别和项目并分别"成本"和"公允价值变动"进行明细核算。

? 通过上述设置的会计科目,比照固定资产核算和交易性金融资产核算,你能否想到投资性房地产主要核算哪些内容?

二、外购或自行建造投资性房地产的核算

(一)外购投资性房地产的账务处理

企业外购的房地产,只有在购入的同时开始对外出租或用于资本增值,才能作为投资性房地产加以确认。

企业购入房地产,自用一段时间之后再改为出租或用于资本增值的,应当先将外购的房地产确认为固定资产或无形资产,自租赁期开始日或用于资本增值之日起,才能从固定资产或无形资产转换为投资性房地产。

企业外购投资性房地产时,应当按照取得时的实际成本进行初始计量。取得时的实际成本,包括购买价款、相关税费和可直接归属于该资产的其他支出。采用成本模式进行后续计量的,企业应当在购入投资性房地产时,借记"投资性房地产"科目,贷记"银行存款"等科目;采用公允价值模式进行后续计量的,企业应当在购入投资性房地产时,借记"投资性房地产——成本"科目,贷记"银行存款"等科目。

根据财政部颁布的《增值税会计处理规定》,企业购进不动产或不动产在建工程按规定进项税额分年抵扣的账务处理如下:一般纳税人自 2016 年 5 月 1 日后取得并按固定资产核算的不动产或者 2016 年 5 月 1 日后取得的不动产在建工程,其进项税额按现行增值税制度规定自取得之日起分 2 年从销项税额中抵扣的,应当按取得成本,借记"投资性房地产""在建工程"等科目,按当期可抵扣的增值税额,借记"应交税费——应交增值税(进项税额)"科目,按以后期间可抵扣的增值税额,借记"应交税费——待抵扣进项税额"科目,按应付或实际支付的金额,贷记"应付账款""应付票据""银行存款"等科目。尚未抵扣的进项税额待以后期间允许抵扣时,按允许抵扣的金额,借记"应交税费——应交增值税(进项税额)"科目,贷记"应交税费——待抵扣进项税额"科目。

(二)自行建造投资性房地产的账务处理

企业自行建造的房地产,只有在自行建造活动完成(即达到预定可使用状态)的同时开始对外出租或用于资本增值,才能将自行建造的房地产确认为投资性房地产。自行建造投资性房地产的成本,由建造该项房地产达到预定可使用状态前发生的必要支出构成。

企业自行建造房地产达到预定可使用状态后一段时间才对外出租或用于资本增值的,应当先将自行建造的房地产确认为固定资产、无形资产或存货,自租赁期开始日或用于资本增值之日开始,从固定资产、无形资产或存货转换为投资性房地产。

自行建造投资性房地产,其成本由建造该项资产达到预定可使用状态前发生的必要支出构成,包括土地开发费、建筑成本、安装成本、应予资本化的借款费用、支付的其他费用和分摊的间接费用等。采用成本模式进行后续计量的,应按照确定的自行建造投资性房地产成本,借记"投资性房地产"科目,贷记"在建工程"或"开发产品"科目。采用公允价值模式进行后续计量的,应按照确定的自行建造投资性房地产成本,借记"投资性房地产——成本"科目,贷记"在建工程"或"开发产品"科目。

【例 17-2】　2017 年 2 月,甲公司从其他单位购入一块土地,并在这块土地上开始自行建造两栋厂房。2017 年 11 月,甲公司预计厂房即将完工,与乙公司签订了经营租赁合同,将其中的一栋厂房租赁给乙公司使用。租赁合同约定,该厂房于完工时开始起租。2017 年 12 月 5

日,两栋厂房同时完工。该块土地使用权的成本为 9 000 000 元;两栋厂房的实际造价均为12 000 000元,能够单独出售。假设甲公司采用成本模式进行后续计量。

甲公司的账务处理如下:

土地使用权中的对应部分同时转换为投资性房地产

＝9 000 000×(12 000 000÷24 000 000)＝4 500 000(元)

编制会计分录:

借:固定资产——厂房　　　　　　　　　　　　　　　　12 000 000

　　投资性房地产——厂房　　　　　　　　　　　　　　12 000 000

　　贷:在建工程——厂房　　　　　　　　　　　　　　　　　　24 000 000

借:投资性房地产——已出租土地使用权　　　　　　　　4 500 000

　　贷:无形资产——土地使用权　　　　　　　　　　　　　　　4 500 000

三、投资性房地产后续支出的核算

(一)资本化后续支出的账务处理

与投资性房地产有关的后续支出,满足投资性房地产确认条件的,应当计入投资性房地产成本。例如,企业为了提高投资性房地产的使用效能,往往需要对投资性房地产进行改建、扩建而使其更加坚固耐用,或者通过装修而改善其室内装潢,改扩建或装修支出满足确认条件的,应当将其资本化。

采用成本模式计量的,投资性房地产进入改扩建或装修阶段后,应当将其账面价值转入改扩建工程。借记"投资性房地产——在建""投资性房地产累计折旧"等科目,贷记"投资性房地产"科目。发生资本化的改良或装修支出,通过"投资性房地产——在建"科目归集,借记"投资性房地产——在建"科目,贷记"银行存款""应付账款"等科目。改扩建或装修完成后,借记"投资性房地产"科目,贷记"投资性房地产——在建"科目。

采用公允价值模式计量的,投资性房地产进入改扩建或装修阶段,借记"投资性房地产——在建"科目,贷记"投资性房地产——成本""投资性房地产——公允价值变动"等科目;在改扩建或装修完成后,借记"投资性房地产——成本"科目,贷记"投资性房地产——在建"科目。

企业对某项投资性房地产进行改扩建等再开发且将来仍作为投资性房地产的,再开发期间应继续将其作为投资性房地产,再开发期间不计提折旧或摊销。

【例 17-3】　2017 年 5 月,甲公司与乙公司的一项厂房经营租赁合同即将到期。该厂房原价为 50 000 000 元,已计提折旧 10 000 000 元。为了提高厂房的租金收入,甲公司决定在租赁期满后对该厂房进行改扩建,并与丙公司签订了经营租赁合同,约定自改扩建完工时将该厂房出租给丙公司。2017 年 5 月 31 日,与乙公司的租赁合同到期,该厂房随即进入改扩建工程。2017 年 12 月 31 日,该厂房改扩建工程完工,共发生支出 5 000 000 元,均已支付,即日按照租赁合同出租给丙公司。假定甲公司采用成本计量模式。

本例中,改扩建支出属于后续支出,假定符合《企业会计准则第 3 号——投资性房地产》第六条的规定,应当计入投资性房地产的成本。

甲公司的账务处理如下:

(1)2017 年 5 月 31 日,投资性房地产转入改扩建工程。

借:投资性房地产——厂房——在建　　　　　　　　　40 000 000

投资性房地产累计折旧　　　　　　　　　　　　10 000 000

　　贷:投资性房地产——厂房　　　　　　　　　　　　　50 000 000

(2)2017 年 5 月 31 日至 2017 年 12 月 31 日,发生改扩建支出。

借:投资性房地产——厂房——在建　　　　　　　5 000 000

　　贷:银行存款　　　　　　　　　　　　　　　　　　5 000 000

(3)2017 年 12 月 31 日,改扩建工程完工。

借:投资性房地产——厂房　　　　　　　　　　　45 000 000

　　贷:投资性房地产——厂房——在建　　　　　　　　45 000 000

【例 17-4】　2017 年 5 月,甲公司与乙公司的一项厂房经营租赁合同即将到期。为了提高厂房的租金收入,甲公司决定在租赁期满后对该厂房进行改扩建,并与丙公司签订了经营租赁合同,约定自改扩建完工时将该厂房出租给丙公司。2017 年 5 月 31 日,与乙公司的租赁合同到期,该厂房随即进入改扩建工程。2017 年 5 月 31 日,该厂房账面余额为 20 000 000 元,其中成本 16 000 000 元,累计公允价值变动 4 000 000 元。2017 年 11 月 30 日该厂房改扩建工程完工,共发生支出 3 000 000 元,均已支付,即日按照租赁合同出租给丙公司。假定甲公司采用公允价值计量模式。

甲公司的账务处理如下:

(1)2017 年 5 月 31 日,投资性房地产转入改扩建工程。

借:投资性房地产——厂房——在建　　　　　　20 000 000

　　贷:投资性房地产——厂房——成本　　　　　　　16 000 000

　　　　　　　　　　——公允价值变动　　　　　　　　4 000 000

(2)2017 年 5 月 31 日至 2017 年 11 月 30 日,发生改扩建支出。

借:投资性房地产——厂房——在建　　　　　　3 000 000

　　贷:银行存款　　　　　　　　　　　　　　　　　3 000 000

(3)2017 年 11 月 30 日,改扩建工程完工。

借:投资性房地产——厂房——成本　　　　　　23 000 000

　　贷:投资性房地产——厂房——在建　　　　　　　23 000 000

(二)费用化后续支出的账务处理

与投资性房地产有关的后续支出,不满足投资性房地产确认条件的,如企业对投资性房地产进行日常维护所发生的支出,应当在发生时计入当期损益,借记"其他业务成本"等科目,贷记"银行存款"等科目。

总结一下,投资性房地产外购、自行建造和后续支出的核算与固定资产初始确认和后续支出的核算原理是否相同?

【任务实施】
投资性房地产外购或自行建造的典型业务会计分录

1.外购

借:投资性房地产

　　贷:银行存款等

2.自行建造(达到预定可使用状态)

借:投资性房地产

　　贷:在建工程

3.后续支出——成本模式——资本化支出

(1)进行改建。

借:投资性房地产——在建

　　投资性房地产累计折旧

　　贷:投资性房地产

(2)发生改扩建支出。

借:投资性房地产——在建

　　贷:银行存款等

(3)改扩建工程完工。

借:投资性房地产

　　贷:投资性房地产——在建

4.后续支出——公允价值模式——资本化支出

(1)投资性房地产转入改扩建工程。

借:投资性房地产——在建

　　贷:投资性房地产——成本

　　　　　　　　——公允价值变动

(2)发生改扩建支出。

借:投资性房地产——在建

　　贷:银行存款等

(3)改扩建工程完工。

借:投资性房地产——成本

　　贷:投资性房地产——在建

5.后续支出——费用化支出

借:其他业务成本

　　贷:银行存款

任务三　投资性房地产后续计量的核算

【任务布置】

　　宇辰有限责任公司的投资性房地产均采用公允价值模式进行后续计量。该公司下属的一家子公司投资性房地产采用成本模式计量。

　　请描述投资性房地产后续计量的典型会计分录。

【知识准备】

一、成本模式计量投资性房地产

企业通常应当采用成本模式对投资性房地产进行后续计量。采用成本模式进行后续计量的投资性房地产,应当遵循以下会计处理规定:

(1)按照固定资产或无形资产的有关规定,按期(月)计提折旧或摊销,借记"其他业务成本"等科目,贷记"投资性房地产累计折旧(摊销)"科目。

(2)取得的租金收入,借记"银行存款"等科目,贷记"其他业务收入""应交税费——应交增值税"等科目。

(3)投资性房地产存在减值迹象的,适用资产减值的有关规定。经减值测试后确定发生减值的,应当计提减值准备,借记"资产减值损失"科目,贷记"投资性房地产减值准备"科目。已经计提减值准备的投资性房地产,其减值损失在以后的会计期间不得转回。

【例 17-5】 甲公司(一般纳税人)将一栋写字楼出租给乙公司使用,确认为投资性房地产,采用成本模式进行后续计量,假设这栋办公楼的成本为 72 000 000 元,按照年限平均法计提折旧,使用寿命为 20 年,预计净残值为零。经营租赁合同约定,乙公司每月等额支付甲公司租金 400 000 元。该栋写字楼甲公司购于 2010 年。计算结果保留两位小数。

甲公司的账务处理如下:

(1)每月计提折旧。

每月计提的折旧=(72 000 000÷20)÷12=300 000(元)

借:其他业务成本——出租写字楼折旧　　　　　　　　　300 000

　　贷:投资性房地产累计折旧　　　　　　　　　　　　　　　300 000

(2)每月确认租金收入。

一般纳税人出租其 2016 年 4 月 30 日前取得的不动产,可以选择适用简易计税方法,按照 5% 的征收率计算应纳税额。一般纳税人出租其 2016 年 5 月 1 日后取得的不动产,适用一般计税方法计税,税率为 11%。

应交增值税=400 000÷(1+5%)×5%=19 047.62(元)

借:银行存款　　　　　　　　　　　　　　　　　　　　400 000

　　贷:其他业务收入——出租写字楼租金收入　　　　　　　380 952.38

　　　应交税费——应交增值税(销项税额)　　　　　　　　19 047.62

二、公允价值模式计量投资性房地产

只有存在确凿证据表明投资性房地产的公允价值能够持续可靠取得的情况下,企业才可以采用公允价值模式对投资性房地产进行后续计量。企业一旦选择采用公允价值计量模式,就应当对其所有投资性房地产均采用公允价值模式进行后续计量。

采用公允价值模式进行后续计量的投资性房地产,应当遵循以下会计处理规定:

(1)不对投资性房地产计提折旧或摊销。企业应当以资产负债表日投资性房地产的公允价值为基础调整其账面价值,公允价值与原账面价值之间的差额计入当期损益。

资产负债表日,投资性房地产的公允价值高于原账面价值的差额,借记"投资性房地产——公允价值变动"科目,贷记"公允价值变动损益"科目;公允价值低于原账面价值的差额,作相反的账务处理。

(2)取得的租金收入,借记"银行存款"等科目,贷记"其他业务收入"等科目。

【例17-6】 2017年9月,甲公司与乙公司签订租赁协议,约定将甲公司新建造的一栋写字楼租赁给乙公司使用,租赁期为10年。

2017年12月1日,该写字楼开始起租,写字楼的工程造价为80 000 000元,公允价值也为相同金额。该写字楼所在区域有活跃的房地产交易市场,而且能够从房地产交易市场上取得同类房地产的市场报价,甲公司决定采用公允价值模式对该项出租的房地产进行后续计量。

在确定该投资性房地产的公允价值时,甲公司选取了与该处房产所处地区相近、结构及用途相同的房地产,参照公司所在地房地产交易市场上平均销售价格。结合周边市场信息和自有房产的特点,2017年12月31日,确定该写字楼的公允价值为84 000 000元。

甲公司的账务处理如下:

(1)2017年12月1日,甲公司出租写字楼。

借:投资性房地产——写字楼——成本　　　　　　　　　　　　　80 000 000

　　贷:固定资产——写字楼　　　　　　　　　　　　　　　　　　　80 000 000

(2)2017年12月31日,按照公允价值调整其账面价值,公允价值与原账面价值之间的差额计入当期损益。

借:投资性房地产——写字楼——公允价值变动　　　　　　　　　4 000 000

　　贷:公允价值变动损益——投资性房地产　　　　　　　　　　　　4 000 000

三、投资性房地产后续计量模式的变更

为保证会计信息的可比性,企业对投资性房地产的计量模式一经确定,不得随意变更。只有在房地产市场比较成熟、能够满足采用公允价值模式条件的情况下,才允许企业对投资性房地产从成本模式计量变更为公允价值模式计量。成本模式转为公允价值模式的,应当作为会计政策变更处理,将计量模式变更时公允价值与账面价值的差额,调整期初留存收益。

？回忆一下,投资性房地产的后续计量的核算与固定资产出租和交易性金融资产持有期间的核算原理是否相同?

【任务实施】

投资性房地产后续计量的典型业务会计分录

1.成本模式下的后续计量

(1)每月计提折旧或摊销。

借:其他业务成本

　　贷:投资性房地产累计折旧(摊销)

(2)每月确认租金收入。

借:银行存款(或其他应收款)

　　贷:其他业务收入

　　　　应交税费——应交增值税(销项税额)

(3)计提减值。

借:资产减值损失

　　贷:投资性房地产减值准备

2.公允价值模式下的后续计量

(1)每月确认租金收入。

借:银行存款(或其他应收款)

　　贷:其他业务收入

　　　　应交税费——应交增值税(销项税额)

(2)期末公允价值变动(公允价值高于账面价值)。

借:投资性房地产——公允价值变动

　　贷:公允价值变动损益

任务四　投资性房地产的转换和处置的核算

【任务布置】

宇辰有限责任公司原有的一座写字楼一直自用,近期将其出租赚取租金。公司出租3年的一座仓库到期,转为自用。公司将一座出租的写字楼进行整体转让。

请描述投资性房地产转换和处置核算的典型会计分录。

【知识准备】

一、房地产的转换

(一)房地产的转换形式及转换日

房地产的转换是指房地产用途的变更。企业有确凿证据表明房地产用途发生改变,满足下列条件之一的,应当将投资性房地产转换为其他资产或者将其他资产转换为投资性房地产:

(1)投资性房地产开始自用,即将投资性房地产转为自用房地产。在此种情况下,转换日为房地产达到自用状态,企业开始将其用于生产商品、提供劳务或者经营管理的日期。

(2)作为存货的房地产,改为出租,通常是指房地产开发企业将其持有的开发产品以经营租赁的方式出租,存货相应地转换为投资性房地产。在此种情况下,转换日为房地产的租赁期开始日。租赁期开始日,是指承租人有权行使其使用租赁资产权利的日期。

(3)自用建筑物停止自用,改为出租。即企业将原本用于生产商品、提供劳务或者经营管理的房地产改用于出租,固定资产相应地转换为投资性房地产。在此种情况下,转换日为租赁期开始日。

(4)自用土地使用权停止自用,改用于赚取租金或资本增值。即企业将原本用于生产商品、提供劳务或者经营管理的土地使用权改用于赚取租金或资本增值,该土地使用权相应地转换为投资性房地产。在此种情况下,转换日为自用土地使用权停止自用后,确定用于赚取租金或资本增值的日期。

（5）房地产企业将用于经营出租的房地产重新开发用于对外销售，从投资性房地产转为存货。在这种情况下，转换日为租赁期满，企业董事会或类似机构作出书面决议明确表明将其重新开发用于对外销售的日期。

以上所指确凿证据包括两个方面：一是企业董事会或类似机构应当就改变房地产用途形成正式的书面决议；二是房地产因用途改变而发生实际状态上的改变，如从自用状态改为出租状态。

（二）房地产转换的账务处理

1.成本模式下的转换

（1）投资性房地产转换为自用房地产。

企业将采用成本模式计量的投资性房地产转换为自用房地产时，应当按该项投资性房地产在转换日的账面余额、累计折旧、减值准备等，分别转入"固定资产""累计折旧""固定资产减值准备"等科目，按其账面余额，借记"固定资产"或"无形资产"科目，贷记"投资性房地产"科目，按已计提的折旧或摊销，借记"投资性房地产累计折旧（摊销）"科目，贷记"累计折旧"或"累计摊销"科目，原已计提减值准备的，借记"投资性房地产减值准备"科目，贷记"固定资产减值准备"或"无形资产减值准备"科目。

（2）自用房地产转换为投资性房地产。

企业将自用土地使用权或建筑物转换为采用成本模式计量的投资性房地产时，应当按该项建筑物或土地使用权在转换日的原价、累计折旧、减值准备等，分别转入"投资性房地产""投资性房地产累计折旧（摊销）""投资性房地产减值准备"科目，按其账面余额，借记"投资性房地产"科目，贷记"固定资产"或"无形资产"科目，按已计提的折旧或摊销，借记"累计折旧"或"累计摊销"科目，贷记"投资性房地产累计折旧（摊销）"科目，原已计提减值准备的，借记"固定资产减值准备"或"无形资产减值准备"科目，贷记"投资性房地产减值准备"科目。

【例 17-7】 甲公司拥有一栋本公司总部办公使用的办公楼，公司董事会就将该栋办公楼用于出租形成了书面决议。2017 年 4 月 10 日，甲公司与乙公司签订了经营租赁协议，将这栋办公楼整体出租给乙公司使用，租赁期开始日为 2017 年 5 月 1 日，租期为 5 年。2017 年 5 月 1 日，这栋办公楼的账面余额为 500 000 000 元，已计提折旧 5 000 000 元。假设甲公司所在城市不存在活跃的房地产交易市场。

甲公司的账务处理如下：

2017 年 5 月 1 日

借：投资性房地产——办公楼　　　　　　　　　　　　500 000 000
　　累计折旧　　　　　　　　　　　　　　　　　　　　5 000 000
　　　贷：固定资产——办公楼　　　　　　　　　　　　　500 000 000
　　　　　投资性房地产累计折旧　　　　　　　　　　　　5 000 000

2.公允价值模式下的转换

（1）投资性房地产转换为自用房地产。

企业将采用公允价值模式计量的投资性房地产转换为自用房地产时，应当以其转换当日的公允价值作为自用房地产的账面价值，公允价值与原账面价值的差额计入当期损益。转换日,按该项投资性房地产的公允价值,借记"固定资产"或"无形资产"科目,按该项投资性房地产的成本,贷记"投资性房地产——成本"科目,按该项投资性房地产的累计公允价值变动,贷记或借记"投资性房地产——公允价值变动"科目,按其差额,借记"公允价值变动损益"科目,差额在贷方计入"其他综合收益"科目。

【例 17-8】 2017 年 11 月 1 日,租赁期满,甲公司将出租的写字楼收回,公司董事会就将该写字楼作为办公楼用于本公司的行政管理形成了书面决议。2017 年 11 月 1 日,该写字楼正式开始自用,相应由投资性房地产转换为自用房地产,当日的公允价值为 72 000 000 元。该项房地产在转换前采用公允价值模式计量,原账面价值为 70 000 000 元,其中,成本为 67 000 000 元,公允价值变动为增值 3 000 000 元。

甲公司的账务处理如下:

借:固定资产——写字楼   72 000 000

    贷:投资性房地产——写字楼——成本   67 000 000

                      ——公允价值变动   3 000 000

      其他综合收益——投资性房地产   2 000 000

(2)自用房地产转换为投资性房地产。

企业将自用土地使用权或建筑物转换为采用公允价值模式计量的投资性房地产时,应当按该项土地使用权或建筑物在转换日的公允价值,借记"投资性房地产——成本"科目,按已计提的累计摊销或累计折旧,借记"累计摊销"或"累计折旧"科目,原已计提减值准备的,借记"无形资产减值准备""固定资产减值准备"科目,按其账面余额,贷记"无形资产"或"固定资产"科目;同时,转换日的公允价值小于账面价值的,按其差额,借记"公允价值变动损益"科目,转换日的公允价值大于账面价值的,按其差额,贷记"其他综合收益"科目。待该项投资性房地产处置时,因转换计入其他综合收益的部分应转入当期损益。

【例 17-9】 2017 年 8 月,甲公司打算搬迁至新建办公楼,由于原办公楼处于商业繁华地段,甲公司准备将其出租,以赚取租金收入,已经公司董事会批准形成书面决议。2017 年 12 月底,甲公司完成了搬迁工作,原办公楼停止自用。2018 年 1 月 1 日,甲公司与乙公司签订了租赁协议,租赁期为 3 年。

在该例中,甲公司应当于租赁期开始日(2018 年 1 月 1 日),将自用房地产转换为投资性房地产。该办公楼所在地房地产交易活跃,公司能够从市场上取得同类或类似房地产的市场价格及其他相关信息,假设甲公司对出租的该办公楼采用公允价值模式计量。假设 2018 年 1 月 1 日,该办公楼的公允价值为 380 000 000 元,其原价为 550 000 000 元,已提折旧 150 000 000 元。

甲公司的账务处理如下:

2018 年 1 月 1 日

借:投资性房地产——办公楼——成本   380 000 000

   公允价值变动损益——投资性房地产   20 000 000

   累计折旧   150 000 000

    贷:固定资产   550 000 000

二、投资性房地产的处置

当投资性房地产被处置,或者永久退出使用且预计不能从其处置中取得经济利益时,应当终止确认该项投资性房地产。企业出售、转让、报废投资性房地产或者发生投资性房地产毁损,应当将处置收入扣除其账面价值和相关税费后的金额计入当期损益。此外,企业因其他原因,如非货币性资产交换等而减少投资性房地产,也属于投资性房地产的处置。

(一)成本模式计量的投资性房地产的处置

处置采用成本模式计量的投资性房地产时,应当按实际收到的金额,借记"银行存款"等科目,贷记"其他业务收入"科目,按照应交的增值税,贷"应交税费——应交增值税(销项税额)";按该项投资性房地产的账面价值,借记"其他业务成本"科目,按其账面余额,贷记"投资性房地产"科目,按照已计提的折旧或摊销,借记"投资性房地产累计折旧(摊销)"科目,原已计提减值准备的,借记"投资性房地产减值准备"科目。

【例 17-10】 甲公司 2010 年将其出租的一栋写字楼确认为投资性房地产。2017 年租赁期届满后,甲公司将该栋写字楼出售给乙公司,合同价款为 200 000 000 元,乙公司已用银行存款付清。假设这栋写字楼原采用成本模式计量。出售时,该栋写字楼的成本为 180 000 000 元,已计提折旧 20 000 000 元,不考虑增值税外的其他税费。计算结果保留两位小数。

甲公司的账务处理如下:

应交增值税 = $(200\,000\,000 - 180\,000\,000) \div (1 + 5\%) \times 5\%$

　　　　　　　 = 952 380.95(元)

借:银行存款　　　　　　　　　　　　　　　　　　　　　　2 000 000 000

　　贷:其他业务收入　　　　　　　　　　　　　　　　　　　　199 047 619.05

　　　　应交税费——应交增值税(销项税额)　　　　　　　　　　952 380.95

借:其他业务成本　　　　　　　　　　　　　　　　　　　　160 000 000

　　投资性房地产累计折旧　　　　　　　　　　　　　　　　　 20 000 000

　　贷:投资性房地产——写字楼　　　　　　　　　　　　　　　180 000 000

(二)公允价值模式计量的投资性房地产的处置

处置采用公允价值模式计量的投资性房地产时,应当按实际收到的金额,借记"银行存款"等科目,贷记"其他业务收入"科目;按该项投资性房地产的账面余额,借记"其他业务成本"科目,按其成本,贷记"投资性房地产——成本"科目,按其累计公允价值变动,贷记或借记"投资性房地产——公允价值变动"科目。同时结转投资性房地产累计公允价值变动。若存在原转换日计入其他综合收益的金额,也一并结转,按照该项投资性房地产在转换日计入其他综合收益的金额,借记"其他综合收益"科目,贷记"其他业务成本"科目。

【例 17-11】 2017 年 1 月 2 日,某房地产开发企业将一自用建筑物转为投资性房地产,并打算采用公允价值计量,该建筑物账面原值 2 200 000 元,累计折旧 200 000 元,已计提减值准备 50 000 元,在转换日公允价值为 2 500 000 元。假设在 2017 年 12 月 31 日该建筑物的公允价值为 2 800 000 元,假设 2018 年 2 月公司将该建筑物出售,实得款项为 3 000 000 元。不考虑增值税等相关税费。

根据以上资料编制会计分录如下:

(1)2017 年 1 月 2 日,将自用建筑物转为投资性房地产:

借:投资性房地产——成本　　　　　　　　　　　　　　　　2 500 000

　　累计折旧　　　　　　　　　　　　　　　　　　　　　　 200 000

    固定资产减值准备   50 000

   贷：固定资产   2 200 000

      其他综合收益   550 000

(2)2017 年 12 月 31 日公允价值变动：

借：投资性房地产——公允价值变动   300 000

   贷：公允价值变动损益   300 000

(3)2018 年 2 月出售建筑物：

借：银行存款   3 000 000

   贷：其他业务收入   3 000 000

借：其他业务成本   2 800 000

   贷：投资性房地产——成本   2 500 000

            ——公允价值变动   300 000

借：其他综合收益   550 000

   贷：其他业务成本   550 000

借：公允价值变动损益   300 000

   贷：其他业务成本   300 000

  比较一下，投资性房地产的处置核算与固定资产处置和交易性金融资产的处置的核算原理的异同。

【任务实施】

投资性房地产转换和处置的典型业务会计分录

1.成本模式下的转换

(1)投资性房地产转换为自用房地产。

借：固定资产或无形资产

    投资性房地产累计折旧（摊销）

   贷：投资性房地产

借：投资性房地产减值准备

   贷：固定资产减值准备或无形资产减值准备

(2)自用房地产转换为投资性房地产。

借：投资性房地产

    累计折旧或累计摊销

    固定资产减值准备或无形资产减值准备

   贷：固定资产或无形资产

      投资性房地产累计折旧（摊销）

      投资性房地产减值准备

2.公允价值模式下的转换

(1)投资性房地产转换为自用房地产。

借：固定资产或无形资产

   贷：投资性房地产——成本

　　投资性房地产——公允价值变动(或借方)

借贷方差额,在借方计入"公允价值变动损益",在贷方计入"其他综合收益"。

(2)自用房地产转换为投资性房地产。

借:投资性房地产——成本

　　累计摊销或累计折旧

　　无形资产减值准备或固定资产减值准备

　　贷:无形资产或固定资产

借贷方差额:借方计入"公允价值变动损益",贷方计入"其他综合收益"。

3.成本模式计量的投资性房地产的处置

借:银行存款

　　贷:其他业务收入

　　　　应交税费——应交增值税(销项税额)

借:其他业务成本

　　投资性房地产累计折旧

　　贷:投资性房地产——写字楼

4.公允价值模式计量的投资性房地产的处置

借:银行存款

　　贷:其他业务收入

　　　　应交税费——应交增值税(销项税额)

借:其他业务成本

　　贷:投资性房地产——成本

　　　　　　　　　　——公允价值变动

借:其他综合收益

　　贷:其他业务成本

借:公允价值变动损益

　　贷:其他业务成本

单元小结

●投资性房地产是指为赚取租金或资本增值,或者两者兼有而持有的房地产。其包括已出租的土地使用权、持有并准备增值后转让的土地使用权和已出租的建筑物。

●自用房地产和作为存货的房地产不属于投资性房地产。

●投资性房地产应当按照成本进行初始计量。在后续计量时,通常应当采用成本模式,满足特定条件的情况下也可以采用公允价值模式。但同一企业只能采用一种模式对所有投资性房地产进行后续计量,不得同时采用两种计量模式。

●与投资性房地产有关的后续支出,满足投资性房地产确认条件的,应当计入投资性房地产成本,不满足的,应当在发生时计入当期损益。

●企业通常应当采用成本模式对投资性房地产进行后续计量,按期(月)计提折旧或摊销,存在减值迹象的,适用资产减值的有关规定。

●采用公允价值模式进行后续计量的投资性房地产,不计提折旧或摊销。资产负债表日投资性房地产的公允价值与原账面价值之间的差额计入当期损益。

●成本模式转为公允价值模式的,应当作为会计政策变更处理,将计量模式变更时公允价值与账面价值的差额,调整期初留存收益。

●成本模式计量的投资性房地产与自用房地产之间转换时,按相关账户的账面余额进行结转。公允价值模式计量的投资性房地产与自用房地产之间转换时,应当以其转换当日的公允价值作为转换后资产的账面价值,公允价值与原账面价值的差额计入当期损益。

●企业出售、转让、报废投资性房地产或者发生投资性房地产毁损,应当将处置收入扣除其账面价值和相关税费后的金额计入当期损益。

延伸阅读:《企业会计准则第 3 号——投资性房地产》

复习思考题

单元 18

复习思考题

单元 19

复习思考题

单元 20

复习思考题

习题参考答案

参考文献

[1]中国注册会计师协会.会计[M].北京:中国财政出版社,2017.

[2]中国注册会计师协会.税法[M].北京:中国财政出版社,2017.

[3]财政部会计资格评价中心.中级会计实务[M].北京:经济科学出版社,2017.

[4]孔德兰.企业财务会计[M].北京:高等教育出版社,2011.

[5]中华人民共和国财政部.增值税会计处理规定[S].2016.

[6]中华人民共和国财政部.企业会计准则应用指南[S].